GUIDE

DE L'ARCHITECTURE MODERNE

TO MODERN ARCHITECTURE

À/IN

PARIS

HERVÉ MARTIN

GUIDE

DE L'ARCHITECTURE

MODERNE

TO MODERN

ARCHITECTURE

À/IN

PARIS

MODE D'EMPLOI DU GUIDE

Les bâtiments sont regroupés en 18 itinéraires couvrant un ou deux arrondissements, plus le quartier de La Défense.
En haut de chaque page, un numéro permet de situer précisément chaque bâtiment sur la carte placée en début d'itinéraire.
La date indiquée dans le titre est celle de la fin de la construction.
Les phrases entre guillemets dans les textes sont des citations de l'architecte interviewé, dont le nom est souligné en orange.
En bas de page, la rubrique « A voir aux alentours » signale des constructions intéressantes situées à proximité.
En fin de volume, un index par noms d'architectes permet de retrouver directement les bâtiments construits par cet architecte et évoqués dans le guide.
Un second index, par rue, permet de repérer géographiquement les bâtiments.

INSTRUCTIONS

The architectural sights are divided into 18 itineraries, each covering one or two of the 20 districts of Paris and "La Défense" business centre.
Numbers at the top of each page are intended to help locate individual buildings on the map that introduces each itinerary.
Every title includes the year construction was completed.
Quotations are by the architect being interviewed, and his name is underlined in orange.
The heading "To be seen around" at the bottom of the page lists noteworthy buildings in the immediate vicinity.
The first index provides a list of buildings by architect.
The second index lists the buildings by street.

PREFACE

Hier encore objet de rejet et de dérision, l'architecture « moderne » est aujourd'hui en train de retrouver la place qui avait été la sienne jusque dans l'entre-deux-guerres : un sujet d'intérêt, objet de publications grand public, de visites touristiques, voire même argument électoral. De Nîmes à Amiens, en passant par les grands travaux du président François Mitterrand, on ne compte plus les utilisations politiques de l'architecture. Et pas seulement politiques : *L'architecture est le nouveau sujet sexy des grands de la mode*, titrait par exemple l'*International Herald Tribune* début 2001. Et de citer à l'appui de sa démonstration quelques-uns des plus grands architectes français. Cartier faisant réaliser sa fondation parisienne par Jean Nouvel, Bernard Arnault commandant à Portzamparc un gratte-ciel à New-York, François Pinault répliquant avec son musée d'Art moderne à Billancourt. Redevenue un attribut du pouvoir et de la culture, l'architecture est à nouveau « admirable ». Et, depuis les années 80, les architectes recommencent, sur les façades, à signer leurs immeubles.
Heureux réveil ! Après les horreurs de la reconstruction de masse, produisant comme en série industrielle tours et barres grises posées au milieu de nulle part, l'architecture moderne – au sens d'une activité pensée en termes esthétiques et urbains, et plus seulement purement économiques – existe de nouveau depuis un quart de siècle.

Aucune ville mieux que Paris ne témoigne de cet extraordinaire renouvellement. Quartiers entiers (comme à Bercy, sur la Rive gauche ou à La Défense), grands monuments publics, équipements culturels et collectifs, immeubles, maisons individuelles, tours, bureaux : dans nulle autre ville au monde on ne trouve l'architecture moderne dans une telle variété. Non seulement dans la construction actuelle, mais aussi dans celle des décennies passées. Car, l'oublie-t-on, Paris fut l'une des capitales de l'Art nouveau, puis du Mouvement moderne, puis de l'Art déco. Avant d'être – au sortir d'une longue nuit – le terrain d'élection d'un spectaculaire renouveau qui fait que les plus grands architectes français sont aujourd'hui appelé à construire partout dans le monde.

Pour explorer ce Paris moderne – et en faire même un but de promenade, cartes et itinéraires à l'appui – il fallait un guide. Une sorte de catalogue de ce que le siècle a produit de meilleur dans la capitale. On y trouvera peu le point de vue de l'auteur, car il ne s'agit pas ici d'un ouvrage de « critique architecturale ». A chaque page, au contraire, ce sont les architectes eux-mêmes qui prennent la parole, pour répondre simplement à cette question simple : « *Pourquoi, ici, avez-vous construit cela, et pas autre chose ?* »
Apprendre à voir l'architecture, commentée par ceux qui la font, c'est l'ambition de ce guide.

Hervé MARTIN

Recently even a subject of dismissal and mockery, “modern” architecture has currently been regaining the status it enjoyed between the two World Wars: a topic of interest, addressed by publications for the general public, a focus for tourists, even an argument in election campaigns. From Nîmes to Amiens and President François Mitterrand’s “Grands Travaux”, architecture has been put to innumerable political uses.
And not only political. *Architecture: the new sexy subject for fashion moghuls*, the *International Herald Tribune* ran as a headline at the beginning of 2001, listing some of the most important French architects to make its point: Cartier asking Jean Nouvel to design its Parisian headquarters; Bernard Arnault commissioning Portzamparc for a skyscraper in New York and François Pinault retorting with his museum of modern art in Billancourt. Once more a symbol of power and culture, architecture can be “admired” again. And since the 1980s, architects have started signing their names again on the façades of their buildings.
And thank goodness! After a horrifying era of mass reconstruction, resulting in quasi industrial series of grey towers and blocks stranded in the middle of nowhere, modern architecture – i.e. a thoughtful activity in terms of aesthetics and city planning, and not merely in terms of economics – has been going on for the past quarter of a century.

No other city in the world has been experiencing as extraordinary a revival as Paris. Whole districts (such as Bercy, on the Left Bank, or La Défense), major public monuments, cultural and community facilities, buildings, individual housing, towers, office spaces: no other city in the world displays the same diversity in modern architecture. Not only in current projects, but also in those achieved in previous decades. Paris, remember, was a landmark for Art Nouveau, then for the “Mouvement Moderne” and the Arts Deco trend. Later – after one long dark period – Paris promoted this spectacular renewal; and now top French architects are in demand all over the world.

To help explore this “modern” Paris – and even to organise map-based touristic walks – a guide was needed, a catalogue of the best constructions over the last century in the capital. This author’s intention was not to express personal views, since the aim was not a critical approach to architecture. On the contrary, the pages were left to the architects themselves, who each articulated a simple answer to a simple question: “*Why did you decide to build what you built here and not something else?*”
This guide has one ambition: to teach the eye to see architecture through the comments of its makers.

Hervé MARTIN

1er et 2e arrondissements

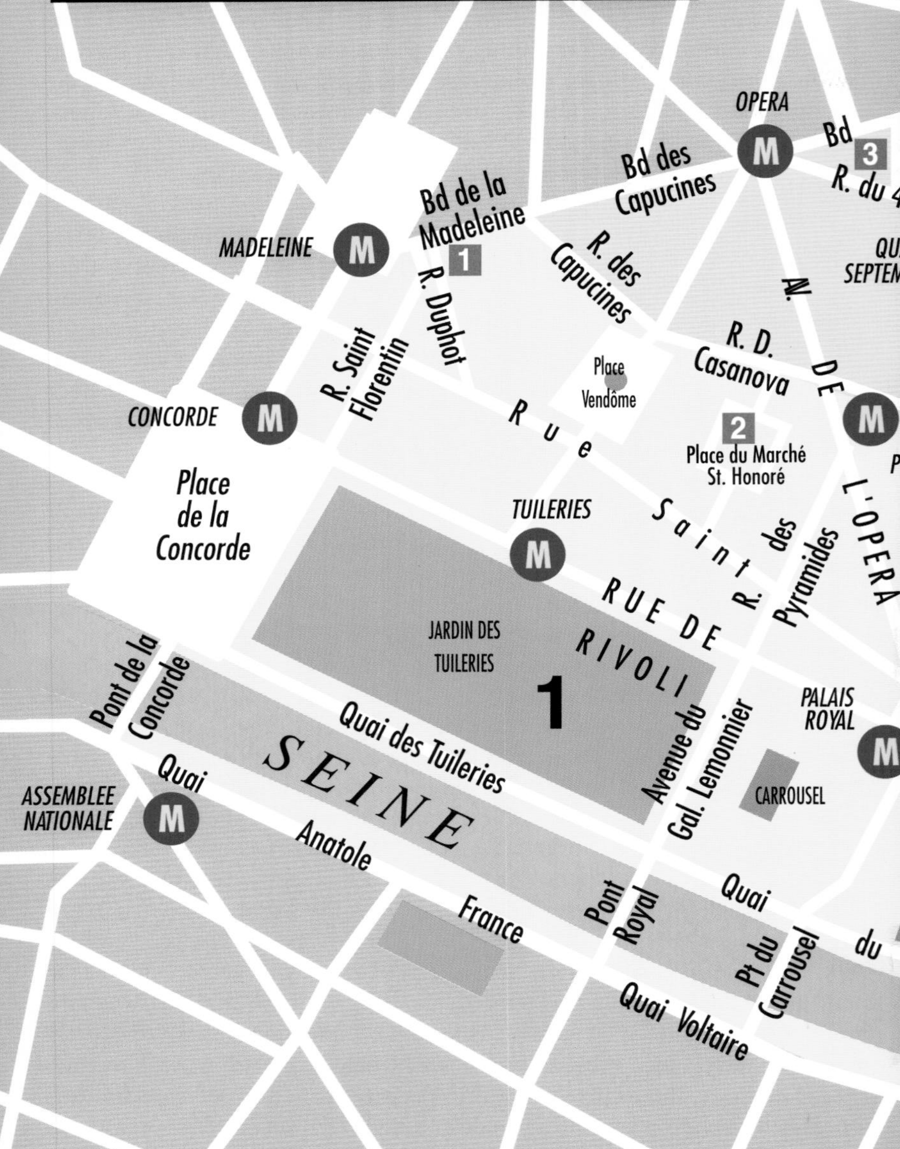

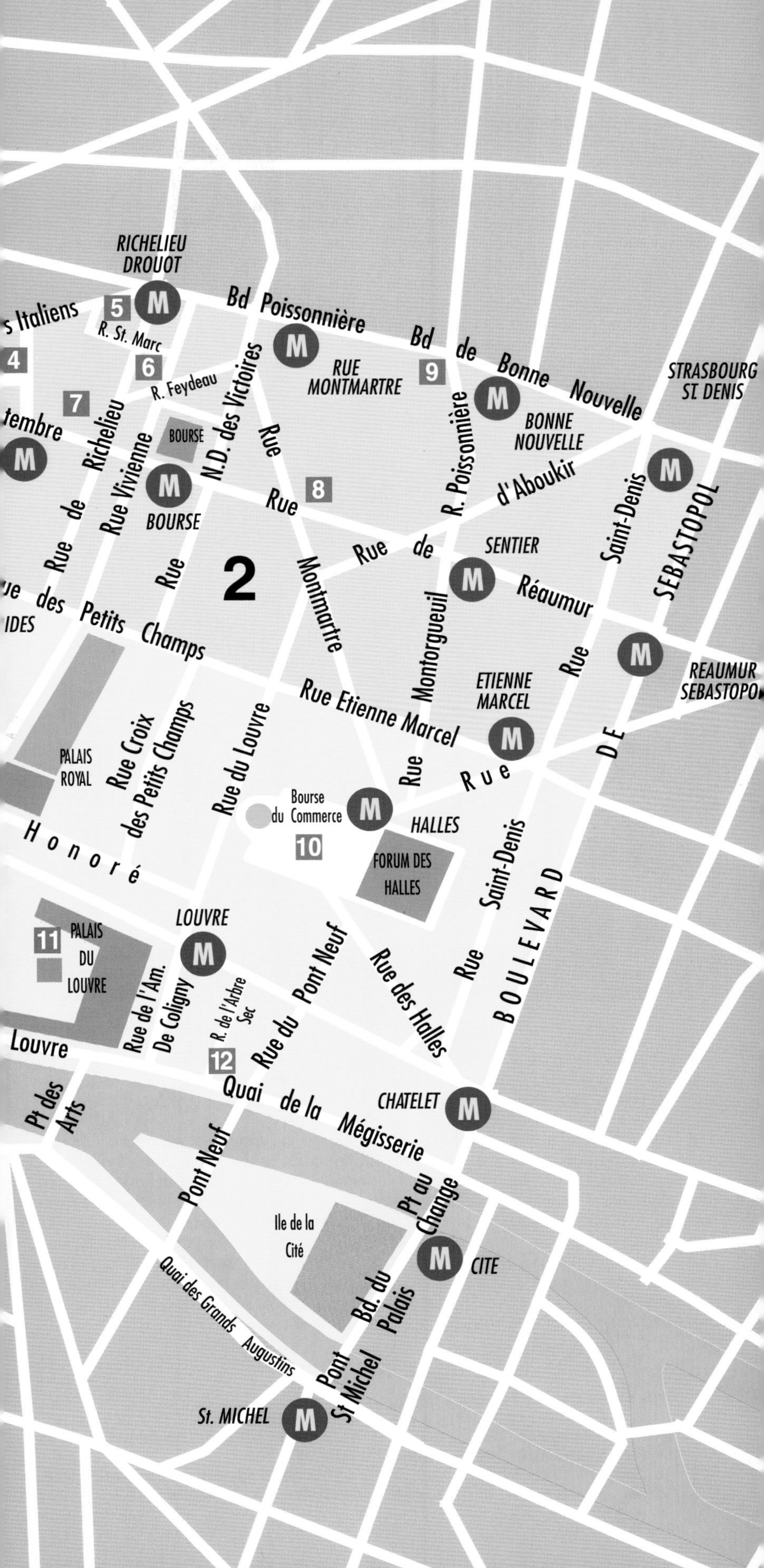

RICHELIEU DROUOT
s Italiens
5
R. St. Marc
4
6
R. Feydeau
7
tembre
Bd Poissonnière
RUE MONTMARTRE
9
Bd de Bonne Nouvelle
STRASBOURG ST. DENIS
BONNE NOUVELLE
BOURSE
Rue de Richelieu
Rue Vivienne
N.D. des Victoires
Rue
8
R. Poissonnière
d'Aboukir
Saint-Denis
SEBASTOPOL
BOURSE
Rue de Réaumur
SENTIER
2
Rue
Montmartre
Montorgueil
ue des Petits Champs
IDES
Rue
REAUMUR SEBASTOPO
Rue Etienne Marcel
ETIENNE MARCEL
PALAIS ROYAL
Rue Croix des Petits Champs
Rue du Louvre
Bourse du Commerce
Rue
Rue
DE
Honoré
10
HALLES
FORUM DES HALLES
Rue Saint-Denis
BOULEVARD
LOUVRE
11
PALAIS DU LOUVRE
Rue de l'Am. De Coligny
R. de l'Arbre Sec
Rue du Pont Neuf
Rue des Halles
Louvre
12
Quai de la Mégisserie
CHATELET
Pt des Arts
Pont Neuf
Pt au Change
Ile de la Cité
CITE
Bd. du Palais
Quai des Grands Augustins
Pont St Michel
St. MICHEL

Curieux cas de mutation architecturale : Faure-Dujarric qui avait commencé sa carrière en construisant – en Argentine – de lourdes pâtisseries néo-haussmanniennes ou vaguement mauresques, pratique en France à partir des années 20 une architecture dépouillée et très graphique.
Les Trois Quartiers sont représentatifs de la deuxième génération de grands magasins : à l'exubérance métallique du Printemps, des Galeries Lafayette ou des Magasins Réunis (voir page 259), qui affichaient de façon voyante leur fonction commerciale, succèdent des constructions plus sombres. Faure-Dujarric refuse l'aspect bazar et « l'entassement des marchandises dans un grand déballage » [1].
La façade des Trois Quartiers pourrait être celle d'un immeuble de logements de luxe. Traitée comme un tableau abstrait, elle mêle aplats blancs et lignes noires. La parfaite finition en pierre et acier noir est chic et soignée, à l'image de la nouvelle clientèle des grands magasins. Ce bel ensemble a été défiguré au début des années 90 par une rénovation lourdingue qui lui a fait perdre une partie de sa grâce.

(état originel)

Louis FAURE-DUJARRIC

1932

Magasin des Trois Quartiers

Trois Quartiers department store

17, bd de la Madeleine(1er).
Métro : Madeleine

Maître d'ouvrage : Trois Quartiers

Faure-Dujarric underwent a curious architectural mutation: he had began his career by building – in Argentina – heavily decorated buildings in neo-haussmanian or vaguely moorish styles, and yet, in France from the 1920's onwards, he produced a spartan, very graphic architecture.
The Trois Quartiers are representative of the second generation of department stores: more sober buildings following on from the metallic exuberance of the Printemps, Galeries Lafayette or Magasins Réunis (see page 259) which had openly exhibited their commercial function. Faure-Dujarric set out to avoid giving his store the appearance of a bazaar, "with goods piled on top of each other in a vast display" [1].
The façade of the Trois Quartiers might belong to a luxury apartment block. Treated like an abstract picture, it mingles flat white strips with black lines. The perfect finishing in stone and black steel is chic and neat, like the new clientele to which the department stores now aspired to cater. In the beginning of nineties, this marvelous building had been defaced with an ugly renovation.

(1) *Les Grands Magasins* de Bernard Marrey, éditions Picard, 1979.

A voir aux alentours / To be seen around:
E. MOLINIÉ et C. NICOD Logements 8-10, boulevard de la Madeleine (1928)
A. VENTRE et E. AILLAUD Cité Vendôme 362, rue Saint-Honoré (1932)
C. LETROSNE Bureaux 247 et 251, rue Saint-Honoré (1930)
VEBER et MICHAU Logements 5, rue Volney (1935)
F. JOURDAIN Samaritaine de luxe 25-29, boulevard des Capucines (1914)

Pour faire revivre cette petite place parisienne, enfin libérée de l'énorme parking-bunker qui l'occupait depuis les années 60, Bofill a imaginé une halle vitrée « fluide et transparente », hommage à Baltard.
Traversée par une rue centrale bordée de magasins et de bureaux, elle recrée l'ancienne liaison entre les Tuileries et l'Opéra et renoue avec la tradition des passages couverts parisiens du XIXe siècle. Une paroi de verre posée 75 cm à l'extérieur de la façade est comme une deuxième « peau » transparente. L'espace intersticiel, contenant des stores brise-soleil, améliore l'isolation (thermique et acoustique) et la protection contre la pollution.
Fidèle à son « moderne-classicisme », Bofill a combiné technologies modernes (métal, double peau de verre, béton blanc des galeries intérieures, etc.) et « philosophie classique » : le bâtiment, strictement à l'échelle des constructions voisines, comprend sagement un socle, un corps, une frise et un fronton triangulaire. Les parkings détruits (un millier de places) ont été reconstruits en sous-sol.

Ricardo BOFILL

Taller de Arquitectura. 1996

Bureaux, équipements publics et commerces

Offices, public buildings and shops

Place du Marché Saint-Honoré (1er).
Métro : Pyramides, Tuileries

Maître d'ouvrage : Banque arabe et internationale d'investissements

To breath life back into this small Parisian square, which had been finally liberated from the vast bunker like car-park which had occupied it since the 1960's, Bofill imagined a "fluid and transparent" glass hall, a kind of homage to Baltard.
The building re-creates the formerly link between the Tuileries and the Opera, through the central street of shops and offices, an echo of the traditional covered passages of 19th century Paris. A glass wall placed 75 centimetres outside the façade is like a second transparent "skin". The space between this wall and the façade, containing a series of blinds, improves the insulation (both thermic and acoustic) and offers additional protection against pollution.
True to his "modern classicism", Bofill combined modern technology (metal, a second skin in glass and the white concrete of the internal galleries, etc.) and "classical philosophy": the building, meticulously scaled to match its neighbours, includes a conventional base, a main body, a frieze and a triangular pediment.
The demolished parking lot (with space for 1,000 cars) will be rebuilt underground.

A voir aux alentours / To be seen around:
A. STINCO Jardin des Tuileries Six kiosques, café et restaurant (1994-97)
J. et L. GRAF Maison du jeune Français 23, rue de la Sourdière (1933)
A. MOREL, L. FILIOL et G. FERAY Logements 8, rue de Port-Mahon (1936)

Charles LEMARESQUIER et Victor LALOUX. 1932

Palais du Hanovre

31, bd. des Italiens et 26, rue Louis-le-Grand (2e). Métro : Opéra

Un des rares ensemble Arts déco de Paris. Ce Palais du Hanovre (qui a pris la place du pavillon du Hanovre, un hôtel particulier de 1760 remonté en 1935 dans le parc de Sceaux) est, en quelque sorte, le fils de la gare d'Orsay de Victor Laloux (1900). Entre-temps, l'architecture moderne était arrivée et Lemaresquier avait, depuis plus de dix ans, pris la succession de son vieux maître. Lemaresquier, ennemi résolu du Mouvement moderne, restera notamment dans l'histoire pour avoir refusé, en 1926, de laisser Le Corbusier concourir pour la Société des Nations à Genève, car son projet n'était pas tracé à l'encre de Chine.
Des idées modernes, Lemaresquier ne garde ici qu'une déclinaison ornementaliste. Les pilastres cannelés qui scandent les façades, décorés d'une ample végétation, sont autant de réminiscence des colonnes colossales de Laloux, mais influencées par les faisceaux de licteurs de l'architecture fasciste italienne de l'époque. On pense à une recette allégée pour confectionner les mêmes pâtisseries qu'affectionnait ce dernier, une génération auparavant. Laloux a eu de nombreux émules de l'autre côté de l'Atlantique (cf. notamment, à New-York, le Chrysler building construit en 1929 par son élève, William van Allen).

One of the rare Arts Deco building complexes in Paris. The Palais du Hanovre (which replaced the pavillon du Hanovre, a "hôtel particulier" or private mansion reassembled in the Parc de Sceaux in 1935) is, in a way, the son of the Gare d'Orsay designed by Victor Laloux (in 1900). In the meantime, modern architecture had been born and Lemaresquier had, for more than 10 years, succeeded his former master. Lemaresquier, a staunch enemy of the "Mouvement moderne", will go down in history for having refused, in 1926, to let Le Corbusier enter the architecture competition for the building of the Société des Nations in Geneva because his project was not drawn in Indian ink. Here Lemaresquier only uses modern ideas as an ornementalist variation. The fluted pilasters that punctuate the façades, decorated with abundant vegetation, are reminders of the colossal columns of Laloux, in a version influenced by the lictors' fasces visible in the Italian fascist architecture of the time.They remind us of a lighter recipe to obtain the same decorative mouldings Laloux liked so much, during the previous generation. Laloux had numerous imitators on the other side of the Atlantic (among them, his student, William von Allen, who designed the Chrysler building in New York, in 1929).

Bocage, comme Perret, avait été l'élève de Guadet (voir page 253) aux Beaux-Arts. Trois ans après la livraison de l'immeuble de Perret, rue Franklin (voir page 232), il dépose, en 1907, un permis de construire pour le compte du fabricant de crayons Hardtmuth. Le béton est ici, comme rue Franklin protégé – ou ennobli ? –, de grès de Bigot d'inspiration marine (vagues, pieuvres, étoiles de mer).
La variété des ouvertures de la façade correspond, sans doute, aux divers usages des locaux (commerces, bureaux, logements). Aux deux premiers niveaux, trois grandes baies cintrées, dont les proportions monumentales contrastent avec l'étroitesse (9,80 mètres) de la rue. Au centre, la porte ouvre sur un hall occupé par un grand escalier en fer à cheval. Au troisième étage, de longues baies rectangulaires, bordées d'un balcon plat, contrastent avec les oriels aux poteaux verticaux des troisième et quatrième niveaux. Les trois derniers étages sont en retrait.

Adolphe
BOCAGE
1908

Immeuble commercial
Business premises

6, rue du Hanovre (2e).
Métro : Quatre-septembre

Maître d'ouvrage : L. et C. Hardtmuth

Bocage, like Perret, had been Guadet's pupil (see page 253) at the Beaux-Arts. Three years after the completion of Perret's building in the rue Franklin (see page 232) he applied for, in 1907, a building permit on behalf of the pencil manufacturer, Hardmuth. As in the rue Franklin building, the concrete here is also (protected or enhanced?) by Bigot sandstone with marine designs (waves, octopi, star-fish). The variety of the openings in the façade no doubt corresponds to the different usages of the premises (shops, offices, housing). Three great, domed, windows whose monumental proportions contrast with the narrowness of the street (9.80 meters) cover the two first levels. In the middle, the door opens into a hall containing a grand horseshoe staircase. On the third floor, wide rectangular windows, edged by a flat balcony, contrast with the vertically pillared orioles of the 3rd and 4th levels. The last three floors are set back from the line of the frontage.

Christian DEVILLERS. 1994

André GEORGEL (architecte d'opération) et Filip de WACHTER (associé)

Bureaux, commerces et logements / *Offices, shops and apartments*

3-5, bd. des Italiens (2e). Métro : Richelieu-Drouot

Maître d'ouvrage : AGF

Pour construire sur des Grands boulevards chargés d'histoire un « immeuble moderne, respectueux du lieu mais sans pastiche », Devillers a imaginé une étonnante double façade. Une peau extérieure « grande marqueterie à l'échelle de l'espace public », laisse deviner derrière elle une seconde façade, intérieure celle-là. Ces deux écrans sont séparés par un vide de 60 cm – « distance entre l'espace privé et public » – et en léger décalage, « comme une polyphonie ».
La façade extérieure – pierre blanche agrafée et menuiseries en acier inoxydable gris, « matériaux non contrastés pour marquer l'unité de la construction » – est parfaitement plane. Et sur cette page blanche « les poteaux et poutres en béton brut poli sont comme des portées accueillant, telles des notes de musique, des fenêtres variées dans leur forme et dans leur rythme ».
« Délivré des nécessités constructives », ce grand aplat est librement organisé. Ne s'y marquent ni les planchers ni les cloisons internes. Au contraire de la façade intérieure – bois et verre – qui, elle, rend compte du fractionnement fonctionnel de l'immeuble.

In order to build, on the Grands boulevards steeped in history, a "modern building, that shows respect for the location without being a pastiche", Devillers imagined an amazing double façade. Behind an external skin, "a large marquetry matching the dimension of this public area", one guesses the presence of a second façade, an interior one. These two screens are separated by 60 cm of empty space – "representing the distance between the private and public area" – slightly out of sync, "such as a polyphony".
The external façade – white clasped stone and grey stainless steel door and window frames, "non-contrasting materials to stress the construction's unity" – is perfectly flat. On this white page, "the poles and beams in polished rough concrete resemble staffs welcoming, like music notes, windows in different shapes and rhythms."
"Ridden of constructive requirements", this large plain surface is freely organised. One doesn't distinguish the separate floors, the interior partitions, contrary to the internal façade in wood and glass, which expresses the functional division of the building.

Joseph BELMONT et Pierre-Paul HECKLY. 1979

Guy PRACHE, collaborateur

Siège des Assurances générales de France (AGF) / *AGF Head office*

87, rue de Richelieu (2e). Métro : Bourse, Richelieu-Drouot

Maître d'ouvrage : AGF

L'anti-building : tournant le dos aux mausolées et autres tours monumentales, ce siège social d'un des plus grands groupes français d'assurance est composé de la « juxtaposition de plusieurs bâtiments moyens à l'échelle du tissu urbain parisien ». Plus qu'une simple intégration, il y a ici une volonté évidente d'innover en respectant scrupuleusement le contexte du quartier.
Fidèle à « l'esprit d'Haussmann », chacun des immeubles est divisé en un soubassement, « évidé pour aérer le quartier très dense », surmonté d'étages à grandes « fenêtres », réminiscence des immeubles bourgeois environnants. Au sommet, un « couronnement » évoque les combles et les traditionnels toits parisiens d'ardoise ou de zinc.
Les immeubles reposent chacun sur de gros poteaux situés en coin et contenant la totalité des gaines techniques (gaz, électricité, téléphone, etc.) ce qui permet, à chaque étage, d'avoir une surface de plancher d'un seul tenant, totalement libre d'obstacle et pouvant se prêter à tous les aménagements.

AGF – one of the largest French insurance companies – headquarters in central Paris is almost an anti-building, turning its back on monumental towers or mausolea and "juxtaposing several medium-sized buildings on the same scale as the Parisian architectural lay-out as a whole".
More than just adjusting itself to the area the AGF building clearly shows an intention to break new ground whilst remaining scrupulously true to the architectural background of the area.
True to the so-called "Haussmann spirit" each of the buildings rests on a base which has been "hollowed in order to ventilate the dense architectural lay-out of the quarter"; the large bay-windows are reminiscent of the neighbouring traditional bourgeois buildings, and a "ridge" at the very top of each construction echoes the traditional Parisian slate roofs.
The whole construction rests on big pillars standing on each corner and containing all the pipes and cables supplying the building with gas, electricity etc. so that each floor is left with maximum open space totally free of any obstacle and convertible to any sort of use.

Quelques mois après le bâtiment du Poste parisien, construit sur les Champs-Elysées par Desbouis (voir page 67), Colin réalise rue Feydeau un autre immeuble « en accordéon ». Les bow-windows en chevrons répondent à la fois à la forme du terrain – à la façade oblique –, et au désir « d'obtenir dans une rue de 8 mètres de large, bordée de bâtiments de sept étages, un éclairage de premier ordre » (1). Chaque pièce se trouve ainsi pourvue d'une baie de 5 mètres de développement, soit environ un tiers de plus que n'aurait permis une construction traditionnelle.
En outre, la lumière est de meilleure qualité, car les bureaux et appartements « prennent leur éclairage dans le sens longitudinal de la rue et jouissent de l'échappée sur le ciel que procure la place de la Bourse toute proche » (1).

Fernand COLIN
1932

Bureaux
et logements

Offices
and flats

24, rue Feydeau (2e).
Métro : Bourse

A few months after the completion of the Poste Parisien radio station, built on the Champs-Elysées by Desbouis (see page 67), Colin designed a building with a similar accordion shape.
The V-shaped bow-windows fit well into the lay-out of the site – creating an oblique façade – and satisfy the desire to "obtain optimal lighting on an 8 metres wide road, lined with seven storey houses." (1) Each room is provided with a 5 metres wide bay-window which is about a third more than the average within traditional constructions. Such a design provides a better quality of lighting for "the light runs into each flat or office lengthways from the road, whilst the nearby place de la Bourse provides a wider view of the sky" (1).

(1) *L'Architecture d'aujourd'hui*, décembre 1932.

A voir aux alentours / To be seen around:
H. SAUVAGE Bureaux 10, rue Saint-Marc (1929)
M. ROUX-SPITZ et J. DEBAT-PONSAN Bureau de poste 8, place de la Bourse (1938-1950)
R. CAMELOT et ROCHETTE Agence France Presse 11-13, place de la Bourse (1956-1974)
X. Logements 65, rue de Richelieu (vers 1930)
F. LEROY et J. CURY Bureaux du *Figaro* 37, rue Montmartre (vers 1935)

Un immeuble à l'élégance très innovante, qui reste une énigme. C'est sans doute le premier bâtiment parisien qui abandonne toute référence à la pierre pour n'utiliser que du métal (à l'exception du dernier étage de logements, en briques).
Il est généralement attribué à Chedanne, qui en déposa le permis de construire le 13 mai 1904. Mais la production de ce dernier – de ses très académiques « envois de Rome » à la plantureuse pâtisserie Belle Epoque du Palace-Hôtel, 103 Champs-Elysées – ne ressemble en rien à l'immeuble de la rue Réaumur.
Ici, au contraire, la structure de la construction est clairement affichée sur la façade, et rien ne cache les poutres d'acier rivetées soutenant légèrement les bow-windows métalliques, architecture Nautilus qui fait penser à l'optimisme technologique d'un Jules Verne. Les étages ont un plan complètement libre, chaque occupant élevant lui-même les cloisons intérieures dont il a besoin. Ce jusqu'au-boutisme n'empêche pas la délicatesse Art Nouveau des portes du rez-de-chaussée et des courbes des poutres, ni la douceur des voûtes galbées en briques sous les bow-windows.

Georges CHEDANNE (?)

1905

Immeuble industriel

Industrial building

124, rue Réaumur (2e).
Métro : Sentier

Maître d'ouvrage : Baron de Schilde

An elegant innovation, which remains an enigma. It is probably the first Parisian building to abandon any reference to traditional stone constructions. It was entirely built of metal (except for the top floor apartments which are built of brick). Planning permission was first sought on 13 May 1904 by Chedanne who has been generally credited with the design of the building, although it is very untypical of Chedanne's work which ranges from the very academic "envois de Rome" to the famous Belle Epoque Patisserie within the Palace Hotel (103, Champs-Elysées), reminiscent of a big lavish cake.
Here, on the other hand, the design of the whole construction is clearly shown on the façade with its riveted steel girders designed to support large metal bow-windows. For its time, this was a decidedly futuristic architecture, reminiscent of the technological optimism of a Jules Verne. Each floor was delivered completely free to erect whatever partitions they required. The uncompromising extremism which underlies the building as a whole does nothing to detract from the Art Nouveau delicacy of the ground floor gates and of the curving bow-window supports, or from the softness of the brickwork arches beneath the same bow-windows.

A voir aux alentours / To be seen around:
C. de MONTARNAL et R. MONTENOT Immeuble industriel 91, rue Réaumur (1897-1926)
P. SARDOU Bureaux 100, rue Réaumur (1925)
J. PECOUX Centre sportif 17, rue Léopold-Bellan (1969)

Un des deux grands temples du cinéma avec le Gaumont Palace, – détruit en 1972 –, construits à Paris dans l'entre-deux-guerres.
Eberson applique ici le principe des « salles atmosphériques », dont il a construit plus de 400 exemplaires aux Etats-Unis depuis 1923 (1). Les intérieurs de ces salles sont de véritables décors en relief, recomposant des morceaux de cités fantasmatiques, sous des ciels nuageux ou étoilés, recréés par des projecteurs spéciaux. Au Rex – dont le décor est resté intact – c'est toute une ville d'inspiration hispano-antique qui occupe les murs. La construction de la salle – une des plus grandes d'Europe, avec ses 3 300 places – a duré douze mois. Un record, s'il l'on pense qu'elle a nécessité près de 20 000 tonnes de ciment, plâtre et sable, et 1 500 tonnes de fer. La cabine de projection, totalement séparée de la salle, se trouve dans l'encorbellement de la rue Poissonnière. L'imposante lanterne de l'angle est en fait très légère : c'est un simple treillis sur lequel a été projeté du ciment.

André BLUYSEN et John EBERSON

1931

Cinéma Rex

1, boulevard Poissonnière (2e).
Métro : Bonne-Nouvelle

One of the two great temples of the cinema to have been built in Paris between the two wars along with the Gaumont Palace which was pulled down in 1972. Eberson applied to this building the so-called principle of "atmospheric auditoria". He designed more than 400 similar cinemas in the United States since 1923 (1). Inside, they were decorated with three dimensional replicas of film sets representing parts of phantasmagorical cities under cloudy or starry skies recreated by special projectors. At the Rex for example, the original setting of a whole ancient Spanish town has remained intact. It took 12 months to build the Rex – one of the largest houses in Europe with its 3,300 seats. A record for this construction which required nearly 20,000 tons of cement plaster and sand and up to 1,500 tons of steel. The projection room is totally separated from the auditorium in the corbelled construction built on rue Poissonnière. Despite its monumental appearance, the lantern built on the corner of the two streets is in fact a very light construction: a lattice work covered with cement.

(1) Cf. *Architectures de cinéma* de Francis Lacloche, éditions du Moniteur (1981).

Paul CHEMETOV. 1985

Gérard CHAUVELIN, assistant

Equipements publics souterrains / *Underground public amenities*

Sous le jardin des Halles (1er). Métro : Les Halles, Louvre, Châtelet

Maître d'ouvrage : SEMAH

Une architecture à la Piranèse. A l'opposé du Forum voisin – léger et largement ouvert – Chemetov a utilisé ici des blocs de béton brut de proportions cyclopéennes, comme « des morceaux d'une ville effondrée, restés prisonniers sous terre ». Ce premier véritable quartier souterrain de Paris (2 hectares à 20 mètres sous le jardin) a les proportions de la ville extérieure : la grande galerie, longue de 80 mètres, est plus large – 10 mètres – que bien des rues parisiennes, et débouche sur une place haute comme un immeuble de cinq étages.
« Un lieu souterrain n'est pas un quelconque projet dont on a simplement muré les fenêtres, explique Chemetov. Il lui faut une ossature puissante et visible qui sécurise et qui puisse supporter l'énorme poids du jardin (4 tonnes au m^2). »
Pétrification des forces en œuvre dans le bâtiment, les énormes piliers, les arcs-boutants et les ogives néo-gothiques veulent aussi être « comme un écho à Saint-Eustache », cette autre cathédrale qui se laisse apercevoir par les puits de lumière. De la même manière, la grande piscine intérieure montre sa puissante structure, mais elle est ouverte sur une serre tropicale pour échapper à l'impression d'enfouissement.

This is a sample of Piranese style architecture. Unlike the neighbouring Forum – a light and very open construction – this underground area was built with gigantic blocks of rough concrete, almost like "the pieces of a ruined city, trapped underground". This underground quarter, the very first built in Paris (some 2,000 square metres lying 20 metres under the gardens) was designed in proportion to the city outside; the large gallery, 80 metre long, is wider (10 metres) than many Parisian streets and runs into a square as high as a five storey building.
"An underground area is not just another building which happens to have its windows walled up, Chemetov said. It requires a powerful skeleton that makes you feel safe while supporting the enormous weight of the gardens (4 tons per square metre)." The large pillars, along with the flying buttresses and the neo-gothic diagonal ribs are meant to be "an echo of Saint Eustache Church", the other cathedral, which can be seen through the skylights.
Similarly the large indoor swimming pool shows its powerful structure while opening onto a tropical conservatory to prevent any impression of claustrophobia.

A voir aux alentours / To be seen around:
C. VASCONI et G. PENCREAC'H Forum des Halles rues Rambuteau et Berger (1979)

Ieoh Ming PEI. 1989

Michel MACARY et Georges DUVAL, architectes associés

Pyramide du Louvre

Cour Napoléon (1er). Métro : Louvre, Palais-Royal

Maître d'ouvrage : Établissement public du Grand Louvre

Objet d'une violente polémique entre les Anciens et les Modernes, la pyramide de l'architecte américain d'origine chinoise Pei est la partie émergée du bouleversement visant à faire du Louvre le plus grand musée du monde.
Avec le départ du ministère des Finances (aile nord, rue de Rivoli), la surface du musée est passée de 60 000 m^2 à 160 000 m^2. Mais dans cet immense bâtiment en « U », les deux salles d'exposition les plus éloignées sont distantes de 1,7 km. D'où la nécessité de doter le musée d'une entrée « rayonnante » en son centre géographique, sous la cour Napoléon. Restait à signaler visuellement cette entrée partiellement souterraine et à lui amener la lumière. « Vaste à la base, réduite à un point au sommet, la pyramide est apparue comme la forme la plus rationnelle et la moins dévoreuse d'espace (...) Ni son volume dépouillé, ni son matériau (du verre ultra-transparent spécialement étudié) n'essaient de se raccorder à l'architecture classique ou de lutter avec elle. » Entourée de bassins, « elle est l'élément central recréant une place urbaine fréquentée, là où n'existait auparavant qu'un espace mort et désert » servant de parking.

The Pyramid has been at the centre of a violent controversy between the modernists and traditionalists. This monument, designed by the American born Chinese architect Pei, is just the tip of an iceberg of changes designed to make the Musée du Louvre the greatest museum in the world.
The removal of the Finance Ministry offices (initially located in the north wing of the museum on the rue de Rivoli), enabled the constructors to increase considerably the size of the museum (from 60,000 square metres to 160,000) inside this huge U-shaped museum, however the two remotest exhibition rooms are separated by 1.7 kilometre of corridors. Hence the idea of building an entrance hall to the museum in its geographic centre, right under the Cour Napoléon, from which all the galleries of the museum would radiate.
Then of course, the architect had to bring this partially underground entrance hall to the public's attention while allowing a maximum flow of light run into it. "Resting on a vast base and reduced to a point at its very top, the pyramid appeared to be the ideal shape (for the project), the most rational and economic use of space (...) Neither its basic shape nor the material used for its construction (specially created ultra-transparent glass) tries to compete with traditional architecture." This monument, surrounded with ornemental pools, "is the central element of the Louvre, recreating a busy square in place of a deserted and empty space" which had been used as a car park.

Henri SAUVAGE et Frantz JOURDAIN. 1928

Magasins de la Samaritaine / *La Samaritaine department store*

10, quai du Louvre (1er). Métro : Pont-Neuf, Châtelet

Maître d'ouvrage : La Samaritaine

Architecture de compromis. Sauvage s'intéressait alors à la construction préfabriquée à partir d'éléments métalliques « qui permet jusqu'à 37 % d'économie ». En 1928, il réussit d'ailleurs à monter en huit jours un immeuble de six étages, au 27, rue Legendre (voir page 268). La très conservatrice commission d'esthétique de la Ville de Paris, elle, était surtout attentive à « l'admirable paysage urbain des abords du palais du Louvre » et ne voulait pas entendre parler d'extravagances modernistes, comme les bâtiments voisins en fer, que Jourdain avait construit vingt-trois ans auparavant (voir ci-dessous). Quant à la direction du magasin, elle désirait un bâtiment en pierre, seul matériau « qui porte puissance ».
Résultat : la structure métallique a été entièrement façonnée en usine selon une méthode ultra-moderne et amenée sur le chantier pour être montée en un temps record... puis recouverte de la plus traditionnelle des pierres de taille, aux solides sculptures Art déco.

A piece of compromise architecture. When he designed it Sauvage was interested in prefabricated constructions built of metal elements "which permit cost savings of up to 37 per cent." In 1928, he even managed to build a six storey building in eight days on 27 rue Legendre (see page 268). But at the time, the very conservative city of Paris Committee on Aesthetics was then particularly anxious to protect "the beautiful urban scenery around the Palais du Louvre" and would have no touch with any modern eccentricity like the neighbouring iron construction built by Jourdain twenty-three years before (see below). As for the management of the Samaritaine, they wanted a building in stone which seemed to them the only material powerful enough for the site. As a result the different parts of the metal structure were pre-fabricated in a factory by ultra-modern methods, then put together on site in record time. Finally they were covered with a most traditional freestone layer, decorated with Art Deco sculptures.

A voir aux alentours / To be seen around:
M. MAROT et D. TREMBLOT Logements angle rue Berger et passage des Lingères (1984)
F. JOURDAIN Samaritaine rues de la Monnaie, Baillet et de l'Arbre-Sec (1905)
H. SAUVAGE et F. JOURDAIN Samaritaine rues de Rivoli et du Pont-Neuf (1930)
M. ARNAUT Immeuble Lissac 114, rue de Rivoli (1938)
H. SAUVAGE Logements 42, quai des Orfèvres (1932)

3e et 4e arrondissements

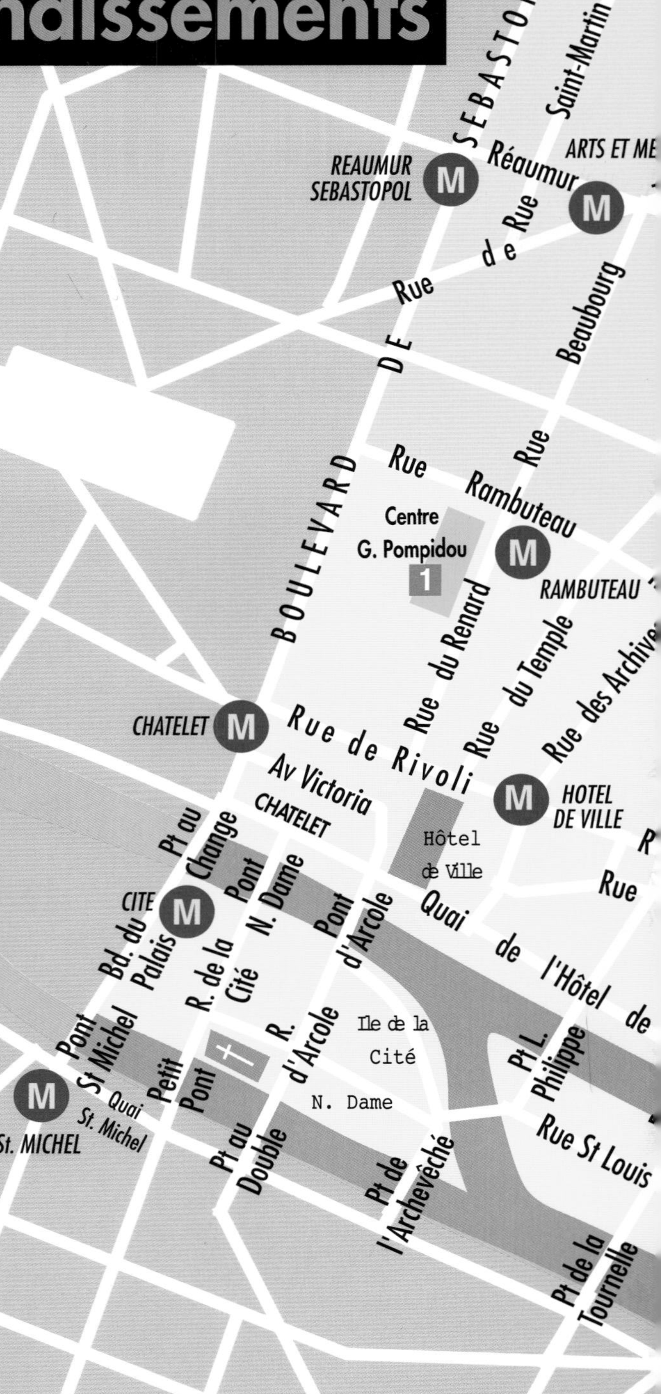

Saint Martin
Place de la République
TEMPLE
REPUBLIQUE
bigo
Rue du Temple
Rue du Petit Thouars
Bd du Temple
Rue de Bretagne
Turenne
FILLES DU CALVAIRE
Rue des Archives
3
Rue Froissart
BD DE BEAUMARCHAIS
des 4 Fils
du Temple
R. de Thorigny
SAINT SEBASTIEN FROISSART
2
3
R. de la Perle
des Francs Bourgeois
CHEMIN VERT
Rue de St Gilles
4
Vieille
4
Rue du Pas de la Mule
de Rivoli
çois Miron
Rue
Place des Vosges
5
SAINT PAUL
Rue de Fourcy
Rue Saint Paul
Rue St Antoine
BASTILLE
Place de la Bastille
6
Bd HENRI IV
Ile St Louis
SULLY MORLAND
Bd BOURDON
Bd DE LA BASTILLE
Pt de Sully
Quai Henri IV
Bd Morland
7
SEINE
Quai Saint Bernard
QUAI DE LA RAPEE

Renzo PIANO et Richard ROGERS. 1977

Ove ARUP and partners, ingénieur

Centre Pompidou

19, rue Beaubourg et rue Saint-Martin (4e). Métro : Rambuteau

Maîtres d'ouvrage : ministères de la Culture et de l'Education nationale

Le président Georges Pompidou, amateur d'art moderne, tout comme sa femme, a voulu marquer son septennat par la construction d'un grand musée d'art contemporain. Bien que désapprouvant le projet finalement retenu par le jury, il n'a jamais cherché à le remettre en cause.

Permettre au grand public d'accéder à l'art contemporain, tel était le souhait de Georges Pompidou. « Alors, il ne faut pas faire un musée traditionnel, un temple de la culture intimidant », répondirent les architectes.

Leur idée : « casser le mur de méfiance entre le grand public et l'art moderne en construisant quelque chose qui lui soit familier – comme une usine – mais en même temps l'intrigue – comme un vaisseau spatial –, c'est-à-dire lui donne envie d'aller voir ce qui se passe à l'intérieur ».

Paradoxalement, les nécessités fonctionnelles d'un musée moderne ont pleinement servi cet objectif. « Pour permettre toutes les possibilités d'aménagements ultérieurs sur des planchers complètement dégagés, nous devions supprimer tous les obstacles intérieurs : piliers, tuyauteries, etc. Nous avons retourné cette difficulté à notre profit, en sortant et en exhibant à l'extérieur les « tripes » du bâtiment : structures métalliques, coursives, gaines de circulation des fluides – de couleurs différentes pour l'eau, le chauffage, l'air ou l'électricité – et, surtout, le grand escalier roulant dans son tube de verre. De l'intérieur, il est un observatoire unique d'où l'on vient regarder Paris, ce qui est aussi une manière d'attirer des gens qui n'auraient pas spontanément l'idée de se rendre dans un musée d'art moderne. De l'extérieur il est, de par son mouvement incessant, le symbole du dynamisme du centre. »

Le même souci d'accessibilité à un vaste public détermine le fonctionnement du Centre, ouvert jusqu'à 22 heures : nombreuses expositions centrées sur des phénomènes de société, bibliothèque où l'on se sert soi-même, vidéothèque, et jusqu'aux coins-télévisions, rendez-vous l'hiver d'une population de clochards et de marginaux.

Les promoteurs du Centre Pompidou attendaient 5 000 visiteurs par jour. Il y en a aujourd'hui près de 20 000, et « Beaubourg », beaucoup plus qu'un simple musée, est devenu l'espace culturel le plus visité de France, à égalité avec le Louvre.

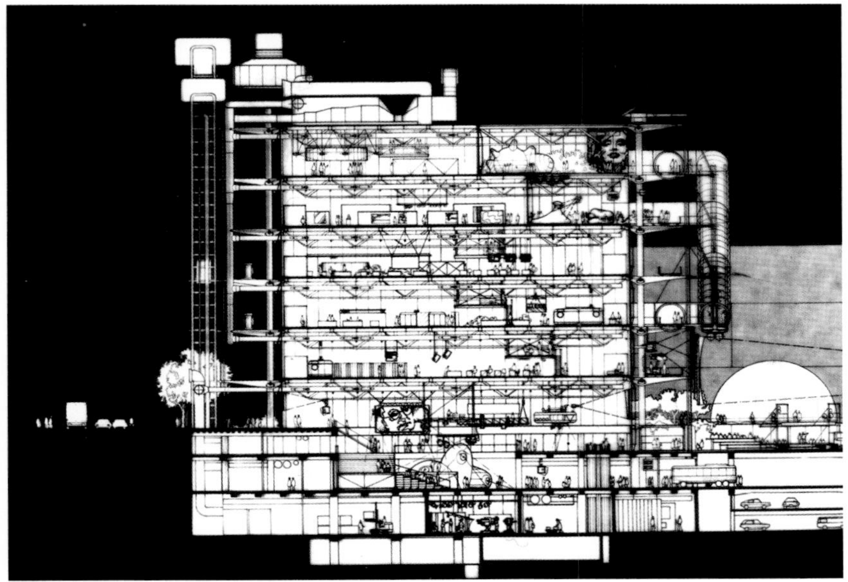

coupe est-ouest

President Pompidou and his wife, Claude, were both connoisseurs of modern art and the President decided to mark his seven years in power with the construction of a major museum of contemporary art. Although he personally never approved of the project, which was eventually chosen by an international panel, he never tried to oppose it.

Initially Pompidou's idea was to introduce the general public to contemporary art. The architects' response was: "So we must not build a traditional museum, some kind of intimidating cultural temple."

Their idea was to "break the ice between the general public and modern art by constructing something which would look familiar – like a factory – as well as intriguing – like a space ship – so they would want to go and have a look inside." Paradoxically, the intended goal matched the functional constrains imposed by the needs of a modern museum. "With a view to making any kind of future layout possible, by leaving a maximum free space, we scrapped all potential obstacles inside, such as pillars, pipes etc. We therefore managed to take advantage of our difficulties by displaying on the façade the guts of the building: metal frames, and corridors, as well as the various pipes – with different colours for water, heating, gas and electricity. Last but not least, the great escalator running in an its glass tube, which from the inside is an unique observation spot where you can see the whole city of Paris: a good way of attracting people who otherwise might not have come spontanuously to visit a comtemporary art museum. From the outside, the escalator with its never-ending upward downward motion is also a true symbol of the museum's dynamism."

Anxious to attract the general public, the museum has been allowed to be open up to 10.00 p.m. and have organized its various activities so that as many people as possible come to visit it: a number of exhibitions emphasising various aspects of society have been set up as well as a self-service library, video shop and TV-rooms where tramps and all sorts of drop-outs meet in winter. The Pompidou Centre's developers expected initially some 5,000 visitors per day. Today, there are about 20,000 of them and Beaubourg, far more than being a simple museum, has become the most visited "cultural temple" in France, with the Louvre.

A voir aux alentours / To be seen around:
J.M. WILMOTTE et S. CAILLAUX Logements 28, rue de Venise (1989)
P. BERGER et V. BARRE Logements 53, rue Quincampoix (1984)
J.C. BERNARD et A. BERTRAND Quartier de l'Horloge rues Rambuteau et Brantôme (1970-83)
A. BERRY Ecole 207, rue Saint-Martin (1934)
R. KOHN Logements 39, rue Volta (1933)
J. TINGUELY et N. de SAINT-PHALLE Fontaine place Igor-Stravinsky (1983)
R. PIANO Extension de l'IRCAM place Igor-Stravinsky (1989)
P. AUSCHER Logements 71, rue Beaubourg (1910)
G. LESOU Bureaux 58, rue Beaubourg (1932)

Stanislas FISZER. 1988

Christian SCHWINN, Graznya JANIAK et Marc DILET, assistants

Centre d'accueil et de recherche des archives nationales (CARAN)
National archives

11, rue des Quatre-Fils (3e). Métro : Rambuteau

Maître d'ouvrage : ministère de la Culture

Construire aujourd'hui au cœur du Paris historique, implique « une architecture multiple et le refus de toute esthétique unitaire glacée », estime Fiszer. Une multiplicité qui se retrouve ici dans les volumes, comme dans les matériaux.
La façade assure la transition entre deux époques : basse et fractionnée vers les petits hôtels particuliers classiques, elle se rehausse et s'allonge ensuite, annonçant un « lieu de travail » à l'unisson des « Grands dépôts » des archives, du XIXe siècle. Côté cour, « le bâtiment s'efface devant l'hôtel de Rohan en reprenant ses proportions ». Ses corniches sont à la même hauteur et sa façade est sereinement découpée en seize carrés identiques, « surfaces à la fois neutres et symétriques ». L'entrée, latérale, évite « l'emphase d'une entrée centrale et laisse voir le jardin de Rohan depuis la rue ». Quant aux matériaux, ce sont « ceux de toujours travaillés à la manière d'aujourd'hui » : façade en pierre parisienne traditionnelle (mais plaquée), couronnement par une verrière moderne cintrée, structures en métal noir et sculpture de bronze.

Fiszer believes that to build in the historic centre of Paris today, one must adopt "a multi-faceted architecture and reject a frozen uniform aesthetics". Such a multiplicity is to be found here, both in volume and in the materials used.
The façade effects a transition between two periods: low and sub-divided alongside the small classical townhouses, it then rises and stretches out, as though to announce a "workplace" at the point where it joins with the "vast warehouses" of the 19th century archives. Inside the courtyard, "the building shrinks alongside the Hotel de Rohan, returning to its true proportions". Its cornices are level with those of the old building and its façade is divided into 16 identical squares; "neutral and symmetrical surfaces". The entrance, placed to the side, avoids "the excessive emphasis of a central entrance and leaves the Rohan garden visible from the street".
As for the materials used, they are "the traditional ones, worked in a contemporary manner": the façade is covered (albeit only with a veneer) in traditional Parisian stone, the building is crowned with a modern, arched glass-roof and its principal structures are in black metal, decorated with bronze sculptures.

A voir aux alentours / To be seen around:
F. LE CŒUR Central téléphonique 106, rue Vieille-du-Temple et 63, rue des Archives (1932)
M. et N. AUTHEMAN quatre maisons (dans la cour), 20, rue des Francs-Bourgeois, (1974)

Jacques VITRY, Dominique HERTENBERGER et Jacques IVORRA. 1973

50 logements de standing / *50 luxury flats*

13, rue Thorigny (3e). Métro : Saint-Sébastien-Froissard

Maître d'ouvrage : COGEDIM

Une construction moderne qui « essaie de retrouver l'esprit du Marais, avec ses cours successives qui s'enfoncent dans l'épaisseur de la ville et débouchent sur un jardin caché ».
Ses matériaux – brique et béton, réminiscence de la place des Vosges toute proche – et ses volumes – fenêtres étroites, et bow-windows en saillie comme des échauguettes – participent de ce même « désir de renouer sans pastiche avec la tradition d'un quartier ». L'entrée de l'immeuble, largement ouverte sur la rue, est l'amorce d'un « passage » dont les façades – qui sont celles d'un espace semi-public – sont aussi soignées que la façade principale. La grande cour est (presque) aussi animée que la rue, par le passage des habitants des immeubles intérieurs et les jeux des enfants.

This is a modern construction which is "reminiscent of the Marais' area, with a series of courtyards which run deep into the city and open onto hidden gardens". The whole construction with its materials – brick and concrete: both a reminder of the buildings on the neighbouring Place des Vosges – and its volumes – narrow windows and bow-windows jutting out like towers – was inspired by "a real desire to revive the architectural tradition of a Parisian quarter, without making a pastiche of it".
The broad entrance hall opens onto the street and leads to a "passage way" whose façade – especially designed for a semi communal area – is as carefully designed as the principal façade. The main courtyard is nearly as busy as the street outside, bustling with children playing and people coming and going all day.

A voir aux alentours / To be seen around:
H. GUIMARD Logements 10, rue de Bretagne (1919)

Fidèles à leur tentative de « retrouver l'esprit de l'architecture classique et du Marais » (voir page 29), les architectes ont renoué ici avec les « retraits, respirations et avant-cours, fréquents avant la généralisation de l'alignement de la rue haussmanienne ». Ici, le fronton marque ce recul dans la rue et, comme le faisaient volontairement les classiques, la composition est « asymétrique dans la symétrie » : l'avant-corps n'est pas exactement au milieu de la façade, les deux ailes ne sont pas strictement identiques. De même, les fenêtres sont parfois groupées par deux pour retrouver la notion d' « étage noble ». L' « esprit classique » souffle également dans la cour, soigneusement traitée sur ses quatre faces « comme un lieu de vie et non un espace résiduel ». Elle intègre à l'arrière les restes du couvent des Minimes, de Mansard. Le passage public qui devait rejoindre la rue des Minimes – réminiscence de la vie en cœur d'îlot du Paris traditionnel – a été fermé « pour des raisons de sécurité ». Quant au matériau, c'est, celui de la place des Vosges voisine : la brique.

Dominique HERTENBERGER et Jacques VITRY

1987

Rémy de SEZE, architecte d'opération

Logements de standing

Luxury flats

7, rue Saint-Gilles (3e).
Métro : Chemin-Vert

Maître d'ouvrage : COFIMEG

The architects, continuing their quest to "rediscover the spirit of the classical architecture of the Marais district" (see page 29), returned here to the "recesses, breathing spaces and exterior courtyards, which had been common before the uniform alignment of Haussmann's streets". Here, the pediment emphasises this retreat from the street, while the composition of the building, following the quite deliberate practice of classical architects, is "asymmetric in its symmetry": the two wings are not identical and the principal block is not exactly in the middle of the façade. Similarly, the windows are occasionally grouped in pairs, echoing the idea of the "noble floor" of traditional apartment blocks. The "classical spirit" also infuses the courtyard, which is carefully arranged on all its four sides "as a place for living and not ignored as mere residual space". At the rear, the building incorporates the remains of the Minimes Mansard's convent. The public passage which was to have joined up with the rue des Minimes – reminiscent of the "island" life style of traditional Paris – has been closed "for security reasons". The material chosen is, of course, the brick of the nearby place des Vosges.

A voir aux alentours / To be seen around:
D. HERTENBERGER et J. VITRY Logements 4, rue Villehardouin (1980)
J. RICHARD et J. ROEHRICH Logements et bureaux 20-22, rue de Turenne (1929)
H. GUIMARD Synagogue 10, rue Pavée (1913)
G. SACHS Logements 1, rue du Pas-de-la-Mule (vers 1930)

Yves LION. 1995

Annie LE BOT et Allan LEVITT

Maison européenne de la photographie

5-7, rue de FOURCY (4e). Métro : Saint-Paul

Maître d'ouvrage : SAGI

Tentative pour « utiliser de manière active » le patrimoine, en l'occurrence l'hôtel Henaut de Cantorbe (XVIIe siècle), où s'est installé le premier musée parisien entièrement consacré à la photographie.
Cette extension de 1 800 m^2 (faisant plus que doubler le bâtiment existant) entend traiter son historique voisin « avec politesse mais sans servilité ». Foin de pastiche, donc, pour cette nouvelle construction, « franchement séparée » de sa cousine par un pan de verre. C'est par les matériaux et les dimensions que doit s'établir la familiarité : « la façade a les mêmes proportions que l'hôtel particulier, et est faite des mêmes pierres de Saint-Maximin ». La corniche de zinc gris en saillie, elle, « évoque son toit, sans le copier ».
Fils de photographe, et lui-même photographe avant de devenir architecte, Lion a cherché à construire une maison « confortable à l'intérieur ». D'où, notamment, les poteaux en laiton et le travail important sur la menuiserie, « des matériaux précieux pour montrer aux visiteurs que l'architecte a pensé à leur bien-être ».

An attempt to "actively use" heritage, in this case the Hôtel Henaut de Cantorbe (17th century), where the first Parisian museum entirely devoted to photography was set up.
This 1 800 square metre extension (which more than doubles the existing building) aims to treat its historic neighbour "with politeness but without servility". The pastiche has disappeared for this new construction, "clearly separated" from its cousin by a glass panel. Familiarity must set in through the materials and the dimensions: "The façade has the same proportions as the private mansion, and it is built with the same Saint-Maximin stones." The projecting grey tin cornice "resembles its roof without copying it".
Son of a photographer, and himself a photographer prior to becoming an architect, Lion wanted to build a house which is "comfortable inside". Thus, among other features, the brass posts and the impressive woodwork, "precious materials to show visitors that the architect thought of their comfort".

A voir aux alentours / To be seen around:
G. BOUZY et J. GIRAUD Ecole Massillon 9, rue du Petit-Musc (1933)

Pierre GIUDICELLI. 1981

(Bâtiment originel : Georges BOURNEUF, 1935)

Entrepôts transformés en 151 logements de standing
Warehouses converted into luxury flats

14, quai des Célestins (4e). Métro : Sully-Morland, Pont-Marie

Maître d'ouvrage : Samaritaine

Luxueuse réhabilitation des entrepôts néo-Louis XII – voisinage de la place des Vosges oblige – des grands magasins de la Samaritaine.
Pour « retrouver l'échelle des constructions anciennes », le bâtiment a été fractionné en cinq petits immeubles, et les vides entre les édifices existants ont été « comblés par de grandes baies vitrées dont les décrochements s'inspirent des façades ventrues d'autrefois ». A l'intérieur – havre de paix strictement protégé par un système de sécurité mêlant la vidéo à l'infrarouge –, « l'espace convivial d'une grande cour carrelée, à l'abri du bruit » et baignant dans une curieuse lumière d'aquarium.

This is a luxurious refurbishment of the famous warehouses of the Samaritaine department store, whose initial design was a typical example of neo-Louis XII, inspired no doubt by the neighbouring Place des Vosges. In order to recreate "the scale of the areats traditional buildings" the whole building has been divided into five small sections. Empty spaces between them "have been filled with large baywindows whose recesses were inspired by the bulbous traditional façades".
The inside of the building designed to be an oasis of calm – well protected by a sophisticated security system combining video and infrared controls – centres on the "large, convivial, peaceful, tiled main courtyard" flooded with light and strangely reminiscent of an aquarium.

A voir aux alentours / To be seen around:
A. CLÉMENT, B. REICHEN et P. ROBERT Pavillon de l'Arsenal boulevard Morland (1879-1988)

« La grande série fautive par ses ostentations et ses prétentions malgré la valeur d'exemple donnée par des artistes au très réel mérite, mais bonnes ou mauvaises, ces manifestations viennent à leur heure obligatoirement. » Cette phrase de R.H. Expert [(1)] semble écrite pour Laprade. Comment cet urbanisateur inspiré, dans l'entre-deux-guerres, des villes marocaines, auteur du beau Musée des colonies (voir p. 121) ou du majestueux garage Marbeuf (voir. p. 364) a-t-il pu, un quart de siècle plus tard, produire ce bâtiment sans grâce ? Signe d'une époque : beaucoup, parmi les plus grands, ont alors perdu leur âme en changeant d'échelle (cf. notamment le bâtiment de Roux-Spitz p. 235).
Cet infatigable dessinateur du Paris classique (voir ses « Carnets ») livre ici un chef-d'œuvre de lourdeur bureaucratique, digne des ex-démocraties populaires. Le quartier a finalement digéré cet énorme bâtiment, à tel point qu'Yves Lion, travaillant sur l'îlot voisin (cf. ci-dessous) a repris sur ses constructions l'attique qui – seule trace de l'intervention d'un architecte – coiffe la préfecture.

Albert LAPRADE

1964

Préfecture de Paris

17, boulevard Morland (4e).
Métro : Sully-Morland

Maître d'ouvrage : ministère de l'Intérieur

"The large series is guilty of its ostentation and pretensions, despite offering a model provided by truly praiseworthy artists; but good or bad, these manifestations inevitably arise in their time." [(1)] R. H. Expert seems to have written this sentence to describe Laprade. How could this city planner, inspired between the two World Wars by Moroccan cities, the designer of the beautiful Musée des colonies (see page 121) or the majestic Marbeuf garage (see page 364), produce this graceless building a quarter of a century later?
Sign of an era: many among the best architects lost their soul at the time when they built projects on a larger scale (see the Roux-Spitz building page 235).
This untiring draftman of the classical Paris (see his "Carnets") offers us here a heavy and bureaucratic masterpiece, worthy of the former popular democracies. The neighbourhood finally digested this huge construction, and even Yves Lion, working on the neighbouring island (see below), recaptured, on his construction, the attic that covers the Préfecture – only sign of an architect's interference.

(1) Cité in « *Roger-Henri Expert* » p. 99. IFA/éditions du Moniteur, 1981.

A voir aux alentours / To be seen around:
Y. LION Réhabilitation de logements de J-A. Bouvard 15, bd Morland (1871-1989)
Y. LION Logements 18-30, quai Henri IV (1999)

5e et 6e arrondissements

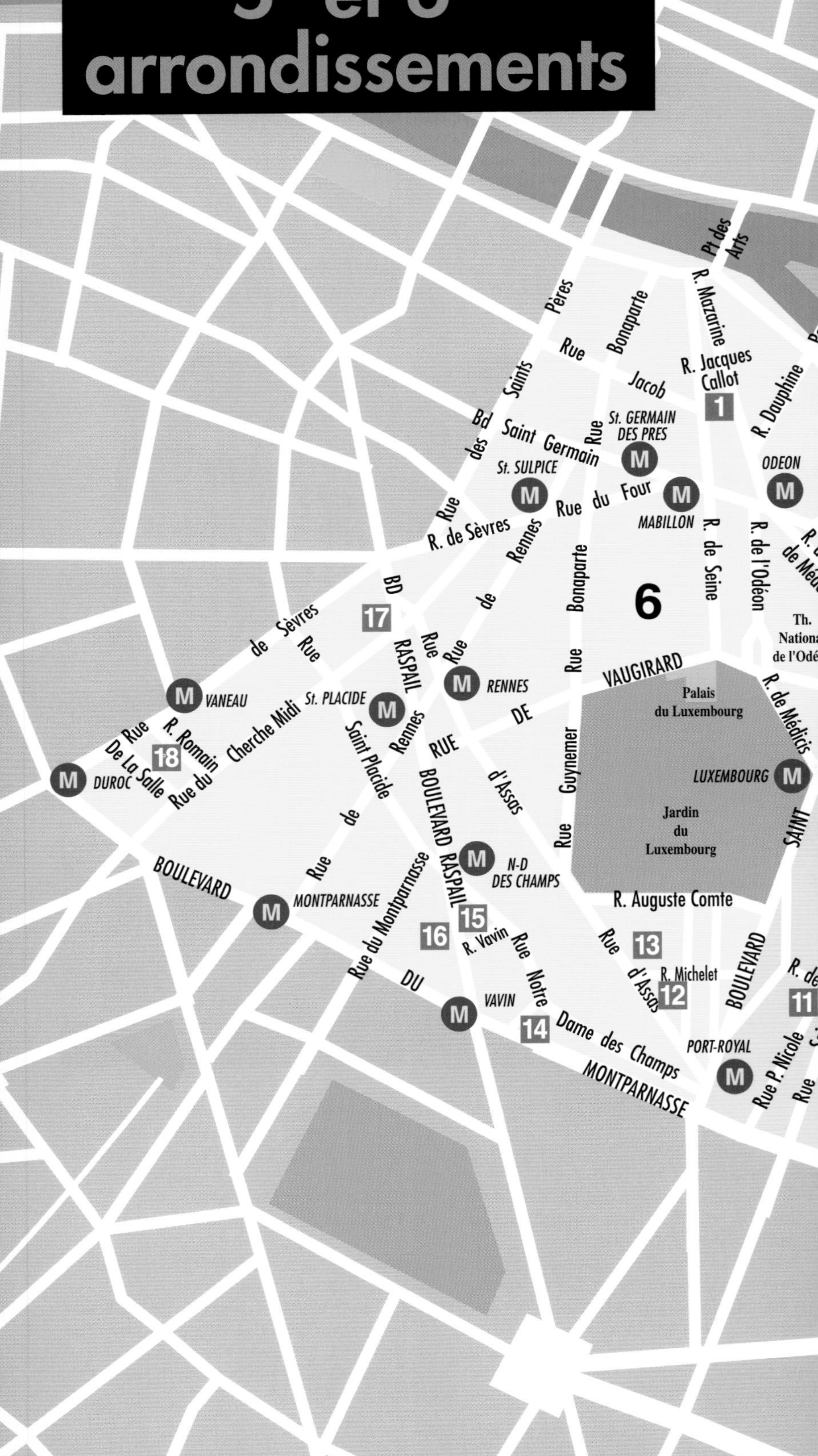

Augustins
Pont St Michel
Petit Pont
Pt au Double
N. Dame
Quai St. Michel
ICHEL
CLUNY LA SORBONNE
Rue Lagrange
Pt de l'Archevêché
MAUBERT MUTUALITE
Pt de la Tournelle
Pt de Sully
SAINT GERMAIN
Rue Jacques
Rue des Ecoles
Collège De France
Rue Valette
Rue Monge
Palais de la Mutualité
Fossés St Bernard
Institut du Monde Arabe
Quai Saint Bernard
SEINE
Saint
CARDINAL LEMOINE
JUSSIEU
Université Paris VI Paris VII P et M. Curie
Panthéon
R. Clovis
R. du Card. Lemoine
Rue Monge
Arènes de Lutèce
R. Limé
Rue Jussieu
R. Cuvier
QUAI DE LA RAPEE
Pont d'Austerlitz
JARDIN DES PLANTES
d'Ulm
P.et M. Curie
R. Thouin
Rue Lacèpède
GARE D'AUSTERLITZ
MONGE
Muséum National d'Histoire Naturelle
5
Rue Mouffetard
Monge
Institut Musulman et Mosquée
Rue Geoffroy Saint Hilaire
Rue Buffon
BD DE L'HOPITAL
Rue Vauquelin
R. Censier
CENSIER-DAUBENTON
Rue Poliveau
Rue Claude Bernard
Rue
Rue du Fer à Moulin
Rue Berthollet
Rue Pascal
R. Scipion
Marcel
Saint
DU PORT ROYAL
Av. des Gobelins
Boulevard
2
3
4
5
6
7
8
9

A la place de l'ancien passage du Pont-Neuf, détruit dans les années 20, Expert a construit, sans complexe vis à vis de l'environnement historique, un immeuble quasi industriel pour abriter le travail des élèves architectes, dont il était l'un des professeurs. « Il s'agissait d'éclairer des tables ininterrompues, et tout devait être lumineux. » (1) D'où les grandes baies vitrés filantes (les poteaux sont dans les salles, en retrait de la façade). Et « comme cet âge sans pitié abîmera beaucoup et que l'Etat ne réparera jamais », le béton s'imposait.
Les conditions du désastre étaient donc réunies. Sauf qu'Expert, architecte raffiné de la fête et du luxe (voir page 132) n'a jamais oublié sa formation classique. Fenêtres cintrées du logement du concierge (qui n'existaient pas dans le projet initial) ; équilibre parfait des horizontales vitrées des baies et de la verticale à claire-voie de l'escalier ; qualité du béton bouchardé : autant de discrètes douceurs qui démentent le brutalisme apparent du bâtiment (qui devait initialement être prolongé jusqu'à la rue de Seine).

Roger-Henri EXPERT

1933

Ateliers de l'école des Beaux-arts
Beaux-Arts (Fine Arts School) Workshops

1, rue Jacques-Callot (6e).
Métro :
Saint-Germain-des-Prés, Mabillon

Maître d'ouvrage : Education nationale

To replace the former Passage du Pont-Neuf, destroyed in the 1920's, and without feeling limited by the historic surroundings, Expert built an almost industrial-style building to house the work of architecture students whom he also taught. "The purpose was to light rows of tables. Everything had to be well lit." (1) Thus the large shooting bay windows (the pillars are in the classrooms, set back from the façade). And "since this young and ruthless age will cause a lot of damage which the government will never repair", cement was a must.
The conditions for this disaster were thus met. But Expert, a refined architect of festive and luxurious styles (see page 132), never forgot his classical training. Arched windows for the concierge's apartment (which was not included in the original project); a perfect balance between the horizontal bay windows and vertical lattice work of the staircase; the quality of the rough-hewn cement: such is the discreet gentleness that contradicts the apparent brutality of the building (that was initialy to be extended to the Rue de Seine).

(1) Albert Laprade, *L'Architecture,* 15 septembre 1934, page 354.

A voir aux alentours / To be seen around:
L. et R. MICHAUX Bureaux 91, boulevard Saint-Germain (1927)
A. GRUMBACH Résidence pour chercheurs étrangers 16, rue Suger – dans la cour (1990)
G. VEISSIÈRE Logements 18, rue Jacob (1927)
L. MADELINE et J. WALTER Faculté de médecine 45, rue des Saints-Pères (1937-1953)

Joannès CHOLLET et Jean-Baptiste MATHON. 1936

École supérieure des travaux publics / *Civil Engineering Graduate School*

57, boulevard Saint-Germain (5e).
Métro : Maubert-Mutualité, Cluny-La Sorbonne

Maître d'ouvrage : École supérieure des travaux publics

Directement inspiré de l'architecture hollandaise (tout comme l'Institut de biologie, voir page 45), l'intérêt de ce bâtiment tient en partie au traitement de la façade en briques couleur chamois, spécialement réalisées pour l'occasion. En faisant des joints horizontaux larges et profonds, alors que les joints verticaux étaient pleins, les architectes ont donné à leur façade un aspect « strié », qui s'oppose aux pilastres verticaux qui la rythment.
A l'angle de la rue Thénard, les poteaux porteurs ont été placés dans le bâtiment pour ne pas casser l'effet de rotonde donné par les longs vitrages horizontaux qui s'opposent aux fenêtres carrées à guillotine de la façade principale. Toutes les ouvertures sont encadrées en lap [1], un matériau artificiel rappelant le marbre noir.
A l'intérieur, des bureaux occupent la façade, alors que salles de cours et amphithéâtres ont été placés à l'arrière.

Directly inspired from Dutch architecture (as is the Biological Institute – see page 45) the interest of this building lies in the treatment of the façade, in buff-coloured brick, specially made to order. By making the horizontal joints in the brickwork wide and deeply grooved, while leaving the vertical joints normally flush, the architects have given the façade a "striped" aspect which contrasts with the vertical pilasters which punctuate it.
At the corner with rue Thénard, the load-bearing pillars have been placed inside the building so as not to break the continuity of the curve, which is emphasised by the wide horizontal windows on the side as against the square sash windows on the main frontage.
All the openings are framed in "lap" [1], an artificial material resembling black marble.
Inside, the offices are placed along the frontage while the lecture theaters and class-rooms have been placed to the rear.

(1) Voir *L'Architecture des Années 30* de Bertrand Lemoine et Philippe Rivoirard, éditions de La Manufacture, 1987.

Jean NOUVEL, Gilbert LEZENES, Pierre SORIA et ARCHITECTURE STUDIO. 1987

Institut du Monde arabe / *Arab institute*

11, quai Saint-Bernard (5e). Métro : Cardinal-Lemoine, Sully-Morland

Maître d'ouvrage : Institut du monde arabe

Instrument de diffusion de la culture arabe en France, l'IMA se veut un « bâtiment de dialogue ». Dialogue entre la tradition et le modernisme, par la transposition des constantes de l'architecture arabe : « Version technologique du traditionnel moucharabieh, les baies vitrées de la bibliothèque (à droite) tamisent automatiquement la lumière du jour grâce à des milliers de cellules photo-électriques. Entre la bibliothèque et le musée, une étroite faille conduit à un patio, transposition de l'intériorité de l'architecture arabe ». Dialogue aussi entre le Paris moderne et le Paris ancien : la bibliothèque emprunte ses formes orthogonales à la faculté de Jussieu, à ses pieds. En revanche le musée, moins haut, poursuit visuellement le boulevard Saint-Germain. Sa façade aux longues lames métalliques – dissimulant partiellement les silhouettes de toits parisiens gravées sur la vitre – s'ouvre largement sur Notre-Dame, « comme une grande fenêtre munie d'un store vénitien ».

The IMA is the principle instrument for the diffusion of Arab culture in France, it is designed to be "a building of dialogue". A dialogue between tradition and modernism, established by its transposition of the traditional elements of Arab architecture: "the glass bays of the library (to the right) are a high technology version of the traditional Arab window, filtering daylight through thousands of photo-electric cells. Between the library and the museum a narrow gap leads to a patio, an echo of Arab architecture's concentration on interiors. There is also a dialogue between modern Paris and the old city: the regular shape of the library is borrowed from the Jussieu University building at its feet. The museum on the other hand, is not as high and provides a visual continuation of the boulevard Saint-Germain. The façade, with its long metal strips (partially hiding the silhouetted Parisian roof scape engraved on the glass) opens out onto Notre-Dame, "like a vast window with a venetian blind".

A voir aux alentours / To be seen around:
G.H. PINGUSSON Mémorial de la déportation square de l'Ile-de-France (1962)
L. SUE Immeuble Helena Rubinstein 24, quai de Béthune - dans la cour (1937)
D. BADANI et P. ROUX-DORLUT Musée en plein air face au 7, quai Saint-Bernard (1979)
L. POLLET Piscine 19, rue de Pontoise (1933)
J.M. AUBURTIN Ecole 21, rue de Pontoise (1911)

Edouard ALBERT, Urbain CASSAN, René COULON et R. SEASSAL. 1965.

KETOFF, ingénieur-conseil.

Faculté de Jussieu (70 000 étudiants) / *Jussieu Faculty (70 000 students)*

Place Jussieu. Métro : Jussieu

Maître d'ouvrage : ministère de l'Education nationale

Plus vaste campus de France – il accueille près de 5 % des étudiants du pays – Jussieu est construit selon un plan à damier inspiré du « grill » de l'Escurial à Madrid, les bâtiments entourant vingt et un « patios » de 900 m². Il illustre sur une grande échelle l'architecture tubulaire métallique d'Albert, préfabriquée en série (voir pages 127 et 269). Ainsi, la structure des bâtiments, telle un Meccano, repose sur des grandes poutres longitudinales et transversales, en forme de « gondoles ». Celles-ci sont portées par 1 750 pilotis d'acier de 22 centimètres de diamètre et de 4,90 mètres de hauteur, libérant presque totalement quelque six hectares de sol. Sur les façades, les « mailles » de la structure laissée apparente sont, elles aussi, remplies d'une dizaine de milliers de panneaux préfabriqués. Une solution qui présentait de nombreux avantages techniques et économiques. Mais le gigantisme d'espaces ouverts à tous les vents et la répétitivité de milliers d'éléments préfabriqués ne portaient pas ce lieu à être l'« espace clos et resserré favorisant les rencontres » qu'Albert souhaitait qu'il fût.

Jussieu is the biggest university campus in France (nearly 5 % of the country's students), it is built in a chequerboard pattern inspired by the "grill" at the Escurial in Madrid, the buildings encircle twenty-one patios covering an area of 900 square metres. It is a good example of Albert's tubular metallic architecture (see pages 127 and 269), prefabricated and (in this case) applied on a large scale. The structure of the buildings, resting on great vertical and horizontal beams, is like a Meccano model of a serie of gondolas. The "gondolas" float on 1,750 steel pilotis, 22 centimetres in diameter and 4.90 metres high, leaving some 6,000 square metres practically free at ground level. On the façades, the "links" of the underlying structure remained visible, filled in with over 10,000 prefabricated panels. The solution the architects found to the various problems they faced, did offer a number of technical and financial advantages. However, the sheer size of the open spaces and the repetitious effect created by thousands of identical prefabricated parts prevented Jussieu from becoming the "cloistered environment encouraging the meeting of minds" which Albert had sought to create.

A voir aux alentours / To be seen around:
R. BERGER Museum d'histoire naturelle 59, rue Cuvier : serre (1936) et fauverie (1937)
C. ALBENQUE et E. GONNOT Logements HBM 6, rue Larrey (1932)

La façade sur rue, orientée au nord, ne reçoit pas le moindre rayon de soleil : « il valait mieux la fermer pour donner au bâtiment l'aspect sombre et puissant d'une grotte. C'est ce qui explique l'emploi de céramique noire. Les consoles en béton brut qui soulignent les bouches d'aération accentuent cet effet minéral ».
Résultat : « l'effet est saisissant quand, après avoir pénétré dans cette grotte obscure, on débouche dans les salles de restaurant noyées de lumière qui arrive par les baies vitrées des autres façades, en plein soleil ».

Henry
POTTIER
1965

Restaurant universitaire
University restaurant

3, rue Censier (5e).
Métro : Censier-Daubenton

Maître d'ouvrage : Education nationale

The front side, facing directly north, does not enjoy one bit of sunshine: "We thought it would be better to build it without any opening for light, in order to give the whole building the dark and powerful look of a cave. Hence the use of black ceramic. The consoles – built of concrete – which underline each ventilation inlet, emphasise the mineral aspect of the whole".
As a result "the effect created is striking: when entering this dark cave, one ends up in the large dining-rooms flooded with light coming in from large bay-windows on the other, south facing, walls".

M. CUMINAL et Roger LARDAT. 1938

Ecole / *Primary school*

66, boulevard Saint-Marcel (5e). Métro : Gobelins

Maître d'ouvrage : Ville de Paris

Une école construite dans la vague des années 30 (voir page 86) mais qui ne possède pas les caractéristiques des établissements bâtis à cette époque : volumes affirmés et cour visible de la rue.
Cela s'explique par le fait que la nouvelle école est en fait l'agrandissement de celle située à sa droite, datant du XIXe siècle. La comparaison entre les deux façades – celle, modeste, de l'ancienne école, et celle de la nouvelle école, plus monumentale avec ses grandes ouvertures et sa hampe de drapeau – montre toutefois comment, en moins de cinquante ans, les établissements scolaires sont sortis de l'anonymat urbain pour accéder au statut d'équipement collectif, sorte de « monuments de quartier » marquant l'environnement.

This was part of a wave of school-building during the thirties (see also page 86), although it does not show any of the features of many such buildings, such as strong and powerful volumes combined with courtyards visible from the road.
This untypical design is mainly due to the fact that the school project was in fact designed to be an extension of the existing 19th century school to its right hand side. These two different façades – on the one hand the unremarkable façade of the old school, and on the other the monumental frontage of the new project, with its large windows and its flag pole – show however that in less than half a century schools, formely anonymous urban constructions, had gained recognition as well as the full status of public amenities, thus becoming "monuments" and genuine landmarks in the urban environment.

A voir aux alentours / To be seen around:
J. P. BUFFI et I. ROTA Résidence de chercheurs 13, rue Scipion - dans la cour (1988)

J. KALISZ Maison de cure 37, rue du Fer-à-Moulin (1986)

Même dans un « périmètre protégé » – ici autour de l'église Saint-Médard – on n'est pas forcément condamné à l'insipide « architecture d'accompagnement » que préconise souvent l'administration.

« Les façades de la rue de Valence – du XIXe siècle aux années 30 – sont variées et vivantes » et Thurnauer a voulu « compléter par une façade dynamique cette collection d'échantillons d'histoire ». Au service de ce parti de dynamisme : des duplex en saillie, la façade partiellement rentrante, articulée autour de la colonne en céramique de la cage d'escalier, et des couleurs qui soulignent les décrochés de volumes. Une façon de « mettre l'architecture en mouvement en se servant d'éléments très simples ».

Gérard THURNAUER

1981

Jacques LIONNARD, assistant
Fresque : Jean de GASPARY

18 logements sociaux

18 social flats

5, rue de Valence (5e).
Métro : Censier-Daubenton, Gobelins

Maître d'ouvrage : RIVP

Even in a so-called "protected perimeter" – like the one seen here, around Saint-Médard Church – architects do not necessarily have to restrict themselves to the kind of insipid "background-buildings" so often recommended by local authorities. "The façades on the rue de Valence built between the 19th century and the thirties are striking for their diversity and liveliness". Thurnauer tried to "complete this range of historical samples with a dynamic façade". Duplex flats jutting out on the frontage, which is symmetrically recessed on each side of the central ceramic column housing the staircase, as well as the contrasted çolours designed to underline the great variety of volumes: all these elements contribute to this dynamism. This is a good illustration of how to "set architecture in motion by the use of basic elements".

A voir aux alentours / To be seen around:
G. PLANCHE Logements 9 bis, rue de Valence (1930)

Robert GROSJEAN, Jean-Philippe PARGADE et Gérard VIARD. 1984

Gymnase et 16 logements sociaux / *Gymnasium and 16 social flats*

Place des Patriarches (5e). Métro : Censier-Daubenton

Maître d'ouvrage : RIVP

Une construction « bonhomme » qui veut retrouver l'esprit de l'ancien marché des Patriarches.
« Un volume plus bas que les immeubles environnants, pour ne pas s'imposer. Une façade lisse, à l'unisson des façades petites-bourgeoises environnantes. Le fronton triangulaire rappelle l'ancien marché, et le soubassement bosselé est un clin d'œil à plusieurs constructions du quartier, notamment rue Lhomond. »
Le volume très ouvert, avec des escaliers, une percée centrale, sur laquelle donnent les coursives qui accèdent aux appartements, achèvent de donner à ce bâtiment un « aspect convivial ».

This "gentle" building is an attempt to revive the atmosphere of the former market hall "marché des Patriarches", which and was recently pulled down.
"The project was deliberately designed to be lower than the neighbouring buildings so that it would not impose on them. The smooth frontage matches perfectly with the neighbouring bourgeois façades. The triangular pediment is reminiscent of the old market place and the dented base hints at other buildings in the area, especially on rue Lhomond."
The open volume of the whole building, with its staircases and its large central opening, showing the passage-ways which give access to the flats, contribute further to the creation of a "welcoming appearance".

A voir aux alentours / To be seen around:
P. CANAC Ecole maternelle 22, rue Saint-Médard (1973)
P. CHEMETOV Logements (surrélévation) 12, rue de l'Epée-de-Bois (1967)
L. ARSÈNE-HENRY et P. STARK Ecole nationale des Arts décoratifs (et façade intérieure) 31, rue d'Ulm (1998)

Logement et bureaux d'un publicitaire, construits sur un terrain si exigu (80 m²) que six précédents projets avaient dû être abandonnés.
« La façade, par ses décalages successifs, marque la différenciation entre les lieux publics et privés : bureaux aux deux premiers étages, chambres aux troisième et quatrième, pièces communes d'habitation aux deux derniers niveaux. »
« La façade était trop étroite (8 mètres) pour être découpée en plusieurs éléments verticaux. » Les architectes ont donc cherché à l'unifier en jouant sur des éléments « uniques », comme le gros pilier contenant l'escalier d'accès à l'agence, ou la grande baie vitrée carrée qui regroupe en une seule ouverture toutes les fenêtres des chambres.
Un immeuble à rapprocher de celui construit avenue de Saxe par Maufras et Delatouche (voir page 188).

Etienne DEBRÉ et Jean-Marie HERTIG. 1985

Logement particulier et agence de publicité

Flats and offices of an advertising agency

7, rue Thouin (5e).
Métro : Place Monge, Cardinal-Lemoine

Maître d'ouvrage :
M. et Mme Banz

This building, in which a Parisian advertising executive has set up his flat and office, was constructed in such a narrow space (80 square metres) that six previous projects had to be abandonned.
"The various gaps in the frontage show the partition between the public and private parts of the building: offices on the first two floors, bedrooms on the third and fourth ones and living-rooms at the very top of the house."
"Initially the frontage was too narrow (8 metres wide) to be divided into different vertical elements." Therefore, the architects tried to unify the whole by relying on "one off" elements, such as the big central pillar housing the stairs leading to the offices, or the large square bay-window which is the only opening on the 3rd and 4th floors.
This building is reminiscent of the one on avenue de Saxe by Maufras and Delatouche (see page 188).

A voir aux alentours / To be seen around:
F. de MARESCHAL Centre culturel arménien 10 bis, rue Thouin (1981)
AGENCE D'ARCHITECTURE HBM Logements 20, rue de l'Ecole polytechnique (1934)
P. HERBÉ Logements 29, rue Jean-de Beauvais (1960)
A. et J. GUILBERT Collège de France impasse Chartière (1933-1940)
V. LESAGE ET C. MILTGEN Palais de la Mutualité 22, rue Saint-Victor (1930)
P. TOURNON Logements 174, rue Saint-Jacques (1931)

La première construction parisienne importante – et la plus audacieuse – réalisée à l'âge de 40 ans par Germain Debré, architecte à la courte carrière retardée par la Première Guerre mondiale et interrompue par la Seconde.
Un bâtiment visiblement inspiré de l'architecte hollandais Dudok (voir page 183) et de Mallet-Stevens, qui venait d'inaugurer trois ans auparavant la rue qui porte son nom (voir pages 246-247). Mais l'accumulation des volumes imbriqués les uns dans les autres – jusqu'à la rotonde-signal du dernier étage – et l'emploi de la brique – réminiscence de l'architecture hollandaise contemporaine – produisent un résultat quelque peu différent de la blanche simplicité des maîtres de l'architecture cubique.
L'ensemble de l'Institut, dont la construction a été « coordonnée par un comité de savants », comprend une cinquantaine de laboratoires – dont un est enterré à 11 mètres sous terre pour rester à température constante –, un jardin botanique sur le toit, un héliostat, un chenil et un clapier.
L'ensemble a été défiguré en 1987 par une malheureuse adjonction marronâtre dans le vide entre les deux bâtiments.

Germain DEBRÉ et Nicolas KRISTY

1930

Institut de biologie

Biology Institute

13, rue Pierre-et-Marie-Curie (5e).
Métro : Luxembourg

Maître d'ouvrage : Fondation Edmond de Rothschild

état originel

This was Germain Debré's first (and most audacious) major building in Paris, completed when he was forty years old. The architect had a short career, delayed by the First World War and interrupted by the Second.
This building is visibly inspired by the Dutch architect Dudok (see page 183) and Mallet-Stevens, who three years earlier, had begun the street which carries his name (see pages 246-247). However, the accumulation of interlocking volumes (right up to the lighthouse-rotunda on the top floor) and the use of brick (an echo of contemporary Dutch architecture) produced a result which was rather different from the white simplicity achieved by the masters of cubic architecture.
The building of the Institute was "co-ordinated by a committee of academics" and the result includes fifty or so laboratories (one of which is buried 11 metres under ground so as to remain at a constant temperature). A botanic garden on the roof, a heliostat and various kennels and hutches for the animals.
In 1987, the whole was defaced by an ugly and brownish adjonction in the space between the two buildings.

A voir aux alentours / To be seen around:
J.E. DJENANGI Foyer franco-libanais 15, rue d'Ulm (1963)
R. DANIS Institut Curie 25, rue d'Ulm (1933)
J. BALLADUR Institut Curie 26, rue d'Ulm (1966)
R.H. EXPERT Bureaux 39 ter, rue Gay-Lussac (1934)

Un « hommage moderne aux façades exubérantes en céramique du début du siècle ». Pour « animer une rue classique et monotone, l'immeuble est revêtu d'une peau blanche et mouvante, couverte de trous et de débordements ». Bien que tous les appartements aient le même plan, les fenêtres et les volumes ont un dessin différent à chaque étage afin d'obtenir une « façade-sculpture, à la manière de Gaudi ou de Lavirotte » (voir page 258).
Au rez-de-chaussée, une fausse « ruine » conçue par Gnoc Duong vise à « créer une surprise au niveau du piéton et à faire passer l'art dans la rue. »

E.D.
1981

5 logements de standing

5 luxury flats

11 bis, rue Pierre-Nicole (5e)
Métro : Port-Royal

Maître d'ouvrage : copropriété directe

This is a "modern tributary to the flamboyant ceramic façades of the turn of the century". In order to animate a "traditional and dull street, the building has been covered with a white moving skin punctuated with holes and prominences". Although all the flats were designed according to the same pattern, volumes and windows vary on each floor in order to create a "sculpted frontage reminiscent of the work of Gaudi or Lavirotte" (see page 258).
On the ground floor, mock "ruins" were designed by Gnoc Duong to "catch the passer-by by surprise and carry art onto the street."

A voir aux alentours / To be seen around:
A. CONTENAY Logements 11, rue Pierre-Nicole (vers 1930)
G. MAURIOS Logements 328, rue Saint-Jacques (1989)
J. WILLERVAL Bibliothèque 88 ter, boulevard de Port-Royal (1975)

Paul BIGOT. 1927

Institut d'art et d'archéologie / *Art and Archeology Institute*

3, rue Michelet (6e). Métro : Port-Royal, Vavin

Un des rares exemples à Paris de l'architecture « historiciste », réponse d'architectes traditionalistes adversaires résolus des réalisations du Mouvement moderne, et qui s'est surtout manifestée en Europe centrale et en Allemagne.
Grand patron de l'École des beaux-arts, surtout tourné vers l'étude du passé, Bigot a très peu construit. Ses domaines de prédilection : les restaurations (notamment celle de l'hôtel Matignon) et les recherches historiques (il a réalisé une gigantesque maquette de la Rome antique).
Dans ce curieux fantasme, il laisse libre cours à un éclectisme qui mélange allègrement, dans un monumental palais en béton prudemment recouvert de briques, créneaux néo-mauresques, lucarnes médiévales et colonnes vaguement babyloniennes.

This is one of the rare examples of "historicist" architecture in Paris – a traditionalist's response to the Modern Movement which Bigot fiercely opposed –, of a kind especially found in Central Europe and Germany.
Bigot who was the head of the French school of Beaux Arts, devoted himself to studying the buildings of the past and designed very few buildings himself; he always had a particular interest in restoration (especially that of the Hotel Matignon) as well as in the history of architecture (he even built a gigantic model of ancient Rome). This phantasmagorical monumental concrete palace is a most curious combination of eclectic elements such as brick, neo-moorish crenelations, medieval dormer windows, and vaguely Babylonian columns.

Pierre SIRVIN et Camille CLOUZEAU. 1966

Extension de la faculté de pharmacie / *Extention of the pharmacy college*

63, rue d'Assas (6e). Métro : Port-Royal, Vavin, Notre-Dame-des-Champs

Maître d'ouvrage : Ministère de l'éducation nationale

Essai « d'accrocher du nouveau sur du vieux – les bâtiments existants de la faculté de pharmacie – sans faire aucune concession à des formes anciennes ».
Les affinités sont ici uniquement question de proportions et de matériaux : « La monumentalité de l'ancienne faculté a été retrouvée en groupant par deux les étages de la nouvelle, et l'emploi de la brique crée une unité de matériaux. Les vitres noires, par leur neutralité, facilitent la liaison entre les deux architectures. » Une construction très influencée par les réalisations de l'architecte américain Louis Kahn. Politesse à l'égard du passant, les architectes ont inversé le programme qui prévoyait une construction en bordure de la rue d'Assas avec un jardin botanique intérieur, et ont préféré construire un bâtiment « plus hospitalier », au fond du jardin qui vient border la rue.

Here, the architects tried to build a modern extension to "old buildings without making any concession to traditional designs".
Similarities between the two buildings are to be found only in the proportions and materials: "the monumental aspect of the old part of the college has been recreated by grouping the various floors of the new building in pairs, and the use of brick creates a continuity of material; black tinted windows (a neutral colour), strengthen the link between the two types of architecture". This construction is clearly influenced by the work of the American Louis Khan. Sirvin and Clouzeau reversed the initial design by putting the botanic garden outside rather than behind the building, as a greeting to the passer-by who can see it from the road, thus giving the whole a "more hospitable" aspect.

A voir aux alentours / To be seen around:
E. MALOT Logements 102, rue d'Assas (1930)
LENORMAND et F. CARPENTIER Faculté de droit 94, rue d'Assas (1962)
L.J. MADELINE Logements 143, boulevard du Montparnasse (1939)
J. BLANCHE Logements 151, boulevard du Montparnasse (1958)

Un immeuble représentatif de l'architecture « intermédiaire » de l'entre-deux-guerres – à mi-chemin entre modernisme et classicisme –, aujourd'hui injustement oubliée. Ici, Madeline a soigneusement caché, sous une brique parfaitement travaillée, l'ossature en béton de son immeuble, afin d'obtenir une construction « distinguée. » (1)
Même double jeu pour les façades de son immeuble : celle du boulevard du Montparnasse est d'un classicisme de bon ton. Mais sur la rue Notre-Dame-des-Champs, moins en vue, les volumes sont nettement plus audacieux : afin d'obtenir un ensoleillement maximum, la traditionnelle cour n'est pas placée au cœur de l'immeuble, mais ouvre directement sur la rue, comme dans l'immeuble de Perret, rue Franklin (voir pages 232-233). Pour éviter « l'étranglement » de cette cour, Madeline a incurvé le fond de la façade et placé des fenêtres à ses angles.
La verticalité du bâtiment est accentuée par la haute cage de l'escalier de service en pavés de verre surmontée d'une rotonde et les cheminées dont la hauteur a été volontairement exagérée pour obtenir un effet de silhouette.

Léon-Joseph MADELINE
1939

14 appartements de standing
14 luxury flats

96, rue Notre-Dame-des-Champs (6e).
Métro : Vavin, Port-Royal

Maître d'ouvrage : Léon Galleto

This is a typical example of "intermediary" architecture which was predominant in the interwar years, halfway between modernity and tradition, and which, nowadays, has been unjustly forgotten. Here, Madeline has carefully hidden the concrete skeleton of the building behind a layer of extremely fine brickwork, to produce a "distinguished" construction (1).
He used the same trick for the different façades of the building: the one facing the boulevard Montparnasse was inspired by the most traditional principles. The one facing the rue Notre-Dame-des-Champs, despite its less monumental aspect, shows more daring volumes. To receive a maximum amount of sunshine the traditional main courtyard was not placed at the centre of the building, but along the road in the same way as at the one built by Perret on the rue Franklin (see pages 232-233). To avoid "constriction" of the courtyard, Madeline curved the surrounding façade and put large windows on each corner.
The vertical emphasis of the whole is typified by the staircase, tiled with large glass panels and topped with a rotunda and chimneys whose heights have been deliberately exaggerated in order to further underline the vertical outline of the building.

(1) Commentaire de *L'architecture française* (août 1941).

Moins de quinze ans après avoir construit à Nancy la villa de l'ébéniste Majorelle, véritable manifeste de l'Art Nouveau, Sauvage réalise cette « maison à gradins sportive », sans doute le premier immeuble en copropriété construit à Paris. Très influencé par l'architecture viennoise, il tire sa modernité non de ses volumes en retraits successifs mais surtout de son revêtement de céramique blanche, qui annonce les années 20. Autre signe de modernité, la réflexion sur le logement : ici Sauvage applique pour la première fois le système de construction en gradins, esquisse d'une cité-jardin verticale qu'il développe plus complètement rue des Amiraux (voir pages 280-281), dont les plans datent de la même époque. Construisant entre deux immeubles, il respecte toutefois partiellement l'alignement de la rue et ne fait commencer ses gradins qu'au troisième étage. Dans le vide intérieur, sous les gradins, il avait installé son propre atelier.
Comparez notamment cet immeuble avec son voisin du 137 boulevard Raspail qu'il a construit en 1925. On chercherait en vain, dans ce traditionnel immeuble de rapport bourgeois en pierre de taille, la moindre trace de la modernité qu'il manifestait treize ans auparavant, de manière si éclatante, dans la maison à gradins [(1)].

Henri SAUVAGE
1913

Logements de standing
Luxury flats

26, rue Vavin (6e).
Métro : Vavin, Notre-Dame-des-Champs

Maître d'ouvrage : copropriété directe

Less than 15 years after building the house of the famous French decorator, Majorelle, in Nancy, which was designed to be a manifesto of Art Nouveau, Sauvage built this "stadium-terraced house", probably the first co-owned building ever completed in Paris. It is very much influenced by Viennese architecture. Its modernity shows mainly through the white ceramic covering on the frontage which heralded a trend which was to become typical of the twenties.
Another sign of modernity lies in the thought given to the principles of home building: here, Sauvage's design focussed for the first time on a terraced construction, a sort of sketch for the more complete vertical "cité-jardin" he built on rue des Amiraux (see pages 280-281) and designed at the same period.
The first two floors line up with the neighbouring buildings while the third one breaks the line into a terraced pattern. Sauvage set up his own studio in the gaps created inside the terraces.
It would be pointless indeed to compare this building with the one Sauvage completed in 1925 on the neighbouring boulevard Raspail (at number 137). In fact, the latter, a traditional freestone bourgeois building, does not show any of the modern features so obvious in this construction designed thirteen years earlier [(1)].

(1) Voir à ce sujet « Sauvage, le pur et l'impur », d'Antoine Grumbach dans *Architecture Mouvement Continuité* n° 37 (1976)..

Sur ce « boulevard sans surprise où le regard glisse sans être arrêté », Herbert a voulu mettre un « point fort qui accroche l'œil ».
La forme « en accordéon » n'est pas gratuite. Elle « corrige l'effet disgracieux de l'angle obtus formé par le boulevard Raspail et la rue Vavin, et elle permet d'apporter le maximum de lumière à cet immeuble construit sur un terrain étroit et tout en profondeur ».
Pour contrebalancer l'aspect massif du bâtiment, « les façades sont en glaces réfléchissantes, constamment animées par les mouvements du quartier et les changements du ciel ».

Michel HERBERT

1980

Bureaux
(7 000 m²)
Offices

128-130, boulevard Raspail (6e).
Métro : Vavin, Notre-Dame-des-Champs

Maître d'ouvrage : COGEDIM

Herbert always wanted to build something which would catch the eye "on this dull boulevard".
The very fact that the building was given the shape of an "accordion" is not accidental, for it "softens the unsightly effect created by the obluse angle at the junction of boulevard Raspail and rue Vavin while allowing the building itself, despite its narrow space, to receive a maximum of sunshine".
To counterbalance the massive appearance of the building "the façades were entirely built of reflective glass, constantly livened up by the bustle of the area and the various changes in the sky".

A voir aux alentours / To be seen around:
A. PROVELENGHIOS Bureaux 96, boulevard Raspail (1952)
A. FERRAN Institut A. Vernes 40, rue d'Assas (1926)
M. ROUX-SPITZ Logements 14, rue Guynemer (1926)
R. BOUVARD Ecole 42, rue Madame (1925)
G. UNIACK Centre médico-éducatif 20, rue Madame (1978)

Un immeuble-manifeste comme on en construisait à l'époque où l'architecture moderne était sûre d'elle-même et plus soucieuse d'illustrer une doctrine que de s'intégrer dans la ville existante. Ici, c'est un « manifeste du fonctionnalisme » qui affirme « la vérité des matériaux et la pureté des volumes » dans la lignée de l'architecte germano-américain Mies van der Rohe.
Ainsi, « l'ossature d'acier ne se cache pas derrière un mur-rideau et s'affiche clairement à l'extérieur. Les volets brise-soleil sont conçus pour remplir strictement leur fonction, sans aucune enjolivure ». De même, le coin de la rue a été dessiné « sans concession aux alignements des façades voisines ».
Le claustrat métallique, reprenant le dessin de la façade et qui devait assurer la transition avec l'immeuble mitoyen du boulevard Raspail en cachant une « dent creuse », n'a jamais été réalisé.

Henri BEAUCLAIR, Paul DEPONDT et Marcel LODS

1968

Maison des Sciences de l'Homme

Institute of Humanities

54, boulevard Raspail(6e).
Métro : Sèvres-Babylone

Maître d'ouvrage : ministères de l'Education nationale et de la Justice

This "manifesto-building" was built at a time when modern architecture already felt established and was more anxious to publicise its own doctrines than to adjust itself to the city. Here, the building is a "manifesto of functionalism", inspired by the American architect Mies Van des Rohe's work, and designed to emphasise "the reality of materials and the purity of volumes".
The steel skeleton, for instance, does not hide behind a curtain-wall but is clearly displayed on the outside, and the shutters were designed "to be strictly functional rather than ornemental".
In the same way the design of the part built at the corner of the road "did not make any attempt to line up with the neighbouring façades".
The metal cloisters designed in the original plans to "hide a holed tooth" by establishing a smooth connection with the neighbouring buildings on boulevard Raspail was never built.

Canale 3 a voulu, « avec le vocabulaire d'aujourd'hui », rendre hommage au bâtiment voisin, la première Caisse d'épargne de France. « Nos deux volumes verticaux répondent aux grandes fenêtres en hauteur de la Caisse d'épargne, nos auvents à ses corniches. » La façade en aluminium épais « marque le même esprit industriel que sa voisine, en briques ».
Centre de gravité de la façade, la faille centrale, « magnifie et ennoblit l'entrée marquée par les deux grandes bornes des bouches d'aération des parkings souterrains ». « Ses volumes suspendus, en béton grenu lasuré sont, comme dans un écorché, les entrailles où l'on pénètre, au-delà de la peau lisse de la façade. » Elle « révèle la profondeur du bâtiment (20 mètres, pour 16 seulement de façade) et assure l'éclairage naturel des cuisines et des coursives d'accès aux appartements ».
A l'intérieur, des studios et de vastes deux pièces (50 m²) « extensibles » : un panneau mobile permet de moduler l'espace de une à trois pièces pour accompagner l'évolution familiale des jeunes postiers qui y habitent.

CANALE 3 (Pierre BOUDON, Jacques MICHEL et Yves MONNOT)

1993

Bureau de poste et 24 logements pour postiers

Post Office and 24 postmen's flats

13, rue Saint-Jean-Baptiste-de-la-Salle (6e).
Métro : Duroc

Maître d'ouvrage : ministère des Postes et HLM Toit et Joie

Canale 3 wanted "with today's vocabulary" to pay homage to the neighbouring building, France's first Caisse d'Epargne (Savings Bank). "Our two vertical volumes reflect the Caisse d'Epargne's great, tall windows, our porch roof its ledges." The façade, in heavy gauge aluminium "stresses the same industrial spirit as its neighbour does with brick".
The center of gravity of the façade, the central split, "magnifies and ennobles the entrance, picked out by the two big ventilation columns of the underground car park". "Its hanging volumes of coarse-grained concrete, which is covered with a clear varnish, resemble an anatomical model, into whose bowels one enters beyond the smooth skin of the façade." The split also "reveals the depth of the building (20 meters, for only 16 meters frontage) and ensures natural lighting for the kitchens and covered passages leading to the flats".
Inside are one-room and large (50 suare meters) "extensible" two-room flats: a movable partition allows the area to be modulated between one and three rooms so as to adjust to the changing family circumstances of the young Post Office workers who live there.

A voir aux alentours / To be seen around:
J. BONNIER et C. SANLAVILLE Logements 1, boulevard du Montparnasse (1934)
M. ROUX-SPITZ Logements 11, boulevard du Montparnasse (1930)
L.J. MADELINE Logements 36, boulevard du Montparnasse (1930)
A. et G. PERRET Maison Mela Muter 6, allée Maintenon - 114 bis, rue de Vaugirard (1928)

7e arrondissement

Pont Alexandre III
Pont de la Concorde
SEINE
Quai d'Orsay
Assemblée Nationale
INVALIDES
Esplanade
Quai Anatole France
ASSEMBLEE NATIONALE
MUSEE D'ORSAY
Musée d'Orsay
Pont Royal
Pt du Carrousel
Quai Voltaire
l'Université
R. du Mal. Gallieni
R. de Constantine
Invalides
Rue Saint Dominique
Rue de Bourgogne
Rue Bellechasse
BOULEVARD RASPAIL
SOLFERINO
Rue de l'Université
Rue du Bac
LA TOUR MAUBOURG
VARENNE
Rue de Grenelle
Rue des Saints Pères
RUE DU BAC
SAINT-GERMAIN
Rue de Varenne
Rue du Bac
Rue de Grenelle
St. SULPICE
BOULEVARD
Avenue
Rue Vaneau
Rue du Bac
BOULEVARD RASPAIL
Rue de Babylone
R. de Sèvres
ST FRANÇOIS XAVIER
SEVRES-BABYLONE
Rue Oudinot
Rue Eblé
DES INVALIDES
Rue Vaneau
Rue de Sèvres
VANEAU
Rue Lecourbe
DUROC
1
2

Un exemple très représentatif de cette architecture intermédiaire – entre classicisme et modernisme – des années 30, aujourd'hui largement oubliée.
Abraham appréciait dans l'architecture gothique « l'illusion d'une structure idéalisée, à base d'éléments linéaires, adventices dépourvus de toute utilité matérielle » (1). C'est la recette qu'il transpose ici en volumes modernes : toutes les parties verticales pleines de la façade sont effectivement porteuses. Mais elles sont volontairement épaissies pour jouer, en noir et blanc, avec les horizontales des baies vitrées et des balcons.
Les décrochements et retraits de la façade accentuent également les jeux de volumes, et permettent de donner à toutes les pièces d'habitation une fenêtre sur le boulevard. Noter la conception très raffinée des fenêtres d'angle : l'immeuble semble aussi dessiné pour être vu de trois quarts.
La finition est très soignée : pierre agrafée sur la façade, menuiseries métalliques parfaitement réalisées, rotonde dans le hall d'entrée, ascenseur colonne de fer et de verre. Jusqu'aux descentes d'eau, en cuivre et de section carrée, pour ne pas nuire à l'esthétique de l'ensemble.

Pol ABRAHAM
1932

Logements de standing
Luxury flats

28-30, boulevard Raspail (7e).
Métro : Sèvres-Babylone

This is a piece of "intermediary" architecture – halfway between tradition and modernity – of the kind which emerged in the thirties and has been widely forgotten. Abraham was particularly interested in gothic architecture and especially in "the illusion created by an idealised structure based on linear, adventitious elements deprived of all material utility" (1).
This is exactly the purpose of this design applied to modern volumes: all the full vertical parts of the frontage have been deliberately widened in order to emphasise the contrast between these vertical volumes and the horizontal bay-windows and balconies. The recessed and prominent elements designed on the frontage underline the contrasts between the various volumes of the façade and allow at least one window in each room to open onto the boulevard. The very fine design of the corner windows is also notable: in fact the whole seems to be designed to be viewed from a 45 degree angle.
The finishing touches are very finely designed: stone looking almost stapled to the façade, finely carpented metal work, rotunda in the entrance hall, a lift in the shape of a glass and iron column and square sectioned brass water pipes.

(I) *Viollet-le-Duc et le rationalisme médiéval,* éditions Vincent Fréal (1934).

A voir aux alentours / To be seen around:
E. BOURSIER Logements 14, rue Chaumel (1934)
G. RAGUENET et C. MAILLARD Logements 32, rue de Varenne (1932)
J.J. FERNIER et A. BIRO Logements 5, rue de la Chaise, dans la cour (1973)
C. BLONDEL Théâtre 13, rue Récamier (1908)

Pierre CHAREAU. 1931. Bernard BIJVOET, collaborateur

« Maison de verre » / *« The Glass House »*

31, rue Saint-Guillaume, dans la cour (7e).
Métro : Saint-Germain-des-Prés, Sèvres-Babylone

Maître d'ouvrage : Docteur Jean Dalsace

Commandée par un homme d'avant-garde – promoteur du planning familial et féru d'architecture moderne – la « Maison de verre » est une véritable maison laboratoire, mettant en pratique une grande idée du Mouvement moderne : trouver dans l'industrie et la technologie, l'esthétique et l'art de vivre propres au XXe siècle. Ici Chareau, créateur de meubles, donne libre cours à son amour du métal et de la mécanique et illustre d'une manière très personnelle la définition du logement « machine à habiter » de Le Corbusier.
Translucide de part en part, la maison est uniquement éclairée par ses façades en dalles de verre. Solution si audacieuse à l'époque que le fabricant de dalles refuse d'en garantir l'étanchéité. Autres innovations : l'emploi exclusif de matériaux industriels standardisés, la totale mobilité intérieure (cloisons, escalier, etc.), l'ossature métallique où les rivets sont laissés apparents, de même que les câbles électriques et la tuyauterie. La partie haute, en maçonnerie traditionnelle, est ce qui reste de l'ancien hôtel particulier occupant le terrain : la vieille locataire du dernier étage refusant obstinément de déménager il avait alors fallu « glisser » la nouvelle construction sous ce qui subsistait de l'ancienne...

Commissioned by an important avant-garde figure (a campaigner for family planning and an enthusiastic admirer of modern architecture), "the Glass House" is a real laboratory/home, putting into practice one of the central ideas of the Modern Movement; the search for a truly 20th century aesthetic and "art de vivre" in industry and technology. Here Chareau, who was also a furniture designer, gives free rein to his passion for metal and mechanics and provides a very personal example of Le Corbusier's definition of the home as a "living machine".
The house is translucent throughout and is lit solely by its glass blocked façade. This was such an audacious solution at the time that the manufacturer of the blocks refused to guarantee that they would be waterproof. Further innovations were: the use only of standardised industrial materials, the complete mobility ot the interior (walls, staircases, etc.), and the metallic skeleton with its rivets (as well as the electrical cables and pipework) left visible. The upper part, in traditional stone, is all that remains of the old town-house which had occupied the site: the old lady who rented the top floor obstinately refused to move out and it therefore became necessary to "slide" the new building underneath what remained of the old one.

A voir aux alentours / To be seen around:
M. MIMRAM Passerelle Solférino (1999)
G. GILBERT Ecole nationale d'administration 13, rue de l'Université, dans la cour (1978)
L. FAURE-DUJARRIC Caisse des dépôts et consignations 51 et 56, rue de Lille (vers 1935)

Portzamparc a nettement séparé les deux parties du programme, confondues à l'origine : « le conservatoire, où s'affirme l'identité propre d'un équipement public, et le foyer des personnes âgées, architecture domestique, liée au reste de la ville ». Il en résulte entre eux, la « création d'un espace qui éclaire la rue et met les deux bâtiments en relation, dans la tension de leurs volumétries différentes ».
Au coin de la rue de l'Université, « artère monotone et trop bien remplie », Portzamparc a cherché à « créer un événement en construisant un édifice-signal autonome et bien identifiable pour le conservatoire ». Le fronton de la salle de danse, au dernier étage, n'est pas simplement une anecdote néo-classique marquant « l'institution », tout comme les façades en pierre. Il est aussi le « point de convergence de tous les éléments du bâtiment qui exalte son autonomie de monument ». Et, « pour casser ce que ce fronton peut avoir d'académique », un escalier extérieur dissymétrique « fait de la circulation verticale, dans l'école, une promenade visuelle dans la rue ». En revanche, sur la rue Jean-Nicot, le foyer de personnes âgées, « architecture domestique », accepte d'être un « morceau de la paroi de la rue et se rattache calmement à l'alignement des immeubles voisins ».

Christian de PORTZAMPARC

1984
Frédéric BOREL, assistant

Conservatoire de musique et foyer de personnes âgées

Municipal Music conservatory and Centre for the eldery

7, rue Jean-Nicot (7e).
Métro : Invalides

Maître d'ouvrage : RIVP

Portzamparc clearly separated the two parts of the project, initially designed to be connected with each other: "The school of music, with the qualities peculiar to a public amenity, and the home for the elderly, a domestic piece of architecture necessarily connected with the rest of the city". As a result he left between the two sections: "a space which lightens up the road and brings the two buildings together in spite of their differences in volume and shape".
At the corner of the rue de l'Université "a rather dull road with a perfect alignment of very similar constructions", Portzamparc tried to "break the routine by inserting a building for the school of music, which distinguishes itself as autonomous and easily identifiable. The blind frontage of the dance hall, on the top floor, is no mere neo-classical anecdote, it is also "a meeting point for all the elements of the building, designed to emphasise its autonomy as a monument" and to "counterbalance the some-what academic aspect of the rest of the same frontage", the asymmetric staircase, built on the outside, gives "the school an indoor promenade with a view of the street".
On the other hand, the centre for the elderly on the rue Jean-Nicot is content to be a well integrated part of the neat alignment of the neighbouring buildings.

A voir aux alentours / To be seen around:
R. BOFILL Bureaux 154, rue de l'Université et 9, avenue Robert-Schuman (1993)
O. VAUDOU et R. LUTHI Logements 102, rue Saint-Dominique (1974)

Jean-Marie GARET, Gérard LAMBERT, Jean THIERRART

Designer : l'Œuf centre d'études. 1974

Ambassade d'Afrique du Sud / *South African Embassy*

59, quai d'Orsay (7e). Métro : Invalides

Maître d'ouvrage : Ambassade d'Afrique du Sud

Comment faire des fenêtres sans en faire vraiment ?
Les architectes voulaient tout à la fois « respecter le caractère secret d'une ambassade et faire bénéficier les occupants de l'exceptionnelle vue panoramique sur les berges de la Seine ». Mais ils refusaient « une façade plate et morte en verre fumé, afin de rester en harmonie avec les immeubles environnants aux fenêtres verticales ». Solution : des « boucliers en fonte d'aluminium moulée ». De l'intérieur, « ils préservent l'intégralité de la vue ». De l'extérieur, « leur forme – fendue au milieu et aux côtés supérieurs obliques – figure des fenêtres symboliques mi-ouvertes, dont la verticalité est en accord avec l'environnement ».

How to make a window without really making one...
The architects tried to "protect the secrecy of the embassy while retaining for the occupants an exceptional view of the Seine". But they ruled out the idea of "a flat dark glass façade wishing to integrate the project with the surrounding buildings and their vertical windows".
The solution was to build "large aluminium shields". From the inside "they provide a perfect view", and from the outside "their shapes symbolize half open vertical windows which fit perfectly into the surroundings".

A voir aux alentours / To be seen around:
A. LECONTE Logements 67, quai d'Orsay (1935)

Un des rares maîtres reconnus de cette « architecture intermédiaire » de l'entre-deux-guerres qui pratiquait avec talent l'art d'être moderne en restant classique. Refusant les « exagérations expressionnistes ou sectaires des prophètes en architecture moderne », Roux-Spitz en appelle à « l'équilibre français ». Il donne un coup de jeune aux immeubles bourgeois du tournant du siècle en les dépouillant de toute ornementation et en géométrisant leurs éléments, tel le traditionnel bow-window de la pièce de réception.
La finition particulièrement soignée et luxueuse, à l'image de sa clientèle, s'inspire de la même tradition néo-classique. Ainsi, « il ne peut être question de laisser apparentes les structures en béton armé » de l'immeuble. Sa façade est donc recouverte de pierre d'Hauteville blanche, agrafée « selon la méthode employée à Rome ». De même, les menuiseries métalliques sont d'une exceptionnelle qualité. Ces principes, appliqués avec élégance dans plusieurs immeubles parisiens, ont fait de Roux-Spitz un des architectes les plus célèbres de son époque et ont contribué à créer ce que lui-même appelait « l'Ecole de Paris ».

Michel ROUX-SPITZ

1929

Logements de standing
Luxury flats

89, quai d'Orsay et 22, rue Cognacq-Jay (7e).
Métro : Invalides, Alma-Marceau

Roux-Spitz is one of the very few recognised masters of the "intermediary architecture" which emerged between the two wars, half way between modernism and classicism. While refusing the "expressionistic or sectarian excesses of modern architecture", Roux-Spitz relied on what he called "the French balance". He modernised traditional blocks built at the turn of the century by scrapping all classic ornements and by giving a geometrical touch to elements such as the traditional drawing-room bow-windows. The luxurious and finely designed finishing touches of this block, built in the image of its wealthy occupants, were inspired by the same neo-classic tradition.
That's why "letting the building show its concrete skeleton was of course out of the question". So its façade had to be paved with white Hauteville stone in accordance with the "method used in Rome", and the metal work had to be finely carpented. These principles, which were applied to many other buildings in Paris, contributed greatly to Roux-Spitz's fame in his time and led to the foundation of what he himself called "The School of Paris".

A voir aux alentours / To be seen around:
L. AZEMA Logements 91, quai d'Orsay (1930)
E. SCHEURET Logements 11, avenue Franco-Russe (1939)
J. LAVIROTTE Logements 3, square Rapp (1900) et 29, avenue Rapp (1901
RAQUIN Immeuble "Les Arums" 33, rue du Champ-de-Mars (vers 1900)

Jean NOUVEL. Prévu : 2004.

Françoise RAYNAUD, chef de projet. Gilles CLÉMENT, paysagiste.

Musée des arts premiers / *Early Arts Museum*

quai Branly (7e). Métro : Alma-Marceau. RER: Pont de l'Alma

Maître d'ouvrage : ministères de l'Education et de la Culture

Ledoux avait dessiné, à la fin du XVIIIe siècle, un bordel en forme de sein, et la gare d'Orsay abrite un musée du XIXe siècle. Dernier avatar de cette unité du contenant et du contenu, le bâtiment de Nouvel, « sorte de statue de l'île de Pâques, ou de tambour océanien » se veut lui-même « objet premier ».
Dans une « ambiance de mystère, le bâtiment ne se donne pas à voir de la rue. Il se découvre, noyé dans un grand jardin, du registre de la forêt vierge et de la savane, adaptés à notre végétation ». Nouvel a « éliminé toute référence à la technologie occidentale. Le musée est porté par des poteaux – troncs d'arbre ou totems – de formes variées et distribués de manière aléatoire. Les volumes bruts, en stucs, claustras de lattes de bois, etc. sont ocres, ébènes, ou ivoire ».
A l'intérieur, l'arrivée se fait par une grande rampe, « comme un fleuve qu'on remonte ». Les salles sont largement ouvertes sur les arbres (toujours la forêt omniprésente). Et, puisqu'il « s'agit de présenter des civilisations vivantes, pas des trophées, on a refusé la sacralisation de l'objet, comme au Louvre, et le didactique accompagne toujours l'émotionnel ».

At the end of the 18th century, Claude-Nicolas Ledoux had designed a whorehouse in the shape of a breast, and the Orsay train station is now the home of the 19th century art museum. Latest change in this fusion of the container and the contents, the building designed by Nouvel, "a kind of Easter Island statue, or Oceanic drum" is meant to be "a basic object".
In a "mysterious atmosphere, the building can't be seen from the street. It is discovered, drowned in a large garden, resembling a rainforest and a savannah adapted to our vegetation". Nouvel "eliminated any reference to western technology. The museum is supported by poles – tree trunks or totems – in different shapes, and distributed at random. The raw volumes, made of stuccoes and wooden latticework, etc. are in shades of ochre, ebony black, or ivory".
To enter, one uses a wide ramp, "as if travelling up a river". The rooms open onto the trees (again the omnipresent forest) through large windows. And, since the museum "is meant to expose living civilisations, as opposed to trophies, one has refused to regard objects as sacred, such as in the Louvre, and pedagogy always goes hand in hand with emotions".

Fils de Louis Bonnier, pionnier de la construction sociale (voir index), Jacques a, lui, essentiellement construit des hôtels particuliers et des maisons de ville. C'est encore (presque) le cas ici, car ce petit immeuble très soigné, au style néo-babylonien dont on trouve quelques exemples à Paris à cette époque (voir page 81) a été présenté par son architecte – standing oblige – comme composé de deux hôtels particuliers superposés. Toute préoccupation de marketing mise à part, il s'agit en fait de deux duplex superposés. La façade sur le Champ-de-Mars, au monumentalisme de cénotaphe, culminant avec une loggia théâtrale, rend bien compte de cette organisation intérieure. Le propriétaire s'était réservé le rez-de-chaussée, avec les pièces de réception donnant sur le jardin, relié par un escalier intérieur en pierre aux chambres du premier étage. Même organisation pour les deuxième (pièces de réception en double hauteur) et troisième étages (chambres).
Le hall et les escaliers intérieurs en comblanchien, ainsi que les ferronneries, rendent compte de la qualité de la construction.

Jacques
BONNIER
1931

Logements
Apartments

5, av. Émile-Acollas (7e).
Métro : La Motte-Picquet-Grenelle

Maître d'ouvrage : privé

Son of Louis Bonnier, a pioneer in city housing developments (see index), Jacques has mainly built private mansions and townhouses. It is again (almost) the case here with the architect's design for this small and very carefully planned building, in the Neo-Babylonian style, visible elsewhere in Paris at this time (see page 81). For the sake of luxury, it houses two superimposed private mansions.
All marketing concerns set aside, we are in fact dealing with two superimposed split-level apartments. The façade that gives onto the Champ-de-Mars, is as monumental as a cenotaph. Crowned by a theatrical loggia, it clearly reflects the inner organisation of the building. The owner kept the ground-floor for himself. The reception rooms overlook the garden. Inside, a stone stairway leads to the bedrooms on the second floor. Same organisation for the third floor (reception rooms with very high ceilings) and fourth floor (bedrooms).
The lobby and stairways made of hard limestone, as well as the ironworks, reflect the quality of the building.

A voir aux alentours / To be seen around:
L. CHAUVIERE Logements 41, avenue Charles-Floquet (vers 1930)

Bernard ZEHRFUSS, Marcel BREUER et Pier-Luigi NERVI. 1958

UNESCO

Place de Fontenoy (7e). Métro : Ségur

Maître d'ouvrage : Organisation des Nations Unies

Un « bâtiment-Janus », disait Le Corbusier : il « fait un salut respectueux au passé, tout en s'ouvrant vers l'avenir ». Côté Ecole militaire, une « façade sobre et intime qui ferme le demi-cercle de la place de Fontenoy en ne s'imposant pas face à l'environnement historique. La façade sur l'avenue de Suffren, en revanche, est monumentale, à l'échelle du vaste espace qui s'étend devant elle, et résolument moderne » : brise-soleil, porche en coque de béton brut, exposition permanente de sculptures modernes, conformément à la vocation culturelle de l'UNESCO, etc. Dans le hall du rez-de-chaussée, les énormes piliers de béton blanc sablé ont été dessinés par Nervi, de même que le porche.
Voir également, le « Pavillon de la méditation » de Tadeo Ando.

Le Corbusier described it once as a "Janus-like building": "a respectful tribute to the past which remains wide open to the future". A "humble and intimate façade enclosing the semi-circular Place Fontenoy", faces the Ecole militaire "without imposing on the historical environment". "On the other hand, the monumental frontage on the avenue de Suffren, which was built in proportion to the vast space stretching before the college, presents positively modern features": small concrete porches, a permanent exhibition of modern sculptures in conformity with the UNESCO's cultural vocation, etc. The main porch as well as the huge white-sanded concrete pillars of the entrance hall were designed by Nervi.
See also Tadio Ando's "Meditation Pavilion".

A voir aux alentours / To be seen around:
A. VENTRE Ministère de la Marine marchande 3, place de Fontenoy (1932)
L. AUBLET Ministère du Travail 1, place de Fontenoy (1930)
V. FABRE et J. PERROTET Agence spatiale européenne 8, rue Mario-Nikis, 15e, (1977)
B. ZEHRFUSS Annexe de l'Unesco 31, rue François-Bonvin, 15e, (1978)
J.P. DESCHAMPS Logements 14, rue d'Estrées (1989)
CH. BLANCHE Logements 8, avenue de Breteuil (vers 1936)
X. Logements 29, rue du Général-Bertrand (1934)
X. Caserne 8, rue Oudinot et 49, rue de Babylone (1935)
L.H. BOILEAU Magasins du Bon Marché 38, rue de Sèvres (1923)

8e arrondissement

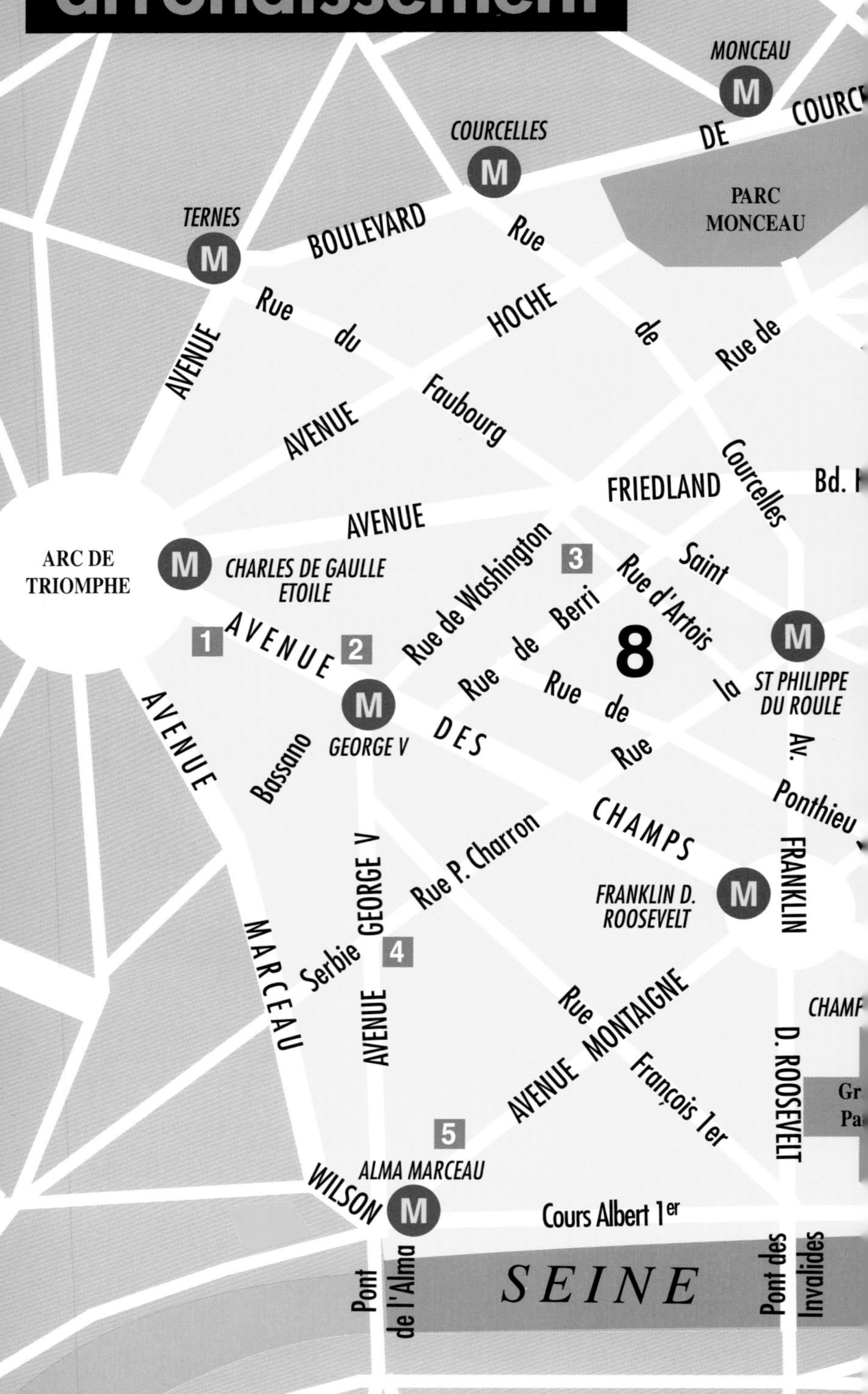

PLACE CLICHY
ROME
BOULEVARD DES BATIGNOLLES
VILLIERS
Rue Monceau
Rue de Rome
Rue de St Petersbourg
Rue
Rue de Constantinople
EUROPE
Rue de Liège
LIEGE
Rue de Madrid
Rue de Vienne
Rue de Londres
Rue d'Amsterdam
de Lisbonne
Bd MALESHERBES
Rue du Rocher
Rue de Rome
GARE SAINT LAZARE
Messine
Rue de Messine
Rue Portalis
Rue Saint Lazare
MANN
SAINT AUGUSTIN
Rue de la Pépinière
Havre
R. du Havre
Av. Percier
SAINT LAZARE
Rue de la Boétie
Bd HAUSSMANN
8
Rue de Provence
HAVRE-CAUMARTIN
MIROMESNIL
Rue de Miromesnil
7
R. Roquépine
R. Cambacérès
Bd MALESHERBES
RUE TRONCHET
6
MATIGNON
Rue du Faubourg Saint Honoré
Rue de Surène
STE MARIE DE LA MADELEINE
Bd de la Madeleine
d'Anglas
Av. Gabriel
Av. DE MARIGNY
Palais de l'Elysée
MADELEINE
Rue Boissy
RUE ROYALE
R. St Florentin
Av. Gabriel
ELYSEES
CONCORDE
Av. W. Churchill
Petit Palais
PLACE DE LA CONCORDE
Cours la Reine
Pont Alexandre III
Pont de la Concorde

Pierre DUFAU. 1975

Immeuble Publicis / *Publicis building*

133, av. des Champs-Élysées (8e). Métro : Etoile

Maître d'ouvrage : Publicis

Une gageure : construire un immeuble « assez neutre pour ne pas s'imposer de manière malpolie dans la perspective de l'Arc de Triomphe, mais qui ait tout de même suffisamment de personnalité pour être représentatif de Publicis, la plus célèbre société française de communication ».
Côté discrétion, « un volume neutre qui ne dépasse pas dans le profil de l'avenue des Champs-Elysées, et une façade en vitrage qui réfléchit le ciel et l'Arc de Triomphe ». L'angle de la rue Vernet a été étudié de manière très savante, pour « obtenir des arêtes saillantes et non un banal pan coupé, forme molle et anti-architecturale ».
Côté représentation, Dufau a joué la surprise sur les terrasses « en suivant, avec un siècle de retard, l'impératrice Eugénie qui avait demandé à l'architecte Hittorf de faire une couronne de verdure autour de l'Arc de Triomphe ». Double avantage : « Créer l'événement publicitaire qui signale l'immeuble d'une société pas comme les autres, et cacher les souches de cheminées et surélévations disgracieuses visibles sur les toits depuis la tombe du soldat inconnu. »

The whole project was a true challenge: the idea was to build something "neutral enough that would not interfere with the view of the Arc de Triomphe but at the same time something unique in the image of Publicis, the most famous advertising and communication firm in France".
The architects described the whole as: "An unobtrusive volume which does not impose on the whole lay-out of the avenue des Champs-Elysées with a glass front in which the sky and the Arc are reflected". The corner on the rue de Vernet was very cleverly designed in order to "obtain salient angles and protruding edges rather than a flat façade which would have been anti-architectural".
With the terraces at the very top of the building, Dufau opted for novelty and realized a project proposed 100 years before by Empress Eugenia to the architect Hittorf: the construction of a "gigantic wreath of greenery around the Arc de Triomphe". These unusual terraces present a double advantage: "They catch the eye by signalling the head office of an equally unusual firm while hiding the unsightly chimneys and roofscope which would otherwise had been visible from the 'Tombe du Soldat inconnu' (the Unknown soldier's grave)."

A voir aux alentours / To be seen around: L.H. BOILEAU et C.H. BERNARD Bureaux 101, Champs-Elysées (1931) J. DESBOUIS Bureaux 1, rue Lord-Byron (1933)

Quelques mois avant Colin rue Feydeau (voir page 18), Desbouis termine ce spectaculaire immeuble « en accordéon » dont l'architecture tranche volontairement sur l'environnement classique de l'avenue, pour signaler une activité alors symbole de modernisme : une station de radio.
Cet objectif publicitaire était appuyé par un jeu sur la couleur des matériaux de la façade : bow-windows en travertin rose, rez-de-chaussée et premier étage en granit bleu et appuis de balcons chromés. Ces deux derniers éléments ont aujourd'hui disparu. En revanche, d'inélégantes enseignes lumineuses ont été accrochées à la façade, cassant le jeu des volumes en chevrons.
Le système de l'accordéon permet en outre d'offrir aux occupants de l'immeuble le maximum de vue sur les Champs-Elysées, à la fois vers l'Arc de Triomphe et vers la place de la Concorde.

Jean DESBOUIS
1929
LEDIEU et ZIPPER, collaborateurs

Bureaux du Poste parisien
Paris radio station

116 bis, avenue des Champs-Elysées (8ᵉ).
Métro : George-V

Maître d'ouvrage : « Le Petit Parisien »

A few months before his colleague Colin (on rue Feydeau, see page 18), Desbouis completed the construction of this spectacular accordion-shaped building which was designed to contrast sharply with the traditional lay-out of the avenue des Champs-Elysées so as to signal a symbol of modernism: a radio-station.
To achieve his purpose, the architect relied on various contrasts in colours and materials: pink limestone bow-windows, ground floor and first floor façades in blue granit, chromium plated balconies. Now these last two features have disappeared and some ugly neon signs have been hanged up masking in that way the interconnected chevrons of the façade.
Nevertheless the "accordion-shape" of the main façade provides the occupants with a panoramic view on the avenue des Champs-Elysées reaching to its two opposite ends: the Arc de Triomphe and the Concorde.

A voir aux alentours / To be seen around:
G. ACS et M. NATALE Bureaux 6, rue de Berri (1969) et 9, rue de Berri (1970)
M. NOVARINA Caisse de l'énergie 18 bis, rue de Berri (1978)
C. LEFÈVRE, M. JULIEN et L. DUHAYON Arcade des Champs-Elysées 59, rue de Ponthieu (1925)

Cet ensemble de 60 000 m² de bureaux – le plus important de Paris à l'époque de sa construction – a été conçu par un architecte qui revenait d'un voyage d'étude aux Etats-Unis, comme une transposition à l'échelle parisienne des buildings new-yorkais témoignant de la puissance des sociétés multinationales naissantes.
« Vos méthodes sont modernes, ne gardez pas à votre affaire une apparence désuète. L'immeuble est à l'affaire ce que le vêtement est à l'homme », indiquaient les promoteurs dans la plaquette de présentation du projet.
Construit selon des techniques ultra-modernes dans le délai record de vingt mois, il bénéficia des installations les plus perfectionnées venues d'outre-Atlantique : chauffage par panneaux radiants incorporés aux plafonds, ventilation, batteries d'ascenseurs automatiques, etc.
Une galerie commerciale monumentale traverse de part en part le bâtiment où travaillent plus de 1 500 personnes.

L. BECHMANN et CHATENAY

1932

Immeuble Shell
Shell building

45, rue d'Artois et 29, rue de Berri (8ᵉ).
Métro : George-V, Saint-Philippe-du-Roule

Maître d'ouvrage : Pétroles Jupiter

This 60,000 square metres block of offices – the biggest built in Paris in the thirties – was designed by Bechmann, after a study trip to the USA, as a replica (on a Parisian scale) of the buildings which were appearing in New York to accommodate and reflect the power of the new multi-national companies.
"Your methods are modern, therefore you must modernize your offices for offices are to a firm what clothes are to man", such was the project developers' motto at the time. The constructors used ultra-modern techniques and completed their work in record time (twenty months).
The architects relied on the most sophisticated equipment of the time imported from America: automatic lifts, central heating system incorporated into the ceilings, electric fans, etc. A vast shopping arcade run through the building where some 1,500 people still work today.

A voir aux alentours / To be seen around:
E. L. VIRET Bureaux 3, avenue de Friedland (1928)
E. HUGUES Logements 4, rue Berryer (1930)
H. SAUVAGE Logements 22, rue Beaujon (1925)
J. GINSBERG Logements 34, rue Beaujon (1969)
S. FISZER Façade de bureaux 30, avenue Hoche (1999)
J.M. AUBURTIN, GRANET et J.B. MATHON Salle Pleyel 252, rue du Faubourg-Saint-Honoré (1927)

Nikola ILIC, Pierre SICARD et Pierre MOLINS. 1974

Centre d'affaires George-V / *George-V business centre*

30, av. George V (8e). Métro : George-V, Alma-Marceau

Maître d'ouvrage : consortium Paris Foncier

Immeuble de prestige construit pour la Fédération de la chaussure, alors présidée par José Bidegain, chef de file du patronat le plus moderniste.
« Le principe a été de donner à chacune des quelque 70 sociétés adhérentes à la fédération un bureau qui lui serve de vitrine parisienne pour sa production. Chaque bureau possède une baie vitrée de 7 m^2 qui symbolise cet effet de vitrine. » Les architectes ont cherché à s'intégrer dans le quartier en jouant sur les grands aplats qui composent la façade : « une tour pour marquer nettement le coin de la rue, et des volumes bas à droite et à gauche pour se raccorder en douceur avec les immeubles mitoyens ». Quant au « verre pailleté de la façade – une première à Paris – il est conçu comme un grand miroir qui reflète les immeubles alentours. » Rançon du modernisme sophistiqué – notamment la gestion automatisée de l'immeuble par un ordinateur remplissant 2 000 fonctions –, un coût d'entretien très élevé. Une des raisons qui expliquent que l'immeuble ait dû être vendu à un groupe de banques du Moyen-Orient, à la fin des années 70.

This is a prestigious building whose construction was financed by the "Federation de la Chaussure" (French union of shoe-manufacturers), under its chairman José Bidegain, regarded as the most "modernist" manager of the seventies.
"The idea was to give each of the 70 members of the Union offices where samples of their products could be displayed. Therefore each office was equipped with a large bay-window (7 square metres), designed to be used as a display-case". The architects tried to integrate the project into the traditional background through the interplay of the large flat glass pannels on the front side: "the tower stands out clearly at the corner of the road while lower volumes on each side line up smoothly with the neighbouring buildings".
As for the "the use of spangled glass on the front side – at the time unprecedented in Paris – it was meant to give the impression of a large mirror in which the surrounding buildings could be reflected".
But the maintenance costs were so high that the building had to be sold in the late seventies to a Middle-Eastern bank: such is the price of highly sophisticated modernism: the whole building, for instance, is run by a computer capable of fulfilling more than 2,000 functions.

A voir aux alentours / To be seen around:
R. et H. BODECHER Logements 35, avenue Montaigne (1936) et 46, avenue Montaigne (vers 1930)
R. ANGER Bureau. 42, avenue Montaigne (1965)
X./C. DUVAL Bureaux (réhabilitation) 54, avenue Montaigne (vers 1920-1989)

Premier architecte du théâtre des Champs-Elysées, le Belge Henry van de Velde, un des maîtres de l'Art Nouveau, avait fait appel à l'entreprise Perret pour en dessiner la savante ossature intérieure en béton armé. Perret se glisse tant et si bien dans le projet que van de Velde en est évincé. Il démissionne quelques mois plus tard, et l'entreprise Perret reste seul architecte-entrepreneur. La polémique n'est pas encore close, pour déterminer ce qui revient à l'un ou à l'autre.
Perret a fait ici un bâtiment qui transige quelque peu avec les principes qu'il clamait haut et fort. Il dénonçait « les Romains qui ont introduit la médiocre pratique du placage » et affirmait « le béton se suffit à lui-même ». Cela ne l'empêche pas de plaquer sa façade avec du marbre blanc d'Auvergne.
De même, il estimait que « la charpente est le plus bel ornement de l'architecture ». Ici, seul le portique à quatre éléments de la façade annonce les quatre groupes de poteaux de 25 m de haut qui supportent la charpente, abritant trois salles de 2 100, 750 et 250 places. En revanche, à l'intérieur, les poutres ont été laissées visibles, ce qui a provoqué un scandale lors de l'ouverture du théâtre.
La façade, initialement prévue sans fenêtre, est décorée de sculptures de Bourdelle.

Auguste PERRET, Henry VAN DE VELDE
1913

Théâtre des Champs-Elysées
Champs-Elysées Theatre

15, avenue Montaigne (8e).
Métro : Alma-Marceau

The Belgian architect Henry van de Velde, one of the masters of Art Nouveau, had called on Perret to design the concrete skeleton of the building but Perret became so closely involved in the project that van de Velde was finally ousted and decided to resign a few months later. The controversy persists today as to determine who designed what.
Here, Perret's design rather compromises with his usual credo based, among other principles, on the idea that "concrete is sufficient into itself". As a matter of fact he decided to use, here, white Auvergne marble on the frontage.
In the same way, although Perret considered that "the roof framework of a building should be its most beautiful architectural ornament", for this project he designed a very basic roof framework supported inside by four 25 metre high pillars. On the outside: the frontage is organized around a four-part portico. Incidentally, the visible beams of the interior provoked a major outcry at the opening of the theatre. The building is divided into three houses with respectively 2,100, 750 and 250 seats. The façade, initially designed without any window, was decorated with sculptures by Bourdelle.

A voir aux alentours / To be seen around:
P. PARAT et M. ANDRAULT Bureaux 25, rue Jean-Goujon (1964)
J. STARKIER et V. VASARELY (graphisme) Façade immeuble RTL 22, rue Bayard (1971)
R. et H. BODECHER Logements 3, avenue Matignon (vers 1930)

L'agence de publicité Walter Thompson voulait un immeuble « spectaculaire » symbolisant sa créativité. La ville de Paris, elle, exigeait une intégration en douceur de la nouvelle façade dans ce quartier hyper-classique.
Mazzucconi a combiné ces exigences contradictoires dans un immeuble au contenu symbolique, qui exprime en même temps sa préoccupation principale : « le drame de la rupture de notre civilisation industrielle par rapport à celles qui l'ont précédée ». « J'ai mis la mémoire de l'ancien au milieu du moderne en intégrant dans la façade en verre de fausses ruines classiques. Car en période de crise les nouvelles civilisations réutilisent les morceaux des anciennes. Ici, l'échancrure de la ruine évoque tout autant l'explosion qui – comme au Parthénon – a ravagé l'ancienne civilisation, que les catastrophes qui menacent la nôtre. »
Quant à l'intégration de l'immeuble, elle est soulignée par les menuiseries métalliques qui rejoignent les corniches des bâtiments mitoyens.

Vittorio MAZZUCCONI

1976

Bureaux (2 900 m²)
Offices

22, avenue Matignon (8e).
Métro : Franklin-D-Roosevelt, Saint-Philippe-du-Roule

Maître d'ouvrage : société J. Walter Thompson

On the one hand, the advertising agency Walter Thompson wanted a "spectacular" building to symbolize the creativity of the firm, while on the other hand the city council of Paris insisted that the new façade should integrate smoothly with the ultra-traditional background of the area.
Mazzucconi managed to combine these two contradictory demands in one symbolic design, which responded at the same time to one of his own main concerns: "the tragic split between industrialised civilization and all previous civilizations". "I brought together elements reminiscent of traditional buildings as well as ultramodern ones by integrating fake ruins into the glass frontage, for in times of recession new civilizations often use elements borrowed from old ones. Here, the indentations of the ruins are as reminiscent of the explosions which – at the Parthenon – destroyed ancient civilizations as of the disasters which threaten our own."
As for the integration of the building into the background, it is underlined by the carpented metal work which makes for a smooth connection with the cornices of the neighbouring buildings.

A voir aux alentours / To be seen around: J.J. FERNIER Logements 34, avenue Matignon (1992) R. BOFILL Bureaux 25, avenue Matignon et 6, rue Rabelais (2000) - Bâtiment ancien : Hôtel de La Vaupalière, COLIGNON, (1768)

Essai de « réinterprétation contemporaine et sans pastiche de la démarche de l'architecture classique ».
La façade, symétrique autour d'un axe, refuse « l'empilement d'étages tous identiques ».
Elle est découpée en « trois parties bien distinctes : soubassement, étages nobles – formés de duplex ou d'appartements standard groupés par deux – et combles en ardoise, comme les toitures du reste de la rue ».
Dans le même esprit – « offrir à la ville un véritable décor urbain » – les finitions ont été particulièrement soignées par des architectes qui estiment que, sur une façade, « l'argent doit surtout être dépensé sur les cinq premiers mètres de hauteur, ceux qui sont directement et immédiatement perçus par le passant ».

Jacques VITRY et Dominique HERTENBERGER

1982

16 logements de standing
16 luxury flats

4, rue Roquépine (8e).
Métro : Saint-Augustin

Maître d'ouvrage : ETUPRO

This is an attempt at a "contemporary reinterpretation of classical architecture, without pastiche".
The frontage, organised symmetrically around a central axis, is more than "a mere piling up of identical floors". It is divided into "three separate sections: a base, floors – divided into single or duplex flats grouped in pairs – and slate attics reminiscent of the neighbouring traditional roofs".
To symbolize, again, the architects' idea – "giving the city a genuine urban setting" – special care was put into the finishing touches, for the architects considered that "most of the money invested on the main façade should be spent on the first five metres: the ones directly and immediately seen by people walking on the street".

A voir aux alentours / To be seen around:
X. Bureau PTT 106-108, rue La Boétie (vers 1930)
C. SICLIS Hôtel 40, rue du Faubourg-Saint-Honoré (1932)
B. ELKOUKEN Logements 52, rue du Faubourg-Saint-Honoré - 2e cour (vers 1934)
P. LA MACHE Bureaux 21, rue de la Ville-l'Evêque (1976)
M. et R. HENNEQUET "Palaccio de la Madeleine" 11, rue Tronchet (1932)
G. MASSE et F. ROY Bureaux 18, rue de Courcelles (1970)
A. FOURNIER Bureaux 34, rue Pasquier (1929)
L. FAURE-DUJARRIC Bureaux 25, rue d'Astorg (vers 1930)

Sauvage avait construit en 1898, pour l'ébéniste Majorelle, sa maison de Nancy, véritable manifeste de l'Art Nouveau. Quinze ans plus tard, il édifie pour le même Majorelle un immeuble mixte destiné à accueillir des bureaux, magasins d'exposition et ateliers du créateur de mobilier.
Preuve de l'éclectisme de Sauvage, architecte inclassable, il n'y pas trace ici d'Art Nouveau, pas plus que des gradins en céramique blanche, dont il venait tout juste de donner un spectaculaire exemple rue Vavin (voir page 50).
Il joue uniquement sur l'opposition franche – et inhabituelle – des étages qui dessinent un mouvement ascendant et indiquent clairement les différentes fonctions du bâtiment : monumentaux aux premier et deuxième étages pour les galeries d'exposition, qui se poursuivent à l'arrière du bâtiment par une cour ouverte d'une verrière ; plus intimes – avec des bow-windows arrondis – pour les bureaux des troisième et quatrième étages ; larges et « industriels » pour les ateliers de fabrication, aux derniers étages.

Henri SAUVAGE et Charles SARRAZIN

1913

Magasins Majorelle

The Majorelle shopping centre

126, rue de Provence (8e).
Métro : Havre-Caumartin

Maître d'ouvrage : Majorelle

In 1898 Sauvage had built a house in Nancy for the furniture maker Majorelle, which was a veritable Art Nouveau manifesto. Fifteen years later, for the same Majorelle, he erected a multi-purpose building designed to contain the offices, showrooms and workshops of the furniture designer.
As though to prove the eclecticism of Sauvage, an unclassifiable architect, there is no trace here of Art Nouveau, nor yet of the white ceramic terracing, of which he had only just produced a spectacular example on the rue Vavin (see page 50).
He plays solely on the clear – and unusual – opposition between storeys which create an upwards movement and clearly indicate the different functions of the building: the monumental first and second storeys contain the showrooms, which continue to the rear of the building in a glass-roofed courtyard; the third and fourth floor offices are more intimate with rounded bow-windows; the broad, "industrial" upper-stores contain the workshops.

A voir aux alentours / To be seen around:
L. AZEMA Tri postal 5, rue de Berne (1938)
J. BARROT Laboratoire pharmaceutique 60, rue de Monceau (vers 1935)
G. VEISSIÈRE Banque marocaine du commerce extérieur 37, rue Caumartin (vers 1937)
C. SICLIS Théâtre des Mathurins 36, rue des Mathurins (vers 1925)
J.G. LAMBERT Bureau PTT 38, rue Vignon (1935)
F. CHANUT Galeries Lafayette (vitrines) boulevard Hausmann et rue de Mogador (vers 1926)
P. PATOUT Façade des Galeries Lafayette 25-31, rue de la Chaussée-d'Antin (1932)
L. FAURE-DUJARRIC Banque (la façade) 21, boulevard Haussmann (vers 1930)
H. BARANTON Immeuble 30, rue de Londres (1920)

9e et 10e arrondissements

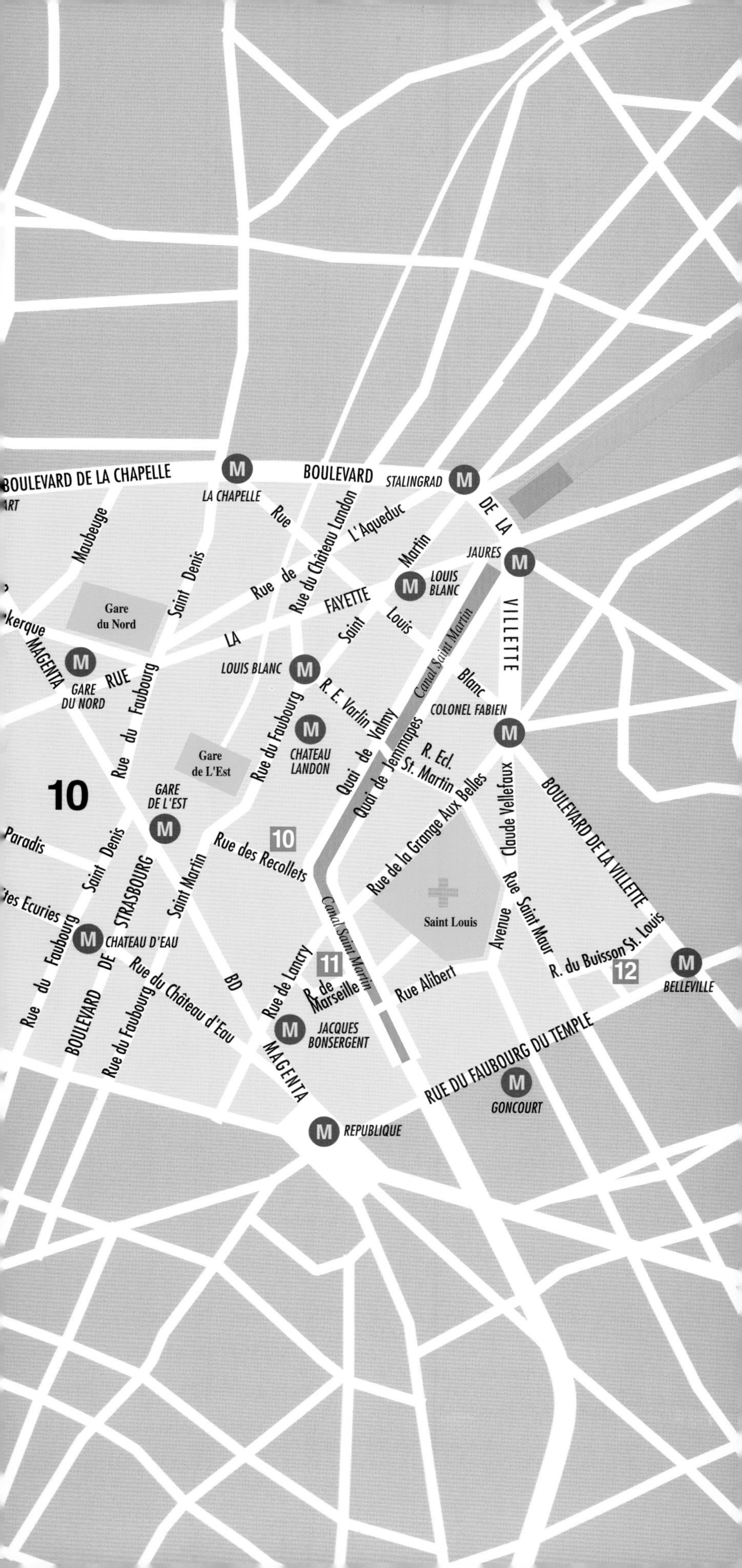

BOULEVARD DE LA CHAPELLE
LA CHAPELLE
BOULEVARD
STALINGRAD
DE LA
VILLETTE
JAURES
Rue
Rue du Château Landon
L'Aqueduc
Martin
LOUIS BLANC
Maubeuge
Saint Denis
Rue de
Gare du Nord
FAYETTE
LA
Saint
Louis
Blanc
kerque
MAGENTA
RUE
GARE DU NORD
Rue du Faubourg
LOUIS BLANC
R. E. Varlin
Canal Saint Martin
COLONEL FABIEN
CHATEAU LANDON
Quai de Valmy
Quai de Jemmapes
R. Ecl. St. Martin
Gare de L'Est
10
GARE DE L'EST
Rue des Recollets
Rue de la Grange Aux Belles
Claude Vellefaux
BOULEVARD DE LA VILLETTE
Paradis
Saint Denis
STRASBOURG
Saint Martin
Saint Louis
Avenue
Rue Saint Maur
ites Ecuries
CHATEAU D'EAU
Canal Saint Martin
R. du Buisson St. Louis
Rue du Faubourg
DE
Rue du Château d'Eau
BD
Rue de Lancry
11
R. de Marseille
Rue Alibert
12
BELLEVILLE
BOULEVARD
Rue du Faubourg
JACQUES BONSERGENT
MAGENTA
RUE DU FAUBOURG DU TEMPLE
GONCOURT
REPUBLIQUE

Raymond FÈVRIER. 1933

Bureaux / *Offices*

21, rue de Châteaudun (9ᵉ). Métro : Notre-Dame de Lorette. Le Pelletier

Maître d'ouvrage : « La Paternelle »

Exemple des immeubles de bureaux monumentaux influencés par les « buildings » américains, réalisés à Paris dans les années 30, en réaction contre « la cellule cubiste » (1) (voir notamment le « Shell building » page 68).
Construit en à peine plus d'un an, il bénéficiait alors des derniers perfectionnements techniques : climatisation dans les planchers, batteries d'ascenseurs express et omnibus etc.
Même volonté de modernisme dans l'organisation de l'espace intérieur conçu pour « obtenir les meilleurs rendements en supprimant presque totalement les garçons de bureau qui d'ordinaire encombrent les couloirs de la plupart des établissements de ce genre » (1).
Le décorateur Jacques Emile Ruhlmann a participé à l'aménagement intérieur de l'immeuble

This is an example of the monumental office buildings built in Paris in the 1930's under the influence of American tower blocks and as a reaction to "the cubist cell" (see the "Shell Building" for instance, page 68).
Built in just over one year, it displayed the latest technical innovations: floor air conditioning, different banks of regular and shuttle lifts, i.e. rapid lifts servicing specific floors, etc.
The same modernist trend can be found in the layout of the interior space, which was designed in order to "achieve the best output by largely cutting down on the number of office assistants that usually crowd the corridors in this type of institution" (1). Designer Jacques Emile Ruhlmann participated in the interior design of the building.

(1) Citations extraites du *Bâtiment Illustré* (1933).

A voir aux alentours / To be seen around:
J. WALTER Bureaux 34-36, rue de Châteaudun (1932)
X.. Centre de distribution électrique 16, rue de la Tour-des-Dames (vers 1930)
L. GUIDETTI Bureaux 48, rue La Bruyère (1929)
X. Bureaux 10, rue Henner (vers 1930)
M. et R. HENNEQUET Logements 5, rue Mansart (1936)
DUMONT Bureau de poste 61, rue de Douai (1975)
G.H. PINGUSSON Théâtre 42, rue Fontaine (1929)
X. Bureau de poste 20, rue de Navarin (vers 1920)
C. SICLIS Théâtre Saint-Georges 51, rue Saint-Georges (1928)
A. BIRO et J.J. FERNIER Logements 25, rue de Maubeuge + cour intérieure (1988)

Un immeuble « métaphore de navire » pour « dynamiser » un banal coin de rue parisien. « Afin d'évoquer la proue d'un bateau, le bâtiment est placé en porte-à-faux sur un piloti, et la jonction avec la construction voisine est en retrait. » Les « garde-corps-bastingages et le dernier étage, en forme de cabine de pilotage » participent aussi de cette inspiration transatlantique chère à Patout (voir page 199).
Premier immeuble parisien à murs-rideaux et ossature totalement en acier, il ne comporte aucun poteau porteur intérieur et ses cloisons sont donc entièrement mobiles et adaptables en fonction des besoins. La façade en glace émaillée résiste remarquablement bien au vieillissement.
Toutes les proportions – jusqu'au dallage du hall et l'escalier en forme d'épure – ont été calculées avec le Modulor, système de proportions calquées sur celles du corps humain, inventé par Le Corbusier.

Jean BALLADUR et Benjamin LEBEIGLE
1958

Jean-Bernard TOSTIVIN, collaborateur

Bureaux
Offices

37, rue de la Victoire (9e).
Métro : Le Peletier, Notre-Dame-de-Lorette

Maître d'ouvrage : Caisse centrale de réassurance

This building is a "metaphor for a ship" designed to "dynamise" a banal parisian street corner.
"So as to evoke the prow of a ship, the building overhangs a piloti and its just junction with the neighbouring is recessed". The "guard-rail-bulwarks and the top floor, shaped like a ship's bridge" also derive from the transatlantic liner inspiration which was so dear to Patout (see page 199).
This was the first building in Paris to have curtain-walls and a supporting structure made completely from steel, it has no internal structural posts and its partition walls are therefore completely mobile and can be adapted according to need. The façade of enamelled plate glass has proved remarkably resistant to ageing.
The proportions of the building – right down to the paving of the hallways and the stairway which is shaped almost like a working drawing – were calculated using the Modulor, a system invented by Le Corbusier which relates architectural proportions to those of the human body.

A voir aux alentours / To be seen around:
F. BALLEYGUIER Bureaux 33, rue La Fayette (1932)
P. FIGAROL Bureau PTT 22, rue de Provence (vers 1924)

Une implantation insolite – perpendiculaire à la rue – qui ne doit rien au hasard, pour ce siège social d'une grande banque d'affaires.
« Ayant fait le choix de se transformer en établissement accessible au public, la Banque Rothschild voulait donner l'image d'un établissement ouvert sur la vie. » Une préoccupation qui est mise à profit par les architectes, désireux « d'égayer et d'aérer une rue triste ».
Résultat : « Les jardins suspendus qui entourent le bâtiment – au lieu d'être relégués dans une cour intérieure privée – sont visibles par le passant, transformant cet austère siège social en construction accueillante, et apportant au quartier une bouffée d'air et de verdure. »

Pierre DUFAU et Max ABRAMOVITZ
1969

Ex-banque Rothschild

Ex Rothschild Bank

21, rue Laffitte (9e).
Métro : Richelieu-Drouot, Le Peletier

Maître d'ouvrage : banque Rothschild

This is a rather peculiarly sited building – perpendicular to the road – although its position is no accident.
"After choosing to transform the original building into one open to the general public, the Rothschild Bank opted for a design giving the image of a building and a firm open to the outside world". A concern which was greatly exploited by the architects who wanted above all to "brighten up a dull road".
As a result: "The suspended gardens surrounding the buildings – instead of being relegated to a private courtyard inside – can be seen from the road and contribute to transform the old and austere building into a warm and welcoming construction; they also bring a breath of fresh air to the whole area."

Roux-Spitz a conçu cet immeuble, abritant au rez-de-chaussée la magasin d'exposition des automobiles Ford, comme un « édifice publicitaire ». Il est aujourd'hui très dégradé, notamment par la transformation du grand hall du rez-de-chaussée en restaurant. Par sa légèreté et ses matériaux d'avant-garde, l'immeuble devait symboliser le modernisme et le dynamisme de l'industrie automobile. Sa structure en forme de rayons permet de laisser complètement libre le rez-de-chaussée de grande hauteur. Les poteaux porteurs et l'épais bandeau du premier étage étaient gainés de tôle chromée, matériau alors à l'avant-garde de l'innovation technologique.
Toujours dans une optique publicitaire, Roux-Spitz avait particulièrement étudié l'aspect nocturne de son immeuble: éclairage du hall et des bandes horizontales des fenêtres, double colonne d'enseignes, etc. Véritable affiche lumineuse géante, faite aussi pour être vue la nuit.

(état originel)

Michel
ROUX-SPITZ
1929

Magasin d'exposition et bureaux (immeuble Ford)

The Ford building exhibition hall and offices

36, bd des Italiens (9e).
Métro : Opéra, Chaussée d'Antin

Maître d'ouvrage : Ford

This building, originally designed to be an "advertisement building", has been ruined over the years by various modifications, especially the conversion of the exhibition hall into a restaurant.
The lightness of structure and the avant-garde materials used here were originally meant to symbolize the car industry's own dynamism and modernism. The radiating structure of the block provides a large free space on the ground floor. The large posts which support the framework and the large strip of the first floor are covered with chromium-plated shect metal, which was regarded at the time as an avant-garde material symbolizing technological progress.
Again out of a concern for publicity, Roux-Spitz paid particular attention to the nocturnal appearance of the project through a number of finishing touches: the lighting system for the exhibition hall and windows lighting system, gigantic neon signs on double columns, etc. A real gigantic illuminated advertising poster, created also to be seen in the night.

A voir aux alentours / To be seen around:
J.C. DELORME Foyer de personnes âgées 28, rue de Gramont (1984)

Pierre DUFAU. 1976

Bureaux de la Banque nationale de Paris / *BNP Offices*

2, rue Taitbout (9ᵉ). Métro : Richelieu-Drouot

Maître d'ouvrage : BNP

La célèbre « Maison Dorée » (au premier plan à droite), où le Swann de Marcel Proust recherchait désespérement Odette, est une miraculée : « C'est Maurice Druon, alors ministre de la Culture, qui a empêché sa destruction au dernier moment, cédant aux pressions d'un comité de défense du quartier. »
Le permis de construire a donc été annulé et Dufau a « conçu en une journée et dans la fureur contre les passéistes » un nouveau projet destiné à remplacer le « grand ensemble moderne » qu'il se proposait d'édifier sur les décombres des immeubles anciens.
Quelques mois avant la fin de sa vie, il se disait « très content de cet exercice d'intégration du neuf dans de l'ancien ». La recette : « des volumes en harmonie de masse, dont la jonction est assurée en douceur par une cavité plantée de verdure qui permet d'échapper au heurt brutal des deux façades de styles très différents ».
Dans son élan, il a même « amélioré » la Maison Dorée en lui construisant sur la rue Taitbout deux nouvelles travées « pour lui donner plus d'épaisseur » et en la dotant de vitres noires « afin d'élargir visuellement les fenêtres dont les proportions originelles étaient mauvaises ».

The famous "Maison Dorée" (in the foreground, to the right), where Marcel Proust's Swann desperately sought Odette, had a very narrow escape: "It was Maurice Druon, the Minister of Culture at the time, who personally prevented its destruction at the last moment, after coming under pressure from a local action committee."
Planning permission was cancelled and Dufau "drew up, in a single day of fury against those who were obsessed with the past", a new project to replace the "large modern development" which he had planned to erect on the ruins of the old buildings.
A few months before the end of his life, he admitted that he was "very happy with this excercise in integrating the new into the old". His receipt was: "volumes whose masses are in harmony and whose junction is smoothly effected by a recess planted with greenery, which enables the building to escape from a brutal collision between two façades in very different styles". Once launched on the project, he even "improved" the "Maison Dorée" by adding two new bays on the rue Taitbout, "so as to give it more depth", and by equipping it with tinted windows "so as to widen the visual impact of windows whose original proportions were rather poor".

Joseph MARRAST et Charles LETROSNE. 1931

Siège de la BNP / *BNP headquarters*

18, boulevard des Italiens (9e). Métro : Opéra, Richelieu-Drouot

Maître d'ouvrage : Banque nationale de crédit industriel

Spécialiste du « à la manière de » (voir l'aménagement, dans l'esprit du XVIIe siècle, du débouché de la rue Dauphine, face au Pont-Neuf), Marrast a produit ici une monumentale construction Art déco aux relents babyloniens.
C'est alors que les structures du bâtiment (conçu par Guiard et Carré) étaient déjà sorties de terre, que Marrast et Letrosne ont été chargés d'en dessiner les façades. Mais, pour des questions de coût, le maître d'ouvrage a déshabillé le projet des architectes, qui prévoyait une entrée monumentale « rappelant le porche du palais Farnèse » [(1)] et une bande de hautes fenêtres décoratives au deuxième étage. Restent, des dessins originels, les piliers verticaux de la façade, et la loggia du 5e étage qui termine faussement le bâtiment (il y a encore trois étages en retrait au-dessus). Les trois grandes portes en fer forgé et la soigneuse décoration intérieure (ferronneries de Subes) achèvent de donner « au passant l'impression de grandeur, de solidité, et de sécurité » [(1)] qui seyent à une banque.

A specialist in style imitation (see the lay-out in the 17th century spirit, of the access to the Rue Dauphine, facing the Pont-Neuf), here Marrast has designed a monumental Art Deco building with slight Babylonian influences.
The buildings structures (designed by Guiard and Carré) had already emerged from the ground when Marrast and Letrosne were asked to design the façades. However, for cost reduction reasons, the owner simplified the architects' original project for a monumental entrance, "a reminder of the Farnse Palace entrance" [(1)] and a row of tall and decorative windows on the 3rd floor. The owner did, however, keep the original design for the pillars of the façade and the 6th floor loggia which gives the impression of being the last floor (although three additional floors are set back from the edge). The three large wrought iron doors and the meticulous interior decoration (ironworks by Subes) all contribute to give "the passer-by an impression of greatness, strength and security" [(1)]which befit a bank.

(1) *La Construction moderne*, 17 décembre 1933.

Jean-Jacques FERNIER et André BIRO. 1980

Hôtel des ventes / *Auction house*

9, rue Drouot (9e). Métro : Richelieu-Drouot

Maître d'ouvrage : Meunier Promotion

Pour échapper au discrédit lié aux multiples horreurs construites dans l'après-guerre, de nombreux architectes des années 70 cherchent le salut dans un « rétro » éclectique. Pour la reconstruction de la plus que centenaire salle des ventes de l'Hôtel Drouot, Biro et Fernier ont voulu faire une « réinterprétation surréaliste de l'architecture haussmannienne », sorte de pastiche détourné.
Comme ces modèles, le bâtiment a « un volume massif et sans décrochement ». Mais les architectes ont surtout cherché à composer un décor urbain à base de multiples « clins d'œil » : panneaux de façade en fonte d'aluminium moulée « évoquant le macramé des rideaux de concierge, personnage central du XIXe siècle ; avancées vitrées au coin des étages supérieurs, inspirées des lanternes qui surmontent les rotondes parisiennes construites à la fin du siècle dernier », etc. Seul « vrai » élément ancien, les châssis de fenêtres métalliques sur la rue Rossini datent de 1856 : ils ont été récupérés sur l'ancienne salle des ventes.

In the seventies many architects, anxious to avoid being discredited by any association with hideous constructions such as those of the immediate post-war period, found a way out with a new eclectic "retro" style. To rebuild the Hotel Drouot – which was then more than a hundred years old – Biro and Fernier tried to achieve a "surrealistic reinterpretation of Haussmann", as a sort of indirect pastiche.
The building is "a massive volume totally without any significant recesses". But above all, the architects tried to create a coherent urban setting, relying on numerous "nodded acknowledgements": a façade of moulded aluminium panels "reminiscent of the macramé curtains which used to hang on the windows of concierges' lodges in the 19th century; or the salient windows on the corners of the upper floors, inspired by the lanterns' windows to be found at the top of most Parisian rotundas at the turn of the century" etc.
The only "genuinely" old elements are the frames of the metal windows opening onto the rue Rossini which date from 1856: they were recovered from the original auction house.

A voir aux alentours / To be seen around:
J.J. FERNIER Bureaux 27, rue Le Peletier (1993)
C. LUNEL Logements 14, boulevard de Montmartre (vers 1933)
H. MARTY Grand Orient de France 16, rue Cadet (1969)

« François Le Cœur est un de nos meilleurs architectes » écrivait en 1934 Auguste Perret [1]. Aujourd'hui, ce précurseur de l'architecture moderne est quelque peu oublié. Ainsi, le central téléphonique de la rue Bergère est un bâtiment strictement fonctionnel. Aucune décoration : « Rien ne vient rendre l'œuvre aimable, ou accueillante, tous les petits moyens ont été éliminés. L'édifice est monumental et industriel, il se contente de l'être. »
Rue Bergère, des grandes baies vitrées éclairent les locaux techniques du central, qui se terminent par un pan de mur aveugle rue du Faubourg-Poissonnière, sur laquelle ouvrent les bureaux aux fenêtres plus petites. Le dernier étage est consacré aux employés : cantine et salles de repos.
Résultat : un immeuble « attaqué de tous côtés. Personne ou presque ne comprend, ni le public, ni les techniciens. Certains vont même jusqu'à demander la destruction de cette architecture "munichoise" ».

François LE CŒUR
1912

Central téléphonique
Telephone exchange

17, rue du Faubourg-Poisonnière (9e).
Métro : Bonne-Nouvelle

Maître d'ouvrage : PTT

"François Le Cœur is one of our best architects" Auguste Perret wrote in 1934 [1], but today this pioneer of modern architecture has been somewhat forgotten.
The telephone exchange on rue Bergère is a strictly functional building, totally free of any ornament: "Nothing makes it welcoming or attractive. All possible finishing touches were immediately ruled out. The whole is monumental and was designed to be functional and nothing else."
On rue Bergère, large bay-windows light up the technical section of the building and end in a blind section of wall facing the rue du Faubourg-Poissonnière. The smaller windows of the administrative section also open onto this street. The top floor is entirely given over to the employees with a restaurant and rest rooms. As a result the project was "unanimously criticised"; nobody, or hardly anybody, among the general public, or even the architects, understood at the time what the whole thing meant; some went as far as asking for the demolition of this "slice of Munich".

(1) Toutes les citations sont extraites de *L'Architecture d'Aujourd'hui* (1934, n° 10).

A voir aux alentours / To be seen around:
PICO Folies Bergères 30, rue Richer (vers 1925)
C. THOMAS et F. DUMARCHER Bureaux 15, rue Martel (1928)
J.P. KOZLOWSKI Bureaux et magasin 32, rue de Paradis (1972-1978)
E.B.A. Garage 5, rue d'Abbeville (vers 1930)
J. LAVIROTTE 14, rue d'Abbeville (1900)
E.C.I.P. Garage 12, rue de Rocroy (1956)
H. et B. GAUDIN Conservatoire de musique 17, rue de Rochechouart (2000)

Marc BERI et Philippe GAZEAU. 1988

Crèche de 60 berceaux / *Kindergarten (60 cradles)*

53, rue d'Hauteville dans la cour (10e). Métro : Poissonnière, Bonne-Nouvelle

Maître d'ouvrage : Ville de Paris

Surtout préoccupée de façades, l'architecture parisienne s'est peu intéressée aux cœurs d'îlots, espaces résiduels ensuite remplis de bric et de broc au fil du temps. Pour réaliser sur un petit terrain enclavé dans un tel environnement hétéroclite et dense un « lieu amical et lumineux qui ne soit pas un placard », il fallait s'imposer. D'où un « bâtiment expressionniste qui jaillit du sol sur son étrave et lance ses grandes lames dynamiques ». La brique a été choisie pour sa pérennité et par affinité avec les ateliers industriels voisins.
Les architectes ont « travaillé la lumière en fonction des espaces intérieurs », dans une construction divisée en trois dans son épaisseur. Au sud, les « alvéoles de sommeil » reçoivent une lumière tamisée par des garde-corps en tôle perforée entre les lames. Au centre, une grande salle de jeux sans cloison, éclairée par les petites façades est et ouest, vitrées jusqu'aux planchers. Enfin, contre le mur mitoyen aveugle au nord, les installations sanitaires.
Pour respecter les règlements de hauteur, le bâtiment est partiellement enterré. Les balcons en bout de lame sont des aires de jeu pour les plus petits.

Parisian architecture, pre-occupied above all with façades, has taken little interest in the internal courts of its buildings, which are usually left as empty spaces subsequently filled up with bric-a-brac as time passes.
The architect had no choice but to be assertive if he was to create a "friendly and luminous place which was more than a mere cupboard" on a small enclosed site within such a varied and densely packed environment. Hence the choice of an "expressionist building, which bursts from the ground on a central stem, covered with dynamic leaves". Brick was chosen both for its durability and for its compatibility with the neighbouring workshops.
The architects "adapted the light to the internal spaces", with a building divided into three. To the south, the "sleeping cells" receive light filtered through perforated metal screens. In the centre, a large unpartitioned play-area is well lit because of the low façades (completely in glass) to the east and west. Finally, the toilets and bathrooms lean against the blind wall to the north. The building is partially sunk into the ground, to conform with planning regulations on height. The balconies at the end of the "leaves" are play-areas for the smallest children.

A voir aux alentours / To be seen around: Agence d'architecture SNCF, Verrière de la Gare du Nord 12, rue de Dunkerque (2001)

J.M. DUTHILLEUL Bureaux 116, rue de Maubeuge (1994)

Tirant partie de sa situation « en pleine nature » – en fait en bordure de l'ancien jardin du couvent des Récollets – cette crèche entend évoquer un « monde bucolique, une sorte de petit village constitué de cabanes, à l'échelle et à l'écriture abstraites ». Pour cet « exercice ludique », des parallélépipèdes colorés, posés de manière apparemment aléatoire, « entrent en vibration les uns avec les autres ». Ils sont peu percés, hormis au rez-de-chaussée « pour laisser entrer la nature », et sur leurs tranches. En façade, juste quelques « paupières qui s'ouvrent » ça et là. Au centre, un atrium vitré, point de passage quasi obligé pour les occupants de la crèche, est comme la « place du village ». Le bâtiment a une ossature en bois, revêtue d'un matériau composite de résine qui conserve sa couleur et se lave comme une carrosserie.
Depuis la rue, une grande vitre sur laquelle est sérigraphiée une fresque colorée, révèle la crèche « à travers un système de nuages, comme une vision bucolique, un monde à part et protégé ».

Frédéric BOREL.

2002

Marc YOUNAN, chef de projet

Crèche (100 enfants)
Crèche (100 children)

8 ter, rue des Récollets (10e).
Métro : Gare de l'Est

Maître d'ouvrage : Ville de Paris

Making the most of its "at the heart of nature" location – in fact, at the edge of the old garden of the Couvent des Récollets – this crèche intends to evoke "a bucolic world, a sort of small village made up of huts, in both abstract scale and design".
For this "educational exercise", coloured parallelepipeds, placed in seemingly random fashion, "resonate with each other". They have few openings, except on the ground floor "so that nature can seep in", and on the sides. The façade contains just a few "eyelids that can open" here and there. At the center, a glass atrium, the almost necessary passageway for the occupants of the crèche, is like the "village square". The building has a wooden frame, coated in a resin composite that keeps its colour and washes as easily as a car.
From the street, a large window, upon which a fresco is screen-printed, reveals the crèche "across a network of clouds, like a bucolic vision, a world set apart and protected".

A voir aux alentours / To be seen around:
E. PHILIPPE Piscine (intérieur) 31, rue du Château-Landon (1884-1925)
J.H. BAJU Conseil des prud'hommes 27, rue Louis-Blanc (1990)
M. VAN TREEK Logements 1, place de Stalingrad (1982)
X.. Ecole maternelle transformée en entrepôts 206, quai de Valmy (vers 1930)
M. DUPLAY Foyer de personnes âgées 126, quai de Jemmapes (1985)
Ch. et D. CARRIL Ecole 7, rue de l'Hôpital Saint-Louis (1998)
A. GRUMBACH Logements 116, quai de Jemmapes (1986)
G. PRADELLES Logements 112, quai de Jemmapes (1908)

Lionel et Daniel BRANDON. 1939

Groupe scolaire / *School complex*

17, rue de Marseille (10e). Métro : Jacques-Bonsergent

Maître d'ouvrage : Ville de Paris

Dans les années 30, Paris connaît une deuxième vague de constructions d'établissements scolaires, après celle des « écoles Jules Ferry » (de 1887 à la Première Guerre mondiale) : 24 groupes scolaires y sont réalisés entre 1930 et 1940 (1).
A la différence de leurs prédécesseurs, noyés dans l'alignement de la rue, ils opposent une architecture aux volumes nettement affirmés, « monuments de quartier » tranchant nettement sur les immeubles qui les entourent. Elément essentiel, la cour devient visible de la rue, apportant air et verdure à l'environnement.
Cette volonté de se servir d'un équipement public pour améliorer la ville se marque également ici par la qualité de la finition : briques – uniquement décoratives, la structure étant en béton armé – terrasse à tonnelle, porte en ferronnerie rue de Marseille, etc.

(1) cf. *Groupes scolaires sur les anciennes fortifications de Paris,* E. Cascail. A. Grandguillot et F. Miltat, *Monuments historiques* n° 144 (avril-mai 1986).

In the thirties, Paris experienced a second wave of school building in the wake of the program initiated by Jules Ferry, the 19th century Education Minister, between 1887 and the First World War.
During this second wave, 24 schools were built between 1930 and 1940.
But unlike their predecessors, which were designed to be no more than further buildings in the street, these new schools showed heavily emphasized volumes taking on the character of "local monuments" contrasting sharply with neighbouring buildings. Another innovation: the courtyard now became visible from the road, thus bringing some greenery into the urban environment.
Again, anxious to make public amenities a source of environmental improvement, the architects paid particular attention to the finishing touches of these schools: in this case the ornemental brickwork, the barrel vaulted terraces and wrought iron gates are particularly noticcable.

A voir aux alentours / To be seen around:
L. SCHNEIDER Bureaux 35, rue Lucien-Sampaix (1934)
AGENCE D'ARCHITECTURE HBM Logements 3, rue Legouvé (1935)
D. DASTUGUE Entrepôts 11, rue Léon-Jouhaux (1957)
P. VERNY Bureaux 2 ter, bd Saint-Martin (1972)

Acte militant autant qu'architectural, ce projet « d'habitat autogéré » a été mené en collaboration constante entre l'architecte et un groupe de familles qui avaient acquis un ancien lavoir, situé au fond d'une cour. Il a fallu cinq ans d'efforts et plus de cent réunions pour mener à bien cette transformation, pour un prix de 8 500 F (12 300 F, 1879 € en 2001) le mètre carré.
Obligé par l'administration de conserver la structure en bois et l'enveloppe générale de l'ancien lavoir, le groupe a voulu « éviter de construire au cœur de l'îlot une sorte de phalanstère isolé de la vie extérieure. » Pour cela, le bâtiment a été « recomposé autour d'un axe central », passage intérieur devant relier les rues du Buisson-Saint-Louis et du Faubourg-du-Temple.
Les logements – en duplex pour la plupart – ouvrent sur cette « rue » intérieure, ainsi que les nombreux espaces communs : salle de réunions, de jeux, etc.

Bernard KOHN

1984

Reconversion d'un lavoir en 14 logements particuliers

Conversion of wash house into a block of 14 flats

8 bis rue du Buisson-Saint-Louis, dans la cour (10e).
Métro : Goncourt, Belleville

Maître d'ouvrage : copropriété directe.

This was much an act of militancy as of architecture, an experiment in the establishment of "an independent habitat" conducted through constant collaboration between the architect and a group of families who had bought an old wash house situated at the back of a courtyard. It took five years of effort and over one hundred meetings to complete the conversion, for a price of 8,500 FF (1879 € 2001 value) per square metre.
The group was obliged by the planning authorities to retain the wooden structure and general shape of the old wash house, howerver they wished "to avoid installing a kind of Fourrierist Phalanstery in the centre of the block, isolated from the outside world." To achieve this, the building was "recomposed around a central axis", an internal passage linking the rue du Buisson-Saint-Louis and the rue du Faubourg-du-Temple. The apartments – mostly in duplex – open onto this interior "street", as do the numerous common parts (meeting and games rooms, etc.).

BELLEVILLE
RUE DU FAUBOURG DU TEMPLE
Rue de l'Orillon
1
2
GONCOURT
Rue de la Fontaine au Roi
BOULEVARD
Avenue Parmentier
Rue Saint Maur
COURONNES
R. des Trois Couronnes
Rue Jean-Pierre Timbaud
3
R. de la Folie Méricourt
R. des Trois Bornes
REPUBLIQUE
4
Rue Ob
BOULEVARD JULES FERRY
AVENUE DE LA
PARMENTIER
OBERKAMPF
Rue Oberkampf
SAINT MAUR
BOULEVARD
Avenue Parmentier
6
5
R. G
7
FILLES DU CALVAIRE
ST AMBROISE
RICHARD LENOIR
R. St. Ambroise
Rue Pelée
VOLTAIRE
Chemi
SAINT SEBASTIEN FROISSART
BOULEVARD BEAUMARCHAIS
BOULEVARD RICHARD LENOIR
Rue du
VOLTAIRE
BREGUET-SABIN
11
Place Léon Blum
CHEMIN VERT
Rue de la Rollin
Avenue Ledru
BASTILLE
Rue de
Rue du Fau
LEDRU ROLLIN

11e arrondissement

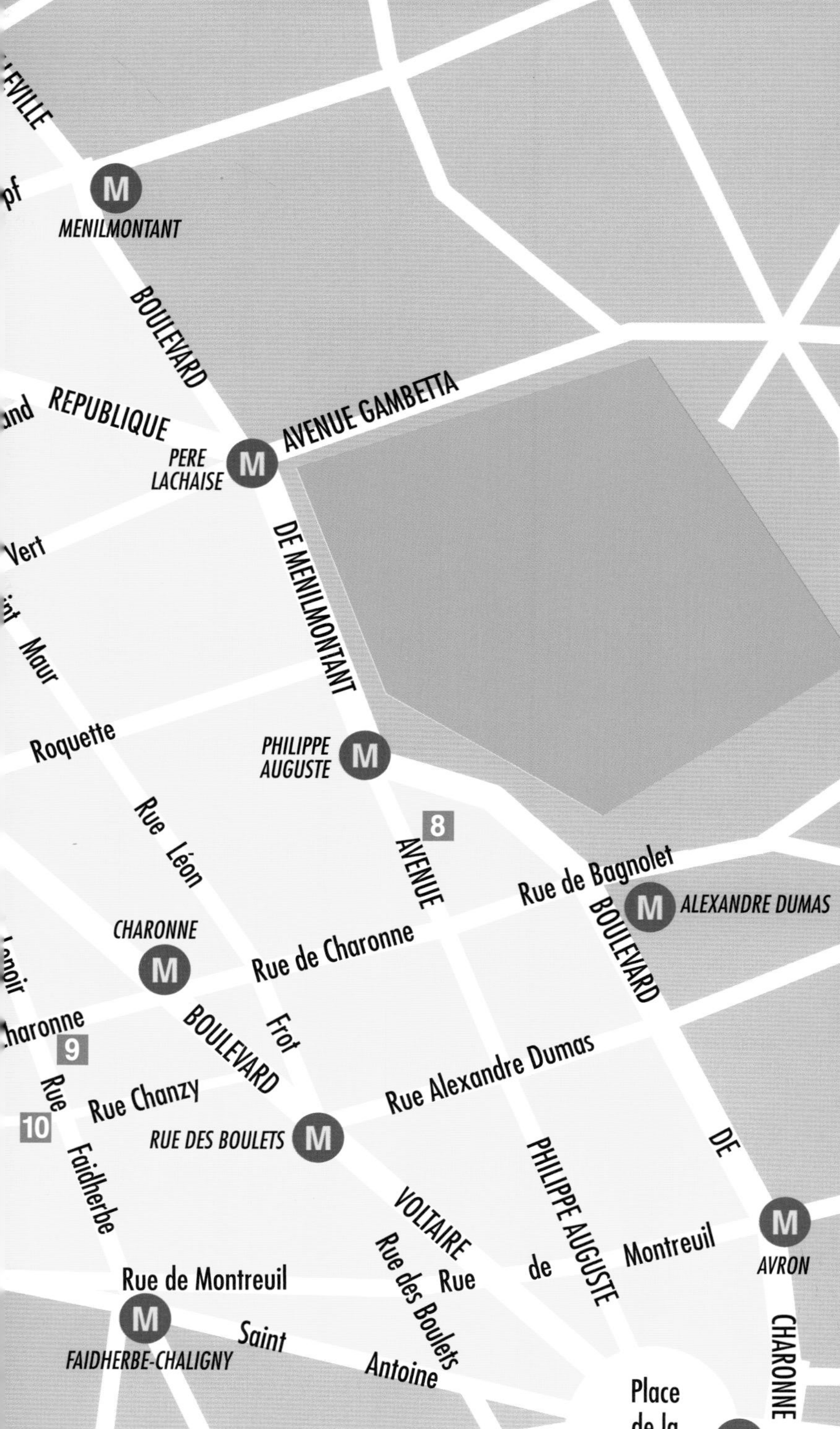

Un foyer pour 90 personnes âgées, conçu comme un « cloître urbain ».
Afin d'ouvrir l'îlot sur la rue et d'offrir – visuellement – son jardin aux habitants de ce quartier sinistré, les architectes ont réalisé un bâtiment en « U », dont la surface construite est inférieure d'un tiers à ce qu'autorisaient les règlements. De chaque côté, les deux ailes aux façades de verre, partiellement sérigraphié. En « fond de scène », un volume opaque, presque aveugle, contient escaliers et ascenseurs. Son monolithisme « joue contre la légèreté du verre et du métal des ailes ».
« A la demande des personnes âgées qui désiraient profiter du spectacle de la ville, les appartements donnent non sur le jardin, mais sur la rue. » Les circulations, entièrement vitrées, laissent apparaître les lourdes portes multicolores des appartements, identifiables depuis la rue. Les terrasses sont dotées de bancs et prises TV pour les soirées d'été.
Sur les rues latérales, les façades – solution originale – suivent la pente du sol. Deux bâtiments en briques assurent la transition avec les immeubles mitoyens.

ARCHITECTURE STUDIO. 1998

Maison de retraite
Retirement home

20, rue de l'Orillon (11e).
Métro : Belleville

Maître d'ouvrage : Logement français

This home for 90 elderly people is designed as an "urban cloister".
In order to open the block onto the street and offer – visually – an access to its garden for the inhabitants of this run-down neighbourhood, the architects designed a U-shaped building, whose built-up surface occupies less than a third of the authorised surface. On each side, two wings with glass façades, partially engraved. "As a backdrop", an opaque space, with hardly any openings, houses the stairways and elevators. Its monolithic system "plays against the lightness of the glass and the metal of the wings".
"Upon the request of the elderly who wish to enjoy seeing the city, the apartments don't give onto the garden, but onto the street." Thus through the entirely glassed-in passage-ways, one can see the heavy multicoloured doors of the apartments, and identify them from the street. On the terraces, one can sit on the benches in the evening during the summer and watch TV (special plugs are provided).
On the side streets, the façades follow the slope of the ground – a creative solution. Two brick constructions connect this building to the adjoining ones.

A voir aux alentours / To be seen around: (1983)
J.P. VIDAL Ecole 6, rue de la Présentation X.. Cinéma 63, bd de Belleville (vers 1930)

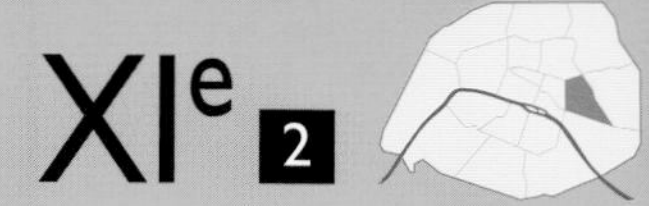

Tirant un profit maximum de sa position en promontoire au flanc des hauteurs de Belleville, cet immeuble, dont l'architecte n'est pas connu avec certitude, a visiblement été conçu comme un poste d'observation sur la capitale.
Cette machine à voir – où seules quelques fenêtres sont « normales » c'est-à-dire de simples trous dans la façade – est une véritable floraison, quasi pathologique, de bow-windows aux formes variées. Les fenêtres sortent des murs comme l'on dit que « les yeux sortent de la tête ».
Au dernier étage, les avancées semi-circulaires font penser aux tourelles d'un bâtiment de guerre, et renforcent la métaphore maritime de cet immeuble en proue, navire des temps modernes qui semble prêt à fendre les flots des constructions d'un autre âge qui l'entourent.

Lucien LAMBION (?)
Vers 1929

Logements
Block of flats

176, rue Saint-Maur (11e).
Métro :
Goncourt, Belleville

Making the most of its prominent position on the slopes of the Belleville hills, this building was apparently designed as an observation post overlooking the capital. Only a few windows are "normal" that is to say simple holes in the main façade, while the others protrude from the walls like "eyeballs from the face of a shocked man".
On the top floor, the salient semi-circular windows are reminiscent of a warship's turrets and emphasise the maritime metaphore of this building resembling a ship of modern times which seems ready to cut through the buildings from another age which surround her.

A voir aux alentours / To be seen around: R. REQUET-BARVILLE et L. LONGUET Ecole 39, rue des Trois-Bornes (1936)

M. FERRAND, J.P. FEUGAS et B. LE ROY Foyer de personnes âgées 94, rue de la Folie-Méricourt (1985)

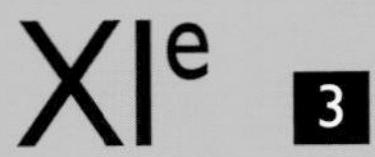

Un « bâtiment public qui recherche une insertion contemporaine mais discrète dans un quartier résidentiel. »
La façade, un peu en retrait, est concave « pour accueillir ». Les coursives reprennent l'alignement des façades voisines et rappellent l'échelle du logement prédominant dans ce quartier. Ces coursives droites sur une façade incurvée – « comme un arc et sa corde » – créent une effet de tension, encore accentué par les garde-corps en câbles métalliques de marine.
Le bâtiment est construit autour d'un volume central en béton, qui sort en demi-cylindre sur la façade, contenant les escaliers. Les plateaux, complètement libres, des salles de cours, sont accrochés à ce noyau. Leur arête fine sortant en façade est capotée d'aluminium.
Sur la cour, orientée au sud, la façade en vitrage est protégée par des caillebotis laqués horizontaux, formant des brise-soleil.

Loïc JAUVIN et Thierry WIET

1991

École d'enseignement tertiaire

Higher Education College

8 bis, rue de La-Fontaine-au-Roi (11e).
Métro : République, Goncourt

Maître d'ouvrage : investisseur privé

A "public building that seeks a contemporary but discrete introduction into a residential neighbourhood."
The façade, a bit set back, is concave "to welcome". The covered passages follow the alignment of the nearby façades and echo the predominant scale of the housing in the area. These straight covered passages against an inwardly curving façade "like a bow and its string" create an impression of tension which is accentuated by the rails made of naval style metal cable.
The building is built around a concrete central mass which projects from the façade as a half cylinder and contains the stairway. The lecture theater levels, completely free, are attached to this core. Their fine ribbings are covered with aluminium where they project from the façade.
On the South-facing court, the glass frontage is protected by varnished horizontal duckboard, forming a sun filter.

Comme pour son ensemble du boulevard de Belleville construit cinq ans auparavant (voir page 320), Borel poursuit ici son projet de « créer un microcosme urbain, un paysage homogène ouvert sur le quartier ». Mais, signe d'une liberté accrue, la réalisation s'affranchit d'une certaine sévérité pour, à travers la mise en scène de volumes étonnants et de couleurs, atteindre à une sorte de jubilation baroque.
« Le dessin des volumes vise à libérer un maximum de champ visuel, autour d'un axe qui n'est pas celui du terrain, mais celui qui offre le plus de vue sur le ciel. » Au cœur de l'ensemble, deux tours « ménagent une pause dans la parcelle très profonde (90 mètres, sur seulement 20 de large) et, comme des tuteurs verticaux, la sortent du confinement. »
Borel définit cet ensemble comme « une énigme qui ouvre l'espace de la ville ». Le but : « offrir aux passants le spectacle d'un lieu atypique où le regard ne s'arrête jamais du fait de l'articulation des volumes ».

Frédéric BOREL

1994

Massimo MATTIUSSI, Carole BRAMMEN et Joël GALLOUEDEC, collaborateurs

Bureau de poste et 80 logements pour postiers

Post Office and 80 postmen's flats

113, rue Oberkampf (11e).
Métro : Parmentier, Ménilmontant

Maître d'ouvrage : ministère de la Poste et HLM Toit et Joie

As with his Belleville city block, built five years earlier (see page 320), Borel here continues his project of "creating an urban microcosm, a homogenous landscape open to the neighbourhood". But, a sign of his increased freedom, the creation avoids a certain severity to achieve, through an astonishing play of volumes and colours, a sort of baroque celebration.
"The design of the volumes aims at a maximum freeing of the visual field in a direction that is not along the ground but one that provides the maximum view of the sky." At the heart of the group, two towers "arrange a break in the plot, which is very deep (90 metre against only 20 metre width), and, like vertical stakes, free it from its restrictions."
Borel describes this group as "a riddle that opens up the city's space", the aim being "to offer the passer-by the sight of an atypical area where, through the articulation of volumes, the view is never blocked."

« A la manière de... ». Ancien assistant de Le Corbusier, Miquel a réalisé une « petite Cité Radieuse à l'échelle d'une rue parisienne ».
Comme chez le Maître, la construction est en béton brut. Les logements sont en duplex, desservis par des coursives intérieures et pourvus de loggias en claustrat. Impossible toutefois de faire ici les pilotis qui supportent les vraies Cités Radieuses, car « le rez-de-chaussée devait être utilisé en hall d'exposition ».
Fidèle au fonctionnalisme, l'architecte a rendu « évidente la différenciation des étages selon leur usage : hall d'exposition vitré, brise-soleil pour les bureaux, et loggias pour les logements ».

Louis MIQUEL

1965

Georges MAURIOS, collaborateur

Logements et locaux industriels

Block of flats and industrial premises

25, rue Saint-Ambroise (11e).
Métro : Saint-Maur, Saint-Ambroise

Maître d'ouvrage : société Winter

A building "in the manner of...". Le Corbusier's former assistant, Louis Miquel, designed "a smaller version of one of his master's 'Cité Radieuse' to the scale of a Parisian street".
Like his master, he used concrete. The flats are duplex apartments connected with each other by internal passage ways, with large enclosed loggias.
But it was impossible, here, to build this new "Cité Radieuse" on pillars like the real ones for the "ground floor was to become an exhibition hall".
Remaining faithful to functionalist principles, the architect made "the different uses of each floor obvious: glass-fronted exhibition hall, blinds for the offices and loggias for the apartments".

Mario HEYMANN et Roger ANGER. 1969

127 logements / *127 flats*

31, rue Saint-Ambroise (11e). Métro : Saint-Ambroise, Saint-Maur

Maître d'ouvrage : OCEFI (COGEDIM)

Dans le sillage de Candillis, de nombreux architectes des années 60 tentent d'échapper aux mornes « boîtes d'allumettes » construites après-guerre en inventant des immeubles-empilements où chaque appartement est conçu comme une sorte de cellule de base.
Ici, les architectes ont essayé de « casser un immeuble collectif en lui donnant l'échelle de l'habitation individuelle : les pièces d'habitation se prolongent sur la façade par un jeu complexe de balcons et de renfoncements, différenciés selon les volumes intérieurs qu'ils prolongent ».
Mais c'est aussi un immeuble-manifeste : « A l'époque, nous voulions affirmer l'architecture moderne en créant un rapport de contraste, voire de conflit, avec l'environnement urbain qui ne nous intéressait pas. Nous aurions voulu en faire plus, inventer des empilements encore plus complexes, utilisant au maximum les possibilités du béton. Nous n'avons pu le faire pour des raisons économiques. »

In the wake of Candillis, many architects in the sixties tried to escape from "the match boxes" built in the post war period, by inventing piled up buildings in which each flat is designed as an independent cell.
Here, the architects tried to "break up a collective building by giving it the proportions of an individual house: the rooms are extended on the frontage by a rather clever combination of salient balconies and recesses".
This is also a "manifesto building": "At the time we wanted to impose modern architecture by creating contrasts, and even conflicts between our designs and the urban environment which we found boring and dull. We would have liked to do more, to invent, for instance, even more complex piled up constructions while making the most of such a material as concrete. But we couldn't do it for financial reasons".

A voir aux alentours / To be seen around:
M. BENOIT et T. VERBIEST Foyer de personnes âgées 21, passage de Ménilmontant (1985)

Une crèche à la façade austère pour « exprimer la protection contre les agressions extérieures », au contraire de son arrière, largement ouvert sur un jardin.
La courbure de la façade sur rue « suggère à la fois un coffre et les rondeurs féminines ».
Son béton brut – Hauvette réprouve « les couleurs vives, effet de mode un peu écœurant » – à peine percé de « lanières lumineuses », renforce encore l'impression de protection.
Mais cette architecture sans afféterie est pleine d'attentions : la courbe de la façade rattrape la différence d'alignement des bâtiments mitoyens ; les petites fenêtres carrées des biberonnières sont des « boutonnières » rattachant la crèche à son voisin ; le gros volume en béton repose sur un soubassement « pour séparer l'échelle tactile immédiate du piéton et celle plus large de la vue ».
Le béton, « qui signale le bâtiment public », est aussi employé pour sa « qualité d'âme profonde contrairement aux placages ». Ici, il garde ses trous de décoffrage, « une manière de faire du décor avec l'outil, comme la boucharde laisse ses rainures sur la pierre ».

Christian HAUVETTE

1990

Crèche
(240 berceaux)

Kindergarten
(240 cradles)

56, rue Saint-Maur (11e).
Métro :
Saint-Maur

Maître d'ouvrage :
Ville de Paris

The kindergarten has an austere façade, designed to "symbolize protection against aggression from the exterior", in contrast to the rear of the building, which opens widely onto a garden.
The curve of the street frontage "suggests at the same time a vast coffer and a certain feminine roundness".
The impression of protection is further heightened by the building's rough-cast concrete – Hauvette strongly disapproves of "bright colours a fashion which I find a little depressing" – pierced only with "luminous strips".
Yet this architecture without affectation is nevertheless full of attention to detail: the curve of the façade compensates for the misalignment of the neighbouring buildings; the small square windows of the feeding rooms are like "buttons" attaching the kindergarten to the adjoining building; the principal concrete volume is placed on top of a distinct base "so as to mark off the tangible area immediately visible to the passer-by from the rest of the façade, as seen from a greater distance".
Concrete "which labels the building as public", is also used for its "quality of frankness, which no surface cladding can match". Here, there is no attempt to fill in the holes made when the concrete was moulded, "this is a way of incorporating decoration, much as a mason would leave grooves in the stone he cut".

A voir aux alentours / To be seen around:
AGENCE D'ARCHITECTURE HBM Ensemble de logements rue Henri-Ranvier (1931)

Une « cicatrisation » du tissu urbain. Sur ce terrain resté vide depuis le début du siècle, il fallait « un immeuble discret qui fasse la jonction entre les rythmes différents – vertical pour l'un, horizontal pour l'autre – des deux constructions mitoyennes ». C'est ce qui explique le dessin de la « façade au rythme silencieux, qui associe les horizontales (rez-de-chaussée et fenêtres au premier étage) aux verticales (fenêtres des étages courants). Au sommet, deux grandes ouvertures en carré créent un troisième rythme et servent de signal à l'immeuble qui, bien que discret, ne veut pas passer inaperçu ». Le sillon central permet de « casser la disgracieuse proportion de faux-carré » de la construction.
Pour les mêmes raisons « d'intégration au contexte », les architectes n'ont pas utilisé toute la hauteur de construction autorisée par les règlements.

Gilles BOUCHEZ

1984

Elke von der FORST, collaboratrice

33 logements sociaux

33 public sector flats

108, avenue Philippe-Auguste (11e).
Métro : Philippe-Auguste

Maître d'ouvrage : RIVP

This is an attempt to heal an open wound in the fabric of the city. On this site, which had been left empty since the turn of the century, the architects wanted "an unobtrusive building which could harmonize the contradictory rhythms – vertical and horizontal – of the two neighbouring blocks".
Hence the design of the main façade which gives an impression of "neutrality by combining horizontal elements (the ground floor and the first floor windows) with vertical ones (intermediary floor windows). At the top, two large square openings create a third rhythm and also serves to advertise the building which despite being discreet, was certainly not designed to go unnoticed". Besides, the central furrow "breaks the rather unsightly proportions of the whole which would otherwise look like an imperfect square".
Again, anxious to "integrate their construction into a specific background", the architects decided not to use the full building height allowed by the city planning regulations.

A voir aux alentours / To be seen around:
G. BARRE, L. CARADEC, et F. RISTERUCCI Lycée Dorian 18, rue Robert et Sonia-Delaunay (1993)
R. FISCHER Logements 166, rue de Charonne (1931)
P. COLOMBIER et D. DAMON Ateliers et logements 8-10, rue Léon-Frot et Cité Beauharnais (1988)
J.P. VIGUIER et J.F. JODRY Ecole 5, cité Souzy et 39, rue des Boulets (1988)
J.P. VIGUIER et J.F. JODRY Collège Pilâtre de Rozier 5, rue Bouvier (1994)
J.P. PARGADE Centre d'apprentissage et logements 200, boulevard Voltaire
M. CHESNEAU et P. IRANMEHR Ecole 31, rue Godefroy-Cavaignac (1986)

Auguste LABUSSIÈRE et LONGEREY. 1910

Hôtel pour célibataires / *Hostel for single men*

94, rue de Charonne (11e). Métro : Charonne

Maître d'ouvrage : Groupe des Maisons ouvrières

Un immeuble-hôtel, « abri plus ou moins temporaire pour célibataires hommes » (1), devenu aujourd'hui un « Palais de la Femme ».
Les préoccupations charitables rejoignent les nécessités du progrès social : il s'agit tout à la fois de sortir les célibataires, population particulièrement instable, de leurs « affreux garnis », et de leur permettre une vie sociale qui les fasse échapper à l'emprise du « cabaret ». C'est ce qui explique le soin apporté à la conception intérieure : salle à manger commune, salons, salles de réunions, etc. soigneusement décorés. « Une multiplication d'immeubles aussi attrayants constituerait une prime au célibat », constate plaisamment un délégué à la conférence des HBM.
Extérieurement, Labussière – sans aller aussi loin que la rue de la Saïda (voir page 198) – ébauche une architecture résolument moderne : les structures en béton se montrent timidement et, surtout, les volumes « bougent ». Mais il ne s'agit pas uniquement d'une préoccupation esthétique : les redents de la façade – peut-être les premiers construits à Paris – visent avant tout à apporter aux locataires l'air et le soleil, en ouvrant sur la rue les sombres cours-puits qui étaient alors la règle générale.

This hostel, initially designed to be a "more or less temporary shelter for single men" (1) has become a "Palais de la Femme" (Palace for women).
Here, charitable concerns go hand in hand with the demands of social progress: in 1910, the idea was to offer to single men an alternative to their "horrible furnished rooms" and at the same time a social life which would keep them away from the "pub": hence the particular attention paid to the interior decoration, especially to the dining-room, the various lounges, meeting-rooms, etc. "The multiplication of such attractive buildings in Paris would be the best encouragement to celibacy", pleasantly says a delegate to the 1915 Conference on cheap housing pointed out.
Out the outside, Labussière – without going as far as he did on the rue Saïda (see page 198) – sketched out a positively modern architecture: concrete structures hardly show themselves and, above all, the volumes seems to be "in motion." But aesthetics were not the architects' only concern: the façades's indentations – probably seen for the first time in Paris – were also designed to offer maximum air and sunshine to the occupants.

(1) 5e conférence des HBM, 12 mars 1911. Cité par Jean Taricat et Martine Villars dans *Le logement à bon marché. Paris 1850/1930*, éditions Apogée (1982).

A voir aux alentours / To be seen around:
A. CHAMPY Immeuble commercial 22, avenue Faidherbe (vers 1936)

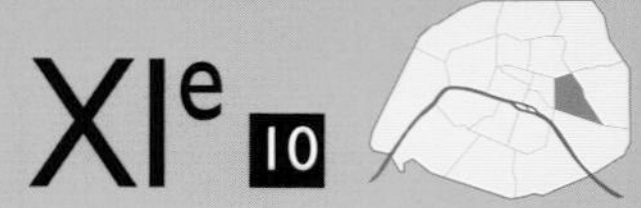

A une centaine de mètres d'un projet « brutaliste », dont les vagues de zinc dominent le quartier, Fuksas a signé ici un petit immeuble tout en délicatesse, écho – comme un décor de Trauner – de la tradition populaire et artisanale de l'arrondissement.
A droite, une partie en briques établit la continuité avec l'immeuble de logements mitoyen. A gauche, la façade en verrière, avec son fronton, est une résurgence des ateliers, encore nombreux dans le quartier. Au centre, une façade dépolie en verre assure la liaison entre les deux, liaison renforcée par le mouvement dynamique des balcons arrondis.
Il y a ici une volonté évidente de se fondre dans le système urbain existant, par opposition au grand bâtiment de l'îlot Candie (voir ci-dessous) qui, lui, n'entend pas se plier au quartier mais le modeler.

Massimiliano FUKSAS

1992

Guedélé DESMET, assistante

6 logements sociaux

6 Public sector flats

19, impasse Charrière, au coin de la rue de Chanzy (11e).
Métro : Faidherbe-Chaligny, Charonne

Maître d'ouvrage : RIVP

About a hundred meters from a "brutal" project whose zinc waves dominate the neighbourhood, Fuksas has put his mark on a delicate little building which echoes – like a Trauner's decor – the popular and artisan tradition of the arrondissement.
On the right, a brick-built section links it to the adjoining block of flats. On the left, the glazed frontage with its pediment reproduces the small workshops, still common in the area. In the center a frosted glass façade links the two. The liaison is reinforced by the dynamic movement of the rounded balconies.
There is, here, an evident wish to melt into the existing urban set-up, in contrast to the giant construction of the Candie (see below) city block, which, clearly, does not intend to bow down to the neighbourhood but to change it.

A voir aux alentours / To be seen around:
M. FUKSAS Logements 8, rue Charles-Delescluze (1998)
M. FUKSAS Ilôt Candie 11, rue de Candie (1992)
ARCHITECTURE STUDIO Réhabilitation d'un hôtel 13, rue Trousseau (1989)
J.C. DELORME Logements 21, rue de la Main-d'or (1988)
D. HERTENBERGER et J. VITRY Logements 10-14, rue Basfroi (1989)
L.H. BOILEAU Ecole 10, rue Keller (1932)
C. LAB Logements 37, rue de Charonne - dans la cour - (1979)
B. LEGRAND Eglise Notre-Dame-d'Espérance 49, rue de la Roquette (1997)
X./OUVRAY Entrepôt réhabilité en logements 55-57, rue de la Roquette (1986)

12e arrondissement

Place de la Nation
NATION
COURS DE VINCENNES
PORTE DE VINCENNES
Bd. de Picpus
Av. du Bel Air
Rue de Picpus
Rue du S. Bauchat
Av. de Saint-Mandé
PICPUS
Av. de Saint-Mandé
Avenue du Docteur Arnold Netter
6
de Reuilly
7
12
Bd. de Picpus
SOULT
BEL AIR
DAUMESNIL
Boulevard
de Reuilly
DAUMESNIL
Rue Louis Braille
Rue de Taine
Rue de Picpus
Michel Bizot
BOULEVARD
12
R. Cannebière
AVENUE
13
Rue Claude Decaen
R. Fécamp
MICHEL BIZOT
DAUMESNIL
PORTE DOREE
14
Avenue du Général
PONIATOWSKI
Rue de Charenton
PORTE DE CHARENTON
BOULEVARD
PERIPHERIQUE

Aymeric ZUBLENA. 1991

Direction de l'Action sociale / *Headquarter of social action*

94-96, quai de la Rapée (12e). Métro : Quai de la Rapée
Maître d'ouvrage : Ville de Paris

Ce bâtiment affirme sans fausse honte la puissance de l'Etat avec son parvis creusé dans le bâtiment et ses deux grands fûts d'ascenseurs dressés comme des mâts. « Porte monumentale, telle une grille marquant l'institution », une façade coulissante en verre et croisillons de métal de 32 mètres sur 24 (manœuvrée par l'équivalent de trois moteurs de mobylette) ferme à volonté le parvis, transformé ainsi en « antichambre du palais ».
Zublena a voulu « traiter de façon contemporaine l'angle de deux rues ». A l'angle haussmannien chantourné (à gauche) et à la proue de paquebot des années 30 (à droite), il oppose un « angle presque abstrait, fine arête marquant la rencontre de la façade délibérément plane avenue Ledru-Rollin et de la concavité du parvis ». Le dégradé des horizontales – les fenêtres sont de plus en plus fines à mesure qu'on s'élève en étage – font « vibrer la façade » en panneaux d'aluminium et d'acier inoxydable.

This building is not ashamed to proclaim the power of the State, with its great interior square, hollowed out of the building, and its two large lift shafts, standing like masts. Like a "vast gate, signalling the presence of the institution", a sliding metal-framed glass, measuring 32 metres by 24 metres (and driven by the equivalent of three tiny moped engines), can be used to close off the interior square, transforming it into "a palace ante-chamber".
Zublena sought here to "produce a contemporary treatment of a street corner". He has created a contrast with both the jigsaw-like 19th century corner (to the left) and the ocean liner's prow from the 1930's (to the right), with "an almost abstract corner, marking a subtle halt where the deliberately plain avenue Ledru-Rollin frontage meets the concave interior square". The horizontal gradation, achieved by windows which become smaller floor by floor, brings an impression "of vibration" to the aluminium and stainless steel panelled façade.

A voir aux alentours / To be seen around:
L. ARRETCHE et R. KARANSINSKI Pont Charles-de-Gaulle (1996)
Pierre SIRVIN Siège de la RATP 52, quai de la Rapée (1995)
A. LECONTE Bureaux 90, quai de la Rapée (vers 1930)
M. HOUDIN Hôtel 13, boulevard Diderot (1913)
S. FISZER Ensemble de logements place Henri-Frenay (1996)
C. HAUVETTE Bureaux 1-9, rue Roland-Barthes (1998)
M. ANDRAULT et P. PARAT Logements 24, passage Raguinot (1988)
M. HERBERT Logts 60, av. Daumesnil (1988)
P. TANIER et C. TOUYA Ecole et crèche 70-74, avenue Daumesnil (1988)
M. NUNEZ-YANOWSKY Hôtel de police 78, avenue Daumesnil (1991)
A. STINCO Bureaux 108, avenue Daumesnil (1994)
L. BONNIER Logements 7, rue de Rambouillet (1932)
D. HERTENBERGER et J. VITRY Logements 9, rue de Rambouillet (1989)
E. BOIS Logements 13 et 14, rue Abel (1922)
A. DUPUIS et J. RIVERT Bureaux 44, boulevard de la Bastille (1975)

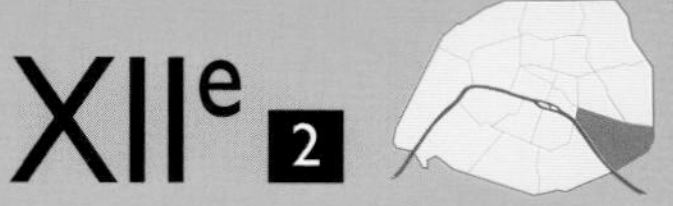

Carlos OTT. 1989

Opéra de la Bastille

26, place de la Bastille (12e). Métro : Bastille
Maître d'ouvrage : Établissement public de l'opéra Bastille

Un « opéra populaire » édifié sur le haut lieu de la Révolution française. La place de la Bastille s'est construite au fil des siècles, selon les hasards de l'histoire, le contraire d'une place classique, rigoureusement ordonnée par une volonté unique, comme la place Vendôme.
Pour respecter ce côté « aléatoire » – et « pour ne pas intimider un public peu familier de l'opéra » – Ott a refusé la « monumentalité écrasante ». Sa façade « ne cherche pas à ordonner la place », mais veut « s'insérer dans la ville existante », glissant vers les faubourgs situés à l'arrière. Au contraire d'un « ghetto culturel pour privilégiés fonctionnant uniquement la nuit », c'est « un lieu actif toute la journée et largement ouvert sur le quartier : bouche de métro dans le hall public, surfaces commerciales etc. »
Toujours par refus de la monumentalité, le bâtiment a été fragmenté en volumes plus petits, qui laissent deviner chacun leur fonction : demi-cylindres des salles de spectacle, cubes des cages de scène, façades plates des loges.
A défaut de monumentalité, il reste les symboles : la grande arche carrée, « comme une porte d'apparat », et la disposition en emmarchement des éléments opaques de la façade, « symbolisant un grand escalier d'opéra, image de la fête ».

A "popular opera house" erected on the quintessential site of the French Revolution. The famous place de la Bastille which has experienced so many different buildings over the centuries and through the hazards of history.
This is probably why this square is anything but classical, unlike, say, the place Vendôme. In order to emphasise this "hazardous" character while "making a public rather unfamiliar with opera, feel at home", Ott rejected "all overwhelming monumentalism". The main façade is "not meant to organize the whole square" but to "adjust to the existing city": hence its extension onto the back streets. Besides, rather than being just another "cultural ghettoe for a privileged few which is only open at night", it is "a busy place all day long, open onto the area, with its tube station in the entrance hall, its shopping centre, etc."
Again, anxious not to give the whole a monumental appearance, the architect decided to divide it into smaller functional volumes: semi-cylindrical ones for the auditoria, cubic ones for the stages and flat ones for the dressing-rooms.
The large square arch was planned to be a "ceremonial entrance hall" and the façade "symbolizes the traditional opera stairway, the ultimate symbol of the feast."

A voir aux alentours / To be seen around:
B. BOURGADE et M. LONDINSKY Foyer pour personnes âgées 61, boulevard Richard-Lenoir (11e) (1984)
Pierre SIRVIN, N. BADUEL et P. MONMARSON Bureaux 8, rue Saint-Sabin (11e) (1988)
C. ROUILLON Logements 29-31, rue Saint-Sabin (11e) (1991)
M. H. BADIA et D. BERGER Bureau de poste et logements (agrandissement) 4, rue Castex (4e) (vers 1930-1989)
P. BERGER Viaduc de la Bastille (restauration) rue de Lyon et avenue Daumesnil (1993)

Henri CIRIANI. 1985. Jacky NICOLAS, associé

Cuisine de l'hôpital Saint-Antoine / *The Hospital Saint-Antoine kitchens*

30, rue de Citeaux (12e). Métro : Faidherbe-Chaligny

Maître d'ouvrage : Assistance publique

Avec cette cuisine construite sur un ancien terrain vague, Ciriani a voulu « rapiécer la ville, retrouver la continuité de la rue en faisant la suture entre deux bâtiments d'échelles et de styles différents ».
Nul pastiche de style « ancien » : le nouveau bâtiment se réclame du « meilleur de l'architecture des années 30, et l'intégration s'effectue uniquement par des jeux de volumes et de proportions ». A gauche, la cuisine s'élève jusqu'au quatrième étage de l'immeuble voisin. A droite, des volumes plus bas et un revêtement de pierre parisienne traditionnelle assurent la jonction avec le bâtiment mitoyen.
Bénéficiant d'un éclairage naturel par une vaste baie, d'une terrasse plantée et de locaux de détente au premier étage, cette cuisine est « un lieu de travail traité comme un équipement de prestige ».

Ciriani, by erecting this building on wasteground, tried to "patch up the city" and to fill in a gap "by stitching together two buildings very different in proportion and style". But this project is not meant to be a "pastiche" of "traditional architecture". It was inspired by the "best pieces of architecture of the thirties", and the architect managed to integrate the whole into a background simply by the interplay of different volumes and proportions. On the left, the building is level with the fourth floor of the neighbouring bnilding. On the right, lower volumes with a traditional Parisian stone covering blend into the building's other neighbour.
The interior boasts natural light, thanks to a vast baywindow, as well as a terrace planted with greenery, and last but not least large rest rooms on the first floor. These kitchens are "a workplace conceived as a source of prestige".

A voir aux alentours/To be seen around:
A. WOGENSKY CHU Saint-Antoine 184, rue du Faubourg-Saint-Antoine (1965)
J. NEEL Logement 52, rue Crozatier (1959)
P. ALLUIN et J.P. MAUDUIT Logements 107, rue Charenton (1984)
B. OGE et J.J. FAYSSE Logements 228, rue du Faubourg-Saint-Antoine(1977)
X Logement 11, rue de Reuilly (vers 1950)

Ce collège, partie d'un ensemble qui comprend en outre une maternelle et une école primaire, « affirme clairement sa vocation de bâtiment public par un signal, grand voile convexe en béton blanc de 18 mètres de haut, à la façade entièrement vitrée ».
Un petit volume recouvert de céramique assure une transition douce avec l'immeuble voisin, en briques. Il contient les escaliers. Derrière la façade vitrée, des passerelles qui, au-dessus d'un hall en double hauteur, relient l'escalier à l'administration, logée dans le voile de béton.
Deschamps a « repoussé les bâtiments à la périphérie du terrain, contre les mitoyens, pour les organiser autour d'un grand espace central circulaire » où se trouvent les cours de récréation. Tous les espaces intérieurs sont éclairés naturellement et les cloisons sont en verre : les élèves, dans leurs classes, et l'administration, dans ses bureaux, se voient mutuellement. « Ce qui développe le sentiment de communauté... et facilite la surveillance. »

Jean-Paul DESCHAMPS

1995-2000

Ensemble scolaire / Collège (480 élèves)

School Complex / Secondary School

17-27, rue de Reuilly (12e).
Métro : Reuilly-Diderot, Faidherbe-Chaligny

Maître d'ouvrage : Ville de Paris

This secondary school, part of a complex which also includes a kindergarten and a primary school, "clearly declares its purpose as a public building by a conspicuous sign, a great convex sheet of white concrete, 18 metre high beside a main frontage that is completely glazed".
A small, tiled-covered volume ensures an easy visual transition from the adjacent brick building. It contains the stairways. Behind the glass fronted façade are walkways which, running over a two-storey high main hall, connect the staircase to the administration block behind the white sheet.
Deschamps has "pushed the school buildings to the perimeter of the site, up against the adjoining buildings, to arrange them round a large circular central area" where the playgrounds are. All the interior areas enjoy natural lightning, and the partitions are of glass : the pupils, in their classes, and the Administrative staff, in their offices can see one another. "This develops a sense of community – and facilitates supervision."

Un exemple de « l'urbanisme bulldozer » des années 60 : « C'était la période de la table rase : comme tout le quartier avait été détruit, il n'y avait pas à se préoccuper de l'intégration des nouveaux immeubles dans un environnement qui n'existait plus. » Les architectes ont toutefois voulu éviter d'édifier, comme la règlementation les autorisait alors à le faire, un « énorme mur » de vingt étages. D'où l'idée de construire trois tours distinctes, reliées par des « ponts » entre lesquels on voit le ciel. Comme dans leur bâtiment de la rue Saint-Ambroise (voir page 95), les architectes ont essayé « d'individualiser l'habitat collectif » : « En utilisant un système d'avancées et de creusement de la façade, nous avons cherché à donner l'impression d'un empilement de maisons individuelles. Nous voulions que, de la rue, un habitant puisse immédiatement désigner son appartement, sans avoir à compter les étages et les fenêtres. »

Mario HEYMANN, Roger ANGER et Pierre PUCCINELLI

1969

Logements
et bureaux
Flats and offices

15-21, rue Erard (12e).
Métro :
Reuilly-Diderot

Maître d'ouvrage :
GRETIMA

This an example of "destructive planning": the project was built in the sixties "When everything had to be razed: as all buildings in the area had been pulled down, the architects didn't have to worry about integrating their new buildings into a non-existant background."
And yet they tried to avoid – although the planning permission could have allowed it – a 20 storeys "wall". Hence the idea of building three separate towers, connected with one another by "bridges" through which one can see the sky".
In the same way as they did on rue Saint-Ambroise (see page 95), the architects tried to "individualize collective housing": "By alternating salient balconies and recesses on the façades, we tried to give an impression of a piling up of individual houses; we wanted the tenants to be able to point straight away to their flats from the road, without having to count the floors or windows."

A voir aux alentours / To be seen around:
LEBOUCHEUR Eglise Saint-Eloi 3, place Maurice-de-Fontenay (1967)
I. BIRO et F. GÉRIN-JEAN Logements 178, rue de Charenton (1996)

Roland SCHWEITZER. 1971

Ecole d'infirmières / *Nursing school*

95, rue de Reuilly. Métro : Montgallet

Maître d'ouvrage : Diaconesses de Reuilly

Exemple d'architecture fonctionnaliste où « la diversité n'est pas gratuite mais exprime fidèlement les différentes fonctions du bâtiment ».
« Le volume de l'école a été fractionné en plusieurs blocs ayant chacun un usage bien précis, et ici ce sont les ouvertures qui marquent la différence : baies vitrées totales pour l'éclairement maximal des salles de cours : fenêtres verticales (correspondant à la position debout) des chambres et, pour les sanitaires, des fenêtres en bandes verticales hautes, qui protègent des regards indiscrets. »
Le jardin, espace de transition, a été conçu pour « élargir visuellement » la place Montgallet.

This is a piece of functionalist architecture "whose diversity is not merely arbitrary but is meant to reflect accurately the different functions of the building". "The volume has been fragmented into various blocks with functions of their own; the partitions between them are underlined by various openings of different shapes: bay-windows taking up the entire wall in the lecture halls, smaller vertical windows (corresponding to the standing position) in the bedrooms, and high windows to protect the privacy of the bathrooms and toilets."
The garden, designed as a transitional space, was meant to "visually widen" the Place Montgallet.

A voir aux alentours / To be seen around:
A. GALFETTI Logements rue Jacques-Hillairet et 70, rue de Reuilly (1989)
A. et F. GÜLGÖNEN Logements rue Jacques-Hillairet et 70, rue de Reuilly (1990)
O. BRENAC et X. GONZALEZ Logements 23-41, allée Vivaldi (1991)
S. MALISAN Chambre des Métiers de Paris 72, rue de Reuilly (1989)
B. BONNIER Bureaux 76, rue de Reuilly (1990)
A. FAINSILBER Bureaux 80, rue de Reuilly (1994)
R. SCHWEITZER Logements 99, rue de Reuilly (1990)

Roland SCHWEITZER. 1976.

Philippe JEAN. collaborateur

Ecole et internat religieux / *Catholic boarding school*

101, rue de Reuilly (12e). Métro : Daumesnil, Montgallet

Maître d'ouvrage : Congrégation de Sainte-Clotilde

Comme dans la construction précédente du même architecte, « le volume du bâtiment a été fractionné selon ses diverses fonctions ».
Mais « ce projet, plus vaste, a permis l'emploi de plusieurs modes architecturaux afin de constituer un noyau urbain diversifié. Le collège lui-même est en béton, avec des pare-soleil pour protéger les salles de classe, orientées au sud. L'internat religieux, en brique et béton, a des fenêtres verticales et, au troisième étage, une coursive-promenoir pour les sœurs ».
Adossé à un exceptionnel espace vert, l'ensemble est monté sur pilotis « pour laisser voir de la rue les vastes pelouses et les bosquets » du domaine religieux.

Like the previous building designed by the same architect, "the volume of the school has been divided into different sections reflecting its different functions".
But this project, "bigger than the other, made possible the use of several architectural styles in order to establish an urban focus. The school itself is built of concrete with canopies to protect the lecture halls from excessive sunshine (they all face south). The boarding-section, built of brick and concrete, has vertical windows as well as an interior promenade on the 3rd floor for the nuns".
The whole was built on pilotis so that the casual observer could see "the vast lawns and groves" of the seminary grounds from the road.

A voir aux alentours / To be seen around:
MOINEAU Bureau de poste 187, avenue Daumesnil (1937)
D. HONEGGER Logements 157 à 175, avenue Daumesnil (1960)
ARDOUIN et LEMESTRE Garage et logements 13, rue Dugommier (1931)
M. MARCHAND Logements 11, rue Dugommier (1932)
W. MITROFANOFF Logements 22, rue du Charolais et 218, rue de Charenton (1983)

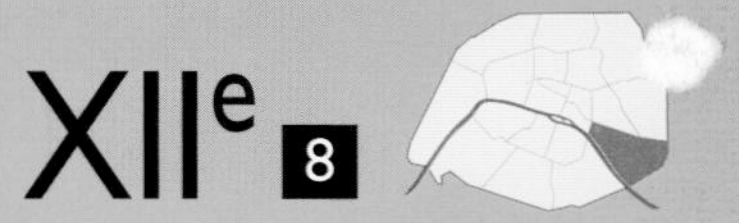

Paul CHEMETOV et Borja HUIDOBRO. 1988

Emile DUHART-HAROSTEGUY, architecte conseil

Ministère de l'Economie et des Finances / *Ministry of Finances*

1, boulevard de Bercy (12e). Métro : Bercy

Maître d'ouvrage : ministère de l'Économie et des Finances

Destiné à libérer totalement le musée du Grand Louvre, ce nouveau ministère a été conçu à la fois « comme une porte et comme un pont ».
Comme une porte, « pour constituer l'entrée monumentale qui a toujours manqué à l'est de Paris ».
Comme un pont, car le nouveau bâtiment, construit au bord de la Seine, « se devait d'exister par rapport à elle ». Mais la forme du terrain rendant impossible une solution classique – une façade parallèle au fleuve –, les architectes ont choisi d'employer une « métaphore fluviale : donner au bâtiment la forme d'un pont dont seule la dernière pile plonge dans l'eau ». L'emploi de la pierre « renforce cette image traditionnelle de pont, et signale un bâtiment public, auquel la trame des grandes ouvertures donne une échelle monumentale ».

The new Ministry was built here to clear the way for the expansion of the Musée du Louvre on its old site in central Paris.
The new building was designed both "as a bridge and a gate".
On the one hand it was to become "the monumental entrance which the East of Paris had always lacked".
On the other hand, as it was planned to be built by the River Seine, it "had to establish some connection with the river". But the lie of the land made it impossible to find a traditional solution – a façade parallel to the river for instance – so the architects opted for a "fluvial metaphor and gave it the shape of a bridge whose the last pillar was to be the only one to actually enter the water". The use of stone "reinforces this traditional image of a bridge and signals at the same time a public building whose monumental scale" is underlined by various openings of different shapes and sizes.

LE QUARTIER DE BERCY
THE BERCY NEIGHBOURHOOD

Métro : Bercy

Jean-Pierre BUFFI et Michel MACARY, architectes en chef.
1988-2004

Le nouveau quartier de Bercy est une opération majeure du « rééquilibrage de Paris vers l'Est », qui vise à achever la réurbanisation de la capitale, menée au siècle dernier par Haussmann. Le quartier s'articule autour d'un parc de 13 hectares, bordé de 1 200 logements formant, sur 700 mètres, la plus importante opération linéaire parisienne depuis le percement de la rue de Rivoli. La partie Ouest (architecte – coordinateur : Michel MACARY) est, au contraire, consacrée pour l'essentiel aux bureaux, commerces et activités diverses (250 000 m² au total). Une partie occupe les anciens chais et entrepôts vinicoles réhabilités.
Pour éviter la monotonie et la création d'une « barre », Buffi a fixé six règles, afin qu'« unité et diversité marchent ensemble ».
1°) « Permettre au quartier d'entretenir un maximum de relations avec le parc. » Ainsi, le front bâti ne forme pas une « barrière », comme la rue de Rivoli le long des Tuileries, mais des îlots, comme au Champ de Mars. Profonds de 50 mètres, ces îlots sont ouverts au maximum par des « failles » traversant des jardins intérieurs. Chaque îlot regroupe des « pavillons », immeubles isolés, séparés de leurs voisins. Une solution qui permet de « rythmer la continuité des façades et de donner plusieurs expositions aux appartements ».
2°) Unité de conception : les côtés parc et rue de chaque pavillon, de même que les immeubles bordant de part et d'autre chaque rue traversante, ont été réalisés par le même architecte qui a eu ainsi « la maîtrise totale d'une fraction îlot ».
3°) « Rendre les toits habitables » en y posant « des villas ».
4°) « Une échelle urbaine de duplex », obtenue en disposant balcons et loggias tous les deux étages (6 mètres).
5°) « Créer un lien unificateur entre les bâtiments » par ces loggias et balcons qui ont tous le même garde-corps en métal noir laqué, dessiné par Buffi.
6°) Un revêtement identique pour les immeubles : pierre blanche pour le front de parc, grise dans les rues transversales.

The new Bercy neighbourhood is a major operation of "re-establishing Paris' Eastern balance" and aims at completing the capital's town planning, initiated by Haussmann in the last century.
The neighbourhood is articulated around a park of 13 hectares (31 acres), bordered by 1,200 flats which, with a length of 700 meters, makes it the longest linear operation since the construction of the rue de Rivoli.
To avoid any monotony or the creation of a barrier effect, Buffi laid down six rules to ensure that "diversity and uniformity went hand in hand".
1°) "Allow the neighbourhood to maintain the closest connection with the park." Thus the frontage does not form a solid barrier, like the rue de Rivoli along the Tuileries, but a series of city blocks, like the Champ de Mars. These blocks, 50 metre deep, are kept as open as possible by "breaks" opening onto internal gardens.
Each block is an assembly of "pavilions" – detached blocks of flats, quite separate from their neighbours, which allows "harmonizing the continuity of the façade while giving the flats different exposures".
2°) Unity of design: the sides facing the park and rear road of each individual building as well as those on either side of the side streets, are designed by the same architect who thus has "complete control over a part of the block".
3°) "Make the roofs habitable", by placing "villas" (i.e. penthouses) on them.
4°) "Appear to halve the scale" by running balconies and verandas along every second floor (6 meters intervals).
5°) "Create a unifying link between the buildings", by the above pattern of balconies and verandas which all have the same black enameled steel railings designed by Buffi.
6°) The same stonework facing for all the buildings: white on the park side and grey along the side streets.

Pierre PARAT, Michel ANDRAULT et Aydin GUVAN. 1983

Structure métallique : Jean PROUVÉ

Palais omnisports de Bercy

2, boulevard de Bercy (12e). Métro : Bercy

Maître d'ouvrage : Ville de Paris

« Monumentalité et modestie » pour cette gigantesque (55 000 m²) salle à géométrie variable, pouvant accueillir 3 500 à 17 000 spectateurs de manifestations sportives – matchs de boxe ou de football, courses cyclistes –, ou culturelles – opéra, concerts, variétés –, etc.
Côté monumentalité, comme un point auquel répond la ligne du ministère de l'Economie (voir page 109), « une pyramide tronquée hérissée de quatre énormes poteaux en béton de 6 mètres de diamètre et 30 mètres de haut, supportant la charpente métallique de la toiture ».
Mais, « pour rester modeste, à l'échelle de la Seine qui coule en longueur, les parois sont inclinées à 45°, diminuant visuellement la hauteur, et sont recouvertes de gazon, pour faire de cette construction une tête de pont du parc de Bercy. » (voir page 116)

A building which manages to be both "monumental and humble", this gigantic stadium (55,000 square metres and up to 17,000 seats) was designed for all kinds of sporting and cultural events (operas, concerts, races, etc.).
Its monumental appearance is emphazized by the "unusual truncated pyramid spiked with four huge concrete posts (6 metres wide and 30 metres long) which support the metal framework of the roof."
But "so as not to interfere with the sight of the River Seine which flows beside the building, the walls with their steep 45 degrees slope are covered with grass to make the whole look somewhat lower and more humble. The 'Palais' was designed to be a sort of bridgehead to the Parc de Bercy". (see page 116)

A voir aux alentours / To be seen around:
A. ZUBLENA Logements 28-32, rue de Bercy (1988)
R. SCHWEITZER Logements 36-48, rue de Bercy (1989)

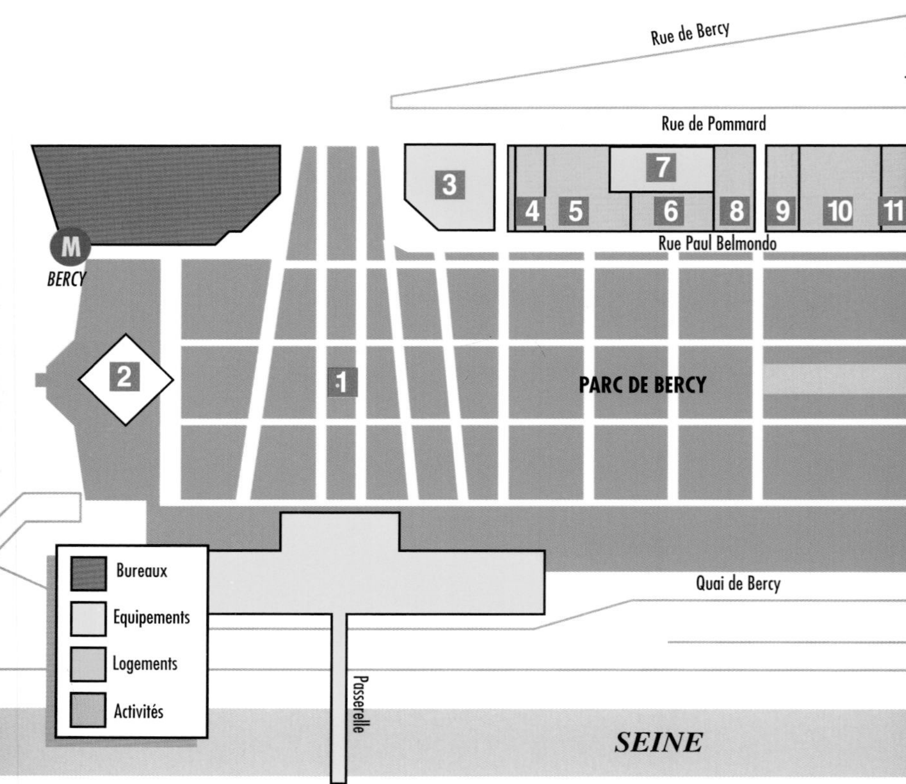

L'indication entre parenthèses renvoie, le cas échéant, à la page où figure un texte ou une photo.

Numbers in brackets refer to the page with a text or a photograph.

1 - **B.HUET, M. FERRAND, J.P. FEUGAS, B. LE ROY, I. LE CAISNE et P. RAGUIN.**
Parc de Bercy (page 116)

2 - **M. ANDRAULT, P. PARAT et A. GUVAN**
Palais omnisport de Bercy - 55 000 m² (page 111)

3 - **F. O. GEHRY**
Maison du cinéma (page 117)

4 - **F. HAMMOUTÈNE**
42 logements (page 114)

5 - **P. CHAIX et J.P. MOREL**
71 logements (page 118)

6/7 - **F. MONTES**
38 logements, crèche (80 berceaux) et école maternelle (6 classes) (page 114)

8/9 - **Y. LION**
902 logements (page 114)

10 - **F. CERIA et A. COUPEL**
103 logements

11/12 - **F. DUSAPIN et F. LECLERCQ**
99 logements

13 - **C. de PORTZAMPARC**
67 logements (page 114)

14/15 - **H. CIRIANI**
108 logements (page 114)

16 - **J.P. BUFFI**
55 logements environ

17 - **E. BRULEY et L. et P. CHAMBLAS**
55 logements environ

18 - **TECTONE**
80 logements

19/20 - **M. COMMISSAIRE**
89 et 41 logements

21 - **P.L. FALOCI**
Ecole maternelle (6 classes)

22 - **P. BARTHELEMY**
70 logements

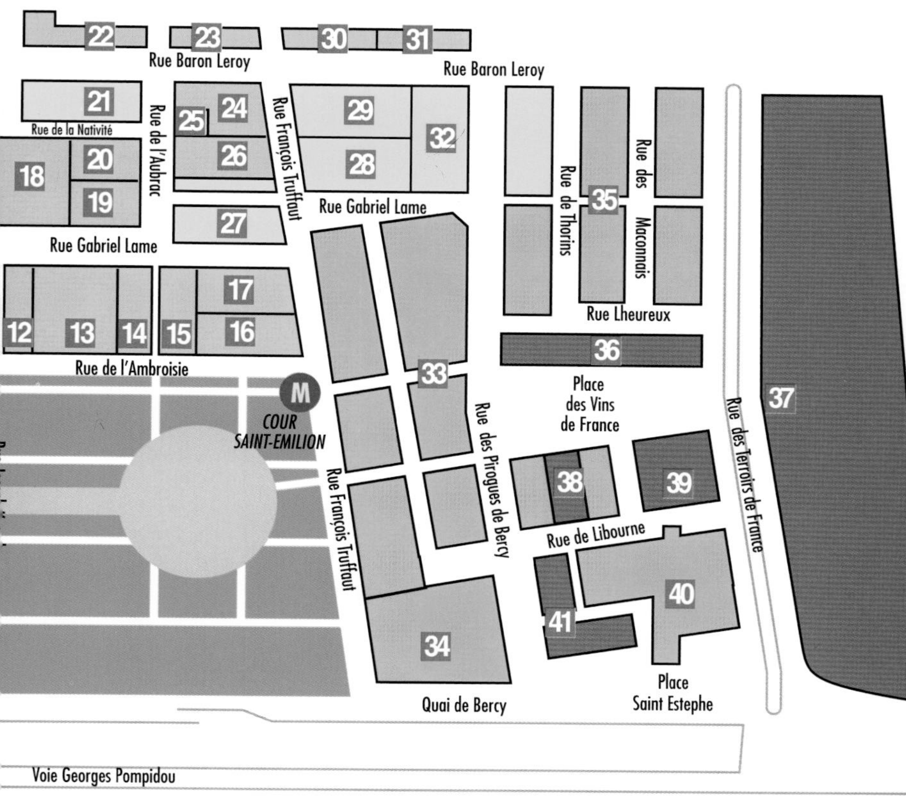

23 - **F. DHOTEL**
Hôtel 200 chambres

24 - **J.P. VIGUIER**
54 logements

25 - **B. VALERO**
Commissariat de police

26 - **L.L.T.R.**
87 logements (page 115)

27 - **J.P. BUFFI**
Ecole polyvalente (8 classes)

28 - **J. AUDREN et R. SCHLUMBERGER**
73 logements

29 - **O. ARENE et C. EDEIKINS**
78 logements

30 - **J.-Y. BARRIER**
45 logements

31 - **D. PARNET et M. POSSOMPÈS**
58 logements

32 - **E. COLBOC et H. DUBOIS**
58 logements (page 115)

33 - **D. VALODE et J. PISTRE**
Chais transformés en boutiques (25 000 m²)

34 - **D. VALODE et J. PISTRE**
18 salles de cinéma - 4500 places (page 115)

35 - **M. WILMOTTE**
Entrepôts Lheureux (10 000 m² - réhabilitation)

36 - **M. MACARY**
Bureaux 13 000 m² (page 115)

37 - **LA FONTA**
Bureaux (72 000 m²) et activités (75 000 m²)

38 - **M. MACARY**
Hôtel (195 chambres) et résidence hôtelière (142 appartements)

39 - **F. CERIA et A. COUPEL**
Bureaux (11 500 m²)

40 - **M. MACARY**
Hôtel 400 chambres

41 - **A.G. Concept Architecture**
Bureaux (13 500 m²)

A

B

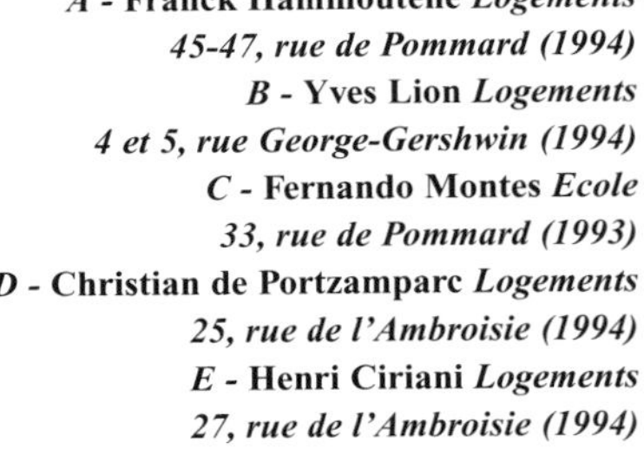

A - **Franck Hammoutène** ***Logements***
45-47, rue de Pommard (1994)
B - **Yves Lion** ***Logements***
4 et 5, rue George-Gershwin (1994)
C - **Fernando Montes** ***Ecole***
33, rue de Pommard (1993)
D - **Christian de Portzamparc** ***Logements***
25, rue de l'Ambroisie (1994)
E - **Henri Ciriani** ***Logements***
27, rue de l'Ambroisie (1994)

C

D

E

A

B

C

A - **Denis VALODE et Jean PISTRE,** ***complexe cinématographique***
Rue des Pirogues de Bercy
B - **L.L.T.R.,** ***logements.***
Rue François-Truffaut / rue de l'Aubrac
C - **Michel MACARY,** ***bureaux.***
Place des Vins de France
D - **Emmanuelle COLBOC et Hervé DUBOIS,** ***logements.***
Rue des Pirogues de Bercy / rue Gabriel-Lamé / rue Baron-Leroy

D

Bernard HUET, Marylène FERRAND,
Jean-Pierre FEUGAS, Bernard LE ROY.

Paysagistes : Ian LE CAISNE et Philippe RAGUIN

Le parc (1993-1997) / *The Park*

Métro : Bercy

Maître d'ouvrage : Ville de Paris

Bâti sur un des hauts lieux du vieux Paris, le marché aux vins de Bercy, ce parc de 13 hectares se veut un « jardin de la mémoire ». Il conserve du site ancien les rues pavées, la quasi-totalité des arbres centenaires et trois chais, reconvertis en lieux de réunion ou d'exposition.
Le but a été de « créer, avec du végétal, des espaces spécifiques, vécus comme tels par le promeneur. Leur unité est assurée par les grandes allées qui dévoilent les perspectives de la totalité du parc ».
Ce parc est divisé en trois parties, selon un tracé rectangulaire. Une grande pelouse « de stade », pour pique-niquer ou jouer. Neuf « parterres » (potager, roseraie, verger, senteurs) et un « carré archéologique » qui préserve « comme sous une cloche » ce qui existait autrefois. Enfin, un « jardin romantique » vallonné, de part et d'autre de la rue de Dijon, enserrée dans une colline artificielle traversée par un canal alimentant un petit lac.
En bord de Seine, le parc est bordé par une terrasse coupe-bruit, promenade plantée de tilleuls, inspirée de celle des Tuileries.

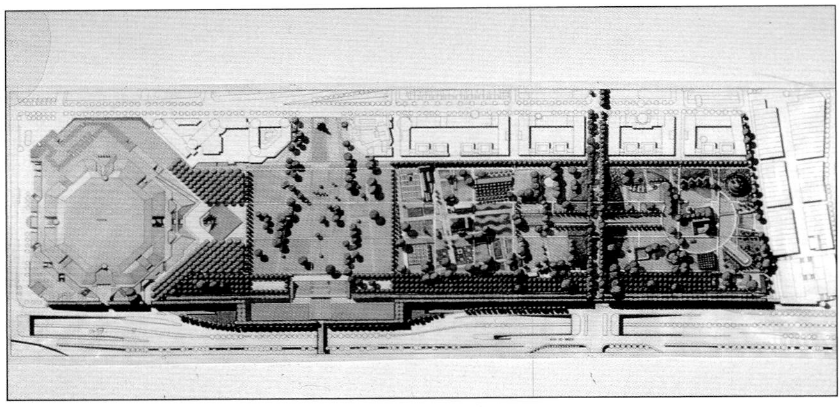

Built over one of the main features of old Paris, the Bercy wine market, this 13 hectare park aims to be a "memorial garden". It has preserved the cobbled streets of the old site, nearly all of the century-old trees and three of the wine cellars, converted into meeting and exhibition halls.
The aim was to "create, with the greenery, specific activity areas which the stroller would experience as such. Their unity is ensured by the main avenues which reveal prospects of the whole of the park".
It is divided into three parts, with a rectangular layout. A large lawn, "sports ground style" for playing and picnicking. Nine "flower-beds" (vegetables, roses, orchards, scented flowers) and an "archeological corner" which preserves "as if under a glass" what was on the site in the past. Finally an undulating "romantic garden" on either side of the rue de Dijon, which is hemmed in by an artificial hill across which flows a canal feeding a small lake. Along the Seine the park is bordered by a noise abating bank, a promenade shaded by lime trees inspired by the one in the Tuileries.

Frank O. GEHRY. 1994

R. SAUBOT et F. JULLIEN, architectes d'opération

Cinémathèque française / *French film library* (Ex-American Center)

Rues Pommard et de Bercy (12e). Métro : Bercy

Maître d'ouvrage : American Center

Enfant terrible de l'architecture américaine, Gehry avait voulu exprimer les Etats-Unis, « pays plus jeune, avec moins de lois et moins de contraintes que les pays européens », tout en respectant « la politesse élémentaire qui consiste à tenir compte d'un contexte, d'une échelle et des hommes » (1).
Le respect du « contexte » parisien, c'est un bâtiment tout en pierre – matériau inhabituel chez Gehry – dont la « façade urbaine » s'aligne sagement sur la rue de Bercy. L'« esprit américain », on le trouve sur les façades du parc, là où l'exubérance ne risque pas de « ridiculiser les immeubles voisins ». Gehry y donne libre cours à son architecture faite de fragmentation et de juxtaposition de formes, comme de guingois. « J'ai pensé à Matisse qui a réalisé ses plus belles œuvres en faisant ses collages avec une simple paire de ciseaux. »
Une liberté de composition qui rend le bâtiment « décontracté, accueillant, accessible », jusque dans sa terrasse de café. Mais en même temps, cette « sculpture » entendait refléter le bouillonnement des activités du plus grand centre culturel américain à l'étranger. Dans ses nouvelles fonctions de Maison du cinéma, il doit accueillir, à partir de 2003, la cinémathèque française, la bibliothèque du film et divers services d'archives du cinéma..

Gehry, the enfant terrible of American architecture, set out to express the spirit of the United States, a "younger country with fewer laws and fewer contraints than European countries", whilst respecting "the basic courtesy of taking into account context, scale and man" (1).
Respect for the "context" of Paris is to be found in a building in stone – an unusual material for Gerhy – whose "urbane façade" falls docilely into the building line of the rue de Bercy. The "American spirit" is to be found in the park frontages, where natural exuberance does not run the risk of ridiculing the neighbouring buildings. Here, Gerhy gives free rein to his own architectural style, characterised by fragmentation and juxtaposition of almost skew-whiff shapes. "I was thinking of Matisse who produced his best work by doing collages with a simple pair of scissors."
The liberty of composition makes the building "relaxed, welcoming and accessible", right down to its café terrace. Yet at the same time, this "sculpture" entended to reflect the bubbling activity of the largest American cultural centre on foreign soil.Recycled as the Maison du cinéma, in 2003, the building will house the Cinémathèque Française, the Bibliothèque du cinéma (Cinema library) and various archive departments.

(1) Citation : interview à Odile Fillion - *Le Moniteur,* 8 décembre 1989

Philippe CHAIX et Jean-Paul MOREL. 1993

Olivier BOIRON et Eric DESPRETZ, assistants

71 logements / *71 flats*

37-43, rue de Pommard (12e). Métro : Bercy

Maître d'ouvrage : Pelège

Conscients de participer à un « véritable laboratoire d'urbanisme », les architectes ont voulu « développer au maximum » les règles fixées par Jean-Pierre Buffi, coordonnateur de l'opération (voir page 110).
Ils ont ainsi cherché à donner un « caractère très graphique » à la rencontre des plots de logements verticaux et des lignes horizontales des balcons. Les « couronnements » de leur immeuble sont volontairement différents : une maison est en spirale, l'autre est orthogonale. L'une est en zinc, l'autre en pierre. « Variations sur un même thème pour participer à la collection d'objets autonomes » qui coiffent les bâtiments du front de parc.
La façade, voulue « la plus calme possible », est totalement vitrée, pour s'ouvrir au parc et pour que les lignes opaques des balcons « donnent l'impression de "flotter" ».

Conscious of taking part in a "real town planning experiment", the architects wanted to "develop to the limit" the rules fixed by Buffi, the operation coordinator (see page 110).
They thus sought to give a "very graphic character" to the intersection of the vertical pillars of the blocks and the horizontal lines of the balconies. The roofs of their building are intentionally different: on one house it's spiral, on the other orthogonal. One is faced with zinc, the other with stone. "Variations on a theme to take part in a collection of autonomous objects" that crown the buildings fronting the Park.
The façade is intended to be "as calm as possible" and is entirely glazed to open it up to the Park and so that the opaque lines of the balconies "should give the impression of floating".

A voir aux alentours / To be seen around:
E. DUHART Logements 8, place Lachambeaudie (1990)
B. HUET Logements 17, place Lachambeaudie (1990)

Les autorités religieuses entendaient construire, à proximité de l'Exposition coloniale, une église-mémorial dédiée aux missionnaires, « premiers pionniers de l'Œuvre Coloniale » (1). Non sans appréhension à l'égard des réactions des habitants du quartier « réputés pour leurs idées communistes ».
Tournon, lui, architecte profondément catholique, voulait réveiller l'architecture religieuse « retranchée dans la nostalgie du passé depuis plus de cent ans » (2). Grand Prix de Rome, peu suspect de complaisance à l'égard des audaces du Mouvement moderne, il s'est inspiré de Sainte-Sophie de Constantinople pour construire un édifice au contenu hautement symbolique. Le clocher de 85 m de haut – le plus élevé de Paris – « appelle les âmes à la source de la lumière » (1). La grande coupole – 33 m de diamètre – « est l'image humaine de l'univers, avec l'Esprit-Saint au zénith. A sa base, une couronne brillante de fenêtres pour exalter les fidèles vers les hauteurs. Au-dessous, les 12 arches des 12 prophètes et des 12 apôtres » (2). L'édifice en béton armé est recouvert de « briques de Bourgogne dont le jeu est l'unique parure extérieure de l'église » (2).

Paul TOURNON
1931

Eglise du Saint-Esprit

Saint-Esprit Church

186, avenue Daumesnil (12e).
Métro : Daumesnil

Maître d'ouvrage : Association diocésaine de Paris

The religious authorities wished to build a memorial church, as close as possible to the Colonial Exhibition and dedicated to the missionaries who had been "the first pioneers of the great colonial enterprise" (1). They were, however, a little worried by the possible reaction of the local population which was "well known for its communist sympathies".
For his part, Tournon, a profoundly catholic architect, wanted to revive religious architecture "which has buried itself in nostalgia for over a 100 years".
A former winner of the Grand Prix de Rome, who was above any suspicion of sympathy with the audacities of the Modern Movement, he drew his inspiration from Sainte-Sophie at Constantinople and produced an extremely symbolic building. The 85 metre high bell tower (the highest in Paris) "calls souls to the source of all light" (1). The great cupola (33 metres in diameter) is a human image of the universe, with the Holy Spirit at its top. At its base, a shining crown of windows exalts the faithful, drawing their gaze upwards. Below, we find the 12 arches of the 12 prophets and the 12 apostles" (2). The reinforced concrete structure is covered with "Burgundy bricks, whose pattern is the only external decoration on the church" (2)

(1) Brochure de présentation de l'église par l'évêque Eugène Jacques (1931).
(2) *Paul Tournon, architecte,* éditions Dominique Vincent (1976)..

Dix ans après la création de l'Office public d'habitations à bon marché (HBM) de la Seine, les pouvoirs publics entendent fournir aux miséreux de la « zone », au-delà du logement, un « cadre éducateur d'ordre et de propreté » (1). Cette politique d'éducation par le logement trouve rapidement ses limites.
Les habitants de ces nouveaux ensembles bénéficient certes de logements (relativement) spacieux et d'un confort (électricité, eau courante, W.-C., douches, chauffage) sans commune mesure avec celui des taudis qu'ils quittent.
Mais la volonté de discipline sociale aboutit encore ici, comme dans le grand ensemble de Ménilmontant (voir page 329), à une architecture quasi carcérale. La vie y est régie par les mêmes règles strictes que les grandes usines inculquent aux paysans individualistes « montés » travailler dans la capitale et aux autres déclassés qui n'ont pas encore assimilé la discipline industrielle.

AGENCE D'ARCHITECTURE DE L'OFFICE HBM

1924

Ensemble HBM (605 logements sociaux)

Low cost housing project (605 public sector flats)

41, rue de Fécamp et 10, rue Tourneux (12e).
Métro :
Michel-Bizot, Daumesnil

Maître d'ouvrage : Office d'HBM de la Seine

Ten years after the foundation of the HBM housing project, the local authorities of the Seine decided to offer the inner city poors something more than just houses: they insisted that housing should be a "centre for learning order and cleanliness" (1). But this policy of education through housing rapidly reached limits.
Although the tenants of these new rather spacious council flats enjoyed a certain level of comfort (electricity, running water, toilets, showers, heating) for the first time. They ended up living in a prison like environment (the sinister estate on rue de Ménilmontant, see page 329).
In these estates, life was organized according to the same strict rules as those imposed on the farmers who were rushing to the capital in search of better lives; like many other "déclassés" of the time they had to learn quickly the tough rules of the industrial discipline.

(1) « Règles et instruction pour la construction des HBM », circulaire du ministère du Travail citée par J. Tarciat et M. Villars dans *Le logement à bon marché — Paris 1850-1930*, éditions Apogée (1982).

A voir aux alentours / To be seen around:
J.P. BUFFI Logements 94, avenue Michel-Bizot (1989)
J. (ou L. ?) BONNIER Logements 67, rue des Meuniers (1913)
G. DELANOE Logts 10, rue de la Véga (1972)
X. Logements 20, rue de la Véga (vers 1930)
S. MENIL Lycée 22, av. Armand-Rousseau (1972)
W. MITROFANOFF Logements 81, boulevard Soult (1986)

Albert LAPRADE et Léon JAUSSELY. 1931

Musée des Arts africains et océaniens (ex-musée des Colonies)
African Art Museum (formely Colonies' Museum)

293, avenue Daumesnil (12e). Métro : Porte Dorée

Monument grandiloquent construit pour l'Exposition coloniale à la gloire de l'Empire français, alors à son apogée. Un premier projet, copie du temple d'Angkor, avait été refusé car il ne s'agissait pas d'une « création française ». Collaborateur du maréchal Lyautey, commissaire de l'exposition, Laprade a participé à la construction de Casablanca et Rabat, avant d'initier le plan de rénovation du Marais et de terminer sa carrière avec la triste préfecture de Paris, boulevard Morland (voir page 33).
Le grand péristyle en pierre est la première manifestation à Paris du style néo-classique dénoncé comme rétrograde par les tenants du Mouvement moderne. Les bas-reliefs de la façade sont une synthèse des différentes civilisations de l'Empire colonial français. A l'intérieur, une monumentale salle des fêtes et les bureaux de Lyautey et Paul Reynaud (alors ministre des Colonies), conservés intacts avec leur mobilier Ruhlmann.

This grandiloquent monument was built for the colonial exhibition organized in 1931 to celebrate "the great French empire". A first project which was a replica of the Angkor temple had been rejected because it was not a "French creation". Laprade, a close adviser to the Marshal Lyautey who was in charge of the exhibition, had already taken part in the construction of Casablanca and Rabat and designed a renovation project in the Marais district, ended a carrer with the construction of the rather dull préfecture de Paris on boulevard Morland (see page 33).
The large stone peristyle which was the first piece of neo-classic architecture built in Paris in the thirties was ridiculed as a "backward building" by the Modern Movement. The bas-relief of the main façade synthesises the different civilisations of the empire. The interior matches the exterior with its monumental festival hall and the vast offices of Lyautey and Paul Reynaud (then Minister of Colonies) which have remained untouched with their Ruhlmann furniture.

A voir aux alentours / To be seen around:
GRANET Ensembles HBM 64 et 82, boulevard Soult (vers 1935)
E. CHABEUR et E. MILLET Logements 34, rue de Rottembourg (1994)
Y. BRUNEL Ecole 42, avenue Arnold-Netter (1987)
C. PARENT Collège 8, avenue Vincent-d'Indy (1987)
J.C. DONDEL Foyer 4, av. Maurice-Ravel (1964)
R. TAILLIBERT Piscine 34, boulevard Carnot (1967)
C. et D. LETROSNE Zoo de Vincennes 53, avenue de Saint-Maurice (1935)
P. GAZEAU Salle de sport de l'INSEP 11, avenue du Tremblay (1993)
R. PIANO Centre commercial Place de l'Europe, Charenton-le-Pont (1990)

13e arrondissement

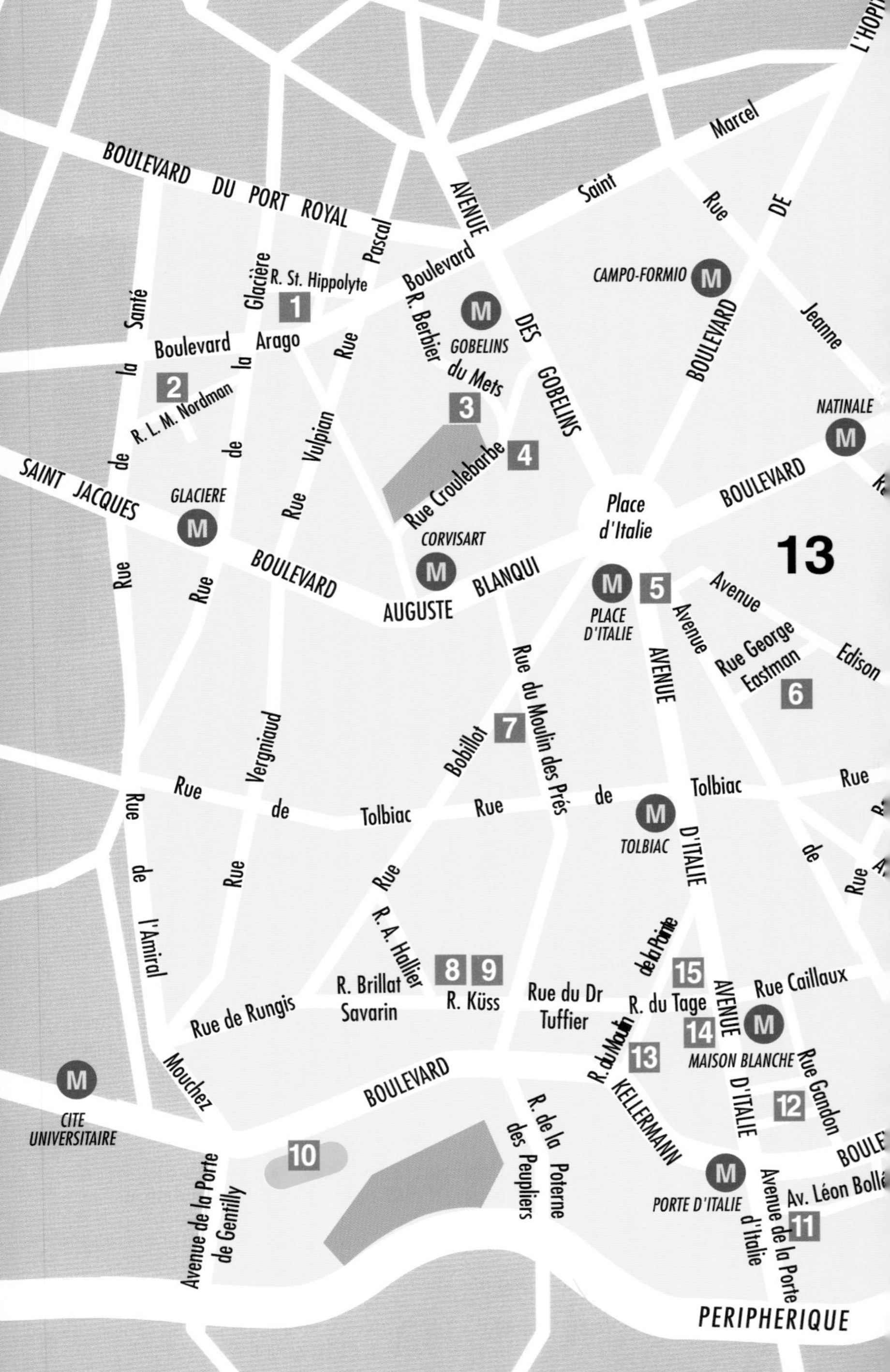

Pont d'Austerlitz
[AU]STERLITZ
Gare d'Austerlitz
Pont Charles De Gaulle
Quai d'Austerlitz
24
R. Fulton
25
R. Bellièvre
Voir carte détaillée page 148
Pont de Bercy
M
QUAI DE LA GARE
26
CHEVALERET
AURIOL
M
[VI]NCENT
Rue du Chevaleret
Quai de la Gare
Passerelle
27
28
Voir carte détaillée page 148 -149
23
29
Pont de Tolbiac
SEINE
Clisson
Avenue de France
Quai de la Gare
Rue
Rue
Voir carte détaillée page 149
21
Rue de Tolbiac
Rue du Chevaleret
30
20
19
de
22
18
Tolbiac
Rue Cantagrel
31
Pont National
de
17
16
Patay
Bd MASSENA
Rue
Rue Albert
Bd MASSENA
32
34
M
Rue
35
Av. C. Regaud
33
Bruneseau
Nationale
Rue
Regnault
Avenue de la Porte de Vitry
d'Ivry
MASSENA
M
PORTE D'IVRY
Avenue de la Porte d'Ivry
M
PORTE DE CHOISY
Avenue de la Porte de Choisy

Jacques RIPAULT et Denise DUART. 1990

Centre universitaire René Cassin / *René Cassin University Block*

17, rue Saint-Hippolyte (13e). Métro : Gobelins

Maître d'ouvrage : ministère de l'Education nationale

« L'architecture, explique Ripault, c'est soulever des masses, les poser en apesanteur et mettre la lumière en valeur. »
Pour ces deux amphithéâtres de 500 places, construits sur un petit terrain (750 m^2), Ripault a voulu « non un bâtiment qui se confonde ou s'intègre dans le quartier mais, au contraire, qui affiche clairement sa spécificité et sa fonction ».
Après avoir défini la meilleure pente pour l'acoustique et la visibilité dans les amphis, il a posé ceux-ci tête-bêche. Un « travail en coupe où l'on n'a pas cherché, a priori, à dessiner une façade ». Chaque partie a été « pensée comme une chose vivante, comme un organe, en rapport avec les autres parties ». Ce que Ripault appelle de l'« architecture organique ».
« Traits de lumière » entre ces deux volumes opaques carrelés en émaux de Briare blancs, la bibliothèque a été glissée entre les deux amphis et la cafétéria entre le sol et le premier amphi. Les circulations, logées le long de l'immeuble mitoyen, sont largement éclairées par une verrière.

"Architecture" explains Ripault, "consists of lifting weights, positioning then in weightlessness and making the most of light".
For the two 500 seat lecture theaters, built on a small site (750 square metres) Ripault wanted "not a building which integrates itself and melts into the neighbourhood but, on the contrary, one that clearly shows off its function and specificity".
Having determined the best inclination for acoustics and visibility in the lecture halls, he positioned them head to foot, sardine fashion. "We worked on the cross section without, primarily, seeking to design the frontage". Each part was "thought of as a live thing, an organ related to the other parts" – what Ripault calls "organic architecture".
The library and the canteen, the former slipped in between the two lecture theaters, the latter between the ground level and the lower theater, are "beams of light" separating these two opaque masses, which are lined with white Briare glazed tiles. The passages, placed alongside the adjoining building, are generously skylit.

A voir aux alentours / To be seen around:
G. MAURIOS Logements 17, rue du Jura (1991)

Chavannes cherche « une nouvelle identité du logement social, qui soit aimable, un rapport complexe et harmonieux entre le collectif et l'individuel, le plaisir d'habiter ». Dans cette vieille rue parisienne sans continuité urbaine, bordée de plusieurs « villas » (dont la célèbre Cité fleurie), il a voulu « retrouver cette présence des jardins sur la rue » et « réintroduire une douceur que l'on a dans les villas parisiennes ».
Son bâtiment s'insère entre un immeuble de dix étages et une petite ruelle, la Cité des Vignes. Pour « éviter une architecture trop tranchée qui s'affiche en rupture », le bâtiment vertical masque son imposant voisin, alors que le jardin qui le précède assure la continuité avec la cité.
La « dignité du logement social, selon Chavannes, ne se conquiert pas uniquement par la prouesse architecturale et la monumentalité, mais aussi par la manière dont on arrive chez soi ». D'où ce « soin apporté aux seuils » : passerelles d'accès aux logements, caillebotis et jardins privatifs.

Patrick CHAVANNES

1993

Manuel DELLUC et Ruppert HEBBLEWAITHE, assistants

20 logements sociaux

20 public sector flats

156, rue Léon-Maurice-Nordmann (13e).
Métro : Glacière, Gobelins

Maître d'ouvrage : RIVP

Chavannes seeks "a new, more likable, identity for low cost housing, a complex and harmonious relationship between the collective and the individual, the pleasure of living there".
In this old Paris street, without any urban homogeneity, lined with several "villas" (including the famous "Cité fleurie"), he wanted to "rediscover the presence of gardens on the street" and "reintroduce the pleasantness of Paris villas".
His building is fitted in between a 10-storey block and a little side street, the Cité des Vignes (Vine estate). To "avoid too drastic an architecture which shows off its difference" the vertical building masks its imposing neighbour while the garden in front of it ensures a continuity with the estate. The "dignity of low cost housing is not achieved by architectural feats and monumental scales but by the way people reach their homes". Hence that "attention paid to thresholds": walkways, accessways to the flats, gratings and private gardens".

Auguste PERRET. 1934

Garde-meuble du Mobilier national / *National Furniture Museum*

1, rue Berbier-du-Mets (13e). Métro : Gobelins

Perret a obtenu la commande du Garde-meuble national, en dédommagement de son projet rejeté pour le Trocadéro, auquel il avait travaillé sans percevoir d'honoraires. Un bâtiment classique, construit comme un hôtel particulier. On retrouve ici la « vérité » des structures (voir pages 232-233) et des matériaux (voir page 230) chère à Perret. Le « squelette » du bâtiment apparaît clairement sur sa façade en dalles de béton sablé, auquel ont été intégrés des éclats de grès rose qui lui donnent une remarquable capacité à « bien vieillir ».
Autour de la cour d'honneur à laquelle on accède par un portique à colonnade, les locaux sont organisés par échelle croissante : échelle humaine (habitation), à l'entrée ; sur les côtés, grandes baies des ateliers, surmontées des bureaux administratifs ; au fond, le musée, deux fois plus haut que les locaux voisins, et éclairé par le toit. Pour compenser la forte déclivité du terrain, la cour repose sur des poutres de 28 mètres de portée, sous lesquelles se trouvent les réserves des Gobelins, dans des locaux soigneusement protégés contre le feu.

Perret was asked to design the National Furniture Museum, by way of compensation, after his design for the Trocadéro project had been rejected, without his fees being paid. This is a classical building, constructed like a private town-house. The "truth" of structure (see page 232-233) and materials (see page 230), both very important to Perret, are present here. The "skeleton" of the building shows clearly through its façade, clad with gravelled concrete decorated with dashes of pink sandstone which give it its remarkable capacity to"age gracefully".
Around the main courtyard, reached through a colonnaded portico, the different parts of the building are disposed in order of increasing size: at the front, they are on a human scale (lodgings); to the sides, large bay-windowed workshops topped with administrative offices; at the back, rising twice as high as the steep slope in the ground, the courtyard was built on beams with 28 metres spans; under these the famous collection of Gobelins tapestries is housed in carefully fireproofed rooms.

A voir aux alentours / To be seen around:
X. Logements 80, boulevard Arago (vers 1940)
LE CORBUSIER Dortoirs de l'Armée du Salut 29, rue des Cordelières, derrière l'immeuble (1927)
D. MAUFRAS Logements 106-112, boulevard Auguste-Blanqui (1987)
AGENCE D'ARCHITECTURE HBM Ensemble de logements 75, boulevard Auguste-Blanqui (1935)

« A sa naissance au XIXe siècle, l'architecture métallique a fait des prouesses, puis plus rien » regrettait Albert [1]. Son renouveau, estimait-il, devait venir de l'architecture tubulaire permettant de dissocier structure (porteuse) et clôture (façade). Il en fait la démonstration avec la première tour parisienne de logements (65 mètres de haut), qui repose sur des poteaux métalliques de 36 centimètres de diamètre, supportant chacun 385 tonnes. Les vides de la structure sont remplis avec des panneaux en acier inox qui ont bien mal vieilli.
Cette architecture qui consiste non plus à organiser « les pleins et les vides, mais à tisser une structure » [1] présente de nombreux avantages. Techniques d'abord : préfabrication en usine, rapidité de montage sur place, légèreté, possibilité de faire passer réseaux électriques et descentes d'eau dans les tubes. Economiques ensuite : le tube est moins cher que le béton et son moindre encombrement permet de gagner 3 % de surface habitable. Un bâtiment témoin d'une époque qui, à ne s'intéresser qu'aux performances techniques et économiques au détriment de la création de formes, a durablement brouillé le public avec l'architecture moderne.

Edouard ALBERT, Roger BOILEAU et LABOURDETTE

1960

J.L. SARF, ingénieur-conseil

Tour de logements
Apartment block

33, rue Croulebarbe.
Métro : Place d'ltalie, Les Gobelins

"When it first appeared in the 19th century, metallic architecture enjoyed some notable achievements" [1] noted Albert "since then however nothing more seems to have happened". Its renaissance, he believed, could only come through tubular architecture, which would permit the architect to dissociate structure from its covering. Here, he puts the theory into practice with the first tower block (65 metres high) of apartments to appear in Paris, supported by metal posts 36 centimetres in diameter, each one carrying a load of 385 tonnes. The empty spaces in the strucure are covered over with stainless steel panels, which have aged rather badly.
This kind of architecture, not aiming at organizing "objects and spaces, but at weaving together a structure" offers a number of advantages. Firstly, from a technical point of view: the possibility of pre-fabrication off-site, speed of assembly on-site, lightness and the option of enclosing electrical conduits and water-pipes in the tubes themselves. Secondly, there are economic advantages, such as the fact that tubes are cheaper than concrete and also less space consuming (they allow an extra 3% of usable floor surface). This is a building firmly rooted in its time, a period whose buildings, because of their concentration on economic and technical performance at the expense of the creation of form, have had a lasting effect in turning the public against modern architecture.

(1) Conférence prononcée en 1964, citée dans « *AMC* » (octobre 1984).

Kenzo TANGE et associés, Michel MACARY et Xavier MENU.

1991

Grand Ecran (40 000 m²) / *Large Screen*

Place d'Italie. Métro : Place d'Italie

Maître d'ouvrage : Foncière des Champs-Elysées promotion

A l'endroit où était prévue la gigantesque tour Apogée (180 mètres de haut) annulée par Valéry Giscard d'Estaing en 1975, l'architecte japonais Kenzo Tange a construit une arche transparente essentiellement consacrée à la production et à la représentation audiovisuelles (d'où son nom de Grand Ecran). A la jonction du Paris traditionnel et du quartier de tours des années 60, il fallait un bâtiment qui assure la transition. Ainsi, sa forme circulaire accompagne la place ; sa hauteur, son revêtement de pierre et ses toits en pans coupés parisiens sur la rue Bobillot sont « homogènes avec la ville ancienne ». Mais en même temps, son « échelle puissante » et son campanile vitré de 55 mètres de haut (contenant les ascenseurs) annonce le quartier des tours. Le creux de l'arche est en verrière, un « immeuble-pont » situé au-dessus abritant des bureaux. A l'intérieur, un jardin couvert d'une verrière de 40 mètres de côté conduit au centre commercial Galaxie.
Le programme comprend également deux salles de cinéma, une salle multispectacles dotée d'un des plus grands écrans de France (22 mètres de large) et un hôtel.

The Japanese architect, Kenzo Tange, built this transpaent arch, conceived primarily for audio visual production and projection (as its name would suggest) on the site which had been reserved for the gigantic Apogee Tower (180 metre high), whose construction was cancelled by Valery Giscard d'Estaing in 1975. A transitional building was essential for the junction between traditional Paris and the area dominated by the tower blocks of the 1960's. Hence its circular form which harmonizes with the place d'Italie itself; while its height, its stone covering and its very Parisian interlocking roof surfaces are "in harmony with the old City". At the same time however, its "scale" and its 55 metre high glass bell tower (housing the lifts) make it a gateway to the tower block area.
The hollow of the arch is covered with a glass wall, while a "bridge-building" containing offices is laid across the top. Inside a garden covered with a 40 metre long glass wall leads to the Galaxie shopping centre. The project also includes two cinemas, a multi-purpose auditorium containing one of the largest screen in France (22 metre wide) and a hotel.

A voir aux alentours / To be seen around:
H. SAUVAGE et C. SARRAZIN Ensemble HBM 165, boulevard de l'Hôpital (1909)
J. CHARLET et F. PERRIN Ensemble HBM 137, boulevard de l'Hôpital (1926)
F. GALARD et L. GUIBERT Logements 27, rue Esquirol (1986)
M.C. GANGNEUX Logements 16, rue Bobillot (1987)

Edouard CREVEL. 1937

Institut dentaire / *Dental care institute*

11, rue George-Eastman. Métro : Place d'Italie

Maître d'ouvrage : Eastman Kodak

George Eastman, inventeur du film photographique et fondateur de la compagnie Kodak a, durant toute sa vie, souffert de très violents maux de dents, au point de s'en suicider. C'est ce qui l'a poussé à créer une fondation mondiale vouée à dispenser des soins dentaires aux enfants démunis.
Pour la branche parisienne de la fondation Eastman, Edouard Crevel – architecte en chef de la ville de Paris – a construit un bâtiment très fortement influencé par le style hollandais alors en vogue, et notamment Dudok (voir. page 183). Le minutieux calepinage des briques et l'entourage en cuivre des fenêtres, l'harmonie du rouge et du vert de gris qui en résulte, témoignent de la qualité des finitions exigées par le client pour cette œuvre de bienfaisance. Mais la façade plate et dépouillée est uniquement rythmée par ses grandes baies, sans les imbrications cubistes qu'affectionnait le maître hollandais. L'autre façade, plus monumentale, est aussi moins urbaine : renvoyant à l'image de l'hôtel particulier ou du château, elle ouvre largement sur un vaste jardin, à qui elle sert de fond de décor.

All his life, George Eastman, who invented the photographic film and founded the Kodak Company, suffered from violent tooth aches. They even pushed him to commit suicide.
This suffering led him to set up a worldwide foundation to offer dental care to underprivileged children.
For the Parisian branch of the Eastman foundation, Edouard Crevel, head architect of the city of Paris, designed a building highly influenced by Dutch architecture, and more particularly by Dudok (see page 183), which was very much in style at the time. The meticulous assembly design of the bricks and the copper window frames, the resulting harmony between the red and the green-grey colours, confirm the quality of the finishings required by the client for this charitable society. But the flat and bare façade is only punctuated by the large windows without the Cubists' overlapping which the Dutch master liked so much.
The other façade, more monumental, is also less urban: a reminder of a private mansion (Hôtel particulier) or castle, it opens onto a large garden for which it is used as a decorative background.

A voir aux alentours / To be seen around:
N. SONOLET Centre de santé mentale 76, avenue Edison (1980)
C. de PORTZAMPARC Logements (réhabilitation) 119-133, rue Nationale (1994)

Louis BONNIER. 1924

François HENNEBIQUE, constructeur béton

Piscine de la Butte aux Cailles / *The Butte aux Cailles swimming pool*

5, place Paul-Verlaine (13e). Métro : Place d'Italie
Maître d'ouvrage : Ville de Paris

Curieux exemple d'architecture-Janus. Cette piscine, construite sur un puits artésien d'eau chaude, semble composée de deux bâtiments juxtaposés, complètement étrangers l'un à l'autre. A l'extérieur, une façade toute en courbes aux airs d'« Art Nouveau », un style dont Bonnier a été l'un des pionniers en France. Les briques rouges donnent à l'ensemble une tonalité régionaliste caractéristique de l'architecture de Bonnier, un homme du Nord attaché à son terroir. A l'intérieur – influence de Hennebique, un des architectes-constructeurs maître du béton ? –, on est au contraire en pleine architecture moderne avec une toiture-voûte en ciment armé, supportée par sept arches légères qui peuvent rivaliser avec ce qui se fait alors de plus audacieux. Au XIXe siècle, certains architectes cachaient sous de la pierre de taille l'ossature métallique, jugée « triviale », de leurs bâtiments. Qu'est-ce qui a conduit Bonnier à cacher ici du nouveau derrière de l'ancien ?

This is a curious example of what Le Corbusier has called "Janus-like" architecture. This swimming pool, built on a hot water artesian well, appears to consist of two juxtaposed and completely separate buildings. The exterior, with its curving almost "Art Nouveau" façade is in a style of which Bonnier was one of the pioneers in France. The red brick gives the whole a kind of regionalist character typical of Bonnier, a northerner attached to his roots. The interior – and here perhaps we can see the influence of Hennebique, one of the masters of concrete architecture – on the other hand plunges us directly into modern architecture with its curving roof of reinforced concrete, supported by seven light arches which compare with the most daring innovations of the period. Some 19th century architects used to conceal the "trivial" metal bones of their buildings behind a flesh of freestone. But what drove Bonnier to conceal novelty behind tradition here?

A voir aux alentours / To be seen around:
J.P. BUFFI Logements 14, rue du Moulinet et 11, rue Vandrezanne (1990)
J. P. CAMPREDON Logements 13, rue de l'Espérance (1990)
L. C. HECKLY Logements 18, rue Wurtz (1934)
N. SOULIER et P. CELESTE Logements 237, rue de Tolbiac (1989)
R. ANGER et P. PUCCINELLI Logements 67, rue Barrault (1958)
R. DHUIT Ecole 96, rue Barrault (1962)

André ARFVIDSON, Joseph BASSOMPIERRE et Paul de RUTTÈ. 1924

Ensemble de logements sociaux (HBM)
Public sector housing developement (HBM)

16-24, rue Brillat-Savarin et 1-19, rue de la Fontaine-à-Mulard (13e).
Métro : Maison-Blanche

Maître d'ouvrage : Office HBM de Paris

« C'est un peu caserne » (1), reconnaissaient les architectes dans le rendu du concours, en 1913, dont la construction ne sera réalisée qu'après-guerre. La conception du logement social ayant évoluée, le projet sera alors égayé par les loggias en double hauteur, décorées de fresques, qui font son intérêt.
Construisant sur un terrain de 8 300 m² tout en longueur, l'ensemble (plus de 300 logements) joue « la régularité et la simplicité absolue » : de part et d'autre d'une rue centrale, sept bâtiments en T, légèrement décalés « pour ménager des vues ». A chaque extrémité, deux immeubles contenant les portails d'accès, forment une muraille qui sépare la cité du quartier et accentue son aspect de ghetto.
Réservé à une clientèle populaire – un trois pièces devait s'y louer mensuellement 36 F en 1914 (soit 625 F ou 95 € en 2001) – l'opération n'en rapportait pas moins une rentabilité de 6,5 %.

"Its a bit like a barracks" (1) admitted the architects in their presentation for the competition, in 1913, though the actual building didn't take place till after the war. The idea of low-cost housing having progressed meanwhile, the project was brightened up with two-story high recessed balconies and decorated with frescos which provide its interest.
Build on a 8,300 square metres site, mostly in frontage, the group of over 300 flats play on "regularity and absolute simplicity": on either side of a central road are seven T-shaped buildings, slightly off-set "to exploit the views". At either end, two buildings, containing the access gates, form a wall that separates the estate from the neighbourhood and accentuates the ghetto effect.
Limited to a very modest clientele – a three roomed flat was to have been rented at 36 FF a month in 1914 (equivalent to 95 € in 2001) – the operation would, nevertheless, have earned at least 6.5%.

(1) In *La Construction moderne* (28 juin 1914)

Roger-Henri EXPERT. 1934

Groupe scolaire / *School complex*

10, rue Kuss (13e). Métro : Maison-Blanche

Maître d'ouvrage : Ville de Paris

Exemple des écoles « monuments publics » comme on les concevait dans les années trente (voir page 86).
Ici Expert, architecte des lieux de fêtes – intérieurs de paquebots, jeux d'eau des fontaines du Trocadéro, pavillons d'expositions, etc. – n'a pas renoncé à laisser le béton visible, mais a voulu l'adoucir en donnant un aspect ludique à son bâtiment. Les rotondes en retrait successif des logements de fonctions, et leurs garde-corps rappellent tourelles et bastingages des paquebots, tel le *Normandie* qu'il aménageait alors. La cour donnant directement sur la rue – pour un ensoleillement maximum et pour agrémenter l'environnement – se veut un véritable jardin, proche de l'imaginaire des enfants : pergola, volières, arceaux de grille en forme de treillages, petits bancs nichés dans des cavités protectrices, etc.
Malheureusement, le triste état actuel de l'école ne permet guère de se rendre compte du projet originel.

This is another example of the schools designed in the thirties as "public monuments" (see page 86).
Here, Expert who had specialized in leisure projects – he had designed interiors for ocean liners (notably the *Normandie*), the Trocadéro fountains and many exhibition halls – decided to leave the concrete visible but wanted to liven it up by playing with different volumes. The piled up rotundas, containing the staff apartments, are somewhat reminiscent of the Normandie's turrets and rails. The interior courtyard, designed as a garden full of childhood fantasies, opens directly onto the road – in order to let in a maximum of sunlight and to embellish the environment – with its pergolas, wire netting arches, aviaries and protective recesses containing small benches etc.
Unfortunately, the present state of the school no longer reflects all the good intentions put into the original project.

A voir aux alentours / To be seen around:
H. MAILLARD Logements 37, rue Damesme (1979)
D. SPINETA Maison 22, rue du Moulin-de-la-Pointe (1980)

Henri GAUDIN et Bruno GAUDIN. 1994

Stade Sébastien-Charléty / *Stadium*

Avenue de la Porte de Gentilly (13e).
Métro : Porte d'Italie, Cité Universitaire

Maître d'ouvrage : Ville de Paris

Pour ce stade d'athlétisme entièrement couvert, Gaudin a joué sur « l'opposition entre la puissance et la finesse ». A la force des piles de béton et des cardans d'acier supportant les gradins, répondent les fins câbles métalliques auxquels est suspendue la couverture en aile d'avion. Les efforts mécaniques – compression et tension – en œuvre dans la construction sont ainsi « clairement différenciés ».
La tribune est posée sur un soubassement en pierre prolongé par les escaliers, « piédestal qui donne la monumentalité d'un édifice public ».
Fidèle à son goût de « créer des lieux en rapprochant les choses », Gaudin n'a pas voulu « laisser le stade à son isolement ». Sur son parvis « se confrontent architectures et matières différentes » : face à la « broussaille » des structures du stade, l'immeuble « lisse et tendu » des bureaux du Comité national olympique du sport français, une salle de conférence en quart de cercle et une salle polyvalente voûtée, aux toits de cuivre de « formes souples ».

With this athletics stadium, Gaudin chose to play on "a contrast between power and finesse". The strength of the concrete blocks and steel rods which support the terracing is matched by the thin metal cables, from which the wing-shaped roof hangs. The contrasting mechanically achieved effects of compression and tension, which are central to the construction of the building are thus "clearly differentiated".
The stand is placed on a stone foundation, prolonged by the stairways, creating "a pedestal which represents the monumentalism essential to a public building". Remaining consistent with his established taste for "creating places by bringing objects together", Gaudin sought to avoid "leaving the stadium in isolation". Around the walkway in front of it "different architectures and materials confront each other": the "undergrowth" of the stadium looks out on the "smooth elongated" building of the National Olympic Committee, a quarter-circular lecture hall and a vaulted auditorium, all with "supply shaped" brass roofs.

A voir aux alentours / To be seen around:
P. DUBOIS Crèche 14, rue Max-Jacob (1973)
A. GHIULAMILA Auberge de Jeunesse 19, boulevard Kellermann (1982)
B. DOLLÉ et C. LABBÉ Refuge pour sans-abri 8, rue de la Poterne-des-Peupliers (1994)
B.J. HUBERT et M. ROY Foyer pour handicapés 15, rue Paul Bourget (2001)

Jacky SARFATI. 1994

Elisabeth ARCACHE-VALOGNES, Sylvie MONJANEL, Gilbert MOREL et NGO Hong, collaborateurs.

Groupe scolaire Yabné (1 400 élèves) / *Yabné School complex*

29-41 avenue Léon-Bollée (13e). Métro : Porte d'Italie

Maître d'ouvrage : association Yabné

« Recherche de la légèreté » pour cet équipement important qui dispense une éducation juive de la maternelle au lycée.
Sa façade, alignée sur l'avenue et non placée en retrait, afin de « garder le profil de l'architecture parisienne existante », a ainsi été fractionnée en trois parties distinctes : à droite, une boîte en pavés de verre contient une large rampe qui dessert les étages. Le traditionnel escalier est remplacé ici par un « lieu de rencontre et de vie pour les élèves, qui s'y retrouvent entre les cours ». Au centre, les bandeaux horizontaux des salles de classes. A gauche, le plan vertical des locaux de l'administration « casse la barre et arrête la composition ».
Horizontalement, laissant apparaître les poteaux porteurs, une corniche en béton « ferme » le bâtiment pour lui donner un « caractère plus intime ».
Gardant un mauvais souvenir des « lycées sombres », Sarfati a largement ouvert toutes les circulations à la lumière solaire. Un patio intérieur, bordé de gradins orientés au sud, éclaire ainsi la cantine et le gymnase.

"The search for lightness" marks this major building which provides a Jewish education from kindergarten to lycée (6th Form College).
Its frontage, which is aligned with the rest of the avenue rather than set back so as to "maintain the profile of existing Paris architecture", has therefore been split into three distinct parts: on the right, a box made of glass bricks contains a wide inclined ramp leading to the upper floors. Here the traditional staircase is replaced by a "meeting place for the pupils, who gather there between classes". In the center are the horizontal rows of class-rooms. To the left a vertical block containing the offices "breaks the horizontal bars and ends the composition". A concrete base ledge which allows a view of the support pillars, "closes" the building to give it a "more intimate character". With unhappy memories of "dark lycées", Sarfati has opened wide all the passages to natural lightning. An interior patio, bordered by Southward facing tiers, thus also lights the refectory and the gymnasium.

A voir aux alentours / To be seen around:
J. ZUNZ, G. BOUCHEZ et M. CHABANNE Logements 49-59, avenue de Choisy (1987)
F. CERIA et A. COUPEL Collège 76-84, avenue d'Ivry (1988)
E. CREVEL Ecole 51, avenue de la Porte d'Ivry (1933)

Jean DUBUS et Jean-Pierre LOTT. 1991

Immeuble-villas (68 logements sociaux et 11 ateliers d'artistes)
Block of "villa flats" (68 public sector flats and 11 artists' studios)

1-7, allée Marc-Chagall / 46, rue Gandon (13e). Métro : Porte d'Italie
Maître d'ouvrage : RIVP

Construction hommage, issue d'un concours pour commémorer, en 1987, le centenaire de la naissance de Le Corbusier, sur le thème de l'« immeuble-villas », élaboré par l'architecte en 1922, mais jamais réalisé.
Fidèle à la conception de Le Corbusier – qui entendait résoudre une partie de la contradiction entre logement individuel et collectif – cet immeuble se veut un « regroupement de cellules individuelles ». Chacune possède son entrée particulière et une terrasse qui, comme le jardin d'une villa, est le lien entre l'espace privé et l'espace public. « Afin d'accentuer cet effet d'assemblage modulaire, le dessin de la façade en carrelage est strict, sans aucun pilier ou poutre visible. »
Les appartements combinent, sur deux niveaux, des séjours de grande hauteur (3,75 mètres) sur le jardin, et des chambres de hauteur normale (2,40 mètres), au sud. Ainsi imbriquées, les « villas » forment quatre étages de séjours et six de chambres. Des ateliers d'artistes, légèrement en contrebas du sol, « donnent de la transparence au rez-de-chaussée ».

A symbolic building project to commemorate, in 1987, the centenary of Le Corbusier's birth on the theme of the "Villa-Flats" he projected in 1922 but which were never built. Faithful to Le Corbusier's design – which aimed at resolving part of the contradiction between individual and collective housing – this block is intended as "a collection of individual cells". Each flat has its private entrance and a terrace which, like the garden of a villa, is the link between the private and public areas. "In order to accentuate this effect of modular assembly, the tiled design of the façade is austere, without any visible pillar or beam."
The flats are on two levels and combine very high-ceilinged living rooms (3.75 meters) leading onto the garden and bedrooms of normal height (2.40 meters) facing South. Thus, by overlapping, the "villas" form four levels of living rooms and six of bed-rooms. Artists' studios, set slightly below ground level, "make the ground floor transparent".

A voir aux alentours / To be seen around: D. VENTRE Imprimerie 4, rue Gandon (1988) J.P. VIGUIER et J.F. JODRY Logements 33-35, rue Gandon (1986)

Catherine FURET. 1998

48 logements et 6 ateliers d'artistes

48 apartments et 6 artists' studios

55, rue du Moulin-de-la-Pointe et 5-13, rue du Tage (13e). Métro : Maison-Blanche

Maître d'ouvrage : RIVP

Comment « raccorder les deux échelles » du 13e, celle des traditionnelles maisons et ateliers de ce quartier populaire, et celle des tours, héritées de la rénovation des années 60 et 70 ? En construisant quatre plots « qui associent verticalité et individualité ». Ces plots sont fractionnés en deux, « afin de mieux pouvoir sculpter les volumes par des terrasses, décrochements, encorbellements, fenêtres en coin qui cassent les cubes. Par ailleurs, l'importance des surfaces de façades a permis de multiplier les jeux avec les pleins et les vides. Tout cela singularise les logements, qui sont différents à chaque étage. Les duplex des deux derniers niveaux accentuent l'effet de maison. Comme les volumes blancs, sortant des murs en brique rose de Toulouse, et parfois posés légèrement en biais, pour mieux attraper la lumière et donner de la finesse à l'ensemble. » « Liés » par un socle en briques sombre (contenant des ateliers d'artistes tournés au nord, vers l'intérieur de l'îlot), les plots « laissent de la transparence entre eux, pour organiser un fond de parc qui évite l'effet de muraille ».

How can one link the two dimensions of the 13th arrondissement, that of the traditional houses and workshops of this popular neighbourhood, and that of its towers, a legacy of the renovation that took place during the 60's and 70's? By building four blocks "that combine verticality and individuality".
These blocks are split in two "in order to better carve the volumes with terraces, indentations, cantilevers, corner windows that break the cubic effect. In addition, the large surfaces of the façades allow to play more with the full and empty spaces. All these features single out the apartments that are different on each floor. The duplex apartments on the last two levels accentuate the "house" effect. As do the white volumes, protruding from the walls in pink Toulouse bricks, at times slightly askew, to better catch the light and offer an overall impression of refinement."
"Linked" by a socle of dark coloured bricks (housing the artists' workshops facing north towards the inside of the "islet"), "through the transparencies between the blocks, a park background appears to avoid a wall effect".

Bourdeau n'aime ni « l'architecture puritaine, qui est une paresse, ni la rengaine de l'intégration qui castre l'architecture » et veut « recréer la jouissance de la ville ». Avec cette première commande publique, il a entendu « montrer qu'en respectant strictement la réglementation, on peut user de sa liberté et ne pas schématiser l'architecture, en se contentant de travailler la boîte ». « Les balcons-palmes sont des métaphores de palmier ; la mosaïque cassée noire mouchetée de blanc est comme une peau de lézard qui colle à la forme, donnant l'impression du solide, un effet de masse, au contraire du bardage. »
Construit dans un « couloir » (un terrain de 7,75 mètres de large), ce bâtiment dialogue avec son voisin des années 30 sur lequel il s'aligne en hauteur, mais avec une « recherche d'écriture plus prononcée » : balcons « moins frigides », matériaux « plus nobles » et surtout, « aucune de ces couleurs primaires habituellement dévolues à l'architecture, mais du vert en hommage à la nature ».

Michel BOURDEAU

1988

13 logements sociaux

13 public sector flats

158, avenue d'Italie (13e).
Métro : Maison-Blanche

Maître d'ouvrage : HSF

Bourdeau is no lover of "puritanical architecture, which is the epitome of lazyness, nor of a hackneyed adherence to the goal of integration, which threatens to castrate architecture", he seeks "to recreate enjoyment of the city". With this, his first public commission, he aimed "to demonstrate that whilst following the letter of the planning regulations, one can still express one's own liberty and avoid a schematic architecture which contents itself with minor adjustments to basic box shapes". "The leafshaped balconies are metaphores for palmtrees; the black mosaic, dappled with white, is like a lizard's skin stuck to the shape of the building, creating an impression of solidity and mass."
Built in a "corridor" (the width of the site is only 7.75 metres) the building interacts with its 1930's neighbour, matching its height, yet "aspiring to a more emphatic style": "less frigid" balconies, "more noble" materials and above all "none of the primary colours usually associated with architecture, but only green, chosen in homage to nature".

Vittorio MAZZUCCONI. 1984

80 logements intermédiaires / *80 flats*

152, avenue d'Italie (13e). Métro : Maison-Blanche

Maître d'ouvrage : RIVP

Mazzucconi, architecte lyrique et dramatique (voir page 71), exprime dans son architecture ses craintes quant à l'avenir de la civilisation occidentale. Il a conçu cet ensemble comme une « forteresse assiégée ». Assiégée par « toutes les catastrophes qui menacent notre époque ». Mais aussi, localement, attaquée par « les pires excès de l'architecture d'après-guerre qui a présidé à la reconstruction de ce quartier ».
D'où les solides pans de murs en moellons et la tour semi-écroulée de la « forteresse ». Mais, en contrepoint, il dessine de fines toitures, « version contemporaine des traditionnels toits de Paris », et monte de vastes miroirs « pour masquer l'immeuble-tour mitoyen en y apportant le ciel et le soleil ».
Contradiction entre le solide et le fragile ? Non, « symbole de la diversité de la ville qui se construit au cours du temps en intégrant les hétérogénéités de l'histoire », répond Mazzucconi.

Mazzucconi, a dramatic and lyrical architect (see page 71), expresses his fears for the future of Western civilization through his designs.
He designed this project as a "besieged fortress": besieged "by all the disasters which threaten our civilization" but also geographically besieged by "the worst excesses of the post-war architecture which had prevailed during the initial rebuilding of the area". Hence the solid rubble stone walls and the half destroyed fortress tower. However, finely designed roofs, "a contemporary version of traditional Parisian slate roofs", and vast mirrors in which the sky and the sun are reflected in order to hide the rather unsightly neighbouring tower blocks, act as a counterpoint to the solid massive structure of the whole.
The combination of such contradictory elements "symbolizes the diversity of a city which integrates the eclectic heritage of history".

A voir aux alentours / To be seen around:
M.A. HONORÉ-DENIS et L. CORRE Logements 3, rue Bourgon (1984)
D. et M. PERINIC Logements 20, rue Bourgon (1988)
M. NOVARINA Tour 121, avenue d'Italie (1976)
P.C. DUBOIS Logements 128, avenue d'Italie (1988)
J. CREUZOT et E. DENIS Ecole 2, rue Tagore (1947)

Subtile composition pour faire coexister un équipement public et des logements. « Le toit de la crèche, bâtiment bas au milieu, se prolonge en deux horizontales qui coulissent l'une sur l'autre, reliant les deux bâtiments d'habitation. »
Le petit immeuble qui, rue Fautrier, habille les pignons des immeubles mitoyens regarde non la rue, mais – de loin, pour donner une impression de profondeur – son alter ego : « Des bouts du plateau, les bâtiments dialoguent. Au bouclier courbe de l'un, s'opposent les volumes orthogonaux de l'autre qui semblent, eux aussi, coulisser. Les fenêtres ont été placées à l'intersection de ces masses de béton poli blanc, pour ne pas trouer les murs, car cela les fait pleurer ».
Le couronnement de l'immeuble en coin, sur deux étages, est recouvert de zinc, comme les toits traditionnels parisiens. « Pour "terminer" l'immeuble, mais aussi pour le rabaisser visuellement par rapport à la rue. »
Les façades très dégagées, ont permis de donner aux logements « des vues lointaines sur la ville ». Et leur hauteur de plafond (2,80 m.) « crée une dilatation intérieure qui accroît leur spatialité ».

Michel RÉMON.

2002

Logements et crèche
/ Apartments and Kindergarten

53, rue Albert (13e).
Métro : Porte d'Ivry, Bibliothèque

Maître d'ouvrage : RIVP

A subtle composition to allow public buildings and apartments to coexist. "The roof of the day-care centre, the lower building in the middle, extends into two horizontal structures that slide one over the other, connecting the two apartment buildings."
The small building on the rue Fautrier, covers the gables of the adjoining buildings. It doesn't give onto the street but onto its alter ego, from afar, for more depth : "On the edges of the plateau, the buildings seem to converse. The curved shield of one building, faces the orthogonal volumes of the other, who both seem to slide into one another. The windows were distributed at the intersection of these masses of white polished concrete in order to avoid piercing the walls which would make them cry".
The top of the corner building, on two floors, is covered with tin, like the traditional Parisian roofs. "The "final touch" for this building, which also lowers it visually towards the street."
Through the open façades, the apartments have a "far reaching view of the city". The height of the ceilings (2,80 meters) creates "an internal expansion that increases their spaciousness".

A voir aux alentours / To be seen around:
P.L. FALOCI 4, rue Trolley-de-Prévaux Logements (1997)
M. RÉMON Logements 22, rue Albert (2000)
D. BLANC et P. CELESTE Ensemble de logements 1-29 et 14-26, rue Marcel-Duchamp (1993)
A. GIGNOUX Centre de réinsertion sociale 73, rue du Château-des-Rentiers (1996)

CANAL (Daniel et Patrick RUBIN). 1989

Médiathèque Jean-Pierre Melville (3 500 m²)

Jean-Pierre Melville's Multi-media library

93, rue de Tolbiac (13e). Métro : Tolbiac, Porte d'Ivry

Maître d'ouvrage : Ville de Paris

La première médiathèque parisienne (livres, disques, cassettes, vidéo, photos), « voulue comme un bâtiment qui n'intimide pas, au contraire des bibliothèques revêches qui font peur ».
La façade-vitrine qui révèle les activités intérieures et les fins planchers imperceptibles de l'extérieur, qui donnent l'impression aérienne qu'usagers et mobilier sont en suspension, constituent autant « d'invitations à entrer ». La façade bombée – témoin du renouveau récent de l'emploi du verre – n'a guère occasionné qu'un surcoût de 1 % du prix du bâtiment.
La peau de verre s'enroule autour de l'escalier hélicoïdal qui articule la médiathèque. Un grand cadre accroché rue Nationale, contenant une photo semi-transparente qui tamise la lumière des salles audiovisuelles, est aussi un « cadeau à la ville ». Créateur de mobilier et architecte d'intérieur (notamment pour l'aménagement des locaux de *Libération*), Canal a conçu cette médiathèque comme un libre-service, où l'on circule librement sur les cinq niveaux de grands plateaux sans cloison.

Parist's first "médiathèque" (devoted to books, records, cassettes, videos and photography), "was conceived as an unintimidating building, the opposite of a pompous traditional library".
The shop window façade, revealing everything that goes on inside and the thin floors (almost imperceptible from the outside, and giving the impression that visitors and furniture are suspended in the air) function as "invitations to enter into the building". The convex façade (an example of the recent renaissance of the use of glass) added barely 1% to construction costs.
The glass skin wraps itself around the helical staircase which articulates the "médiathèque". A vast frame hung across the rue Nationale frontage and containing a semi transparent photograph which filters light into the viewing rooms, is offered as another "gift to the city". Canal, furniture and interior designers (who were retained notably for the fitting out of the offices of the newspaper *Libération*), designed a self service "médiathèque", with visitors moving freely around its five open plan levels.

A voir aux alentours / To be seen around:
M. HOLLEY Bureaux 101, rue de Tolbiac (1974)
M. HOLLEY Ensemble de logements "Les Olympiades" 105, rue de Tolbiac (1978)

Un « pari dément » : faire tenir 13 000 étudiants sur un « ridicule terrain triangulaire » de 4 500 m^2.
Amoureux des « structures vraies, c'est-à-dire qui expriment clairement les fonctions des diverses parties d'un bâtiment », Andrault et Parat ont nettement séparé ici les circulations des locaux universitaires proprement dits. Ces derniers, « des modules cubiques vitrés et répétitifs, sont accrochés à un noyau en béton, qui contient ascenseurs et escaliers ».
Ce parti, qui réduit au minimum les fondations, a permis de loger dans les sous-sols les amphithéâtres de la faculté.

Pierre PARAT et Michel ANDRAULT

1973

Faculté des lettres et des sciences (Centre Pierre Mendès-France)

Faculty of Arts and Science

90, rue de Tolbiac (13e).
Métro : Tolbiac, Nationale

Maître d'ouvrage : Éducation nationale

A "crazy challenge": the idea was to erect a building with a capacity of 13,000 students on a "ridiculous triangle" of a 4,500 square metres.
Here, Andrault and Parat, who were particularly attached to "genuine structures reflecting clearly the different functions of a building", have separated the various staircases, lifts and passage ways from the rest of the University. The main building is divided into several "cubic glass modules, all identical, hanging on to a concrete core containing the lifts and staircases".
This option which considerably reduces the foundations made it possible to build the lecture halls in the basement.

A voir aux alentours / To be seen around:
R. SEASSAL Lycée Claude Monet 1, rue du Docteur-Magnan (vers 1949)

L. PRUDON et CONTRESTI Logements HBM 118, rue de Tolbiac (1929)

Christian de PORTZAMPARC. 1979

Georgia BENAMO, associée

209 logements sociaux / *209 public sector flats*

Rue des Hautes-Formes (13e). Métro : Tolbiac

Maître d'ouvrage : RIVP

Un ensemble considéré comme marquant la renaissance de l'architecture parisienne, à la fin des années 70. Ici Portzamparc, représentatif de ces jeunes architectes de l'après Mai 68 qui ont beaucoup réfléchi à leur métier, refuse en bloc « le fonctionnalisme, l'architecture internationale et les constructions en série qui semblent produites par des machines ».

Ainsi, le choix de bâtir huit immeubles là où il était prévu de planter deux tours, marque la « volonté de sculpter un espace en creux où puisse s'installer la vie publique ». D'où la création d'une rue parisienne – traditionnelle jusque dans ses trottoirs –, d'une place centrale et d'un square.

Tout dans ce projet tend à manifester clairement cette notion « d'espace intérieur urbain » : Portzamparc a travaillé sur un « volume de vide » qu'il a « rythmé par les différentes dimensions des bâtiments, par les échappées ménagées entre eux, par les oppositions de surfaces aveugles et de surfaces percées, et par les fenêtres de tailles différentes, mais ayant toute la même proportion ».

Le but n'est pas d'exprimer la « vérité intérieure des bâtiments », chère aux fonctionnalistes, mais de « composer l'espace extérieur comme un espace intérieur ». Ainsi, les grandes fenêtres ne correspondent pas à des appartements en duplex, mais visent essentiellement à « calmer l'espace », à éviter « le spectacle abrutissant et inhumain de production en série que donnerait l'empilement de mille fenêtre identiques ». A l'inverse, il ne s'agit pas non plus de faire croire par des artifices visuels que cette HLM est un palais : à côté de ces grandes fenêtres aristocratiques, subsistent en fines bandes verticales, des fenêtres « normales », à l'échelle des appartements. Elles rappellent à une certaine « vérité » : on est ici dans un immeuble de onze étages. Cet espace urbain est souligné par des éléments qui, « loin d'être gratuits, le rendent lisible à l'aide de formes efficaces et prouvées » : une arche « signifie » l'entrée de l'îlot, et les linteaux reliant les immeubles sont les « parois symboliques » qui le délimitent.

Revers de la médaille : le fractionnement en plusieurs bâtiments a considérablement augmenté la surface de façade. Il devenait alors impossible, dans le cadre d'un budget de logement social, de les recouvrir d'un revêtement de qualité. Portzamparc a donc dû se contenter d'un enduit blanc qui résiste moins bien aux années.

A voir aux alentours / To be seen around: M. CAMMAS HLM 24, avenue Edison (1967)

This project is generally considered to have marked the "renaissance" of Parisian architecture in the late seventies. Here, Portzamparc, representative of a new generation of architects which emerged in the post 1968 period rejects outright "functionalism, internationalist architecture and assembly-line buildings which might have been produced in factories".
The choice to build eight separate buildings on this site instead of two tower blocks as originally planned, shows the architect's intention to "sculpt a void space which public life can settle into". Hence the construction of a typical Parisian street with pavements, of a main square and a green inside the estate.
Everything in this project contributes to emphasise clearly this notion of "inner city space".
Portzamparc worked on "a void volume rhythmed by the different dimensions of the blocks, by the various empty spaces or passage ways left in between, by the contrasts between blind and open surfaces etc."
Unlike the functionalist movement, the architect did not try to "express the deep truth of a building", but to "organise an exterior space in the same way as one would an interior one". The large bay-windows do not necessarily correspond to duplex apartments but are mainly designed to "calm the space down" and slow down the rhythm by sparing the casual observer "the inhuman sight of an assembly-line building which would be created by the piling up of hundreds of identical windows".
Nor did the architect have the intention of using visual tricks to make this public housing estate look like a palace: next to these "aristocratic bay-windows", smaller and humble windows remind us that we are dealing here with 11 storeys public apartment blocks.
This "inner city space" is signalled by elements which "far from being arbitrary make it readable thanks to effective and convincing volumes": an arch, for instance, signals the entrance to a block and the lintels connecting the different blocks are designed to "symbolize its remparts". But the fragmentation of this estate into several blocks made it impossible, because of a tight budget, to use high quality façade facings. So Portzamparc had to content himself with poor quality white costings.

Un immeuble arrivé le dernier et qui joue la modestie : point final de la rénovation de la place du Docteur-Navare, il a été conçu comme la « synthèse de tout ce qui l'entoure ». « Ainsi, la brique a été employée car elle est le matériau dominant dans le quartier. Le creusement de la façade s'inspire de celui existant sur l'immeuble mitoyen, rue Nationale, et fait apparaître l'angle des deux rues comme une pointe entre deux creux. Quant aux structures verticales, en avancée de la façade, elles sont un écho aux volumes verticaux de l'ensemble des Hautes-Formes (voir pages 142-143), le point fort du quartier. »
A remarquer : l'intérieur du porche, traité en brique comme la façade pour estomper la différence intérieur-extérieur.

Michel BENOIT

1985

Thierry VERBIEST,
Thierry d'HUART,
collaborateurs

Logements sociaux
Public sector flats

18, rue Sthrau (13e).
Métro :
Tolbiac, Nationale

Maître d'ouvrage :
RIVP

This is the final instalment of the place du Docteur-Navare renovation project. It was designed to "synthesise all the buildings which surround it".
"Thus brick, a prevailing material in the area, was used here. The recessed section of the main façade matches that of the neighbouring building on the rue Nationale and brings out the corner of the two roads as a point between two holes. The vertical structures jutting out from the front side match the vertical volumes of the neighbouring Hautes-Formes project (see pages 142-143), the focal point of the area."
One might also note that the porch interior was also built of brick to soften up the differences between the interior and the exterior of the building.

Un exemplaire exercice de restructuration du tissu urbain : combler un trou béant entre deux bâtiments posés n'importe comment lors de l'urbanisation chaotique du quartier dans les années 60 et 70.
Portzamparc a « lié » les deux immeubles par une construction-charnière qui établit une relation géométrique entre ces deux bâtiments qui, jusque-là, s'ignoraient superbement. Les « contre-courbes, soulignées d'épais bandeaux, répondent aux courbes du bâtiment de gauche. Elles viennent buter sur une longue fente verticale reprenant le motif de couronnement du bâtiment de gauche, et qui amorce la haute tour de droite ».
Par sa faible hauteur, le nouvel immeuble permet en outre de « redonner une échelle piétonne à la rue, à l'opposé de l'échelle abstraite des bâtiments existants ». Un type d'intervention ponctuelle qui risque de devenir de plus en plus fréquente pour donner de la cohérence aux zones victimes de l'urbanisation anarchique des « Trente Glorieuses ».

Christian de PORTZAMPARC

1984

Marie-Elisabeth NICOLEAU, associée

Foyer de personnes âgées

Home for the eldery

120, rue du Château-des-Rentiers (13e).
Métro : Tolbiac, Nationale

Maître d'ouvrage : RIVP

This project was another attempt at "healing" a gaping wound in the urban tissue between two constructions completed under the chaotic planning of the sixties and the seventies.
With this transition-construction, Portzamparc has established a geometrical link between two buildings which had been superbly ignoring each other until then. "The curved façade matches its neighbour on the left; then it seems to stumble on the long vertical sides-lit designed to initiate the high tower block on the right". Besides, the new building which is rather low seems to "give a human scale to the road unlike the existing ones". This unusual project, aiming at giving some coherence to inner city areas which have been ruined by anarchic planning regulations in the last twenty years, may be the first of many others.

Architecture Studio s'est beaucoup intéressé aux « terrains résiduels », petites parcelles réputées inconstructibles, souvent situées à des angles de rues, dont il a recensé un millier à Paris. Cet « immeuble-borne », construit sur moins de 100 m², est « le prototype de ce que l'on peut faire pour réparer la ville, alors que règne la pénurie de terrains ».
Intégrant la grue qui a servi à la construction (ses structures sont dégagées par la forte pente du toit), les architectes entendaient « cacher le mur aveugle de l'immeuble voisin plus utilement que par une fresque ».
« Art d'accommoder les restes » ou gadget ? « Pour le prix d'un grand projet international, on pourrait faire 1 000 immeubles comme celui-ci, qui changeraient la ville en profondeur », assurent les architectes.

ARCHITECTURE STUDIO (M. ROBAIN, J.F. GALMICHE, R. TISNADO et J.F. BONNE)

1987

25 logements sociaux

25 public sector flats

106, rue du Château-des-Rentiers (13e).
Métro : Tolbiac, Nationale

Maître d'ouvrage : RIVP

Architecture Studio has paid close attention to "leftover sites"; small areas, supposedly impossible to build upon, often on street corners. Indeed they have counted 1,000 such sites in Paris. This "boundary building", built on less than 100 square metres, is "a prototype of what could be done to repair the city in the face of a shortage of sites".
By incorporating into the building the crane which was used during its construction (its shape is brought out by the sharp slope of the roof), the architects aimed to "hide the blind wall of the neighbouring building more usefully than with a fresco".
Is this a gadget or "an example of the art of reworking leftovers"? At any rate, the architects are convinced that "for the price of a single major international project, we could have a profound impact on the city as a whole by building 1,000 blocks like this one".

A voir aux alentours / To be seen around:
P. DESLANDES Tour de logements 67, rue Dunois (1970)
J. DELAAGE et F. TSAROPOULOS Tours de logements 74, rue Dunois (1975)
G. BOUCHEZ Logements 18, rue Dunois (1981)
A. BIRO et J.J. FERNIER Logements 105, rue du Dessous-des-Berges (1971)
ARCHITECTURE-STUDIO Logements 16, rue de Domrémy (1984)
R. BELLUGUE et P. GUIBERT Logements 38, rue de Domrémy (1983)
T. FAYETON Foyer 11, rue Charcot (1983)

Edith GIRARD. 1990

Brigitte OYON, assistante.

86 logements sociaux et 5 ateliers d'artistes
86 public sector flats and 5 artists' studios

112, rue du Chevaleret et 3, rue Louise-Weiss (13e). Métro : Chevaleret

Maître d'ouvrage : RIVP

La « rencontre de contraintes rationnelles et d'une vision poétique » a guidé la réalisation de cet ensemble sur un difficile terrain triangulaire formé par l'intersection de deux rues à angle très aigu (22°). Plutôt que de « remplir uniformément » l'îlot, Edith Girard a « fait se croiser deux lignes » : haut bâtiment de logements rue Louise-Weiss, petits volumes des ateliers d'artistes rue du Chevaleret. L'ensemble peut se lire comme « le désir poétique de retrouver l'ambiance du vieux 13e des bandes dessinées de Tardi : au premier plan, les ateliers d'artiste à trois niveaux, à la façade plate comme un simple mur et, au-delà, le grand bâtiment avec son attique ondulant, comme le ciel posé sur le mur ».
Contrairement à une tenace habitude architecturale, « l'angle des rues n'est pas vraiment un point fort », l'articulation des bâtiments se passant un peu avant, sur la rue du Chevaleret, qui n'est ainsi pas « dévaluée ».
L'ensemble est en béton enduit blanc, souligné de travertin rosé sur le « mur » et le « ciel ». Sur la façade rue Louise-Weiss, la pierre agrafée employée en plan sans épaisseur, presque abstrait, « confère noblesse et pérennité au logement social ».

A "meeting of rational constraints and poetic vision" inspired the creation of this development on a difficult triangular site formed by the acutely angled (22°) intersection of two streets. Rather than "uniformly filling in" the site, Edith Girard "placed two lines across each other": the high apartment building on the rue Louise-Weiss and the smaller volumes of the artists' studios on the rue du Chevaleret. The development can be seen as "deriving from a poetic desire to recreate the atmosphere of the old 13th arrondissement (exemplified by the cartoons of Tardi): the threelevel artists' studios in the foreground, with their flat frontage, almost like a blind wall, and, beyond, the larger building with its undulating attics, like a sky placed across the top of the wall".
Rejecting a tenacious architectural belief that "the street corner is not really a centre piece", the articulation of the buildings occurs before the corner is reached; it is to be found on rue Louise-Weiss which thus itself avoids "devaluation".
The whole is in white plastered concrete, underlined with pink strips across the "walls" and "sky". On the rue Louise-Weiss frontage the stone cladding, sunk into the wall, creates an almost abstract effect "conferring a nobility and durability on public housing".

A voir aux alentours / To be seen around:
P. ALIX et M.P. VIELLARD Ensemble de logements Cour du Liegat - 113, rue du Chevaleret (1992)

LIGNE 7 ARCHITECTURE Cuisine centrale de l'hôpital de la Pitié 34, rue Jenner (1998)

QUARTIER SEINE RIVE GAUCHE 1992-2015

Quarante ans après La Défense – et à l'est, pour « rééquilibrer » Paris – se construit de toutes pièces, sur des voies ferrées et des friches industrielles, un quartier de 130 hectares, dont 26 de voies ferrées couvertes. A terme, 15 000 personnes y habiteront et 90 000 (dont 30 000 étudiants) y travailleront.
La Défense marquait le triomphe des idées du Mouvement moderne (voir page 342), mises en oeuvre sans états d'âme par un organisme administratif fortement centralisé, l'EPAD. Seine Rive gauche, aménagé par la SEMAPA, a, en revanche, tiré la leçon des déboires de l'architecture « moderne » et de ses prétentions à tout unifier sous une même vérité. Chacun des quartiers qui compose ce morceau de ville (Austerlitz, Massena, Tolbiac et, à moindre titre, Chevaleret et avenue de France) a été confié à un architecte coordonateur qui y a fixé des règles du jeu spécifiques.

AUSTERLITZ : Christian DEVILLERS, a voulu que les très grands immeubles de bureaux (20 à 50 000 m^2), formant à eux seuls des îlots, qui constitueront l'essentiel des constructions nouvelles du quartier, n'érigent pas une « muraille entre la ville et la Seine ». Une succession de « cours, jardins et atriums de 20 mètres de haut, ouvrant sur la rue, enrichiront l'espace urbain en révélant le fleuve, depuis l'avenue de France ».

TOLBIAC : Roland SCHWEITZER a dessiné, autour de la Bibliothèque nationale François Mitterrand, une « enceinte capable de dialoguer avec la puissance de celle-ci ». D'où un urbanisme traditionnel, fait d'îlots haussmaniens fermés (sur trois ou quatre côtés) autour de jardins, et conçus comme autant de « bastions ».

MASSENA : Christian de PORTZAMPARC, au contraire, a expérimenté ici son concept d'« îlot ouvert ». Celui-ci « reprend, de la ville classique, le thème de la rue, et poursuit, de l'architecture moderne, le thème du bâtiment autonome ». L'îlot ouvert n'est donc construit qu'à 40 %, permettant à chacun d'avoir soleil et vues. Mais une partie des bâtiments devra regagner en hauteur ce qui a été perdu au sol...

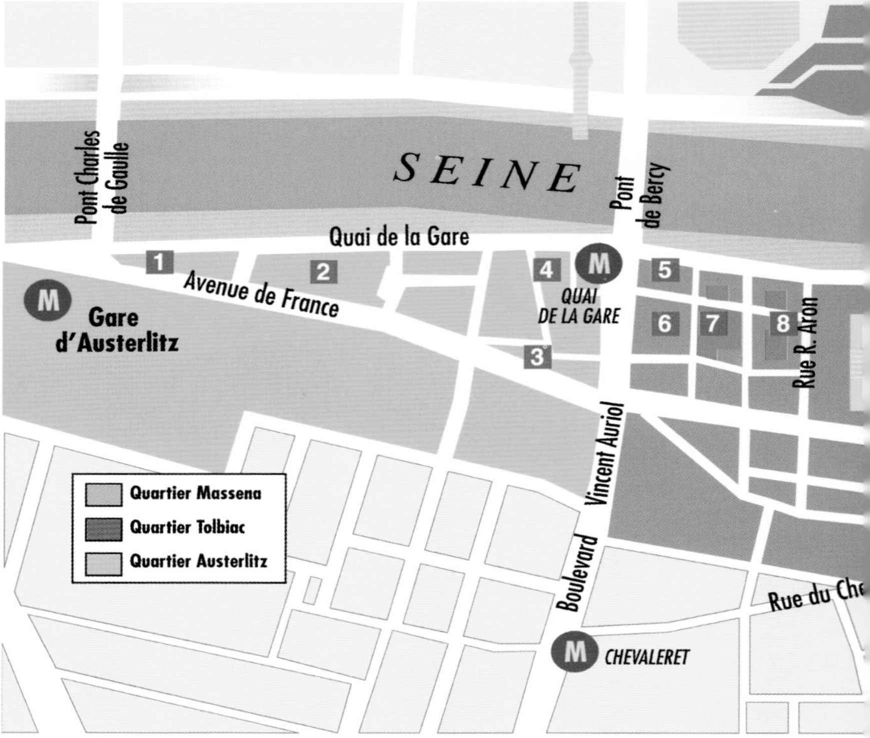

SEINE
Pont Charles de Gaulle
Pont de Bercy
Quai de la Gare
Avenue de France
M Gare d'Austerlitz
M QUAI DE LA GARE
Rue R. Aron
Boulevard Vincent Auriol
Rue du Che
M CHEVALERET
1 2 3 4 5 6 7 8

Quartier Massena
Quartier Tolbiac
Quartier Austerlitz

1 - **C. HAUVETTE** ***Bureaux (voir page 150 C) 51, quai d'Austerlitz.*** 2 - **J-F. JODRY et L.R. TURNER,** ***Bureaux (voir page 150 B) 35 quai d'Austerlitz.*** 3 - **D. VALODE et J. PISTRE,** ***Bureaux (voir page 150 A) 1, rue Edmond-Flamand.*** 4 - **F. DUSAPIN et F. LECLERCQ,** ***Logements (voir page 151).*** 5 - **D. DUART et J. RIPAULT,** ***Logements (voir Page 152).*** 6 - **P. B** ***Logements (voir page 15*** 7 - **P-L. FALOCI,** ***Chapelle (*** 8 - **F. HAMMOUTENE,** ***Log*** ***Raymond-Aron.*** 9 - **D. PER** ***François-Mitterrand (voir***

SEINE RIVE GAUCHE DISTRICT 1992-2015

Forty years after la Défense – and this time in the East, in order to regain the city's balance – a district of 130 hectares was thoroughly built on railroad tracks and industrial wasteland, 26 hectares of which consisted of covered railroad tracks. When the project is completed, it should house 15 000 inhabitants and 90 000 workers (including 30 000 students).
La Défense stands for the triumph of the Modern Movement (see page 343), implemented without much doubt by a strongly centralized administrative organization, the EPAD. However, Seine Rive Gauche, planned by SEMAPA, had learned its lesson about the setbacks of "modern" architecture and about its pretensions to cloak everything in one mere truth. Each of the areas that make up this section of the city (Austerlitz, Massena, Tolbiac, and on a lesser scale, Chevaleret and avenue de France) was entrusted to an architect coordinator who established specific goalposts.

AUSTERLITZ: Christian DEVILLERS did not intend for the large office buildings (20 to 50 000 square metres) – forming an island unto themselves that would make up the main part of the area's new buildings – to set up a "wall between the city and the Seine". A series of "courtyards, gardens, and 20 metre high atriums, opening out onto the street, will enrich the urban space by revealing the river, from avenue de France".

TOLBIAC: Roland SCHWEITZER designed, around the Bibliothèque Nationale François Mitterrand, an "enclosure capable of interacting with the library's powerful presence". Hence a traditional urbanism, made up from haussmanian closed islets (on three or four sides) around gardens, and imagined like just as many "bastions".

MASSENA: Christian de PORTZAMPARC, on the other hand, experimented here with his concept of "open islet", which "recaptures classical architecture's theme of the street, and pursues modern architecture's theme of the autonomous building". The open islet is thus built on only 40 % of its ground, granting sunshine and views to everyone. However, some of the buildings will need to be higher to compensate for the surface lost on the ground…

ELEMY et S. GRINO, *8 bis, rue Balanchine.* *ge 154 B) Place Jean-Vilar.* *(voir page 154 C) 8-20, rue* **T,** *Bibliothèque Nationale* *153).* 10 - **F. SOLER,** *Logements (voir page 154 D) 7, rue Emile-Durkheim.* 11 - **P. GAZEAU,** *Logements (voir page 155).* 12 - **J.BRUNET et E. SAUNIER,** *Logements (voir page 154 E) 8, rue Neuve-Tolbiac.* 13 - **P. CHEMETOV et B. HUIDOBRO,** *Collège (voir page 156 A) Au coin de l'avenue de France et de la rue Thomas-Mann.*

A

B

A - **Denis VALODE et Jean PISTRE,** ***bureaux.***
B - **Jean-François JODRY et Lewis Robert TURNER,** ***bureaux.***
C - **Christian HAUVETTE,** ***bureaux.***
(Voir localisation p.148)

C

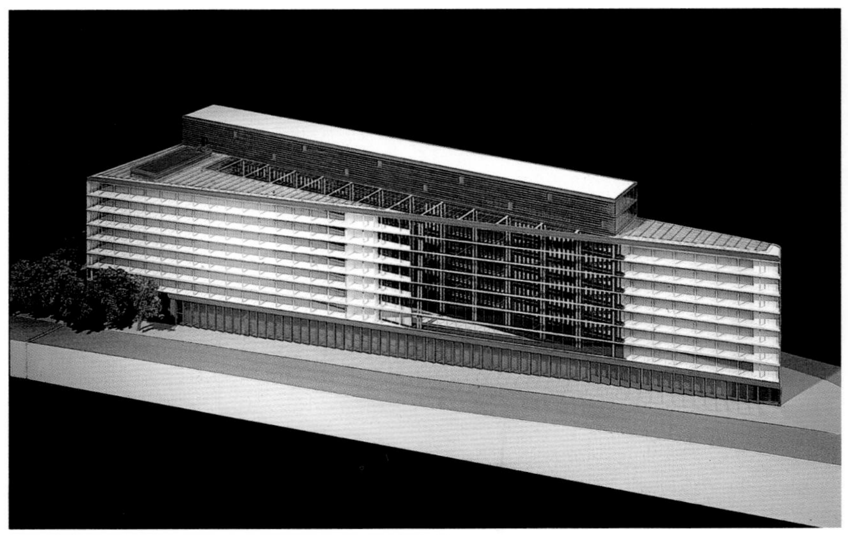

Fabrice DUSAPIN et François LECLERCQ. 1987

Studios / *Bedsits*

5, rue de Bellièvre (13e). Métro : Quai de la Gare

Maître d'ouvrage : Habitat social français

Séparer pour rassembler : le fractionnement du bâtiment en deux parties permet de « mieux assurer la cohérence de la rue en rétablissant un lien » entre deux immeubles de hauteurs et de style différents auxquels chacune des ailes se raccorde. Entre les deux, une faille précédée d'une courette plantée d'un arbre, signale l'entrée. Sur la rue, les façades en marbre de Carrare blanc sont lisses « pour accentuer les jeux de volumes » et diminuer le coût de pose de la pierre. Les fenêtres – très répétitives puisqu'il s'agit de logements tous identiques – sont toutefois différenciées selon l'environnement : grandes fenêtres correspondant aux vues sur la Seine et fenêtres d'éclairement en longueur, qui donnent la plus belle lumière et facilitent les aménagements intérieurs.
La façade sur cour, plus mouvementée, « met en scène » un grand escalier en spirale sur lequel se branchent des coursives, que la faille d'entrée laisse entrevoir de la rue. Orientées plein sud, ces coursives desservent chacune huit logements. Comme des « trottoirs suspendus », elles sont également des lieux de rencontre confortables avec des bancs au soleil.

The motto of this building might almost be "to separate so as to bring back together": the division of the building into two parts has the effect of "maintaining the cohesion of the street by establishing a link" between the two neighbouring buildings (very different in height and style) to which each of the wings is attached. Between the two parts, a fissure with a small court planted with a single tree, flags the entrance. The street frontages, in Carrara marble, are smooth, "to emphasise the interplay of volumes" and also to keep down the cost of mounting the stone. The windows – rather repetitive, since the apartments are all identical –are, however, distinguishable according to their surroundings; the larger windows give views of the Seine, while longer strip windows on the interior walls give a maximum of light. The courtyard frontage is generally more lively, centering on a large spiral staircase with walkways branching off it, which ean be seen from the street through the entrance gap. Each of the fully south-facing walkways leads to eight apartments. Like "elevated pavements", they are also comfortable meeting places, dotted with sunlit benches.

A voir aux alentours / To be seen around:
M.-C. GANGNEUX Foyer 10, boulevard Vincent-Auriol (1985)
G. BOUCHEZ Logements 42, boulevard Vincent-Auriol (1990)
H. CIRIANI et A. FAINSILBER bureaux 53 à 65, boulevard Vincent-Auriol (1990)
J. BUKIET Centre PTT 26, boulevard Vincent-Auriol (1956)
ARSÈNE-HENRY frères, Maison de la Batellerie 18, quai d'Austerlitz (1960)

Denise DUART et Jacques RIPAULT. 1997

Logements / *Apartments*

85, Quai de la Gare (13ᵉ). Métro : Quai de la Gare, Bibliothèque François-Mitterrand

Maître d'ouvrage : RIVP

Plus aucune notion d'étage dans cet immeuble à l'échelle monumentale qui affirme son horizontalité en contrepoint aux tours de la Bibliothèque François Mitterrand voisine.
Une horizontalité soulignée par le bandeau blanc au-dessus des magasins du rez-de-chaussée et par le grand cadre rectangulaire qui unifie l'ensemble. L'effet est encore accentué par les brise-soleil (qui intègrent l'épaisseur des planchers), posés – comme une calandre de voiture – devant les loggias. Et qui peuvent surprendre, sur une façade parisienne orientée au nord-est, ne demandant qu'à jouir sans entrave d'un magnifique panorama sur la Seine.
La faille centrale, habitée de terrasses décalées les unes par rapport aux autres, vient organiser l'immeuble autour d'une apparente symétrie. Aussitôt démentie par la position des deux grands aplats blancs, qui achèvent de donner à cet objet architectural puissant une écriture quasiment abstraite.

The concept of levels has totally disappeared in this monumental scale building that ascertains its horizontality as a counterpoint to the towers of the neighbouring Bibliothèque François Mitterrand .
The horizontality is underlined by a white band above the ground floor shops and by the large rectangular frame that gives uniformity to the entire construction. The effect is once again emphasized by brise-soleil (that integrate the thickness of the floors) installed – as a car's grille – in front of the loggias. It is somewhat surprising on a Parisian façade facing the North East, which only wishes to enjoy the beautiful sight of the Seine River without any hindrance.
The central gap, with its terraces set back from one another, organises the building around an apparent symmetry that is immediately denied by the position of two large white flat surfaces that give this powerful architectural object an almost abstract line.

Dominique PERRAULT. 1997

Bibliothèque François-Mitterrand (250 000 m^2)
France's National library

Quai de la Gare (13e). Métro : Quai de la Gare, Bibliothèque François-Mitterrand
Maître d'ouvrage : Etablissement public de la Bibliothèque de France

« Une bibliothèque pour la France et une place pour Paris » : quatre tours marquent les angles d'une place grande comme la Concorde et « balisent dans le vide un parallélépipède virtuel » haut de 100 mètres, faisant de la bibliothèque un monument du ciel parisien. En forme de livre ouvert, ces tours sont remplies de containers métalliques (cuivre, aluminium ou zinc) contenant les livres – à l'abri de la lumière – et recouverts d'un « étui » de verre non réfléchissant. C'est dans cet entre-deux verre/métal que réside la transparence. En même temps, l'enveloppe de verre « donne sa dignité à un bâtiment qui ne doit pas être un silo » et permet l'emploi de métaux bruts qui s'oxyderaient à l'air libre.
Trois niveaux de salles de lecture ouvrent sur le jardin d'un hectare (comme le Palais-Royal) situé en contrebas, au centre de la place : « à l'écart des activités de la ville, c'est l'esprit du cloître, sans l'enfermement ».
Maillon d'un réseau international informatisé, la bibliothèque offre catalogues et postes de consultation informatiques (livres mis progressivement sur ordinateur, traitement de texte, etc.). Capable de stocker 12 millions d'ouvrages, elle offre 5 000 places de lecture.

"A library for France and a square for Paris": four towers mark the corners of a square as big as the place de la Concorde and signpost a virtual parallelepiped reaching up into the sky, 100 metres high and immediately establishing the library as a monument on the Parisian skyline. Shaped like open books, the towers are filled with metal containers (brass, aluminium or zinc) containing the books themselves – carefully sheltered from light – and covered in a "case" of non-reflecting glass. This combination of glass and metal is the source of the building's transparency. At the same time, the glass envelope "brings dignity to a building which might otherwise resemble something as banal as a silo" and allows the use of untreated metals which would quickly stain if exposed to the open air.
Three levels of reading-rooms open onto the garden of one hectare (as large as that of the Palais-Royal) located below in the centre of the square: "separated from the hurly burly of the city and re-creating the atmosphere of the cloister, but without its claustrophobia".
The library work like a link in a computerised international chain, offering on-line catalogues and reading facilities (books will be progressively stored in databases and linked to word processing facilities etc.). Capable of housing 12,000,000 works, it offers 5,000 reading posts.

A

B

C

D

E

A - **Philippe BARTHELEMY et Sylvia GRINO,** ***école et logements.***
B - **Paul-Louis FALOCI,** ***chapelle.***
C - **Franck HAMMOUTÈNE,** ***logements.***
D - **Francis SOLER,** ***logements.***
E - **Jérôme BRUNET et Eric SAUNIER,** ***logements.***
(Voir localisation pp.148-149)

Philippe GAZEAU. 1997

Jacques FORTÉ, chef de projet

Logements / *Apartments*

1-13, quai François Mauriac (13e). Métro : Quai de la Gare, Bibliothèque François-Mitterrand

Maître d'ouvrage : I3S

Un immeuble « conçu en fonction de sa situation privilégiée, sur la Seine, et qui entend faire pénétrer l'exceptionnel paysage à l'intérieur des appartements ».
La façade blanche, nettement individualisée, et les claustras de bois qui « terminent le bâtiment », sont comme des « loges » qui rendent compte de la « mise en scène du fleuve ». Cette position d'observation est encore accentuée par la bande blanche « qui décolle le volume de son socle ». En revanche, la façade arrière est en bardage noir avec des volets en aluminium gris. But : « fondre l'immeuble dans le lointain, afin qu'il n'apparaisse pas comme un morceau de sucre qui rivaliserait piteusement avec la Grande Bibliothèque ».
L'obligation de construire en plots, séparés par des failles, a permis de doter chaque appartement de deux ou trois orientations, et d'une terrasse suspendue de 20 m^2. Les logements, traversants, bénéficient ainsi de multiples vues directes ou obliques sur la Seine. Le séjour, la cuisine et la pièce d'appoint – séparables par des cloisons mobiles – sont éclairés par une seule baie vitrée panoramique de 11 m de longueur.

This building is "conceived according to its privileged location, alongside the Seine, and aims at letting the remarkable landscape seep inside the apartments".
The white façade, clearly set apart, as well as the wooden latticework that "put the finishing touches on the building" are like "theatre box seats" that call attention to the "mise en scène of the river". This outlook position is further highlighted by the white strip that "disjoints the volume from its base". The back façade, however, has a black weatherboarding with grey aluminum shutters. The goal is "to allow the building to blend in the distance, so that it doesn't stand out like a sugar cube competing shabbily with the National Library."
As it was necessary to build units separated by rifts, each apartment was endowed with views in two or three directions, and with a 20 square meters suspended terrace. Each apartment, overlooking two directions, thus has the advantage of multiple views – direct or else oblique – of the river. The living room, kitchen and extra room – which can be separated with movable partitions – are lit up by just one 11 m long panoramic bay window.

A voir aux alentours / To be seen around: E. FREYSSINET Messageries 57, quai de la Gare (1929)

A

B

A - **Paul CHEMETOV et Borja HUIDOBRO,** ***collège.***
B - **Christian de PORTZAMPARC,** ***secteur Masséna : étude sur le thème de l'« îlot ouvert ».***
C - **Bruno FORTIER,** ***jonction de la dalle et de l'ancien quartier.***
(Voir localisation p.149)

C

LE CORBUSIER et Pierre JEANNERET. 1933

Refuge de l'Armée du Salut / *Salvation Army hostel*

12, rue Cantagrel (13e). Métro : Porte d'Ivry

Maître d'ouvrage : Armée du Salut

Avec ce quartier général de l'Armée du Salut – « Usine du Bien où l'on révise les rouages de la machine humaine usée par la vie », disait la plaquette de présentation –, Le Corbusier construit son deuxième immeuble collectif. Après le Pavillon suisse (voir page 181), il avance encore dans la voie de la « Cité Radieuse ».
Le grand bâtiment abritant les dortoirs – 500 lits au total – a une façade vitrée de plus de 1000 m² non ouvrante. « C'est le premier bâtiment d'habitation entièrement hermétique » proclame fièrement Le Corbusier, pour qui le logement du XXe siècle doit être une « machine à habiter » universelle, utilisable comme une automobile, quel que soit le climat. La ventilation intérieure y est assurée par un système d'air conditionné. Mais ce dernier se révélant défectueux, il devra rajouter des brise-soleil pour éviter que les dortoirs ne se transforment l'été en serres étouffantes.
Au pied de l'immeuble, les services administratifs occupent des volumes colorés qui « se succèdent avec des formes très nettement organisées par leur fonction même » : les arrivants s'inscrivent en passant le portique monumental ; dans le bâtiment cylindrique, véritable « plaque tournante », ils sont ensuite orientés vers les divers services sociaux, logés dans un grand parallélépipède.

A "charitable repair shop where the human body and mind can be brought in for service". With this project, Le Corbusier's second public construction after the Pavillon Suisse (see page 181), the architect moved a step further towards to the "Cité Radieuse". The main building containing the dormitory (500 beds) has a sealed glass façade of more than 1,000 square metres.
Le Corbusier was proud to point out that this was "the very entirely hermetic housing block". In his eyes, the 20th century house had to be an universal "living machine" which could used as easily as a car whatever the climate. The interior ventilation was provided by a faulty air-conditioning system; because of its imperfections, "blinds" had to be added to the initial design to prevent excessive heat in summer.
At the bottom of the building, the administrative section is divided into a series of coloured volumes "of different shapes designed to reflect their functions". The newcomers have to sign a register in a room accessible through a monumental portico; then, they can move on to the cylindrical "turntable" building and finally to various social departements scattered in a vast parallelepiped.

A voir aux alentours / To be seen around:
O. CHASLIN Logements et école 2 bis et 5, passage Chanvin (1991)

Sculpteur de monuments funéraires, Antonin Planeix s'est saigné aux quatre veines pour réunir les quelque 350 000 F (1,1 million F, 168 000 € en 2001) nécessaires à la construction de sa maison coincée entre une voie ferrée et un boulevard à forte circulation [1]. Une maison qui rappelle, dans son esprit, celle construite l'année précédente par Adolphe Loos pour le poète Tristan Tzara (voir page 275). Elle est organisée, unifiée par le cube – dans lequel se trouve la salle de séjour – qui jaillit du mur, surmonté du balcon de l'atelier principal. Jeu subtil, la symétrie de la façade est évidente et, en même temps, démentie par les formes différentes des ouvertures du deuxième étage.
A l'arrière, la façade sur jardin est beaucoup plus ouverte et dotée d'un escalier, volume extérieur séparé de la maison.
(La maison se visite sur rendez-vous avec Mme. Planeix. Tél. : 01 53 82 05 26.)

(1) Voir *Villas de Le Corbusier* de Tim Benton, éditions Philippe Sers (1984).

LE CORBUSIER et Pierre JEANNERET

1927

Maison Planeix
(3 ateliers de peintre)

Planeix House
(3 painters' studios)

24 bis, boulevard Masséna (13e).
Métro : Porte d'Ivry

Maître d'ouvrage :
Antonin Planeix

Antonin Planeix, a famous sculptor of funeral monuments, had to make huge sacrifices to be able to afford this house worth ((1,1 million F, 168 000 € in 2001 value) and stuck between a railway station and a very busy boulevard. A house reminiscent of the one built the previous year for the poet Tristan Tzara (see page 275) by Adolph Loos, it is organized around a salient cube – containing the living-room and topped with the balcony of the main studio – designed to unify the whole.
Although, the lower part of the main façade seems to have been designed perfectly symmetrically, all symmetry seems suddenly to disappear on the second floor with a rather chaotic arrangement of opening of different shapes and sizes. The façade facing the garden at the back has a staircase clearly detached from the rest of the house.
(For a guided tour of the house, contact Mrs. Planeix: Tél. 01 53 82 05 26.)

A voir aux alentours / To be seen around:
P. CHEMETOV et B. HUIDOBRO Agence d'architecture 4, square Masséna (1986)
A. BIRO et J.J. FERNIER Bureaux 27, rue du Dessous-des-Berges (1975)
L.C. HECKLY Ensemble de logements 15-27, boulevard Masséna (1933)

Jean WILLERVAL et Prvoslav POPOVIC. 1971

Caserne de pompiers / *Fire station*

37, boulevard Masséna et 16, avenue Boutroux (13e). Métro : Porte d'Ivry

Maître d'ouvrage : Ville de Paris

A l'époque où les théories de Le Corbusier sur la « poésie de l'angle droit » étaient un credo, Willerval a « voulu échapper à la monotonie de l'orthogonalité en réinventant des formes baroques ».
D'où ce « bâtiment au mouvement de vaisseau – arrondi de la coque et de la proue – posé sur la pente du boulevard, sorte de Cité Radieuse avec le lyrisme en plus ». Il n'en échappe pas pour autant aux préoccupations techniques de l'époque, attachée à « exprimer les formidables facultés du béton armé ». La façade est ainsi composée de panneaux de béton de 1,5 tonne totalement fabriqués en usine et la structure est en béton précontraint, allégeant la silhouette du bâtiment.
La fonction d'une caserne étant d'envoyer le plus rapidement possible les pompiers au feu, la grande barre des logements est situé exactement au-dessus des garages au rez-de-chaussée, une perche permettant d'y descendre en 20 secondes. Le bâtiment bas sert à la réparation des véhicules, avec terrasse d'exercice et piscine.

At a time when le Corbusier's theories on "the poetry of the right angle" were a fundamental tenet of fashionable architecture, Willerval tried "to escape from the monotony of straight lines by re-creating baroque shapes. Hence this "building moves like a ship – with its rounded hull and prow – on the slope of the boulevard, a kind of 'Cité Radieuse' with added lyricism."
He does not however escape from the technical concerns of the time, remaining keen to "express the marvellous powers of re-inforced concrete. The façade is made up of 1.5 tonne concrete panels (completely pre-fabricated) and the structure is in prestressed concrete, lightening the silhouette of the building.
The function of a fire station being to send firemen as quickly as possible to fires, the great slab of apartments is placed exactly above the ground floor garages, with poles allowing the firemen to reach their vehicles in 20 seconds. The lower building is used for vehicle repair and also contains an exercise area and swimming-pool.

A voir aux alentours / To be seen around:
J. de BRAUER Bureaux 86, rue Regnault (1976)
M. BERNIER Ecole 31, rue du Château-des-Rentiers (1983)
J. de BRAUER Bureaux 72, rue Regnault (1971)
G. PENCREAC'H Ecole 22, rue de Patay (1986)
J. KALISZ Ecole 24, rue de Patay (1985)

Dominique PERRAULT. 1990

Hôtel industriel (20 000 m^2) / *Industrial building*

26, rue Brunesseau (13e). Métro : Porte d'Ivry, Quai de la Gare

Maître d'ouvrage : SAGI

Un hôtel industriel doit « accueillir des activités très variées sous une enveloppe unique ». Ici, il devait, en plus, être suffisamment puissant « pour avoir une existence dans un site marqué par des éléments à grande échelle : périphérique où passent 250 000 véhicules par jour, voies ferrées, Seine ».
D'où une « grosse brique de verre », qui entend « donner une image architecturale nouvelle à l'industrie ». A l'appui, une « esthétique industrielle » où les réseaux techniques (électricité, ventilation, téléphone, eau, vapeur, vide, câbles, brise-soleil, etc.) rythment les façades. Le verre permet ainsi une « relecture de la notion de façade », celle-ci devenant doublement sensible : à la lumière extérieure (ses variations la font changer de couleur), mais aussi à l'activité industrielle intérieure qui, ainsi mise en vitrine, devient un « élément architectural ».
« Architecture minimaliste » ou « degré zéro qui balaie tout ce qui constitue la complexité » [(1)]. Une réalisation représentative d'une nouvelle architecture faite de volumes basiques visant à la transparence.

An industrial building must "receive very varied activities under a single roof". In this case, it had also to be powerful enough "to live on a site surrounded by development on a very large scale: the périphérique motorway (used by 250,000 vehicles per day) and several railway lines, not to mention the Seine".
Hence the choice of "large glass bricks" intends to "give a new image of industrial architecture". This is supported by an "industrial aesthetics" in which technical equipment (electricity, ventilation, telephone, water, steam, cables etc.) dictate the rhythm of the façade. The use of glass thus permits a "re-working of the very idea of a façade", which becomes doubly sensitive: to external light (the façade changes colour as light varies), but also to the industrial activity inside the building, staged as it is behind a vast window, it becomes itself an "element of the architecture".
Should we see this as "minimalist architecture" or as "a lowest common denominator which banishes anything resembling complexity"? [(1)] In any event it is an example of a new architecture, revolving around basic volumes and aiming above all at transparency.

(1) Antoine Grumbach, revue *D'architectures*, mai 1990.

A voir aux alentours / To be seen around:
G. CANDILIS et Ph. VERREY Centre "espoir" de l'Armée du Salut 39, rue du Chevaleret (1978)

Michel KAGAN. 1991

Cité technique et administrative de la Ville de Paris
Paris Administrative and Technical Center

5, quai d'Ivry (13e). RER : Masséna
Maître d'ouvrage : RIVP

Partant de l'idée qu'« un lieu de travail est aussi noble qu'un musée », Kagan a composé un « paysage artificiel, en mettant des bâtiments en relation à l'intérieur d'un même périmètre ». Stricte réponse à un programme qui imposait de regrouper, dans un ensemble, des populations hétérogènes : administration de la voirie, des parcs et jardins, brigade de surveillance du périphérique et jardiniers.
Cet « îlot cubiste, au vocabulaire abstrait et puriste » est éclaté en plusieurs bâtiments : une tour carrée de bureaux qui « s'adresse au périphérique », des « bâtiments-paysages, au ras du périphérique ». Entre les deux, une cour, sorte de « place artificielle ». Le tout « tenu à l'intérieur d'une enceinte-cadre, comme un drap blanc qui unifie l'ensemble ». Et, accessoirement, protège de la pluie les plantes entreposées en plein air.
Faute d'avoir obtenu des moyens suffisants pour ce bâtiment « qui n'a aucune fonction honorifique », Kagan a dû renoncer à recouvrir ses façades de zinc et d'aluminium, au profit d'un enduit qui vieillit bien mal.

Starting with the idea that "a workplace is as noble as a museum", Kagan has created an "artificial landscape, interrelating buildings within a single perimeter" – a rigorous response to a programme that demanded the grouping together of a heterogeneous population of employees: the management of roadworks, parks and public gardens, Ring Road traffic control and gardeners.
This "cubist city block, with an abstract and purist vocabulary" is made up of several buildings: a square office block which "turns towards the Ring Road" "land-scape-buildings level with the Ring Road". Between the two is a courtyard, a sort of "artificial town square". The whole "covered by an enclosure, like an arched white sheet that unites the group" and, incidentally, protects the plants, stored in the open air, from the rain. Not having been able to obtain sufficient funding for this structure "which has no prestige function", Kagan had to abandon the idea of covering its façades with zinc and aluminium in favour of a coating that has aged badly.

14e arrondissement

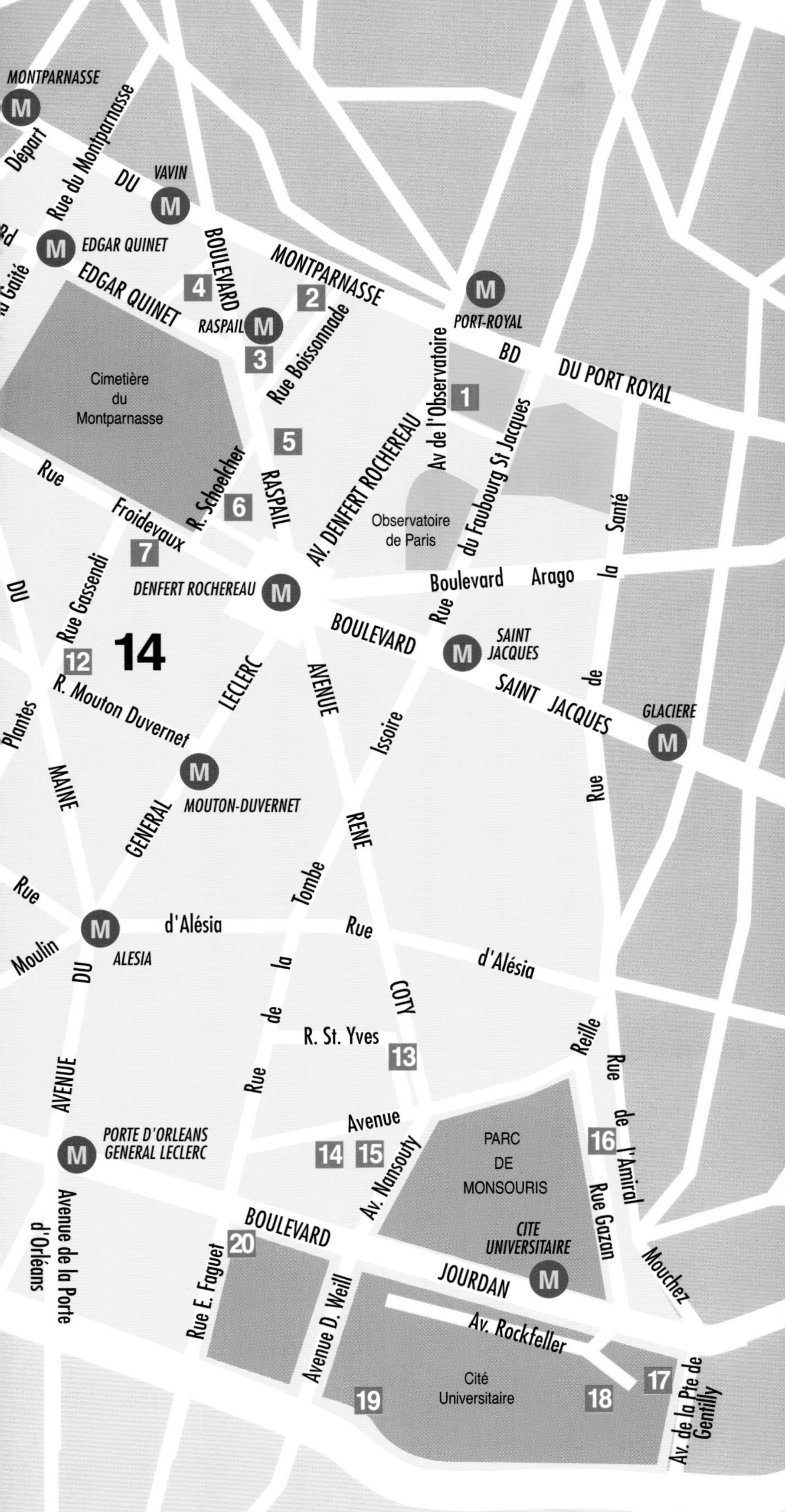

MONTPARNASSE
Départ
Rue du Montparnasse
DU
VAVIN
Bd
Gaîté
EDGAR QUINET
EDGAR QUINET
BOULEVARD
MONTPARNASSE
4
2
RASPAIL
3
Rue Boissonnade
PORT-ROYAL
BD
DU PORT ROYAL
Av de l'Observatoire
1
Cimetière du Montparnasse
5
AV. DENFERT ROCHEREAU
du Faubourg St Jacques
Rue
Froidevaux
R. Schoelcher
6
RASPAIL
Observatoire de Paris
Santé
7
DENFERT ROCHEREAU
Boulevard
Arago
la
DU
Rue Gassendi
Rue
BOULEVARD
SAINT JACQUES
12
14
R. Mouton Duvernet
LECLERC
AVENUE
Issoire
de
SAINT
JACQUES
GLACIERE
Plantes
MAINE
MOUTON-DUVERNET
GENERAL
RENE
Rue
Rue
Tombe
Moulin
ALESIA
d'Alésia
Rue
d'Alésia
DU
la
COTY
de
R. St. Yves
13
Reille
AVENUE
Rue
Avenue
Rue
de
l'Amiral
PORTE D'ORLEANS
GENERAL LECLERC
14
15
Av. Nansouty
PARC DE MONSOURIS
16
Rue Gazan
Avenue de la Porte d'Orléans
BOULEVARD
20
CITE UNIVERSITAIRE
Mouchez
Rue E. Faguet
Avenue D. Weill
JOURDAN
Av. Rockfeller
Cité Universitaire
19
18
17
Av. de la Pte de Gentilly

La domination des idées du Mouvement moderne a rejeté dans l'oubli, voire dans le mépris, une série d'architectes « intermédiaires » qui, dans l'entre-deux-guerres, hésitaient entre les idées nouvelles et le néo-classicisme et dont on redécouvre aujourd'hui le charme. Abella, architecte peu prolixe – il a construit en tout et pour tout à Paris deux immeubles (voir page 226) – est du nombre.
L'immeuble de la rue Cassini vaut surtout pour son bow-window à angle droit, qui forme un spectaculaire porte-à-faux en béton armé, tournant autour de la façade. Il se termine par la tour de la cage d'escalier, dont les moulures obliques suivant le mouvement des marches et les étroites ouvertures verticales indiquent clairement la fonction.
Même souci de compromis entre l'ancien et le nouveau pour le revêtement de la façade en gravillon lavé, qui représente la recherche d'une « troisième voie » entre le béton brut des « modernes » et la pierre des néo-classiques.
Au rez-de-chaussée, frise de X. Haas, qui avait son atelier dans l'immeuble.

Charles ABELLA
1930

Logements de standing et ateliers d'artistes

Luxury flats and artists' studios

12, rue Cassini (14e).
Métro : Port-Royal

The domination of Modern Movement ideas after the war consigned a number of "intermediary" architects (who worked in the inter-war years) to oblivion. Yet we owe to them a number of charming constructions half way between modernism and neo-classicism. Abella, who was not a prolific architect (only two buildings in Paris, see page 226, were designed by him) is one of these "intermediary" architects. Here, the unusual concrete bow-windows mounted at right angles catch the eyes. They are edged with a curved tower containing a spiral staircase whose vertical narrow openings clearly indicate its function.
Again, anxious to compromise between modernity and tradition, the architect used chippings for the facing, which was at the time an "alternative" material to concrete, advocated by "Modernists" and to traditional stone, typical of neo-classical architecture. The base was decorated by X. Haas, who had his studio in the building.

A voir aux alentours / To be seen around:
L. SUE Atelier d'artiste 3 bis, rue Cassini (1903)
R. MALLET-STEVENS Logements 7, rue Méchain, dans la cour (1929)
J. PENVEN, J.C. LE BAIL et B. LAPLANE Logements 84, boulevard Arago (1987)
WASSERMANN Bureaux 25 bis, rue Jean-Dolent (vers 1940)
P. GIUDICELLI Hôtel 17, boulevard Saint-Jacques (1972)
H.P. MAILLARD Maison 52, rue Dareau et 53, rue de la Tombe-Issoire (1976)

Un immeuble qui « joue sur les oppositions lisse / rugueux et chaud / froid des matériaux bruts dont il est composé ».
Pour les architectes, « le béton brut, correctement traité, permet de retrouver l'esprit de cet autre matériau brut qu'est la pierre de taille ». A une traditionnelle façade « plaquée marbre », ils ont préféré un « jeu sur le béton : brut de décoffrage dans les parties protégées de l'eau, et cannelé dans les parties exposées, pour canaliser le ruissellement et éviter au maximum les coulées noirâtres ». Même jeu sur les matériaux bruts pour les menuiseries d'aluminium, « lisses sur le béton grenu » et les jardinières en bouleau « dont la chaleur s'oppose au béton froid ».
Pour éviter une disgracieuse « dent creuse », ils ont placé les deux premiers étages de l'immeuble en encorbellement, ne respectant le nouvel alignement de la rue que pour le rez-de-chaussée et les étages supérieurs.
Tous les logements sont traversants et, en duplex, desservis par des couloirs tous les étages et demi. Les bureaux occupent le rez-de-chaussée et le premier sous-sol de la vaste cour intérieure, éclairé par des patios.

Gilles BOUCHEZ, Didier MORAX et Francis LEROY

1975

60 logements de standing et bureaux (1 800 m²)

60 luxury flats and offices

3, rue Campagne-Première et 8, rue Boissonnade (14e).
Métro : Port-Royal

Maître d'ouvrage : SERDI

This is a building which "plays on the smooth / rough and warm / cold contrasts inherent in the raw materials from which it is made".
According to the architects, "concrete, when used correctly, allows one to rediscover the spirit of the more traditionnal raw material which is freestone". Instead of a traditional "marble-faced" façade, they chose a "play on concrete; the parts which are protected from water are smoothed off, while those which are exposed to it are fluted, so as to channel the water and keep staining to a minimum". The same interplay of raw materials is evident in the aluminium framework, "smooth where the concrete is rough" and in the birch-lined gardens "whose warmth contrasts with the coldness of the concrete".
So as to avoid an unsightly "hollow tooth", they used a corbelled construction for the first and second floors of the building, with only the ground and upper floors following the new building line.
The apartments are all duplexes, disposed across the building and reached through corridors each separated by one and a half storeys. The various offices are to be found on the ground floor and in the basement level to the rear of the building, lit by the patios of the large courtyard.

A voir aux alentours / To be seen around:
X. Ecole 21, rue Boissonnade (vers 1930)
B. ELKOUKEN Logements 146, boulevard du Montparnasse (1934)
L. SUE Ateliers d'artistes 126, boulevard du Montparnasse (1908)
M. ROUX-SPITZ Bureaux PTT 140, boulevard du Montparnasse (1948-1951)

Un immeuble de transition entre l'architecture décorative de la fin du siècle et l'architecture de volumes du Mouvement moderne.
Son principal intérêt est la façade en carrelage de grès flammé de Bigot, un chimiste qui avait mis au point une céramique spéciale pour la construction, utilisée par des architectes – notamment Perret rue Franklin (voir pages 232-233), Bocage rue du Hanovre (page 15) et Baudot sur l'église de la place des Abbesses (page 274) – qui hésitaient à exposer franchement le béton de leurs constructions. Peut-être avaient-ils des doutes sur son étanchéité, ou encore pressentaient-ils combien le béton brut vieillit mal.
Mais à côté des réminiscences Art nouveau des carrelages, les grandes baies vitrées et les appartements en duplex annoncent déjà les années vingt et trente, quand le modèle de l'atelier d'artiste va devenir la forme d'habitat en vogue parmi la bourgeoisie éclairée [1]. L'équivalent, dans l'entre-deux-guerres, des actuels lofts.

(1) Voir page suivante ainsi que l'étude de François Chaslin dans *Feuilles* n°7 (hiver 1983-1984)

André
ARFVIDSON
1912

Ateliers d'artistes
Artists' studios

31, rue Campagne-Première (14e).
Métro : Raspail

This is a transitional building, situated between the decorative architecture of the late 19th century and the volume-oriented architecture of the Modern Movement. Its principal interest lies in its façade, which is covered in earthenware tiles, manufactured using a method invented by Bigot, a chemist who pioneered the adaptation of ceramic tiling to building. An invention much used by architects (notably Perret rue Franklin, see pages 232-233, Bocage rue du Hanovre, see page 15 and Baudot for his church on the place des Abbesses, see page 274) who were reluctant to openly display the concrete framework of their buildings. Maybe they were not convinced that it would be weatherproof, then again they may have foreseen how badly untreated concrete would age.
Alongside the Art Nouveau echo of the tiling, the vast bay-windows and the duplex apartments prefigure the 1920's and 30's, when the artist's studio was to become the fashionable lay-out for the homes of the enlightened bourgeoisie [1]; the interwar period's equivalent of today's "lofts".

(1) See following page as well as François Chaslin' study in *Feuilles* number 7 (Winter 1983-84)

A voir aux alentours / To be seen around:
C. BRULLMANN et A. FOUGERAS-LAVERGNOLLE
Ecole spéciale d'architecture et Ecole Camondo
244, boulevard Raspail (1988)

Au cœur de Montparnasse, centre de la vie culturelle parisienne de l'entre-deux-guerres, l'expression la plus raffinée de l'habitat en vogue parmi la bourgeoisie éclairée de l'époque s'exprime dans l'atelier d'artiste, homologue un demi-siècle plus tôt de nos actuels lofts.
Signe de la destination bourgeoise de l'immeuble, très peu de ces « ateliers » remplissent la condition première d'un véritable atelier d'artiste : l'orientation au nord qui permet d'obtenir une lumière égale à toute heure du jour. Mais les préoccupations esthétiques de l'époque – recherche de la lumière maximum, jeux de volumes blancs – faisaient de l'atelier d'artiste en double hauteur un modèle parfait qui ne demandait qu'à être adapté aux nécessités de la vie bourgeoise.
Elkouken – architecte d'origine juive polonaise qui a dû s'exiler aux Etats-Unis lors de la Deuxième Guerre mondiale – n'a construit que cinq immeubles à Paris. Ici, il s'est servi des verrières en bow-windows pour accentuer le jeu de volumes cubistes de la façade. Le très subtil graphisme des menuiseries métalliques noires contribue à cette composition abstraite.

Bruno
ELKOUKEN
1934

Logements de standing et cinéma

Luxury flats and cinema

216, boulevard Raspail (14e).
Métro :
Vavin, Raspail

Set in the heart of Montparnasse, the centre of the cultural life of Paris between the wars, this is the most refined expression of the type of home preferred by the enlightened bourgeoisie of the period: the artist's studio, the equivalent 50 years ago of today's "lofts".
The fact that the building was destined for bourgeois occupants is given away by the fact that very few of its "studios" fulfil the first requirement of a real artist's studio; that it should be north facing so as to obtain a consistent amount of light throughout the day. Yet the aesthetic preoccupations of the period (the need to maximise light and the interplay of white volumes) made the double-storey artist's studio a perfect model for adaptation to the requirements of the bourgeois lifestyle.
Elkouken – an architect of Jewish/Polish origin who had to flee to the United States during the Second World War – produced only five buildings in Paris. Here, he used the glass expanses of the bay-windows to accentuate the interplay of cubist volumes on the façade. The extremely subtle graphic effects of the black metalwork also contribute to his abstract composition.

A voir aux alentours / To be seen around:
H. ASTRUC Ateliers d'artistes 9, rue Delambre (1926)
J. BARDET Logements 55, rue du Montparnasse (1984)
G. BLANCHE Logements 11, rue d'Odessa (1937)

Jean NOUVEL. 1993

Fondation Cartier d'art contemporain
Cartier Foundation for Contemporary Art

261, boulevard Raspail (14e). Métro : Denfert-Rochereau, Raspail
Maître d'ouvrage : GAN

Pour Nouvel, la technologie permet aujourd'hui à l'architecture de « se dématérialiser pour accroître le sentiment de liberté de l'homme ».
Construisant sur un site historique (Chateaubriand y habita et y planta, en 1823, un cèdre toujours présent), l'architecte avait à affronter la vigilance de 83 « associations de protection ». Le nom de Cartier exigeait, en outre, « une certaine préciosité », à l'image de la firme de luxe.
D'où ce bâtiment formé de plans de verre successifs et aux structures « réduites à l'extrême, pour donner une impression de légèreté et de virtualité ». Les planchers, d'une portée de 16 mètres, n'ont ainsi que 42 cm d'épaisseur. Les plans de verre parallèles de la façade organisent, quant à eux, une « transparence synergique avec le parc et le ciel ».
« Les jeux de volumes, chers à l'architecture du XXe siècle, sont ici absents. L'espace est vide. Vingt ans après Beaubourg, l'architecture se fait discrète, pour permettre le développement des sensations éphémères et de l'imaginaire, qui font partie de la culture du moment. »

Nouvel considers that today's technology allows architecture to "conceal itself, so as to increase the feeling of human freedom".
Building on a historic site (Chateaubriand lived here and planted a cedar tree which is still there), the architect had to face the suspicious watchfulness of 83 "protection societies". The Cartier name, moreover, called for "a certain affectation" in line with the companies luxury image.
Hence this building, consisting of a succession of glass surfaces and structural elements "scaled down as much as possible to give an impression of lightness and illusion". The flooring, with a span of 16 meters, is, thus, only 42 cm (8.5 inches) thick. The parallel glass panels of the façades, for their part, set up a "transparent synergy with the park and the sky".
"The juxtaposition of volumes, so dear to 20th Century architects, are absent here. Space is empty. Twenty years after Beaubourg, architecture is becoming more discreet, to allow passing feelings and imagination, which is also part of contemporary culture, to develop."

A voir aux alentours / To be seen around: A. SARFATI Bureaux (réhabilitation) 7, rue Schoelcher (vers 1950-1989) FOLLOT Maison 5, rue Schoelcher (1911)

Un immeuble « d'ateliers d'artistes » – en fait des logements en forme d'ateliers d'artistes – construit à l'époque où ce style de logement connaissait une vogue croissante dans la bourgeoisie éclairée (voir page 167).
Des volumes modernes, très verticaux, curieusement couronnés par une toiture mansardée traditionnelle.
Pour faire profiter le maximum d'appartements de l'espace de verdure du cimetière Montparnasse qui s'étend devant l'immeuble, la cour a été ouverte sur la rue, au lieu d'être placée au cœur de l'ensemble.

Gauthier (père) et Gauthier (fils)

1927

Ateliers d'artistes
Artists' studios

11, rue Schoelcher (14e).
Métro : Denfert-Rochereau

Although described as a block of "artists' studios", this is in fact a block of apartments built like artists' studios, at a time when this type of home was increasingly in vogue amongst the enlightened bourgeoisie (see page 167).
The building is composed of modern, very vertical volumes, rather curiously topped with a traditional dormer-windowed roof.
So as to give the apartments the maximum opportunity to benefit from the green space of the Montparnasse cemetery which stretches out in front of the building, the courtyard was opened up to the street, rather than being placed in the middle of the block.

A voir aux alentours / To be seen around:
J.A. FOURQUIER et J. FILHOL Pharmacie de l'hôpital Saint-Vincent-de-Paul 74, avenue Denfert-Rochereau (1986)
P. ALLUIN et J.P. MAUDUIT Crèche 82, avenue Denfert-Rochereau (1987)

Dans les années 20, les architectes « modernes », qui refusent tout à la fois les façades en pierre de taille, trop traditionnelle, et le béton, trop avant-gardiste, se trouvent confrontés à un problème de matériau. Ils trouveront dans le carrelage, qui offre en outre les qualités « hygiéniques » dont l'époque était soucieuse, une réponse adéquate. Mais ici, ce ne sont pas les céramiques blanches « Métropolitain » chères à Sauvage (voir pages 50 et 280) qui sont utilisées. En plein Art déco, le revêtement n'est pas une simple peau, mais aussi une occasion d'ornementation.
Grimbert (dont c'est un des seuls immeubles connus à Paris) crée une délicate marqueterie en incrustant le carrelage de petits éléments de céramique multicolore. Le contraste est saisissant entre l'intimisme du décor et les proportions monumentales de l'immeuble, aux ateliers d'artistes en double hauteur.

Georges GRIMBERT

1929

Logements
Flats

23, rue Froidevaux (14e).
Métro, RER : Denfert-Rochereau

Maître d'ouvrage : inconnu

In the 20's, the "modern" architects who refused both to use stone frontages (too traditional) or concrete (too avant-garde) were faced with the problem of a choice of material. They found a satisfactory solution in tiles which, in addition, offered the "hygienic" qualities in vogue at the time.
Here, however, the tiles used are not the white "Métro" tiles so dear to Sauvage (see pages 50 and 280). In the middle of the "Art Deco" period the facing is not just a simple skin but a means of decoration.
Grimbert (of whom this is the only known building in Paris) creates a delicate cabinetwork effect by inlaying the tiling with small multicoloured elements. There is a striking contrast between the intimacy of the decor and the monumental proportions of the building, with its two-storey artists' studios.

Antoine GRUMBACH. 1985

Didier GALLARD, assistant

70 logements intermédiaires / *70 split-level flats*

Place Constantin-Brancusi, 20, rue de l'Ouest (14e). Métro : Gaîté

Maître d'ouvrage : UAP

Grumbach veut « réparer la ville après les désastres des grandes opérations urbaines de l'après-guerre ». Ici, à une centaine de mètres de l'autoroute qui devait éventrer le quartier et des hautes constructions de Maine-Montparnasse (voir page 190), c'est par la constitution d'une place qu'il cherche à « articuler la ville nouvelle et la ville ancienne ». Pour donner à cette place une échelle de « monumentalité domestique », il rejette « l'empilement d'étages identiques de 2,5 mètres de haut » et creuse sa façade de vastes « loges » tantôt concaves, tantôt convexes. La place a été ultérieurement complétée par deux bâtiments de Christian de Portzamparc (à gauche) et Jean-Claude Bernard (à droite), qui développent également ce thème de la loge.
Le mélange des matériaux – céramique grise et brique – marque une « haine du béton industriel blanc ». Mais il exprime aussi le désir de « renouer avec les matériaux des ateliers d'artistes du quartier ». Encore une façon de « tisser l'architecture contemporaine avec la ville ancienne ».

Grumbach wished "to repair the city in the wake of the disasters of the major developments of the post-war years". Here, a hundred metres from the motorway which was to tear the district apart and from the high buildings of the Maine-Montparnasse area (see page 190), he set out to build a square which would "provide an articulation between the old city and the new city".
Seeking to give the square a "monumental-domestic" scale, he rejected the option of "piling up identical 2,5 metres storey" and sculpted his façade with vast "theatre boxes", some concave, others convex. The square has been completed by two buildings, one by Christian de Portzamparc (on the left) and one by Jean-Claude Bernard (on the right), which are also developing the theatre box theme.
The mixture of materials – grey ceramics and brick – illustrates a "hatred for white industrial concrete". But it also expresses a desire to "re-establish links with the materials used in the artists' studios of the area". This is another way of "weaving contemporary architecture into the old city".

A voir aux alentours / To be seen around:
C. de PORTZAMPARC Logements 32, rue de l'Ouest (1988)
E. MOLINIÉ Ateliers d'artistes 7, rue Lebouis (1913)
M. LENA, D. BERGER Foyer 11, rue Lebouis (1988)
R. DOTTELONDE et I.L. WEEKE Logements 33, rue du Château (1988)
R. DOTTELONDE Logements 53, rue du Château (1989)
A. TIERCHANT et C. DUGELAY Bureaux 13, rue Niepce (1984)

Un gratte-ciel construit comme une voiture. « Le budget de Sheraton était limité (moins de 50 millions de F, 7,6 millions € en 2001, soit le tiers du prix habituel d'un hôtel de luxe de cette dimension). Il fallait résoudre la quadrature du cercle : faire une architecture bon marché qui ait un aspect de qualité. »
La solution : « une façade en tôles d'acier spécialement étudiées, embouties et peintes à chaud en usine, pratiquement inaltérables ». Un procédé qui a été repris et développé deux ans plus tard pour le siège de la SNECMA (voir page 202).
Restait à donner au gratte-ciel un « aspect élégant dans le ciel parisien ». « Les volumes blancs – un immeuble haut doit être blanc, sinon il ressemble à une tablette de chocolat, comme la tour Montparnasse – ont été cassés en avancées et en retraits pour dessiner un effet de silhouette, et les fenêtres ont été groupées en fines bandes marron ininterrompues. »

Pierre DUFAU
1974

Hôtel Méridien-Montparnasse (ex-Sheraton)

Hôtel Méridien-Montparnasse (formely Sheraton)

19, rue du Commandant-Mouchotte (14e).
Métro : Montparnasse-Bienvenüe, Gaîté

Maître d'ouvrage : Sheraton

This is a sky-scraper built like a car. "Sheraton's budget was rather limited (less than 7,6 millions € in 2001, a third of the usual price for a luxury hotel of this size). The circle had to be squared by producing cheap architecture with a high quality appearance."
The solution was "a façade in specially researched metal panels, which were beaten and hot-painted in a factory, so as to be practically fade-resistant". The procedure was used again and further developed two years later for the SNECMA headquarters (see page 202).
It was still necessary to make the sky-scraper into an "elegant contribution to the Parisian sky-scape". "The white volumes – a high building must be white, otherwise it will resemble a chocolate bar, like the Montparnasse Tower – was broken up into protrusions and recesses so as to produce a silhouette effect, and the windows were grouped together in uninterrupted, narrow brown bands."

A voir aux alentours / To be seen around:
J.C. BERNARD Logements 96-102, avenue du Maine (1983)

Ricardo BOFILL. 1985

270 logements sociaux / *270 public sector flats*

Place de Catalogne (14e). Métro : Gaîté

Maître d'ouvrage : SAGI

Bofill voulait alors réconcilier le grand public avec l'architecture moderne. Pour cela, il puisait largement dans « la mémoire et l'inconscient collectifs » populaires, qu'il estime nourris de nostalgie pour l'architecture classique française : colonnes, frontons, pierre de taille, etc. Si son projet pour les Halles a été rejeté, il a construit à Saint-Quentin-en-Yvelines un simili palais de Versailles et, à Marne-la-Vallée, un pseudo-théâtre antique. Ici il réalise encore un de ces lieux urbains – ensemble de grandes places rondes inspirées de l'architecture baroque – qu'il affectionne. Mais si ses HLM ressemblent à des monuments classiques, il assure : « Je ne fais pas de pastiche. » Car il se veut « pleinement moderne » en détournant, avec dérision, les éléments du passé, qu'il utilise à « contre-emploi ». Ses chapiteaux ne soutiennent rien du tout, ses colonnes sont en verre et, de plus, elles sont habitées ! (Ce sont les bow-windows des salles de séjour des appartements.)
Même jeu de cache-cache pour les matériaux : contrairement aux apparences, les façades ne sont pas en pierre de taille sculptée, mais sont constituées d'éléments préfabriqués en usine, en béton imitant la pierre.

Bofill set out to reconcile the public at large with modern architecture. To do this he drew extensively on the popular "collective memory and unconscious", which he felt was steeped in nostalgia for classical French architecture: columns, pediments, freestone, etc. Although his project for the Halles market was rejected, he did built an imitation Versailles palace at Saint-Quentin-en-Yvelines and a pseudo-classical theatre at Marne-la-Vallée. Here, he produced another of the urban spaces – a collection of great round spaces inspired by Baroque architecture – of which he is so fond.
However, for all that his public housing resembles classical monuments, he claims "to produce more than mere pastiche". He sees himself as "completely modern", irreverently corrupting elements of the past by deliberately using them "in inappropriate ways". His columns and pillars support nothing at all, are made of glass and, what is more, are actually inhabited! (They are the bay-windows of the apartments' living-rooms).
He indulges in the same game of hide and seek in his use of materials; contrary to appearances, the façades are not in sculpted freestone, but are made of impeccably finished, pre-fabricated, concrete components, in an imitation of stone.

Comme le rescapé d'un grave accident apprécie enfin ce qu'il a failli perdre, les architectes ont voulu recréer une « vie de cœur d'îlot » dans ce quartier disloqué dans les années 70 par la construction – finalement abandonnée – de la radiale Vercingétorix.
Pour « recoudre les lambeaux d'habitat » qui subsistaient encore, ils ont imaginé deux immeubles qui « se répondent » de part et d'autre d'une ruelle piétonne. A droite, un petit bâtiment assure la transition avec un immeuble existant. Sur la rue Pernety, les façades sont compactes pour « bien refermer cet îlot éventré et lui redonner des frontières ». A l'inverse, sur la rue piétonne, elles sont « ouvertes et généreuses ». Les coursives et escaliers à l'air libre de ces « immeubles-promenade » permettent ainsi de multiples points de vue sur le quartier alentour. Les architectes ont totalement dessiné la rue : briques reprenant au sol les lignes de force des bâtiments, caniveau en pierre et éclairage par réflexion sur les façades qui, ainsi, « portent la lumière, créant des espaces nocturnes propres ».

Philippe ALLUIN et Jean-Paul MAUDUIT

1986

39 logements sociaux et ateliers d'artistes

39 public sector flats and artists' studios

Rue Bernard-de-Ventadour, 83, rue Pernety (14e).
Métro : Pernety

Maître d'ouvrage : OPHLMVP

Much as someone, who has narrowly escaped a serious accident, finally comes to appreciate everything that he had almost lost, the architects attempted here to recreate "the life style of the City's old blocks" in this area which had been broken up during the 1970's by the abortive construction of the radial Vercingétorix building.
To "knit back together the scraps of the original habitat" which had survived, they dreamt up two buildings which "speak to each other" from either side of a pedestrian alley. To the right, a small building effects a smooth transition with an existing building. On the rue Pernety, the façades are compact, so as to "close off this gutted block and give it back its frontiers". On the other hand, the façades on the pedestrian street are "open and generous". The exposed walkways and staircases of these "promenadebuildings" give a series of views of the surrounding area.
The architects designed the entire street; bricks reflect at ground level the principal lines of the buildings, the gutter is in stone and the street lighting projects onto the façades, which thus "spread out the light, creating clean nocturnal spaces".

A voir aux alentours / To be seen around :
Y. LION et A. LEVITT Agence d'architecture 29, rue Didot (1989)
S. DESSAUER Ateliers d'artistes 26, rue des Plantes (1930)
D. DRUMMOND Logements 233, rue Vercingétorix (1986)
J.F. SCHMIT Ateliers d'artistes 31, villa d'Alésia (à l'intérieur) (1996)

Georges SEBILLE. 1933

Mairie annexe du 14e arrondissement / *Annex Town Council*

26, rue Mouton-Duvernet (14e). Métro : Mouton-Duvernet

Maître d'ouvrage : Ville de Paris

L'accroissement de la population du 14e arrondissement dans l'entre-deux-guerres avait rendu nécessaire une extension des services municipaux logés dans l'ancienne mairie.
Un bâtiment qui manifeste pleinement la puissance publique à une époque où celle-ci – crise économique, guerre mondiale – ne cesse de se renforcer : proportions massives, composition très symétrique, fenêtres en double ou triple hauteur et un grand balcon qui semble attendre un quelconque Duce ou Führer.
A l'intérieur, vastes locaux publics : bibliothèque, salles de réunions et de fêtes d'une surface allant jusqu'à 400 m², salle de cinéma, tribunal d'arrondissement et dispensaire.
La décoration – halls et escaliers de marbre, vitraux et bas-reliefs de Raymond Delamarre évoquant « l'Action » et « la Pensée » – participent de ce même monumentalisme.

The expansion of the population of the 14th arrondissement during the inter-war years made it necessary to build an extension to house services which could no longer be provided only from the old Mairie.
The building is a proclamation of public power in an age when that power was continually growing (as a result of economic crisis and the World War): massive proportions, a highly symmetrical composition, and double or triple height windows are capped by a large balcony, which seems to await the arrival of a Duce or Führer.
On the inside there are a number of public services: a library, meeting rooms and halls with floor surfaces as large as 400 square metres, a cinema, a local tribunal and a dispensary. The decoration – marble halls and staircases, stained glass windows and friezes by Raymond Delamarre entitled "Action" and "Thought" – also contribute to the same monumentalism.

A voir aux alentours / To be seen around:
R. CHAMPOUILLON Logements 115, avenue du Maine (1962)

A. et J. GUILBERT et M. LUYCKX Logements 23, rue Gassendi (1930)

Jean-Julien LEMORDANT et Jean LAUNAY. 1929

Maison-atelier / *Flat and studio*

50, avenue René-Coty (14e). Métro : Alésia, Cité Universitaire

Maître d'ouvrage : Lemordant

Étrange atelier construit par un peintre qui avait perdu la vue plus de dix ans auparavant, dans les tranchées de la première Guerre mondiale. Célèbre au début du siècle pour ses toiles d'inspiration bretonnante, Lemordant a étudié lui-même sa maison en « sculptant » des maquettes en terre glaise, aidé par Jean Launay.
« Je veux une maison simple d'aspect qui ne tire son caractère que de la logique du plan et de l'équilibre soigneusement établi des parties », écrivait Lemordant [1].
La construction en proue de navire sur un soubassement aveugle s'explique par la configuration du terrain : une parcelle triangulaire coincée contre le réservoir de la Vanne, et dont l'épaisseur va en diminuant vers le bas, du fait des remparts obliques du réservoir hauts de sept mètres.
Mort des suites d'une intoxication par les gaz lacrymogènes, en Mai 68 au Quartier latin, Lemordant n'a jamais expliqué pourquoi il avait construit ce vaste atelier que sa cécité rendait inutilisable et qui, perché sur une muraille escarpée, était peut-être plus un refuge qu'un atelier.

This is a curious studio designed for and by a painter who had lost his sight in the trenches during the First World War. Lemordant, who became famous at the turn of the century for his paintings inspired by his native Brittany, "sculpted" a clay model of his future house with Launay's help.
He wrote once: "I want a simple house drawing its character from a logical design and a thorough balance between its different parts." [1] The whole had to be built like a ship's bow on a blind base, because of the lie of the land.
Lemordant, who died from tear gas poisoning during the 1968 demonstrations in the Latin quarter, never explained why he built a vast studio which he would never be able to use. But we can assume that, rather than being a studio perched on top of a steep wall, it was probably above all a refuge for the blind artist.

(1) Cité dans *Architecture. Mouvement. Continuité (n° 52-53)*

A voir aux alentours / To be seen around:
C. CALMETTES Logements 29, avenue René-Coty (1968)
D. ZIELINSKY Maisons 3 et 7, rue Gauguet (1929-31)
A. LURÇAT Maisons 101 bis, rue de la Tombe-Issoire et 1, 3, 5, 8, 9 et 11, villa Seurat (1924 à 1926)
A. PERRET Maison Chana Orloff 7 bis, villa Seurat (1926)
X.. Logements 9, rue Paul-Fort (vers 1930)
J. DECHELETTE Maisons 55-57, av. Reille (1925)

Personnage insolite – il fut à la fois modiste, peintre et dessinateur de carrosseries chez Hispano-Suiza –, Amédée Ozenfant affirme avoir été le premier client français de Le Corbusier [1], qui s'appelait encore Charles-Edouard Jeanneret. Pour son ami, avec qui il avait fondé la revue *L'Esprit Nouveau* en 1919, Le Corbusier construit avec son cousin Pierre Jeanneret un atelier éclairé à l'origine par des « sheds » vitrés (sorte de toit d'usine en dents de scie), la meilleure solution pour apporter à un peintre la lumière constante dont il a besoin. L'architecture industrielle, uniquement utilitaire et dégagée d'un formalisme suranné, représentait alors une source d'inspiration pour tout le Mouvement moderne. En 1921, Le Corbusier avait d'ailleurs publié *Vers une Architecture* qui s'ouvrait significativement sur un chapitre intitulé « esthétique des ingénieurs ».
Les sheds ont aujourd'hui été transformés en toit-terrasse plat. Pour le reste, la maison est restée inchangée avec ses fenêtres horizontales (un des « cinq points » de Le Corbusier, voir page 181), les grandes baies vitrées de l'atelier, le petit escalier extérieur en spirale et les volumes intérieurs très fragmentés.

(état originel)

LE CORBUSIER et Pierre JEANNERET

1923

Maison-atelier Ozenfant

Ozenfant's house and studio

53, avenue Reille (14e).
Métro : Porte d'Orléans, Cité Universitaire

Maître d'ouvrage : Amédée Ozenfant

Amédée Ozenfant was a very colourful character – a painter who occasionally designed both hats and bodywork for Hispano-Suiza – he claimed that he was Le Corbusier's first French client [1]. They were friends and had founded the review *L'Esprit Nouveau* in 1919.
Le Corbusier (alias Charles-Edouard Jeanneret) designed with his cousin Pierre, a studio originally lit up by "glass sheds" (sort of jagged edged-factory roofs): the best solution to providing a painter with the light he constantly needs. This exclusively functional piece of "industrial" architecture, was to become a source of inspiration to The Modern Movement. In 1921, Le Corbusier published an essay *Vers une Architecture* whose first chapter was significantly entitled "Esthétique des ingénieurs" (engineering aesthetics).
Today, the sheds have been transformed into a terraced-roof, but the rest of the house has remained unchanged with its horizontal windows (one of Le Corbusier's "five points", see page 181), its large bay-windows, the exterior spiral staircase and the fragmented interior volumes.

(1) Voir *Le Corbusier, l'architecte et son mythe* de Stanislaus von Moos, éditions Horizons de France (1971)

A voir aux alentours / To be seen around:
A. et G. PERRET Hôtel Gaut 8, rue Nansouty (1923)
D. ZIELINSKY (?) Maison 17, square de Montsouris (vers 1930)

André LURÇAT. 1927

Villa Guggenbuhl

14, rue Nansouty (14e). Métro : Cité Universitaire, Alésia

« L'espace intérieur engendre des volumes qui se situent extérieurement d'une manière purement logique et utilitaire, et d'où l'architecte peut pourtant tirer un résultat plastique », disait Lurçat [1].
A l'origine (cf. photo), les fenêtres étaient deux fois moins nombreuses qu'aujourd'hui. Elles étaient disposées irrégulièrement sur la façade pour déterminer un jeu de surfaces nues et d'ouvertures, de verticales et d'horizontales à l'esthétique très subtile : baie horizontale de la chambre de service au-dessus des garages, triple fenêtre des pièces de séjour sur la terrasse, bow-window vertical de l'atelier en duplex avec, à sa droite, la fenêtre d'une chambre.
Pour accentuer les jeux de volumes, la villa était initialement peinte en deux couleurs : enduit soutenu sur la façade, enduit blanc pour le bow-window, la dalle sur la terrasse, et une bande verticale qui descendait du toit jusqu'à la porte latérale. Le monochromatisme actuel, ainsi que les percements intempestifs, ont fait perdre à la maison une partie de son caractère sculptural.

(état originel)

"Interior space generates volumes on the outside, organised according to a logical utilitarian, and yet aesthetic, design", Lurçat wrote [1].
Originally there were half as many windows as today. They were disposed in a rather chaotic way to play with the subtle contrasts between blind and open, or horizontal and vertical surfaces (there were horizontal bay-windows in the maid's room, triple windows in the terrace living-room and vertical bow-windows, in the duplex studio).
To emphasise the contrasts between the different volumes, the villa was originally painted in two colours: the facing was painted a strong colour, while the bow-windows, the terrace and a strip coming down from the roof to a side door were painted white. Today's monochromatic building with its numerous new openings has lost the sculptural character of the old villa.

(1) In *Architecture* (1928).

A voir aux alentours / To be seen around:
R.FISCHER Atelier d'artiste 5, rue Georges-Braque (1929)
A.et G. PERRET Maison de Georges-Braque 6, rue Georges Braque (1927)
D. ZIELINSKY Maison 8, rue Georges-Braque (1932)
P. RUFENER Logements 15, rue du Parc Montsouris (1974)
L. BRACHET Station de métro 24, boulevard Jourdan (1932)
M.ROUX-SPITZ Ateliers d'artistes 3, rue de la Cité Universitaire (1930)
J.P. de SAINT-MAURICE Ateliers d'artistes 21, rue Gazzan (vers 1930).

Pour Kagan, « la façade doit traduire l'intériorité de l'immeuble, et assurer la continuité urbaine en utilisant au mieux le contexte ».
Ainsi, la « grande résille » de béton sur la rue n'est-elle pas seulement un élément décoratif. Mais surtout le résultat du « prolongement du logement vers l'extérieur ». En l'occurrence, une pièce à vivre supplémentaire, sous la forme d'une terrasse d'une dizaine de mètres carrés. La contiguïté entre les terrasses a été supprimée grâce à des vides qui laissent filtrer la lumière, de même que les sols en pavés de verre. Quant à la large trame de la façade (7,25 mètres, au lieu des traditionnels 5,60 mètres), elle traduit la volonté d'imposer le minimum de cloisons dans les appartements, tous traversants est-ouest.
Côté contexte, l'immeuble entend être « une petite urbanité en harmonie avec le quartier Montsouris et ses villas d'artistes ». Le rez-de-chaussée, largement ouvert en hauteur, révèle ainsi, dans la profondeur de l'îlot, un jardin avec une rue intérieure et une vingtaine de « villas ». Sur le bâtiment vertical, les terrasses sont transversales afin de regarder, au sud, le parc Montsouris.

Michel KAGAN

2000

Logements

Apartments

62-68, rue de l'Amiral-Mouchez (14e).
Métro :
Cité universitaire

**Maître d'ouvrage :
SGIM**

For Kagan, "the façade must translate the building's interior, and guarantee an urban continuity by exploiting its context."
Thus, the "large leads" in concrete that give onto the street aren't only decorative features. They are above all the result of "an extension of the apartment towards the outside". In this particular case, an extra room to live in, in the shape of a terrace measuring approximately 10 square meters. The contiguity between the terraces was eliminated by using empty spaces, letting in the light, and glass paving stones. The large network of the façade (7,25 meters instead of the usual 5,6) reflects the wish to rid, as much as possible, from any partitions, the apartments that are set from East to West.
As for the context, the building is meant to be "a small urban unit in harmony with the Montsouris neighbourhood and the artists' villas". The ground floor, with a very high ceiling, reveals within the block, a garden with a private alley and approximately 20 villas. On the vertical building, the terraces are transverse to see the Montsouris park towards the South.

LE CORBUSIER et Lucio COSTA. 1959

Pavillon du Brésil / *Brazilian Pavilion*

Cité Universitaire, avenue de la Porte de Gentilly (14e).
Métro : Cité universitaire

La première « Cité Radieuse » – l'unité d'habitation de Marseille – était inaugurée depuis sept ans. Ici, Le Corbusier ne fait que construire un « clone » de ce type d'immeuble supposé universellement valable, c'est-à-dire pouvant être posé n'importe où, sans égard pour l'environnement urbain ou le climat.
Vingt-sept ans après la construction du Pavillon suisse (voir page ci-contre), le traitement d'un programme identique permet de mesurer l'évolution de sa pensée. Le Corbusier s'est totalement converti au « brutalisme » du béton brut, qui s'avérera bien mal supporter le vieillissement et la pollution. Les chambres d'étudiants sont prolongées par des loggias à claustra, peintes intérieurement aux couleurs du drapeau brésilien, mais dont le rôle de brise-soleil semblait plus indispensable à Marseille que sur une façade parisienne orientée à l'est.
Une petite construction à toiture oblique joue en contrepoint du solide bâtiment orthogonal. Une « thèse-antithèse », comme la courbe villa La Roche par rapport à la rigide villa Jeanneret (voir pages 248-249), ou la cave d'escalier concave de l'orthogonal Pavillon suisse.

The first "Cité Radieuse" – a development in Marseille – had been built seven years earlier. Here, Le Corbusier simply built a "clone" of the same type of building, which was supposedly universally valid and capable of being installed anywhere, without regard to urban surroundings or climate.
Twenty-seven years after building the Swiss Pavilion (see facing page), his treatment of an identical commission allows us to measure the evolution of his thought. Le Corbusier had been completely converted to the "brutalism" of raw concrete, students' rooms extend into cloistered loggias, whose sides are painted in the colours of the Brazilian flag, but whose function as shelters from the sun would seem rather more indispensable in Marseille than on a east-facing Parisian façade.
A smaller building with an oblique roof counter-points the solid, regular shape of the main building. The result is a "thesis-anti-thesis", similar to that between the curve of the villa La Roche when it is compared with the rigid villa Jeanneret (see pages 248-249), or the concave lift shaft of the orthogonal Swiss Pavilion.

A voir aux alentours / To be seen around:
MEDELIN et U. CASSAN Pavillon du Mexique, Cité Universitaire (1953)

LE CORBUSIER et Pierre JEANNERET. 1932

Pavillon suisse / *Swiss Pavilion*

Cité Universitaire, 7, boulevard Jourdan (14e). Métro : Cité Universitaire

Maître d'ouvrage : Comité des universités suisses

Le Corbusier, qui n'avait construit jusqu'ici que des maisons ou villas pour privilégiés, réalise pour la première fois un immeuble collectif. Boîte fermée sur les côtés et isolée sur son terrain au milieu de la verdure, le Pavillon suisse est la première étape de vingt ans de recherches qui aboutiront à la « Cité Radieuse », modèle supposé universellement valable de la « machine à habiter » collective.
Il y applique intégralement les « cinq points » fondamentaux de son architecture : pilotis qui libèrent le sol pour la circulation et la végétation, façade « rideau » librement dessinée sans poutre ni pilier extérieurs, planchers libres de toute cloison a priori, fenêtres en longueur et toit aménagé en terrasse.
Pour un budget notoirement insuffisant de 3 millions de francs (10,1 millions de F ou 155 000 € en 2001), Le Corbusier réalise un véritable tour de force technique. Les gros pilotis s'enfoncent sur des poteaux de 19,50 mètres dans le mauvais sous-sol et supportent un plateau en béton sur lequel est « posé » l'immeuble.
A l'arrière, l'escalier occupe un volume autonome, dont la courbe douce s'oppose à la sévère orthogonalité du bâtiment, une opposition lignes courbes/lignes droites déjà vue dans les villas La Roche et Jeanneret (voir pages 248-249).

Le Corbusier who, up until this point had built only houses or villas for the rich, here designed his first collective building. A box, closed off on each side and isolated in a site surrounded by greenery, the Swiss Pavilion was the first stage in twenty years of research which could lead to the "Cité Radieuse", a supposedly universally valid model for collective "living machines".
He applies all of the fundamental "five points" of his architecture: pilotis which open up the ground to pedestrians and to vegetation, a freely designed "curtain" façade with not exterior beams or pillars, open plan floors with no fixed partition walls, long windows and a roof terrace.
Le Corbusier pulled off a real technical *tour de force,* on a notoriously insufficient budget of 3 millions FF (155 000 € in 2001 value). The thick pilotis are stuck onto posts buried 19.5 metres beneath the ground and themselves support a concrete table on which the building is "placed". To the rear, the staircase is an independent volume, whose soft curve contrasts with the regular shapes of the building, creating an opposition between curved and straight lines which Le Corbusier had already used in the La Roche and Jeanneret villas (see pages 248-249).

Un « immeuble suspendu ». Le métal a été choisi ici pour son « aspect puriste, ses volumes rigoureux, et surtout ses possibilités techniques : le bâtiment est accroché par blocs de quatre étages, à trois grands portiques en acier qui s'enfoncent profondément dans le sol sous lequel se trouve des carrières désaffectées ». Aux portiques « volontairement massifs pour affirmer la structure », s'oppose un escalier en double spirale inversé qui « dynamise la construction ».
La grande hauteur du bâtiment – inhabituelle dans la Cité Universitaire – s'explique par les nuisances du boulevard périphérique qui passe à ses pieds : « A cause du bruit, il a été impossible d'ouvrir des chambres sur la façade côté périphérique. Il a donc fallu rattraper en hauteur ce qui n'a pas pu être mis en épaisseur. » Dressé spectaculairement au bord du périphérique, en harmonie avec son échelle et son rythme, l'immeuble est parfaitement « lisible » d'un coup d'œil par l'automobiliste.

Claude PARENT Mossem FOROUGHI et Hedar GHIAI

1968

André BLOC, plasticien-conseil

Fondation Avicenne (ex-pavillon d'Iran)

Formerly Iranian Pavilion

Cité Universitaire, 27, boulevard Jourdan (14e).
Métro : Cité Universitaire

Maître d'ouvrage : Etat iranien

This is a "suspended building". Metal was chosen for its "purist appearance, rigorous volumes and, above all, its technical possibilities: the building is hung in four storeys, blocks from three vast steel porticos sunk deep into the disused quarries beneath the ground". The porticos are "deliberately massive, proclaiming the structure", they contrast with the double inverted spiral of the staircase which "brings dynamism to the building".
The great height of the building (unusual on the University Campus) is explained by the presence of the périphérique motorway which passes by it: "Because of the noise, it was impossible to have bedroom windows opening onto the motorway. So it was necessary to make up in height for what had to be foregone by way of width." Rising spectacularly beside the motorway, harmonising with its scale and rhythm, the building is perfectly "readable" at a single glance by the passing motorist.

A voir aux alentours / To be seen around:
M. SOLOTAREFF Logements 95, boulevard Jourdan (1934)
L.H. BOILEAU Log. 6, av. Paul-Appel (1935)
A. POUTHIER Logements 2-8, place du 24 août 1944 (1923)
D. et L. BRANDON Logements 117, boulevard Jourdan et 138, boulevard Brune (1926)

Willem-Marinus DUDOK. 1928

Pavillon néerlandais / *Dutch Pavilion*

Cité Universitaire, 63, boulevard Jourdan (14e). Métro : Cité Universitaire

Maître d'ouvrage : Éducation nationale

Dans les années 20, les architectes du Mouvement moderne s'intéressent beaucoup à l'architecture industrielle qui combine des volumes purs, sans s'embourber dans des considérations décoratives qu'ils estiment dépassées. Le pavillon néerlandais ressemble ainsi de manière frappante au silo à grains de Buenos Aires, cité en 1913 par Gropius pour exalter les voies nouvelles ouvertes à l'architecture par les ingénieurs guidés par des motivations purement fonctionnelles.
Cet intérêt pour l'utilitarisme de l'ingénieur n'empêche pas Dudok, peut-être le plus grand architecte hollandais de l'entre-deux-guerres, de pousser très loin une subtile recherche plastique. Le pavillon néerlandais est ainsi un véritable jeu d'horizontales, tranchées par des volumes verticaux.
Même composition des pleins et des vides : la massivité compacte des murs blancs est soulignée par les fines bandes sombres des fenêtres. Ces dernières sont dotées de petits carreaux typiques des maisons hollandaises, comme pour signifier : « c'est une maison de chez nous ».

In the 1920's, the architects of the Modern Movement took a close interest in industrial architecture, which seemed to revolve around the combination of pure volumes, without falling into the trap of excessive attention to decorative considerations, which they felt were no longer relevant.
The Dutch Pavilion bears a striking resemblance to the Buenos-Aires grain silo which Gropius described in 1913, citing it as an example of the new routes which were being opened up to architects by the achievements of engineers inspired by purely functional considerations.
His interest in the utilitarianism of the engineer does not prevent Dudok, perhaps the greatest Dutch architect of the inter-war period, from continuing his own subtle experiments in plasticity. The Dutch Pavilion thus became an interaction of horizontal elements, cut up by occasional vertical volumes.
Both empty and filled spaces are composed in the same way: the compact mass of white walls is underlined by the thin dark strips of the windows. The windows, incidentally, are made up of the small panes typical of Dutch housing, as though to emphasise "where the building comes from".

A voir aux alentours / To be seen around:
G. GENETRE et L. MOUNIE Logements 189, boulevard Brune (1936)

Exemple de la qualité qu'atteint la construction sociale dans les années trente (voir page 279). Avec l'élargissement aux classes moyennes de la clientèle des logements de la Ville, se manifeste de plus en plus une exigence de qualité dans le décor urbain, fort éloignée des grands ensembles-casernes de l'après-Première Guerre mondiale, tels ceux de la rue de Fécamp (voir page 120) ou de Ménilmontant (voir page 329). Ici, la composition tourne à la virtuosité. Loin des mornes façades aux percements uniformes, ce coin de rue est dessiné comme une véritable composition abstraite : refus de la symétrie, briques et ciment blanc soulignant les jeux de volumes, bow-windows et ateliers d'artistes.
Ce moment miraculeux – point de rencontre entre le savoir-faire des « anciens » et les idées du Mouvement moderne – durera peu. Après l'interruption de la construction due à la Seconde Guerre mondiale, ce sont les barres et tours grises posées sur de tristes espaces verts qui deviendront la norme pour une génération d'architectes qui brouilleront durant des années la France avec son architecture.

AGENCE D'ARCHITECTURE DE L'OFFICE D'HABITATIONS À BON MARCHÉ

1935

Architecte en chef : M. MALINE

Ensemble HBM (732 logements sociaux)

Public sector housing development (732 flats)

1, rue Gustave-Le-Bon (14e).
Métro : Porte d'Orléans

Maître d'ouvrage : Office d'HBM de Paris

This is an example of the quality which was achieved in public sector building in the 1930's (see page 279). A demand for quality in the urban environment arose with the expansion of the clientele for City Housing to include the middle classes. These new tenants demanded something very different from the great barrack-like developments of the early 1920's, such as those on the rue de Fécamp (see page 120) or the rue de Ménilmontant (see page 329).
Here composition turns into virtuosity. As far cry from the sad frontages pierced with a small, uniform windows which characterise so much public housing, this street corner is designed as a real abstract composition: symmetry is rejected, brick and white cement underline the plays on volume, the bay-windows and the artists' studios. This miraculous moment – the meeting point between the know-how of the "old school" and the ideas of the Modern Movement – was not to last long. After building was interrupted by the Second World War, grey bars and towers stuck onto sad green spaces became the norm for a generation of architects whose work was not to blight France for years.

A voir aux alentours / To be seen around:
AGENCE D'ARCHITECTURE HBM Ensemble de logements, avenue du Général-Maistre (1935)
AGENCE D'ARCHITECTURE HBM Logements 64, boulevard Brune (1934)
G. TOURY Tri postal 125, boulevard Brune (1961)
DUVAL, GONDE, A. DRESSE et L. OUDIN Institut de puériculture 26, boulevard Brune (1933)
P. SARDOU Eglise Notre-Dame-du-Rosaire 174, rue Raymond-Losserand (1911)
M. PAYRET-DORTAIL Ensemble HBM 156, rue Raymond-Losserand (1928)

ARCHITECTURE STUDIO (M. ROBAIN, J.F. GALMICHE, R. TISNADO et J.F. BONNE)

2001

Institut national du judo / *National Judo Institute*

21, avenue de la Porte de Châtillon (14e). Métro : Porte d'Orléans

Maître d'ouvrage : Fédération française de judo

Sur un triangle ingrat en bordure du périphérique, une énorme calotte sphérique de cuivre oxydé vert entend donner à l'Institut national de judo un « lieu fort et doux, à l'image des autres installations sportives de cette ceinture verte » de la capitale. La calotte, d'un centaine de mètres de diamètre, s'enfonce de biais dans le sol pour former un « lieu un peu mystérieux » abritant le dojo national – semi-enterré – de 1 800 places. Fermant le terrain triangulaire le long du cimetière de Montrouge, un bâtiment transparent de 130 mètres contient les bureaux de la fédération, donnant sur les salles de sport. Mais « la ville est plus forte que le bâtiment » : la calotte est comme « écorchée par le périphérique » et dévoile sa façade de béton. Celle-ci est protégée des nuisances (sonores et visuelles) par un écran en maille d'acier de sept mètres de haut destiné à se couvrir de végétation.

On an unpromising triangular site beside the périphérique motorway, an enormous spherical skull cap of oxydised copper makes the national judo institute a "place of strength and softness, like the other sporting centres in the same green belt" around the capital.
The skull cap, 100 metres in diameter, sinks at an angle into the ground to create "a somewhat mysterious home" for the semi-buried national judo stadium with its 1,800 seats. Closing off the triangular site along the Montrouge cemetery, a transparent 130 metres long building contains the federation's offices and leads into the training and competition areas. However, "the city is stronger than the building": the skull cap seems "grazed by the périphérique motorway", showing up its concrete façade. The façade is protected from acoustic and visual interference by a screen of steel chains, 7 metres high and intended eventually to be covered with plants.

A voir aux alentours / To be seen around:
A. SARFATI Logements 21-23, rue de l'Abbé-Carton (1987)
A. CHATELIN Logements 3 bis, rue Antoine-Chantin (1953)
E. GONNOT Ensemble d'ateliers d'artistes 7, rue Antoine-Chantin (1927)
B. BOURGADE et M. LONDINSKY Logements et école 15-19, rue Antoine-Chantin (1982)
E. PONTREMOLI, J. BASSOMPIERRE, P. SIRVIN et P. de RUTTÉ Logements sociaux 36, rue Antoine-Chantin (1929)

15e arrondissement

15
Avenue de Suffren
Avenue de la Motte-Picquet
Rue Dupleix
Rue Alasseur
La Motte-Picquet
Cambronne
Segur
Avenue de Saxe
Duroc
Sevres Lecourbe
Boulevard Garibaldi
R. Frémicourt
Avenue Emile Zola
Nivert
Rue Cambronne
Rue F. Bonvin
Rue Lecourbe
Rue Mademoiselle
BD du Montparnasse
Montparnasse
Falguière
Rue de Vaugirard
Rue Falguière
Avenue du Maine
Rue du Départ
Bd de Vaugirard
Gare Montparnasse
Boulevard Pasteur
Rue Pasteur
Rue des Volontaires
Volontaires
Rue du Dr. Roux
Vaugirard
Rue Paul Barruel
Rue du Cotentin
Rue Dutot
Rue d'Alleray
Groult
R. St. Armand
Rue Castagnary
Rue de Gergovie
Rue de Vouillé
Rue de Dantzig
Rue des Morillons
Brancion
Rue Santos-Dumont
Rue Vercingétorix
Lefevre
R. J. Baudry
Porte de Vanves
Av. de la Porte Brancion
1
2
3
4
5
6
7
8
9
10
36

Un immeuble de luxe conçu pour avoir « l'aspect intime d'un grand hôtel particulier ». D'où « le regroupement des étapes par deux (1er-2e et 5e-6e) qui réduit visuellement le nombre des niveaux et renvoie à l'image des "étages nobles" à grande hauteur sous plafond de l'architecture classique ».
La « volonté de ménager des espaces de transition entre l'intérieur et l'extérieur de l'immeuble » se marque par le creusement des entrées (hall et parking), mais surtout par la grande loggia à balcon qui unifie la façade et rappelle celle de la Maison de Tzara (voir page 275).
Par ce même souci d'unité, la façade rigoureuse est un jeu sur le carré : formée d'un double carré de 10 mètres sur 20 mètres, elle est percée de cinq grandes ouvertures carrées et recouverte de carrelage de 0,6 x 0,6 mètre, soigneusement calepiné. L'arrière du bâtiment est, en revanche, nettement moins rigoureux, avec ses balcons semi-cylindriques, et un « retrait aux deux derniers niveaux, qui crée des terrasses-coursives de paquebot, articulées par le cylindre de l'escalier, en brique de verre ».

Didier MAUFRAS et Hervé DELATOUCHE

1982

7 logements de standing
7 luxury flats

58, avenue de Saxe (15e).
Métro : Duroc, Pasteur, Sèvres-Lecourbe

Maître d'ouvrage : La Mondiale

A luxury building designed to show "the close-up appearance of a large town-house". Hence "the grouping together of the floors in twos (1st-2nd and 5th-6th) which cuts down the number of visible levels and recalls the high-ceilinged 'noble floors' which were reserved for the upper classes in classical apartment blocks".
The "wish to provide a transitional space between the interior and exterior of the block", shows up in the setting back of the entrances (the hallway and the garage), but above all in the large loggia which unifies the whole façade, recalling the similar loggia of the Maison Tzara (see page 275).
Because of this same desire for unity the stern façade is in fact a series of squares: composed of a large double square 10 metre by 20, it is pierced by five large square openings and covered with carefully laid 0,6 metre square tiling.
The rear of the building on the other hand is far less stern, with its semi-cylindrical balconies and a "series of recesses on the upper storeys, reminiscent of the pleasure decks of a liner, articulated by the cylinder of the glass brick staircase".

René GENIN et Jean-Louis BERTRAND. 1975

Siège du Crédit agricole (20 000 m² de bureaux)
Crédit Agricole Headquarters

90, boulevard Pasteur (15e). Métro : Pasteur, Gaîté

Maître d'ouvrage : Caisse nationale du Crédit agricole

Un immeuble dessiné pour « se démarquer de la froideur et de la rigidité des volumes de l'ensemble Maine-Montparnasse, qui est son voisin immédiat ».
Les « accordéons » de la façade obéissent à ce désir d'animation. Mais, conçus par un spécialiste des « bureaux paysagers », ils ont également un rôle pratique : « Les décrochements diminuent la réflexion des sons dans les vastes bureaux de 900 m², et créent une animation intérieure qui améliore les conditions de travail. » Pour obtenir la monumentalité nécessaire au siège social d'un des tout premiers établissements bancaires français, le bâtiment, grand volume en verre réfléchissant, a été « posé » sur un soubassement de deux étages – qui devait, à l'origine, être couvert d'un jardin – et qui contient les espaces d'accueil et les grandes salles de réunions de la banque.

This building is designed to "distance itself from the cold, rigid volumes of the Maine-Montparnasse development which is its immediate neighbour".
The "accordeons" of the façade are a result of this quest for animation. Yet, conceived as they were by a specialist in "open plan offices", they also have a practical role: "Because they stick out from each other, the echo of the sounds, produced in the vast 900 square metres of fices, is kept to a minimum and a certain internal animation is created, which improves working conditions."
In order to obtain the monumental appearance befitting the headquarters of one of France's principal banking institutions, the vast mirror glass volumes of the building were "placed" on a twostoreys base – which was originally to have been covered with a garden – containing the entrance halls and principal meetingrooms of the bank.

Symbole pour ses détracteurs de la mainmise des promoteurs privés sur la rénovation de la capitale, la tour Montparnasse a été l'objet d'une des plus furieuses polémiques esthético-politiques de l'après-guerre. Décidé dès 1958, le principe de la construction d'un immeuble de grande hauteur à l'emplacement de l'ancienne gare Montparnasse prévoyait initialement une gigantesque « barre » de 150 m de haut sur 100 m de long. Devant la levée de boucliers, il faudra dix ans de débats, une modification radicale du projet et l'appui du ministre de la Culture, André Malraux, pour que la tour reçoive son permis de construire en 1968.
Subtilement désaxée par rapport à la rue de Rennes, elle en conclut la perspective sans la boucher.
Curieux retournement de l'histoire : aujourd'hui ses 210 m de hauteur (57 étages) ne dérangent plus beaucoup. Moins en tous cas que les énormes « barres » hautes de 50 m et longues de plusieurs centaines de mètres de l'ensemble Maine-Montparnasse dont la construction, elle, n'avait pas soulevé la moindre polémique.

Eugène BEAUDOUIN, Urbain CASSAN, Louis HOYM de MARIEN et Jean SAUBOT

1973

Tour Montparnasse
Montparnasse Tower

Place Raoul-Dautry (15e).
Métro : Montparnasse-Bienvenüe

Maître d'ouvrage : investisseurs multiples

The Montparnasse Tower, the first skyscraper built within the city of Paris and seen by it critics as a symbol of the high-jacking by private developers of the renovation of the capital, was the subject of one of the bitterest politico-aesthetic controversies of the post-war period. The initial planning permission, granted in 1958, for the erection of a very tall building on the site of the old Montparnasse Station was for an enormous "bar", 150 metre high by 100 metre long. The storm of protest which this aroused ensured that ten years of discussion and a radical modification of the plans, as well as the support of the Minister of Culture, André Malraux, were all necessary before final planning permission was granted in 1968. Slightly out of tune with the rue de Rennes, the tower marks the end of the street, without blocking it off.
By a curious historical irony, its 210 metres (divided into 57 storeys) no longer seem to bother the public. Less, in any case, than the enormous 50 metre high and several hundred metre long "bars" of the neighbouring Maine-Montparnasse development, whose construction aroused no controversy at the time.

A voir aux alentours / To be seen around:
E. BEAUDOUIN, R. LOPEZ, L. HOYM de Marien, L. ARRETCHE et J.R. DUBUISSON Gare Montparnasse (nouvelle façade J.M. DUTHILLEUL, M. MAILLARD et J.P. SAVARIEAU, 1990) et ensemble Maine-Montparnasse (1964)
J. DEBAT-PONSAN Bureaux PTT 18, boulevard de Vaugirard (1935)

Amené à vendre son immeuble de la rue des Italiens pour des raisons financières et désirant moderniser sa rédaction, *Le Monde* avait transformé un ancien garage en un bâtiment « riche d'espace et de lumière, sobre mais significatif et hospitalier » [(1)]. Choisis par la rédaction, les architectes ont cherché, avec « la géométrie des façades et le traitement de la lumière », à exprimer le caractère d'un journal « plus préoccupé de contenu que de forme ». Les façades cintrées, « liant le pied du bâtiment à son couronnement en un seul mouvement, donnent à l'ensemble une stature ». Constituées de plaques de verre bombées, elles sont parfaitement lisses, modernité sans anecdote.
Aux étages, la transparence – libre circulation des idées et des personnes – a déterminé l'aménagement de la rédaction. La rampe du garage a été transformée en atrium couvert par une verrière. Cinq étages de bureaux, aux cloisons vitrées et desservis par des coursives aériennes, donnent sur ce puits de lumière aux murs et au sol en dalles de verre.

Pierre du BESSET
et
Dominique LYON
1990

Ex-siège du journal
Le Monde
(7 000 m²)
Former head office of
Le Monde
newspaper

13-15, rue Falguière (15e).
Métro : Falguière

Maître d'ouvrage :
Le Monde-Actimo

Le Monde had been driven to sell its building on the rue des Italiens by financial pressure and also wished to bring its production processes up-to-date. As a result the newspaper chose to convert a former garage into building "rich in space and light, sober, yet meaningful and hospitable" [(1)]. The architects were chosen by the editorial staff and sought "by the geometry of the façades and the treatment of light" to express the character of the newspaper; "more concerned with content than form". The arched façades "meeting the base and top of the building in a single movement give the whole a certain stature". Made up of convex glass panels, the façades are perfectly smooth; expressing an unostentatious modernity.
A vital part of the life of the newspaper, the huge entrance hall (600 square metres) encourages contact with readers around a vast undulating metal counter. On the upper floors, it was the need for transparency (a symbol of the free circulation of people and ideas) which dictated the lay-out of the journalists' work areas. The ramp of the old garage has been transformed into a glass-covered atrium. Five floors of offices, broken up by glass partitions and connected by overhead walkways, surround the atrium, making it seem like a well of light with its glass blocked walls and the floor.

(1) Frédéric Edelmann et Emmanuel de Roux (*Le Monde* du 28 avril 1988).

Léon-Joseph MADELINE. 1936

96 logements de standing / *96 luxury flats*

131, rue de Vaugirard (15e). Métro : Falguière

Maître d'ouvrage : Garnier frères

Les éditeurs Garnier, propriétaires du terrain, avaient chargé Madeline d'établir les plans d'une cité partant de la rue de Vaugirard. Mais seule la première tranche put être réalisée. La construction, interrompue pendant la Seconde Guerre mondiale, a été terminée récemment.
Au-delà de l'entrée monumentale encadrée par deux arrondis soulignés par des bandeaux en grès flammé brun foncé, la rue devait se poursuivre avec, à intervalles réguliers, des bâtiments transversaux percés d'une grande arcade, à l'image de celui qui a été réalisé. La façade est en carreaux de grès cérame cassés, semblables à ceux réalisés la même année par Bassompierre, place du rond-point du Pont Mirabeau (voir page 214). Ce nouveau matériau répondait au besoin de trouver un revêtement auto-lavable. Mais il était également une sorte de compromis pour les architectes « intermédiaires », tels Madeline, qui refusaient tout à la fois la tradition passéiste de la pierre de taille et l'aspect provocateur des façades en béton des architectes modernistes radicaux.

The publishers Garnier, owners of the land, commissioned Madeline to produce the drawings for an apartment and garden complex fronting onto rue de Vaugirard. However, only the first part of the design was ever built, since construction was interrupted by the Second World War and was achieved recently.
Beyond the monumental entrance framed by two rounded corners underscored with dark brown bands of fired earthenware tiling, the street was to have continued with lateral buildings disposed at regular intervals and pierced with a large arcade, like those which were in fact completed. The façade is finished with "reject" ceramic tiles, similar to those used in the same year by Bassompierre on the place du Rond-Point du pont Mirabeau (see page 214). This new material answered the need for a self-cleaning surface. However it was at the same time a sort of compromise for those "intermediary" architects, such as Madeline, who rejected both the outmoded tradition of freestone and the provocative appearance of the concrete façades produced by radical modernist architects.

A voir aux alentours / To be seen around:
E. MOLINIÉ et C. NICOD Ateliers et bureaux 10, rue Falguière (1935)

Un « bâtiment sobre, par volonté de ne pas créer un événement supplémentaire dans un environnement déjà hétéroclite et tourmenté », celui de l'hôpital Necker, constitué au fil des siècles par une accumulation de constructions disparates.
Seule variété dans cette architecture austère, les « options de façade qui signalent nettement les différentes fonctions de l'immeuble : soubassement en béton brut cannelé pour la morgue ; maillage de béton gravillonné des laboratoires, laissant entr'apercevoir les gaines techniques rouge vif ; panneaux semi-opaques pour la lingerie, et verrières des ateliers ».
La cour de départ des convois mortuaires est couverte d'une pergola vitrée « pour éviter les vues plongeantes des immeubles voisins, et créer une lumière diffuse dans un lieu de recueillement ».

Paul CHEMETOV

1984

André CHANTALAT et Serge GOLDSTEIN, associés

Morgue et laboratoires de l'hôpital Necker

Mortuary and laboratories at the Necker Hospital

149, rue de Sèvres (15e). entrée rue de Vaugirard, par l'impasse Ronsin
Métro : Duroc, Sèvres-Lecourbe

Maître d'ouvrage : Assistance publique

A "building whose sobriety results from the wish to avoid creating a further eyecatching contribution to an already disparate and tormented environment", that of the Necker Hospital, built up over the centuries in an accumulation of diverse buildings. The only variety to be found in this austere architecture is in the "choices of façade, which clearly signal the different functions of the building: the basement in planks of crude concrete for the mortuary; pebbled concrete for the laboratories, halfrevealing the bright red of the ventilation shatts; semiopaque panels for the laundry and the glasshouse of the workshops".
The departure yard for funeral processions is covered by a glasspaned pergola "to protect it from the view of neighbouring buildings and create a diffuse light suitable to a place of contemplation".

A voir aux alentours / To be seen around:
G. MAURIOS Crèche face au bâtiment de Chemetov ci-dessus (1983)
A. GALEY Garage 165, rue de Vaugirard (1928)
ACAUR, SAMU 144, rue de Vaugirard (1986)

Disciple de Le Corbusier, Wogensky a construit ici dans l'esprit du maître un bâtiment massif, quasi cubique où la « plastique architecturale repose sur l'opposition des façades : les unes plates, lisses et blanches, les autres sculptées, grenues et grises » (voir également, page 104, le CHU Saint-Antoine).
Les « sculptures », ce sont les brise-soleil (éléments fétiches de Le Corbusier). Ils ne s'imposent pas sous le climat parisien. Mais, « à partir d'une motivation à l'origine fonctionnaliste – se protéger du soleil – un élément architectural peut devenir un principe de forme qu'on continue à travailler non de manière fonctionnelle, mais de manière esthétique ». En revanche, les murs-pignons aveugles sont recouverts de panneaux en tôle émaillée blanche. Leur rythme est travaillé selon le Modulor (la table de proportions inventée par Le Corbusier) afin de « leur donner une cadence, une animation, comme la pierre autrefois ».
Sur l'esplanade (sous laquelle se trouve une partie des locaux d'enseignement) des sculptures de Marta Pan, très dégradées, « prolongent l'architecture par des formes plus libres, mais qui utilisent les mêmes matériaux ».

André WOGENSKY

1968
Henri CHAUVET, LAVOT, associés

Centre hospitalier universitaire Necker

156, rue de Vaugirard (15e).
Métro : Pasteur, Duroc

Maître d'ouvrage : Education nationale

A Le Corbusier student, Wogensky in the spirit of his teacher, built a massive, almost cubic building where the "architectural structure is based on the opposition between the façades: some are flat, smooth and white; others are sculpted, granular and grey" (see also page 104, the St Antoine Hospital).
The "sculptures" are the *brise-soleil* (also a Le Corbusier fetish). They are not needed given the Parisian weather. But "based on an originally functionalistic motivation, i. e. protection against the sun, an architectural element can become a form principle which one continues to perfect in an aesthetic rather than a functional way". On the other hand, the windowless gable walls are covered with white enamelled sheet metal panels. Their rhythm is elaborated according to the Modulor (the proportion chart invented by Le Corbusier) in order to "give them a cadence, an animation, as was done with stone in the past". On the esplanade (under which a few classrooms are located), Marta Pan sculptures, very damaged "extend the architecture through freer forms but nevertheless using the same materials."

A voir aux alentours / To be seen around:
A. DACBERT et R. CHAPELIER Bureaux 211, rue de Vaugirard (à l'intérieur) (1994)

E.D. 1985

28 logements sociaux / *28 public sector flats*

106, rue Falguière (15e). Métro : Volontaires

Maître d'ouvrage : RIVP

Une construction qui « refuse la division traditionnelle entre une façade publique sur rue et une cour intérieure conçue comme un espace plus ou moins résiduel ». Pour « faire percevoir à la fois l'intérieur et l'extérieur de l'immeuble », les architectes ont « pratiqué une percée vers le cœur de l'îlot, jouant ainsi sur deux profondeurs : la façade et le fond de la cour ». Sur ce dernier, une fresque en trompe-l'œil figure un mur en faux marbre, ponctué d'arcades et de statues.
« Le coin de la rue joue le rôle d'un portail : point fort de la construction avec ses volumes verticaux, ses appartements en duplex aux proportions monumentales et ses toits arrondis évoquant une voûte. »
Les avancées en redents au quatrième étage des ailes de l'immeuble sont « un hommage aux constructions de Patout » (voir page 199).

This is a building which "refuses to accept the traditional division between a public street frontage and an internal courtyard treated more or less as a leftover space". In order to "simultaneously draw attention to the interior as well as the exterior of the building", the architects "inserted a cut leading into the heart of the block, which allowed them to play on two different depths: the façade and the back of the courtyard". The latter boasts a *trompe-l'œil* fresco, depicting a false marble wall, punctuated with arcades and statues.
"The street corner plays the role of a gateway; the strong-point of the building, with its vertical volumes, monumentally proportioned duplex apartments and its rounded roofs, evoking the image of a vault".
The jagged overhangs on the fourth-floor wings of the building are "in homage to the buildings of Patout" (see page 199).

A voir aux alentours / To be seen around:
B. ZEHRFUSS Tour de logements 8, rue Georges-Pitard (1969)

ARCHITECTURE STUDIO (M. ROBAIN, J.F. GALMICHE, R. TISNADO et J.F. BONNE). 1998

Eglise de l'Arche d'Alliance (300 places) / *Church (300 seats)*

75 à 83, rue d'Alleray (15e). Métro : Vaugirard, Plaisance
Maître d'ouvrage : Association diocésaine de Paris

Première église construite à Paris depuis Saint-Eloi en 1968 (voir page 106), l'Arche d'Alliance se « veut un lieu de culte contemporain, refermé et protégé des nuisances de la ville ».
Cube recouvert de métal à l'extérieur, son espace intérieur est pyramidal : les murs vont en s'épaississant vers le haut pour contenir deux logements de prêtres, des salles de réunion et des locaux de services. Au centre des façades, deux grands vitraux (36 m^2) de Martial Raysse.
Décollée du sol, elle est portée par l'histoire, sur douze colonnes en pierre (le même nombre que les apôtres) s'enfonçant de vingt mètres dans d'anciennes carrières. Autour du cube, une résille en acier inoxydable, dont les différents niveaux sont accessibles aux visiteurs et où peuvent être exposées peintures et sculptures : c'est « l'alliance du culte et de la culture ». « Transposition du clocher », une structure cylindrique haute de 45 mètres, avec une cloche comme seul élément opaque.

Being the first church in Paris since Saint Eloi in 1968 (see page 106), the Arche d'Alliance was conceived as "a place for contemporary religion, closed in and protected from the interference of the city".
From the outside it appears like a cube covered with metal, yet its internal shape is that of a pyramid. The walls in fact thicken towards the top to accommodate two priests' lodgings, meeting rooms and service areas. In the centre of the façades, two big windows (36 square metre) by Martial Raysse. Raised from the ground, the church seems "almost carried by history of twelve stone columns" (matching the number of apostles), which are sunk 20 metres into what was once a quarry.
Around the cube a stainless steel "screen", whose different levels are open to visitors and where paintings and sculptures can be exhibited, symbolises "an alliance of religion and culture". The bell tower is a 45 metre high cylindrical structure whose only opaque component is the bell itself.

A voir aux alentours / To be seen around:
M. ROUX-SPITZ Centre de chèques postaux 16, rue des Favorites (1933)
R. MALLET-STEVENS Maison Barillet 15, square Vergennes (1932)
M. HENNEQUET Logements 11, place Adolphe-Chérioux (1933)
P. GAZEAU Ecole 6, rue Gerbert (1985)
J. MATHIOT Logements 103, rue de l'Abbé-Groult (1967)
R. PATOUILLARD-DEMORIANE Clinique 2, rue Brancion (vers 1936)
H. J. et P. DEPUSSE Logements 51, rue de Vouillé (vers 1940)
E. LAMBLA de SARIA Logements 59, rue de Vouillé (1913)
GROUPE D'ETUDES ARCHITECTURALES Maison 10, rue Charles-Weiss (1980)
A. SARFATI Centre d'hémodialyse 5, rue du Bessin (1974)
P. SARDOU Ecole 66, rue des Morillons (1934)

Frank SALAMA. 2001

Antonio LAZO et Edouard MURE, architectes associés

Maison / *House*

16-18, rue Santos-Dumont (15e). Métro : Convention, Plaisance

Maître d'ouvrage : particulier

Une maison (extension de sa voisine du n°18) conçue comme un « exercice de déclinaison du mur », pour un client soucieux de son intimité.
Il s'agit dès lors de « défier visuellement la gravité ». Et ce « en opposant un lourd socle en pierre grise, ancré au sol, à un volume blanc, objet abstrait percé selon une composition essentiellement plastique. Ce volume est décollé du socle par une fine ligne de pavés de verre. Une ligne grise (en fait, un plancher) se retourne en équerre et articule la maison existante et son extension ».
Les percements « ne renseignent pas sur l'organisation interne de la maison, dont on ne devine même pas combien elle comporte de niveaux. La perception de l'échelle en est bouleversée ». Une composition qui trouve son inspiration dans les « maisons blanches de Le Corbusier puriste et idéaliste des années 20, qui privilégiait le travail sur la lumière ». Seules les circulations – comme l'escalier – bénéficient d'ouvertures sur la rue, évidemment en verre sablé, pour respecter le parti d'opacité. En revanche la façade arrière, sur le jardin, est largement percée, notamment d'une grande baie vitrée de six mètres de côté.

This house (an extension of its neighbour at n° 18) was conceived as an "exercise in wall variations" for a client who wishes to protect his privacy.
In this case, one has to "visually challenge gravity" by "opposing a heavy grey stone socle, cramped into the ground, to a white volume, an abstract object pierced according to an essentially sculptured composition. This volume is lifted from the socle by a fine line of small glass blocks. A grey line (a floor in fact) forms a right angle connecting the existing house and its extension."
The openings "don't reveal the internal organisation of the house, one cannot even guess how many levels it holds. The perception of the dimension is thus disrupted." A composition that is inspired by the "white houses of the purist and idealist Le Corbusier of the 20's who gave priority to working with light." Only the passageways – such as the stairway – have openings onto the street, naturally in sanded glass, to respect the opacity. On the other hand, the rear façade that gives onto the garden has many openings including a large 6 by 6 meters bay window.

A voir aux alentours / To be seen around: P. TISSIER Maison 26, rue Santos-Dumont (1993)

A. LAZO et E. MURE Maison 28, rue Santos-Dumont et 10 bis, villa Santos-Dumont (1991)

Auguste LABUSSIÈRE. 1913

Logements sociaux / *Public sector flats*

5, rue de Saïda (15e). Métro : Porte de Versailles
Maître d'ouvrage : Groupe de maisons ouvrières

Un ensemble construit « pour donner un logement à des familles nombreuses dont le chef ne gagne pas plus de six francs par jour » (103 F ou 15,7 € de 2001), moyennant un loyer de six francs par semaine, ainsi que l'explique un bulletin de la Société française d'HLM de 1914 (1). Dix ans avant Bonnier (voir page 329), Labussière apporte ici une réponse plus joyeuse au logement des « classes laborieuses ». Il ne se contente pas de leur fournir des logements salubres, avec W.-C. particuliers et douches communes (accessibles de 17 à 19 h). Il leur donne également l'air et la lumière. « La multiplication des immeubles a permis d'assurer à chaque logement l'action du soleil sur trois côtés. Un balcon-terrasse donne facilité aux locataires de séjourner au grand air », explique la société d'HLM (1). Même modernité au niveau de la construction : l'ossature en béton armé ne se cache pas, le toit est plat – dix ans plus tard, le toit-terrasse sera un des credos du Mouvement moderne – et l'architecture joue allègrement avec les pleins et les vides : volumes orthogonaux des immeubles scandés par les escaliers à l'air libre.

Cité par Jean Taricat et Martine Villars dans *Le logement à bon marché. Paris 1850/1930,* éditions Apogée (1982).

According to a publication produced by the Société française d'HLM (French Public Housing Authority) in 1914, this was a development built "to give homes to large families whose heads earn no more than 6 francs per day" (103 F, 15,7 € 2001 value), for a rent of 6 francs per week. Ten years before Bonnier (see page 329), Labussière produced here a rather more joyful response to the problem of housing the "labouring classes". He did not content himself with giving them healthy homes, with individual toilets and common showers (open from 5pm until 7pm). He also gave them air and light. "The fact that there were several buildings allowed us to expose each apartment to the sun on three of its sides. A balcony-terrace allows thes tenants further access to the open air", explained the Public Housing Authority. The same modernity is evident in the construction: the reinforced concrete skeleton does not hide itself, the roof is flat – ten years later, the roof-terrace would be one of the tenents of the Modern Movement – and the architecture plays skillfully with empty and filled spaces; the regular volume of the building is emphasised by the open and staircases.

A voir aux alentours / To be seen around:
R. DEBARNOT Logements 31, rue Robert-Lindet (1935)
A. et A. BOUCHER Ateliers d'artistes "La Ruche" 2, passage de Dantzig (1902)
C. CAMFRANCQ et G. FANTI Ateliers d'artistes 9, rue de Montauban (1996)
X.. Logements 36, rue Saint-Lambert (vers 1930)
L. AZEMA Eglise Saint-Antoine-de-Padoue 52, boulevard Lefèbvre (1936)
D. VALODE et J. PISTRE Grande halle du Parc des expositions, place de la Porte de Versailles (1996)
P. DUFAU, B. FULLER et PARJADIS de la RIVIÈRE Palais des Sports place de la Porte de Versailles (1956)
L. TISSIER Ex-ministère de l'Air, 24, boulevard Victor (vers 1932)
L. TISSIER Musée de l'Aéronautique, 28, boulevard Victor (1932)

CHATEAU DE BLOIS

CHATEAU ADULTE

6,50 EU

DATE	CAISSE	TRANS	SERIE
3-10-04	BLO:CAS001	1	1

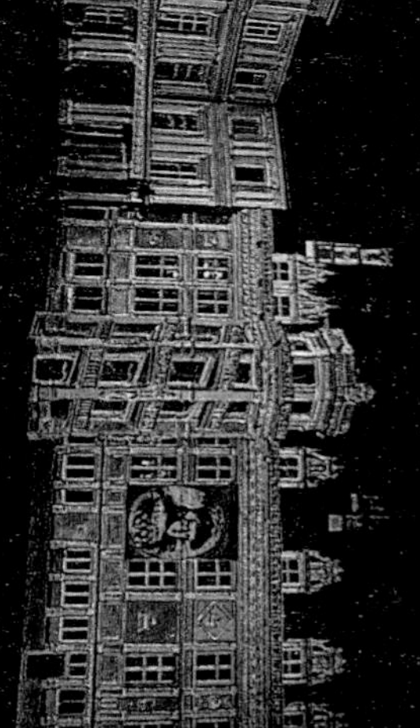

Pierre PATOUT. 1934

70 logements de luxe / *70 luxury flats*

3, boulevard Victor (15e). Métro : Balard

Dans l'entre-deux-guerres, la machine devient le symbole de la modernité dans la vie culturelle. Alors que Le Corbusier prône la transformation des logements en « machines à habiter », la revue l'*Architecture d'Aujourd'hui* consacre en 1935 un numéro entier aux « moyens de transports ». Parmi ces derniers, le paquebot – machine à la fois luxueuse et à l'organisation de l'espace parfaitement rationnelle – fascine de nombreux architectes.
Patout, qui avait aménagé plusieurs transatlantiques, en fait ici la démonstration la plus claire, en se pliant strictement aux contraintes d'un terrain réputé inconstructible : large de 2,4 à 10 mètres, il est coincé entre une voie ferrée et un boulevard à grande circulation.
L'immeuble tout en longueur, sa proue effilée, ses balcons-coursives, les duplex des derniers étages qui dessinent des « cheminées » semblables à celles du *Normandie,* sont la meilleure illustration parisienne de ce « style paquebot ». Quant à Patout, capitaine-architecte, il s'était réservé l'appartement en triplex, poste de commandement à la proue du bâtiment.

In the inter-war years, the machine became the cultural symbol of modernity. While Le Corbusier was advocating the transformation of homes into "living machines", in 1935, the magazine *Architecture d'Aujourd'hui* dedicated a whole number to "means of transport". One of these, the steamboat – at one and the same time a luxurious and perfectly rational machine – fascinated a big number of architects. With this building, it is Patout, who had fitted out several ocean liners, who gives us the clearest demonstration of the trend, rigidly following the constraints imposed by a site reputed to be impossible to build upon: between 2.4 and 10 metres wide it is crammed between a railway and a busy boulevard.
This is a building characterised by its length, with its sleek pointed prow, its balcony passageways and the top storey shaped like the funnels of the "Normandie", it adds up to Paris' best example of the "steamboat style". As for Patout, the captain-architect kept the triplex apartment on the ship's bridge at the front of the building for himself.

A voir aux alentours / To be seen around: D. BADANI, P. ROUX-DORLUT et A. METULESCO Logements 200, rue de Lourmel (1980) P. LEBAS Logements 329, rue Lecourbe (1984) A. PERRET Ministère de la Marine 8, bd du Général-Martial-Valin (ex-bd Victor) (1932) M. MACARY et A. ZUBLENA Bureaux 10, rue d'Oradour-sur-Glane (1997)

Comme sa voisine, la tour EDF (voir page ci-contre), ce bâtiment entend « être un signal, à l'échelle du périphérique, forme simple, facilement mémorisable ». Mais, en même temps, côté Issy-les-Moulineaux, il fallait « qualifier un espace urbain en bordure de l'héliport de la plaine d'Issy », haut lieu de l'aviation française depuis la fin du XIXe siècle.
D'où le choix d'une « épure », née de l'emboîtement d'un prisme et d'un parallélépipède. L'intersection de ces volumes est évidée, ménageant un jardin intérieur et un vaste hall d'accueil, nef de 26 mètres de haut.
En bordure du périphérique, la façade est fermée, à l'exception d'une grande « fenêtre » éclairant le jardin intérieur, en marbre. Ses fines baies en sinusoïde sont comme « des lanières de verre ondulantes, répondant à l'énergie cinétique du boulevard ». En revanche, face à l'héliport, la façade plane – à l'échelle de la vaste pelouse – est entièrement vitrée, comme une vitrine ouverte sur le ballet des hélicoptères. Isolation phonique oblige, elle est constituée de deux "peaux" de verre, séparées par un vide (de 70 cm), ventilé et accessible.

Jean-François JODRY

1999

Bureaux
(1 000 personnes)
Offices
(1 000 people)

50, rue Henry-Farman (15e).
Métro :
Balard, Boulevard-Victor

Maître d'ouvrage :
Direction générale de l'aviation civile (DGAC)

Like its neighboring EDF tower (see page 201), this building intends "to be a signal, at the same scale as the beltway, a simple form easily committed to memory". However, it was simultaneously necessary, at the Issy-les-Moulineaux end, "to set up an urban space at the edge of the heliport in the plains of Issy", renowned premises of French aviation since the end of the 19th century.
Hence the decision for a "sketch", which stemmed from the embedded prism and parallelepiped. The intersection of these volumes is hollowed out, thus making way for an interior garden and a vast reception room, with a 26m high nave.
At the ring road side, the façade is closed, except for a large "window" which lights up the interior garden, in marble. Its fine sinusoidal openings are like "undulating glass strips, echoing the ring road's kinetic energy". On the other hand, across from the heliport, the even façade – at the same scale as the huge lawn – is all in glass, like a window open towards the ballet of helicopters. The compulsory sound-proofing consists of two glass "hides", separated by a 70cm space that is ventilated and accessible.

A voir aux alentours / To be seen around:
I. RICHARD et D. SCHOELLER Base d'hélicoptères 29, rue Henry-Farman

A l'échelle de ce site très vide, bordant l'héliport de Paris, les architectes ont voulu « un objet sculptural, dont la silhouette varie selon les points de vue ».
Un résultat obtenu en accrochant quatre tours d'inégale hauteur à un noyau central. Et en opposant le béton-rugueux et l'aluminium-lisse, pour « mettre en valeur les volumes en accentuant les contrastes des matières ».
Les alvéoles en aluminium anodisé, embouties d'une seule pièce en usine, « donnent une échelle individuelle et personnelle aux bureaux ». Une sorte d'« anti-mur rideau ». Ces éléments, jamais refaits, résistent remarquablement au vieillissement.
Au pied des tours, les architectes ont construit un petit bâtiment carré (1964) qui réutilise une partie de la structure de l'ancienne centrale thermique du début du siècle, qui occupait le site.

ATELIER DE MONTROUGE

1974

(Pierre RIBOULET, Gérard THURNAUER, Jean-Louis VERET)

Centre administratif EDF-GDF (environ 40 000 m²)

EDF/GDF Admin. Center

Rues Camille-Desmoulins et Joseph-Bara (Issy-les Moulineaux)
Métro : Balard, Boulevard-Victor

Maître d'ouvrage : EDF-GDF

In keeping with the scale of this very empty site, bordering the Paris Heliport, the architects wanted "a sculptural object whose silhouette varied with the position of the viewer".
This result is achieved by attaching four towers of different heights to a central core and by juxtaposing concrete/roughness and aluminium/smoothness to "highlight the volumes by accentuating them with contrasting materials".
One-piece factory stamped anodised aluminium casements "provide an individual and personalised scale to the offices" – a sort of "anti wall-screen". These units, which have never had to be replaced, show a remarkable resistance to aging.
At the foot of the towers, the architects built a small square building (1964) which makes use of part of the old coal-fired power station which was erected on the site at the beginning of the century.

Pierre DUFAU. 1976

Siège social de la SNECMA / *SNECMA head office*

2, boulevard du Général-Martial-Valin (ex-boulevard Victor) (15e).
Métro : Balard, Boulevard-Victor

Maître d'ouvrage : SNECMA

Métaphore aéronautique pour ce siège social d'un des tous premiers fabricants français d'avions.
Dufau a employé largement « les formes et les matériaux de l'aéronautique : la façade est faite de panneaux d'aluminium, anodisés ou peints à chaud, identiques à ceux qui composent une empennage d'avion ; les pare-soleil sont copiés sur des ailerons et le couronnement du toit est en forme de fuselage ».
Même souci de technologie industrielle dans la construction. Après l'hôtel Méridien-Montparnasse (voir page 172), Dufau a encore perfectionné ici « la fabrication en usine des éléments de façade, entièrement boulonnés et rivetés sur place, comme une carrosserie de voiture sur un châssis ».
« Il y a encore beaucoup à faire dans cette voie », disait-il peu avant sa mort et concluait, désabusé : « mais aujourd'hui les recherches sur la technologie n'intéressent plus personne. On n'apprécie plus que l'architecture post-moderne d'opérette ».

This is an aeronautical metaphore, conceived for the head office of one of France's leading aeroplane builders.
Dufau made full use of "aeronautical forms and materials: the façade is made up of aluminium panels, anodised or hot-painted, identical to those which make up the body of an aircraft; the blinds are copies of ailerons and the edge of the roof is shaped like a fuselage".
The construction reveals the same close attention to industrial technology. As with the Méridien-Montparnasse Hotel (see page 172), Dufau has further perfected "the factory production of the façade's components, which are then moulded and riveted on site, like the bodywork of a car onto its chassis.
"There remains much work to be done in this direction", he said not long before his death, but concluded, disillusioned: "nowadays no-one is interested anymore in technological research. The only architecture people appreciate now is operetta post-modernism".

Jean-Paul VIGUIER. 1998

Siège de France Télévision (56 000 m^2)
Head office of France Télévision

7, esplanade Henri-de-France (15e). Métro : Balard, Boulevard-Victor
Maître d'ouvrage : France Télévision

Les architectes ont voulu donner à ce siège de la télévision publique « une image unitaire, reflétant une cohabitation douce ». L'immeuble est scindé en deux pour exprimer deux chaînes (FR2 et FR3) ayant « chacune sa culture propre ». La présidence commune est, logiquement, logée dans une « table urbaine » couvrant l'ensemble. La façade « ouverte et transparente » exprime, selon les architectes, « une télévision qui, à l'inverse de la télévision privée, fonctionne avec de l'argent public ».
Outre cette allégorie de la télévision publique, la façade translucide exprime le goût de Viguier pour le « lisse ». Les trois matériaux dont elle est faite – marbre blanc de Carrare, verre dépoli blanc, verre transparent – sont posés strictement sur le même plan, « absorbés par le volume global », sans la moindre saillie, contrairement au siège voisin de Canal Plus. « C'est l'émotion par l'absence. Chacun doit pouvoir apporter ses émotions, sans être gêné, dans sa lecture du bâtiment, par de multiples détails. Je ne veux pas montrer les fils à l'intérieur du moteur. »

The architects wished to give this Head Office of the Public Television Service "a unified image, reflecting a gentle cohabitation". The building is vertically divided in two, to give expression to the two chains (FR2 and FR3) "each having its own specific culture", while their common management board is, logically enough, housed in a two-storey "table" which covers the whole block. The "open and transparent" façade expresses, according to the architects, "a television which, unlike the private chains, runs on public funding".
Apart from this allegory of public television, the translucent façade is an expression of Viguier's taste for the "smooth". The three materials of construction – white Carrera marble, white frosted glass and clear glass – are all placed on a single plane "absorbed by the overall volume" without the slightest projection, unlike the nearby Head Office of Canal Plus. "It's the expression of feeling by its absence. Everyone must be able to contribute their own feelings without being bothered, in their reading of the building, by a mass of details. I don't want the wires inside the motor to show."

Olivier-Clément CACOUB. 1989

Bureaux « Le Ponant » (55 000 m²) / *Offices*

25, rue Leblanc et quai André-Citroën (15e). Métro : Balard, Boulevard-Victor

Maîtres d'ouvrage : France Construction et Meunier Promotion

Porte du nouveau quartier André-Citroën, le Ponant a été conçu comme « l'entrée solennelle d'une sorte de ville idéale bâtie autour d'un grand parc de 14 hectares ouvert sur la Seine ».
Spécialiste des palais de chefs d'Etat – de la Jordanie à la Côte-d'lvoire – Cacoub a voulu un « immeuble-porte qu'on traverse, le contraire d'un immeuble-barrage qu'on doit contourner ».
« De grandes perspectives soigneusement calculées » sont ainsi ouvertes sur le parc à travers trois portiques monumentaux formés par les cheminées d'aération des 40 000 m² de sous-sol, elles-mêmes reliées aux bâtiments par des barres horizontales abritant des bureaux de prestige à 35 mètres de hauteur.
Le Ponant devait « être assez léger pour s'accorder avec l'esprit résidentiel du parc ». Par ailleurs, les acquéreurs manifestaient des besoins divergents quant à leurs futurs bureaux : hauteur des plafonds, taille des fenêtres, etc. Un double problème résolu en dotant les 3 hectares de façades d'une « peau » en dalles de verre-miroir unifiante qui « magnifie les volumes et leur composition ».

A gateway to the newly-built André-Citroën quarter, this of fice block, named "Le Ponant", was conceived as "the grand entry to a kind of ideal city, built around a large park opening onto the Seine".
Being a specialist in palaces for heads of State – from Jordan to the Ivory Coast – Cacoub aimed to create "a door-like building to be crossed, as opposed to a damlike building which can only be walked around".
"Broad, carefully calculated views" of the park open up through three monumental doorways formed by the ventilation chimneys of the 40,000 square metre underground floors and by horizontal "bars" which link the chimneys to the building and house high quality office-space 35 metre above the ground.
The building also needed "to be light enough to fit in with the residential atmosphere of the park". In any event, the original buyers had a wide range of requirements for their of fices; in particular high ceilings and windows. The problem was resolved by grafting onto the 30,000 square metres of façade a unifying "skin" of mirror-glass paving which "magnifies both the volumes and their composition".

Aymeric ZUBLENA. 2000

Hôpital européen Georges Pompidou
Georges Pompidou European Hospital

20, rue Leblanc (15ᵉ). Métro : Balard, Javel, Boulevard-Victor

Maître d'ouvrage : Assistance publique

« Un hôpital n'est pas n'importe quel bâtiment public : il doit être particulièrement accueillant et sécurisant pour ses usagers, les malades et leurs familles ». D'où le choix d'une « monumentalité douce » pour cet établissement situé en bordure du parc de plusieurs hectares aménagé à l'emplacement des anciennes usines Citroën.
Côté monumentalité, « le rythme vertical des grands pignons qui encadrent l'atrium et le cylindre de l'amphithéâtre ».
Côté douceur, « une construction en paliers vers le parc, une grande galerie qui accueille et oriente, une place semi-circulaire et des patios-jardins aménagés en rez-de-chaussée pour la promenade des malades ».

"A hospital is not just another public building: it must be particularly welcoming and re-assuring to its users, the patients and theirs families". Hence the choice of a "softened monumentalism" for this establishement placed next to a park landscaped from the corner site of Citroën factory.
On the monumental side, note "the vertical rhythm of the gables that frame the atrium and the lecture halls".
On the softer side, note "the terraced construction descending to the park and road level, a huge gallery that wellcomes and directs visitors, a semi-circular square and also the patio-gardens, incorporated into the ground floor as exercise areas for the patients".

A voir aux alentours / To be seen around:
ACT-ARCHITECTURE Logements 20-24, rue Modigliani (1981)

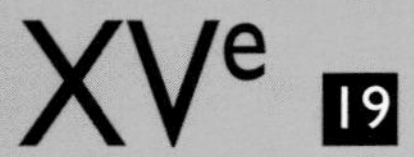

Michel KAGAN. 1992

Ateliers d'artistes (38) et logements sociaux (50)
38 artists' studios and 50 Public sector flats

230, rue Saint-Charles et 69, rue Leblanc (15ᵉ). Métro : Balard

Maître d'ouvrage : RIVP

Kagan aime « les bâtiments démocratiques, ceux dont on voit qu'ils sont habités, parce qu'on en perçoit les mouvements internes ».
Pour cela, il a organisé sa construction autour d'un système de coursives en plein-air de 100 mètres de longueur, perpendiculaire à la grande allée diagonale qui traverse le parc André-Citroën.
Ce « bâtiment-promenade » dominant les jardins, entend « exprimer l'ordre de la marche à pied, en rendant visible le mouvement continu du piéton qui, de la rue à son domicile, emprunte ces coursives qui sont comme des rues soulevées du sol ». Adepte du Mouvement moderne et amateur d'« espaces géométriques », Kagan a accroché à ce grand cheminement des volumes purs qui contiennent les habitations : cylindre des ateliers d'artistes, orientés au nord, sur le parc ; cylindre et cube des logements.
Sur la rue, en revanche, la façade retrouve, plus modestement, « l'échelle du quartier ».

Kagan likes "democratic buildings, those that you can see are occupied because you can notice movement inside".
For this, he has organised the buildings around a system of open-air covered alleyways, 100 meters long, at right angles to the main diagonal pathway that crosses the nearby André-Citroën Park.
This "parade style" building, overlooking the gardens, is intended "to express the nature of walking by making visible the continuous movement of pedestrians who use these alleyways, which are like streets raised above ground level, to go between the road and their homes".
A follower of the Modernist Movement and a lover of "geometric areas", Kagan has attached pure geometric forms, that contain the living areas, onto this grand parade: a cylinder, facing North over the Park, for the artists' studios; a cylinder and a cube for the flats.
The road frontage, on the other hand, returns to the more modest "scale of the neighbourhood".

Patrick BERGER. 1992

Serres / *Greenhouses*

Parc André-Citroën, *vers la rue Balard (15e).*
Métro : Lourmel, Boulevard Victor

Maître d'ouvrage : Ville de Paris

Eléments majeurs du « dialogue entre l'architecture et la végétation » voulu par Berger (qui est également un des concepteurs du parc), ces deux grandes serres ferment la perspective des jardins de 300 mètres de long qui s'ouvre depuis la Seine.
Posées sur un soubassement, portées par des colonnes et surmontées d'un fronton, elles évoquent – bien que l'architecte s'en défende énergiquement – l'image familière du temple antique sur son acropole. « Il faut dépasser ce premier regard, assure-t-il, pour découvrir des rapports plus complexes. Par exemple entre la légèreté du vitrage maintenu par des filins métalliques et les lourdes colonnes de bois. »
Entre les deux serres (une orangerie et une réservée à la végétation australe), un « péristyle d'eau » aux jaillissements intermittents offre aux enfants un espace de jeux insolite et sans règlement. Et vient rappeler l'omniprésence de l'eau dans ce parc : des douves qui ceinturent la pelouse centrale à la Seine qui le borde.

Major components of the "dialogue between architecture and greenery" intended by Berger (who is also one of the Park's designers), these two enormous greenhouses close the perspective of the gardens from the Seine.
Constructed in a base, supported by columns and capped with a pediment, they suggest – despite the energetic denials of the architect – the familiar picture of a classical temple on its acropolis. "You must go beyond that first impression" he insists "to discover more complex relationships, for example between the lightness of the glass panes, kept in place by metallic cabling, and the heavy wooden columns".
Between the two greenhouses (an orangery and a reserve for southern hemisphere plants) a "water peristyle" with intermittent jets provides children with an unusual and unrestricted play area and stresses the ubiquity of water in this park, from the Seine which borders it to the moats that surround the central lawn.

A voir aux alentours / To be seen around:
R. LISTOWSKI Logements 25, rue de la Montagne-de-La-Fage (1997)
R. SIMOUNET Logements 15-31, rue de la Montagne-de-l'Espérou (1990)
C. O. CACOUB Logts 5, rue de la Montagne-de-l'Espérou (1997)

Construit à l'angle de deux axes d'entrée dans Paris, ce bâtiment en proue de paquebot partiellement couvert d'une « aile d'avion » métallique se veut un « signal à une quasi-porte de la capitale ». Par son côté « spectaculaire », cette architecture entend également « identifier sans ambiguïté un équipement public ».
Les architectes ont reconstitué un véritable carrefour, tout en « conservant une transparence vers l'intérieur de l'établissement et le cœur de l'îlot, non bâti ». D'où un grand hall en triple hauteur entièrement vitré, qui distribue les deux ailes du collège par un escalier monumental « très scénique ».
« Pour donner de la masse aux parois », les façades sont couvertes de pierre claire, les creux et les perspectives étant soulignés par de la pierre marbrière noire. Matériau de tradition, elle s'oppose à la modernité du métal noir qui donne un « effet de légèreté », renforcé par les brise-soleil horizontaux en aluminium de la façade sud.
Les classes donnent vers l'intérieur de l'établissement, les couloirs sur la rue servant ainsi de protection phonique.

Olivier BRENAC et Xavier GONZALEZ

1989
Pascale GUEDOT, collaboratrice

Collège « L'Artense »
School

210, rue Saint-Charles et 75, rue Balard (15ᵉ).
Métro : Balard

Maître d'ouvrage :
Mairie de Paris

Built on the corner of two major entry routes to the city this building seeks to "signal a gateway to the capital, with its ocean-liner's prow partly covered up with a metal aeroplane wing". Its deliberately spectacular architecture is also an attempt to "unambiguously identify a public building".
The architects have reproduced a true crossroads, whilst also "maintaining transparency towards the inside of the building and open space within it". Hence the large, totally glass-walled hall with its very high ceiling, which gives onto the two wings of the school through a vast "very theatrical" staircase.
"To give a feeling of mass to the walls", the façades are covered with light-coloured stone, with hollows and grooves underlined in black marble. A traditional material, the marble contrasts with the modernity of the black metal, which creates an "effect of lightness", supported by the horizontal aluminium blinds of the southfacing frontage.
The classrooms look out onto the interior of the building, the corridors on the street-side thus providing acoustical insulation.

Jean-Louis DETRARE et Gilles RONIN. 1990

Gymnase et club de jeunes / *Gymnasium and youth club*

186, rue Saint-Charles (15e). Métro : Lourmel

Maître d'ouvrage : Ville de Paris

Les architectes ont voulu un « bel équipement sportif urbain, au lieu des habituels gymnases cachés en sous-sol ou traités comme des boîtes à savon industrialisées ». Le bâtiment unique prévu, initialement pour le gymnase et le club de jeunes, a été scindé en deux. Cela « facilite la lecture » (deux fonctions, deux formes) et permet, entre les deux, de « créer un lieu public ».
Pour éviter l'« effet blockhaus », les éléments constitutifs du gymnase ne sont pas jointifs visuellement : les fentes vitrées aux angles et sous la toiture arrondie donnent ainsi « l'impression que les murs et le toit flottent les uns par rapport aux autres ». Au contraire de la « boîte » du gymnase, le club de jeunes est un grand volume arrondi, entaillé par la pente du toit.
Les deux bâtiments « dialoguent autour d'une petite place, lieu urbain » où se trouvent leurs entrées et qui donne accès au jardin situé à l'arrière.
Toujours par souci d'« urbanité », l'ensemble est en béton blanc « coulé sur place pour obtenir un effet de sculpture et passé à l'acide pour se rapprocher de la couleur de la pierre ». Sur le jardin, la façade est recouverte de végétation pour « s'estomper dans la nature », selon le désir du maître d'ouvrage.

The architects aimed to create "a fine urban sports centre, rather than the usual kind of gymnasiums, hidden away in a basement or designed like an industrialised soap box". The single building which was initially planned for the gymnasium and youth club was eventually divided into two. This "facilitates the reading of the building" (two functions, two shapes) and also allowed the "creation of a public area" between the two.
To avoid the "blockhouse effect", the component parts of the gymnasium are not visibly stuck together: the slit windows on the corners and under the rounded roof give "the impression that the walls and roof float alongside each other". In contrast to the "box" of the gymnasium, the youth club is a vast rounded shape, cut into by the slope of the roof.
The two buildings "interact around a small square, a typical urban space" which contains access to the buildings and leads on to a garden behind.
The buildings are in white concrete "mixed on site to obtain a sculptured effect, and coloured by washing in acid so that it resembles stone", again out of a concern for "urbanity". The garden frontage is covered with plants so as to "blend into nature" in accordance with the stipulations of the building's owner, the City Council.

Franck HAMMOUTÈNE. 1990

Bibliothèque municipale / *Municipal Library*

8, rue de la Montagne-d'Aulas - 186, rue Saint-Charles (15e). Métro : Lourmel

Maître d'ouvrage : Ville de Paris

De la Kaaba au monolithe de *2001 Odyssée de l'espace*, la pierre noire symbolise l'objet autre. Ici, avec cet « objet abstrait » l'architecte a voulu « affirmer une volonté d'isolement par rapport à un environnement » que – peut-être – il n'appréciait guère. Plaqués sur le béton noir, les faisceaux obliques de verre et de métal suggèrent un mouvement figé, comme une météorite, objet d'un autre monde fiché de biais dans le sol au terme de sa chute. Seule concession à l'environnement, un dialogue subtil avec le gymnase voisin, deux bâtiments unis par leur tension vers l'extérieur, l'une oblique, l'autre courbe. Le fin triangle vitré de la façade sur rue signale au passant l'activité de la bibliothèque, l'invitant à pénétrer. A l'intérieur, c'est la lumière tombant du toit – et donc toujours égale au fil des heures – qui crée un « espace propre, complètement autonome de l'extérieur ». Pénétrant par un cône de 15 mètres, elle est diffusée à travers une colonne de verre qui délimite au sol un jardin intérieur, au centre du plan totalement libre de la salle de lecture. Quant aux étroites fentes biaises percées dans les murs, elles ne sont là que pour « faire sentir l'extérieur sans le montrer, accentuant encore l'autonomie de l'espace intérieur ».

As the monolith of "2001, a Space Odyssey" demonstrates, black stone has always symbolised the unknown. Here, with this "abstract object" the architect sought to "affirm a wish for isolation from an environment" which, perhaps, he himself felt little affection for.

The oblique bundles of glass and metal which are fixed to the black concrete suggest an arrested movement, like a meteorite, object from another world stuck at an angle into the ground at the end of their fall. The only concession to the surroundings is to be found in a subtle dialogue with the neighbouring gymnasium, the two buildings – one oblique, the other curved – are in fact united by their common tension with their surroundings. The narrow glass triangle of the street frontage indicates the activity of the library to the passer-by, inviting him to come in. On the inside, light from the roof (remaining constant throughout the day) creates "a well defined space, completely independent of the exterior". Light enters through a 15 metre cone and is diffused through a glass column which, at ground level, marks off the beginning of an indoor garden in the centre of the open plan reading room. The narrow angled fissures in the walls serve to "create an awareness of the exterior without actually showing it, further accentuating the independance of the internal space".

Georges MAURIOS. 1989.

Jean-Paul ASTIER, assistant

81 logements sociaux / *81 public sector flats*

43-47, rue Balard (15e). Métro : Balard, Javel-André-Citroën

Maître d'ouvrage : SAGI

Un coin de rue traité comme une « articulation entre deux bâtiments situés sur des artères à statuts fort différents ».
Sur la rue Balard, à grande circulation, une « façade dynamique, où il se passe des choses » : loggias qui se désaxent pour mieux recevoir le soleil, duplex des derniers étages, « grouillement » de la carapace en carreaux cassés, hommage mouvementé à l'immeuble voisin du pont Mirabeau (voir page 214).
A l'approche de l'angle, les loggias « tournent » autour d'un grand axe vertical et anguleux pour aborder en rondeur la « façade calme » et unie en béton lavé sur la tranquille rue Cauchy.
A la jonction des deux, une faille où est situé le hall d'entrée. Haut de trois niveaux et largement vitré, ce hall « éclaire » l'intérieur de l'ilôt, l'ouvrant sur la rue, au contraire des cours traditionnelles enserrées dans une muraille d'immeubles.
A l'intérieur de la cour, trois « maisons de ville ».

This is a street corner treated as "an articulation between buildings placed on two roads of a very different kind".
On the busy rue Balard, there is a "dynamic façade, with plenty happening": balconies set at angles to make the most of the sunlight, duplex apartments on the upper floors and a "swarming" shell of fractured tiles all add up to a lively homage to the neighbouring building (see page 214).
The nearer they are to the corner, the more the balconies "turn" around a great vertical access, leading on into the "plain, calm, washed concrete frontage" on the quieter rue Cauchy.
A fissure at the junction of the two buildings accommodates the entry hall.
Three levels high and principally in glass, it "lights up" the interior of the block, opening it out onto the street, in contrast to the city's traditional courtyard, which are closed off behind a thick wall of buildings.
Three small houses are set within the courtyard.

A voir aux alentours / To be seen around:
ARCHITECTURE STUDIO Logements 13-17, rue Cauchy (1997)
H. LASSEN et M. RÉMON Logements 63, rue Balard (1989)
P. RIBOULET Logements 39, rue Balard (1994)
D. et A. SLOAN Logements 32, rue Cauchy (1990)
M.-C. GANGNEUX et J.P. BRAUN Logements 46, rue Cauchy (1989)
P. MOTTINI Ecole 71, rue Gutenberg (1994)
X... Ecole 46, rue des Cévennes

Charles-Louis et Henry-Charles DELACROIX. 1933

Logements (96) / *Apartments (96)*

Rond-point Saint-Charles, rues des Cévennes et Lacordaire (15e).
Métro : Boucicaut, Javel

Maître d'ouvrage : M. Coquet

Elève de Sauvage, Henry-Charles Delacroix a construit avec son père cet immeuble qui entendait donner une dimension urbaine moderne « aux restes du centre d'un faubourg » [(1)].
Les façades en briques rouges, calepinées comme un bardage, sont striées d'éclatantes coursives en ciment blanc, ponctuées par le métal noir des bow-windows et des verrières. Ces dernières (voir le coin Lacordaire-Cévennes), posées sans épaisseur, au niveau même de la façade. Mais, loin des regards, sur la cour, foin de modernité : les fenêtres sont banalement en bois.
L'immeuble occupe – presque – le quart du rond-point Saint-Charles, ce qui lui donne un air un peu « de côté ». Il est massif : le propriétaire avait, par souci de rentabilité, imposé au départ une importante surface à bâtir sur les 960 m² de son terrain. Autre curiosité, la future division de l'immeuble autour d'une cour commune avait été prévue, avec la construction de deux entrées et de deux loges de concierge.

A pupil of Sauvage's, Henry-Charles Delacroix built, with his father, this building that aims at giving a modern urban dimension "to the remains of a faubourg center" [(1)].
The red brick façades, laid out like cladding, are streaked with dazzling white cement gangways, punctuated by the black metal of the bow-windows and thin glass walls. These latter (see the Lacordaire-Cévennes corner), are at the same level as the façade. However, hidden from view, over the courtyard, modernity can go to devil: the windows are in run-of-the-mill wood.
The building takes up almost a quarter of the Saint-Charles roundabout, thus lending it an air of being slightly "aside". It is massive: the owner (a certain Mr. Coquet), concerned with being cost-effective, had from the start set out to build a significantly sized area upon his 960 square meters plot of land. Another interesting feature: there had from the start been a plan to split up the building around a shared courtyard, with the construction of two entrances and two caretaker's lodges.

(1) *"La Construction moderne"* (9 juin 1935), pp.778-787

A voir aux alentours / To be seen around:
F. DUSAPIN et F. LECLERCQ Logements 149-163, rue de la Croix-Nivert (1997)
C. DUGELAY et A. TIERCHANT Centre culturel algérien 169, rue de la Croix-Nivert (1984)

Richard MEIER. 1991

Siège de Canal Plus (45 000 m^2) / *TV Channel head office*

2, rue des Cévennes et quai André-Citroën (15e). Métro : Javel

Maître d'ouvrage : Canal Plus et COGEDIM

Blancheur éclatante et stricte décomposition du bâtiment selon ses diverses fonctions sont la signature constante de l'architecte fonctionnaliste new-yorkais Richard Meier.
Les services administratifs de la chaîne occupent un grand bâtiment de sept niveaux sur le quai André-Citroën, les studios et régies de production étant à moitié enfouis dans le bâtiment bas perpendiculaire. A leur jonction, l'entrée débouche sur un grand atrium vitré de 20 mètres de long desservant les deux parties. A l'arrière, un bâtiment largement ouvert sur le parc et couvert d'une « aile d'avion » abrite salles de réunions et restaurant d'entreprise.
La façade transparente en vitre et brise-soleil sur le quai s'oppose à celle – compacte et fermée – du bâtiment de production, recouvert de plaques de tôle émaillée blanche. Le bâtiment administratif s'appuie sur un haut mur, également capoté de tôles blanches et percé de fines ouvertures. Une manière d'accentuer visuellement la séparation entre production et administration, tout en assurant la transition entre façade ouverte et façade fermée.

The building clearly bears the signature of the functionalist New York architect Richard Meier, with its dazzling whiteness and the rigid disposition of its parts according to their different functions.
The television station's administrative services occupy a large seven storey building on the quai André-Citroën, the studios and production workshops are half hidden in the lower perpendicular building. At the junction of the two buildings, access is through a large glass atrium, 20 metres long and providing entry points to both areas. To the rear, a building, looking out into the park and covered with a "aeroplane wing", houses meeting-rooms and a staff restaurant.
The transparent glass façade on the quai contrasts with the dense, enclosed, frontage of the production building, which is covered in white enamelled metal panels. The administrative building is supported by a high wall which is also clad in white metal and pierced with small openings. This is a way of visually accentuating the distinction between production and administration, whilst providing a transition between open and closed frontages.

A voir aux alentours / To be seen around:
A. ZUBLENA Logements 21, rue Balard (1986)
F. CERIA et A. COUPEL Crèche 5, rue Clément-Myionnet (1988)

Construit par une des plus importantes agences parisiennes de l'entre-deux-guerres, cet ensemble d'habitations illustre la modernité classique, telle que la concevaient ceux qui refusaient l'architecture en béton du Mouvement moderne.
Les jeux de courbes, en forme de carénage, de la façade sur la place sont dessinés en fonction de critères purement esthétiques et en dehors de toute préoccupation fonctionnelle. Ils sont nettement influencés par les recherches sur l'aérodynamisme, alors très en vogue pour les moyens de transport (automobiles, chemins de fer, etc.). Preuve de ces préoccupations communes, la revue l'*Architecture d'Aujourd'hui* venait de consacrer l'année précédente un numéro spécial aux « moyens de transports ». Quant aux carrelages dont est revêtue la façade – des carreaux de second choix, cassés et mis au rebut – ils étaient un matériau à la fois résistant et « moderne » pour les architectes qui cherchaient une « troisième voie » entre la traditionnelle pierre de taille et les façades en ciment des « modernistes ».

Joseph BASSOMPIERRE, Paul de RUTTÉ et Paul SIRVIN.

1936

Logements de standing
Luxury flats

7, rond-point du Pont-Mirabeau (15e).
Métro : Javel

Built by one of the largest Parisian development companies of the inter-war period, this apartment block is an illustration of the classic modernity practised by those who could not come to terms with the concrete-dominated architecture of the Modern Movement. The façade giving on to the square, an interplay of curves shaped like ship's hulls, is governed exclusively by aesthetic criteria, from which any concern with functionality is excluded. It is clearly influenced by the aerodynamic researches which were so fashionable at the time in the field of transport design (be it of automobiles or of trains). This common interest was underlined by the magazine l'*Architecture Aujourd'hui* which had given over an entire edition to "means of transport". The tiling of the façade (composed of "reject" quality tiles which had been broken and thrown away) also gave a strong and "modern" material to architects looking for a third way between traditional freestone and the cement façades of the modernists.

A voir aux alentours / To be seen around:
F. CERIA et A. COUPEL Logements 22-30, rue Sébastien-Mercier (1988)
X... Logements 41, rue Sébastien-Mercier (vers 1930)
R. GROSJEAN Logements 53-55, rue Sébastien-Mercier (1982)
F. HAMMOUTÈNE et D. DELALANDE Bureaux 66, rue Sébastien-Mercier (1986) (voir l'intérieur)
N. LEMARESQUIER et P.P. HECKLY bureaux 39, quai André-Citroën (1972)

Cette seizième tour du Front de Seine, dessinée en 1980 pour contenir des logements, aura probablement été la dernière construite à Paris *intra-muros*. Haute de 100 mètres, elle entend être « une sculpture de verre et non une simple barre verticale ». La couleur de ses façades – en vitre bronze clair – varie selon l'ensoleillement. Chaque facette prend ainsi la lumière différemment, ce qui « donne du volume à la tour ». En haut, les pans coupés soulignent le côté « immeuble en diamant et cristal » recherché par les architectes.
Les facettes se décalent en hauteur au fur et à mesure que l'on tourne « pour mettre en valeur les volumes par les surplombs et donner une impression de solidité ». Sur chaque façade, deux bandes noires métalliques « calment » la tour en l'ordonnant. Les mêmes architectes avaient déjà réalisé en 1976 à l'hôtel Nikko voisin (voir page 216).

Julien PENVEN et Jean-Claude LE BAIL

1990

Tour Cristal (bureaux)

Crystal Tower (offices)

7, quai André-Citroën (15e).
Métro :
Javel, André-Citroën

Maître d'ouvrage : COGEDIM

This was the 16th tower block to be built in the area "Front de Seine", originally designed in 1980 to house apartments, it will probably be the last to be built within the city itself. Hundred metres high, it was conceived as "a sculpture in glass rather than a mere vertical bar". The colour of its façades (in lightly bronzed glass) varies with the movement of the sun, with each part receiving light at different angles and giving "an impression of volume to the tower". Towards the top of the tower, interlocking planes emphasises the impression sought by the architects of "a building of diamonds and crystal".
The lines of the façades move further apart from each other as they progress up the building "so as to bring out volumes composed of overhangs and create an imprssion of solidity". On each frontage, two black metallic bands "calm down" and organise the tower.
The same architects built the neighbouring hotel Nikko (see page 216) in 1976.

« Exprimer le squelette, la structure : c'est ça l'architecture. Tout le reste n'est que du décor. »
Andrault et Parat ont poussé ici leur principe « à son extrême logique » en partant d'une contrainte imposée par l'aménageur : édifier une tour à « taille de guêpe » sur les premiers mètres au-dessus de la dalle piétonnière.
Ainsi, « les poteaux de structure en béton ont été laissés entièrement visibles sur toute la hauteur de la tour. Les logements viennent s'y accrocher, groupés par trois dans des sortes de boîtes inclinées à 45 degrés pour avoir un maximum de vue sur la Seine. Ce système réalise de la façon la plus claire la séparation entre les circulations (ascenseurs, escaliers et couloirs logés dans les poteaux) et les logements ». Conçu comme un immeuble de prestige, la tour Totem est aussi un des endroits les plus protégés de Paris (enregistrement des visiteurs, caméras vidéo dans les couloirs et ascenseurs, etc.) : la moitié des occupants sont en effet Iraniens, Libanais, ou citoyens des émirats du Golfe.

Pierre PARAT et Michel ANDRAULT.
1978

Tour Totem (207 logements de standing)
207 luxury flats

55, quai de Grenelle (15e).
Métro : Javel, Dupleix

Maître d'ouvrage : Caisse des dépôts et consignations

"Finding a way of expressing the skeleton, the structure: that is what architecture is all about. The rest is just decoration."
Here, Andrault and Parat pushed their principles "to their logical extreme", on the basis of constraints imposed by the developer, with a "wasp shaped" tower protruding over the ground-level pedestrian walkway.
The result is that "the concrete structural posts have been left visible over the full height of the tower. The apartments cling to the posts, in box-shaped groups of three, placed at 45° angles to give the fullest possible view of the Seine. This system establishes the clearest possible separation between the apartments and the common parts (lifts, stairways and corridors, all placed inside the posts)".
Conceived as a prestige building, the "Totem" Tower is also one of the best protected buildings in Paris (visitors have to sign in and are then watched over by video cameras in the corridors and lifts): most of the occupants are Iranians, Libyans or citizens of the Gulf Emirates.

A voir aux alentours / To be seen around:
J. PENVEN et J.C. LE BAIL Hôtel 61, quai de Grenelle (1976)
J.C. JALLAT Logements 40, rue Émeriau (1971)
P. LECACHEUX École 16, rue Émeriau (1983)
P. FRANÇOIS Foyer pour handicapés, 2, rue Émeriau (1983)

« Appliquant, au moins en partie, (ses) idées personnelles sur les bâtiments scolaires » [1], Bonnier entendait réaliser ici un manifeste contre « les écoles au type monotone, uniformément triste, et aux façades de moellons piqués ». Paroles d'expert : il était alors directeur de l'architecture de la Ville de Paris, mais n'a pas toujours appliqué ces louables intentions (voir page 329).
Afin d'éviter « l'aspect caserne », Bonnier a joué sur la diversité des volumes (pavillons bas, guérites, décrochements, porches creusés, toits en débord, fenêtres en creux, etc.). Diversité aussi des ouvertures : baies rectangulaires des classes, baies cintrées des préaux, multiples tailles des fenêtres courantes, etc.
Dans ce « quartier ouvrier empuanti et sali par les fumées épaisses des manufactures », il fallait aussi « résister par la gaieté des couleurs ». Façades en briques ocre, ciment incrusté d'opalines, porches d'entrée revêtus « de briques vernissées, mosaïques brillantes et verdures décoratives », frises colorées dans les classes. Jusque, dans les cours, « des pergolas couvertes de roses ».

Louis BONNIER

1912

Groupe scolaire (écoles maternelle et primaire)

School complex (nursery and primary schools)

22, rue Sextius-Michel (15e).
Métro : Dupleix

Maître d'ouvrage : Education nationale

"Applying, at least partially, (his) personal ideas about school buildings", [1] Bonnier wanted to build a manifesto against "the monotonous schools, all very sad, with pierced stone façades." The words of an expert: at the time, he was the director of the Paris School of Architecture, but he did not always apply these commendable intentions (see page 329).
In order to avoid "the military barracks aspect", Bonnier used a diversity of volumes (low pavilions, huts, indentations, sunk porches, protruding roofs, hollow windows, etc). One also finds diversity in the openings: rectangular windows for the classrooms, arched openings for the covered playgrounds, various sizes for the standard windows, etc.).
In this "working class neighbourhood that stinks and is soiled by the thick smoke of the factories", one had to "resist by using cheerful colours". Façades in ochre bricks, cement inlaid with opaline glass, entrance porches covered with "glazed bricks, bright mosaics, and decorative plants", multicoloured friezes in the classrooms. And in the courtyards, "a few pergolas are covered with roses".

(1) Citations de Bonnier extraites de la revue *L'architecte* (1912).

A voir aux alentours / To be seen around:
P. LEBOUCQ Logements 67, rue du Théâtre (1992)
S. KLEINER Logements 17-21, rue Gramme (1935)
B. ELKOUKEN 138, rue du Théâtre (1930)

Raymond LOPEZ et Marcel REBY. 1959

Michel HOLLEY, collaborateur

Caisse centrale d'allocations familiales (25 000 m²) / *Family Allowances building*

10, rue Viala (15ᵉ). Métro : Duplex
Maître d'ouvrage : Allocations familiales

A son époque, ce bâtiment est apparu comme doublement innovant, tant du point de vue urbain que technologique.
Ainsi, l'effort des architectes pour libérer le maximum de surface au sol pour des parkings et des jardins apparaissait comme le modèle d'une « politique rationnelle de remodélation d'îlots, généralisable à de nombreux quartiers » (1) de Paris. Sur le plan architectural, la façade en mur-rideau est entièrement suspendue à l'ossature métallique, au-dessus du huitième et dernier étage, afin de pouvoir se dilater librement par rapport à la charpente. Une première en Europe, rendue possible par des recherches poussées sur les matériaux. Tels les légers panneaux de façade en polyester (8 kg/m²) qui assurent 40 % de transmission lumineuse (de l'intérieur la façade est totalement translucide). « Ce matériau va nous affranchir du poids et du temps », disait Lopez. De même, les planchers en tôle pèsent 35 kg/m², le dixième du poids habituel. A l'intérieur, le grand rez-de-chaussée, qui peut recevoir 1 500 personnes, est doté d'une garderie car, précisait le cahier des charges, « l'attente dure parfois une heure et demi ».

At the time of its construction, this building appeared doubly innovative, from a planning as well as a technological standpoint.
Thus, the architect's efforts to free a maximum ground surface for parking spaces and gardens appear to offer a model of "a rational policy for the re-working of traditional blocks, potentially applicable to many other areas" in Paris (1). From an architectural point of view, the curtain-wall façade is entirely suspended frorn the metal framework above the final (eighth) floor, so as to be able to swell out freely from the framework. This was a first in Europe, made possible by extended research into the materials used, such as the light polyester panels (weighing 8 kilogrammes per square metre) of the façade, which allow 40 % of light to pass through (from the inside, the façade is totally translucent). "This material will save us both weight and time", said Lopez. Similarly, the metal floors weigh only 35 kilogrammes per square metre, a tenth of the usual weight. On the inside, the vast ground floor hall, capable of holding 1,500 people, is equipped with a small nursery; for which the construction records offer an explanation; "the public sometimes have to wait one and a half hours".

(1) *L'Architecture d'aujourd'hui*, février 1955.

A voir aux alentours / To be seen around:
F. HAMMOUTÈNE Surrélévation d'un immeuble de bureaux 24, rue de Presles (1988)

Masa Yuki YAMANAKA et ARMSTRONG Associates. 1997

Maison de la Culture du Japon / *Japan Foundation*

Quai Branly et rue de la Fédération (15e). Métro : Bir-Hakeim

Maître d'ouvrage : ambassade du Japon

Pour cette maison de la culture du Japon, les architectes n'ont pas cherché à s'imposer dans un paysage déjà fortement structuré par des éléments à grande échelle : Seine, pont de Bir Hakeim, quai à grande circulation, hauts immeubles du XIXe siècle. Construit sur un très petit terrain – une des spécialités des architectes japonais – le volume simple et lisse cherche à accompagner l'environnement, bien plus qu'à le marquer par une individualité trop affirmée. La façade vitrée suit simplement l'arrondi de la rue. Elle répond à la courbe de l'ambassade d'Australie située en face (voir page suivante), mais sur un mode complètement différent : autant la Maison du Japon est transparente et légère, autant l'autre est minérale et dense.
A l'intérieur, un patio découvert, travaillé comme un espace en expansion : jouant avec les obliques et les courbes des circulations et avec les échappées de vue vers l'extérieur, les architectes ont cherché à le faire apparaître bien plus grand qu'il n'est en réalité.
La Maison du Japon abrite notamment un théâtre, une bibliothèque et des salles d'exposition.

In designing this Japanese Cultural Centre the architects did not try to impose themselves on an area which was already sharply defined by number of large scale elements: the Seine, the Bir-Hakeim bridge, a busy quay and several tall 19th century buildings.
Built on a very small site – one of the specialities of Japanese architects – the smooth, simple volume seeks to be an accompaniment to its environment, rather than to scar it with an over-emphasised individuality. The glass façade obediently follows the curve of the street. It echoes the curve of the Australian Embassy opposite it (see page 220), but in a very different style: the Japanese Centre is light and transparent, the Embassy is mineral and dense.
The interior includes an uncovered patio, designed as an expanding space: it plays on the oblique angles and curves of the walkways and on the occasionally available glimpses of the outside world. The architects have to made it appear rather larger than it really is.
The Japanese Centre houses notably a theatre, a library and several exhibition halls.

Harry SEIDLER et Peter HIRST. 1978

Marcel BREUER, Pier-Luigi NERVI et Mario JOSSA, architectes consultants

Ambassade d'Australie et logements de fonction

Australian Embassy and staff apartments

4, rue Jean-Rey et 9, rue de la Fédération (15e). Métro : Bir-Hakeim

Maître d'ouvrage : Etat australien

Massive et minérale, l'ambassade illustre ce que Breuer – cofondateur du mouvement du Bauhaus dans les années 20 – appelait un immeuble « sun and shadow » : à l'inverse d'un mur-rideau complètement lisse, la façade est « sculptée » d'ouvertures et de fenêtres qui l'animent au gré du mouvement des ombres.
En écho aux courbes du Palais de Chaillot voisin, les deux bâtiments sont construits en arc de cercle « pour offrir à leurs pièces principales – bureaux de l'ambassade et livings des logements – le maximum de la vue splendide sur la Seine et la Tour Eiffel ». Les énormes piliers de l'entrée, au rez-de-chaussée, ont été dessinés par Pier-Luigi Nervi.

A massive mineral outcrop, the Embassy illustrates what Breuer (co-founder of the Bauhaus Movement in the 1920's) called a "sun and shadow" building: the complete opposite of a smooth curtain-wall, the façade is "sculpted" with openings and windows which animate it as shadows move across it.
Echoing the curves of the neighbouring Palais Chaillot, the two buildings are built in an arc "to give their main rooms – the embassy offices and the living-rooms of the apartments – the best possible view of the Seine and the Eiffel Tower". The vast pillars of the ground floor entrance were designed by Pier-Luigi Nervi.

A voir aux alentours / To be seen around:
J.P. BUFFI Logements 49, rue de la Fédération (1984)
F. BOEGNER Ecole 21, rue Dupleix (1920)
P.-L. FALOCI Logements 5-7, rue George-Bernard Shaw (1993)

Pierre DUFAU. 1966

Jean-Claude LE BAIL, Julien PENVEN et B.T. LAC, associés (décoration intérieure : Raymond LOEWY)

Hôtel Hilton (492 chambres) / *Hilton Hotel (492 rooms)*

18, av. de Suffren (15e). Métro : Bir-Hakeim, Champ-de-Mars
Maître d'ouvrage : Société immobilière hôtelière

« Evénement du printemps 1966 » selon *Pariscope*, le Hilton était, avec le Drugstore des Champs-Elysées, le symbole du modernisme américain (air conditionné, télévision télécommandée du lit, téléphone direct, parois gonflables, etc.) qui débarquait dans la capitale. « L'OTAN se retire, Hilton arrive », résumait sobrement *Le Figaro*. Raté de ce choc entre deux mondes : la chaîne de T.V. intérieure – alors luxe suprême – prévue par Hilton a été refusée en raison du monopole de l'Etat sur les télécommunications... Pour ce premier hôtel de luxe construit à Paris depuis le George V en 1933, Dufau a choisi de « sacrifier l'ostentatoire à l'utile » (1) Parallélépipède de verre et de travertin grège posé sur une base de granit rouge, il est simplement allégé par l'attique du restaurant panoramique, au toit en débord. La décoration intérieure et le mobilier sont de Raymond Loewy. « Onze étages de banalité » comme l'écrivait *Arts* (avril 1966) ? En tous cas, un des bâtiments les plus représentatifs et le mieux réalisé de l'architecture parisienne des années 60.

"The event of Spring 1966" according to the city-magazine'Pariscope', the Hilton was, along with the Drugstore on the Champs-Elysées, the symbol of American modernism (air conditioning, remote control TV, direct dial telephone, inflatable walls, etc.) that was showing up in the capital. "Out with NATO, in with Hilton", was how the daily newspaper 'Le Figaro' soberly put it. A hitch in this clash between worlds: the private TV station – an utter luxury in those days – that the Hilton had planned on, was rejected due to State monopoly on telecommunications...
For this first de luxe hotel to be built in Paris since the George V in 1933, Dufau decided to "give up the ostentatious for the sake of the useful" (1). A parallelepiped made of glass and off-white travertine, standing on a red granite base, it is given a lighter touch by the attic of the panoramic restaurant, jutting out from the roof. Raymond Loewy provided the interior decoration and furniture. "Eleven floors of banality" as 'Arts' (April 1966) put it? In any case, it is one of the most typical and best implemented buildings of Parisian architecture in the 60's.

(1) P. Dufau *Un architecte qui voulait être architecte* (Londreys 1989)

Jean-François JODRY et Jean-Paul VIGUIER. 1995

Bernard COCHET et Philippe DELANNOY, architectes consultants

Gymnase et crèche (80 berceaux) / *Gymnasium and kindergarten (80 cradles)*

28, rue Edgar-Faure (15e). Métro : Dupleix

Maître d'ouvrage : Ville de Paris

Il y a ici la volonté de donner une « place introductive » au nouveau quartier de 1 000 logements construits, autour d'un jardin, sur les terrains de l'ancienne caserne Dupleix, datant de la fin du XIXe siècle.
A l'un des deux anciens pavillons de garde, conservés, ont été accolés, en équerre, les nouveaux locaux de la crèche. Pour faire coexister ces deux bâtiments – réunis intérieurement – les architectes ont adopté une « démarche mesurée ». « La construction moderne, parallélépipédique, est comme un étirement de l'ancienne, cubique. Elle reprend son alignement, son revêtement clair et prolonge ses corniches et ses proportions. » Leur jonction est « discrètement marquée » par un espace vitré et fermé.
La place en granit, sous laquelle se trouve le gymnase, surplombe le jardin, quatre mètres en contrebas, dont elle est séparée par un bassin et traversée par une passerelle.
Le jardin, planté d'alignements d'arbres, est ceinturé par une galerie, qui le sépare des immeubles qui l'entourent, « sur le modèle du Palais-Royal ».

Here, we built with the intention of giving an "introductory space" to this new neighbourhood of 1,000 homes, built round a garden on the site of the former Dupleix barracks, which dated from the 19th Century.
Onto one of the former guardhouses, which was preserved, the new kindergarten premises were attached, at right angles. To harmonise the two buildings – united internally – the architects adopted a "restrained approach". "The modern, parallelopedic, building is, as it were, extruded from the old, cubic one, following its alignment, its light colours and extending its ledges and proportions'. Their junction is "discreetly marked" by an enclosed, glazed, area.
The granite raised square, beneath which is located the gymnasium, overlooks the garden, from which it is separated by a pool, four meters below it, which is crossed by a walkway. The garden, in which rows of trees are planted, is surrounded by a covered walk which separates it from the surrounding buildings, a feature "modeled on the Palais-Royal".

A voir aux alentours / To be seen around:
ARCHITECTURE STUDIO Logements 9-15, rue Edgar-Faure (1994)

Un exemple de l'influence exercée par l'architecture hollandaise en France, au tournant des années 30. Quelques années avant la monumentale Ecole des travaux publics (voi. page 37), Chollet et Mathon font déjà ici appel à la brique, qui connaissait alors une nouvelle modernité sous l'influence batave.
Autre signe de modernité, les pièces de réception de grande hauteur (un étage et demi), qui évoquent les « ateliers » d'artistes alors en vogue parmi l'intelligentsia (voir page 167). A deux étages de pièces de réception sur rue, correspondent trois étages de pièces d'habitation et de service sur cour. En ne laissant ainsi apparaître que cinq niveaux au lieu de huit, la façade donne à l'immeuble une sérénité qui n'est pas le moindre signe de son standing.
De même, d'ailleurs, que la finition particulièrement soignée : jeux de briques rouges et d'aplats blancs, ouvertures cintrées du rez-de-chaussée, lucarnes ourlées de blanc, muret de clôture, etc. Il faut dire que les architectes avaient installé dans cet immeuble leurs logements et les bureaux de leur agence [1].

Joannès CHOLLET et Jean-Baptiste MATHON
1930

Logements
Apartments

5, rue Alasseur (15e).
Métro :
La Motte-Picquet-Grenelle

In this example of the influence of Dutch architecture in France in the late 1920's and early 1930's, Chollet and Mathon had already used bricks, a few years before the construction of the monumental Ecole des travaux publics (see page 37), under the Dutch influence, bricks were enjoying a renewed modernity.
The very high-ceilinged reception rooms (one 1/2 floors in height) were another sign of modernity, a reminder of the artists' "workshops" which were very much in style among the intelligentsia at the time (see page 167). The height of two floors for the reception rooms, giving onto the street, corresponds three floors of bedrooms and service rooms overlooking the inner courtyard. With five levels showing instead of the regular eight, the façade gives the building a certain serenity, a major sign of its luxury. This is also the case with the very meticulous finishings: sets of red bricks and white flat surfaces, arched wall openings on the ground floor, white rimmed dormer windows, a low wall surrounding the grounds, etc. One should add that the architects had decided to live in the building and also set up their offices here. [1]

(1) P. Chemetov *Paris-Banlieue 1919-1939*, page 91. éditions. Dunod (1989).

A voir aux alentours / To be seen around:
R. FARRADÈCHE Garage 6, rue de la Cavalerie (1929)
P. SONREL et F. DANVIN Logements 7, rue de la Cavalerie (1929)

16e Nord arrondissement

AVENUE
PORTE
BOULEVARD DE L'AMIRAL BRUIX
Rue
AVENUE
1
PORTE DAUPHINE
R. Picot
de la Po
Av. Bugeaud
Flandrin
Faisanderie
Rue des
Rue
VICTO
2
3
Rue Sa
PERIPHERIQUE EXTERIEUR
LANNES
Boulevard
Rue de Longchamp
Belles Feuilles
BOULEVARD
Rue de la
AVENUE
Rue de la Pompe
Rue de
L
AVENUE HENRI-MARTIN
Rue des Sablons
AVENUE H. MARTIN
RUE DE LA POMPE
AV. G. MANDEL
Place de Colombie
Rue de la Tour
Boulevard Emile Augier
Cortambert
Rue Octave Feuillet
Rue de Franqueville
11
10
Bd Suchet
Av. Raphaël
Rue de la Pompe
Rue Cortambert
Rue de la Tour
AV. PAUL DOUMER
9
8
Rue de la Tour
Av. Prudhon
LA MUETTE
BOULAINVILLIERS

AVENUE DE LA GRANDE ARMEE
ARGENTINE
ARC DE TRIOMPHE
CHARLES DE GAULLE ETOILE
FOCH
KLEBER
HUGO
VICTOR HUGO
AVENUE KLEBER
AVENUE D'IENA
AVENUE MARCEAU
Rue de Bassano
Rue Copernic
AVENUE RAYMOND POINCARE
Rue Boissière
Place des Etats-Unis
BOISSIERE
16
Av. Pierre 1er de Serbie
IENA
Rue de Longchamp
AVENUE DU PRESIDENT WILSON
ALMA MARCEAU
4 Musée d'Art Moderne
5
AVENUE DE NEW-YORK
Pont de l'Alma
TROCADERO
6 Palais de Chaillot
7
Rue Franklin
Bd Delessert
Pont d'Iéna
CHAMP DE MARS TOUR EIFFEL
Pont de Bir-Hakeim

Abella est un bon exemple de ces architectes de l'entre-deux-guerres, à la recherche d'un compromis entre le modernisme et le néo-clacissisme, que le triomphe des idées du Mouvement moderne a rejeté dans l'oubli.
Pur produit de l'école des Beaux-Arts – il a été Premier Grand Prix de Rome – Abella a surtout construit au Maroc et à Limoges, dont il a été l'urbaniste en chef. A Paris, il n'a réalisé que deux immeubles.
Une dizaine d'années après la construction de la rue Cassini (voir page 164), Abella réalise ici un immeuble nettement plus classique, par sa façade en pierre et son monumentalisme. Mais les fenêtres en double-hauteur et les jeux de volumes des derniers étages montrent qu'il n'a pas oublié les leçons de l'architecture moderne, même s'il les applique d'une façon « modérée ». Ce n'est sans doute pas une coïncidence si le maître d'ouvrage de cet immeuble n'est autre que l'entrepreneur de la rue Mallet-Stevens (voir pages 246-247).

Charles ABELLA

1939

Logements de standing

Luxury flats

53, avenue Foch (16e).
Métro : Victor-Hugo

Maître d'ouvrage : André Lafond

Abella is a good example of those inter-war architects who sought a compromise between modernism and neo-classicism and who were consigned to oblivion by the triumph of the Modern Mouvement's ideas. A pure product of the Ecole des Beaux-Arts – he was a winner of the Premier Grand Prix de Rome – Abella did most of his work in Morocco and Limoges, where he was head of the town planning authority. He only produced two buildings in Paris.
Ten years after his work on the rue Cassini (see page 164), Abella built here a block which was very much more classical, with its stone façade and its monumental aspirations. Yet the double-height windows and the inter-play of volumes in the upper storeys show that he had not forgotten the lessons of modern architecture, even if he did apply them in a "moderate" way. It is no doubt more than mere coincidence that the developer who financed this building was none other than the financier who was behind the rue Mallet-Stevens (see pages 246-247).

A voir aux alentours / To be seen around:
H. GUIMARD Métro Porte Dauphine - face n° 90, avenue Foch (vers 1905)
L. FAURE-DUJARRIC Hôtel particulier 9, square de l'avenue Foch (vers 1930)
J. RICHARD et G. ROEHRICH Hôtel particulier 3, villa Saïd (1932)
A. PERRET Hôtel Bressy 27, villa Saïd (1928)
B. COSTA Bureaux 7, rue Spontini (1993)

Jamais autant que dans les années 30 le mot bâtiment n'a aussi bien mérité son double sens, architectural et maritime. C'est que la modernité de l'entre-deux-guerres, avide d'efficacité, se retrouvait dans les machines efficaces et profilées (voir page 199). Charaval et Melendès ont construit ici un immeuble effilé dont la proue en tourelle semble appartenir au cuirassé Potemkine d'Eisenstein.
A l'époque, on avait surtout remarqué la prouesse technique représentée par la construction d'une salle de cinéma de 810 places sur un petit terrain de 480 m². Principale innovation : une salle en « contre-pente » (au lieu de descendre vers l'écran, le plancher de l'orchestre monte vers lui) a permis de rehausser l'écran, et donc d'adoucir l'inclinaison du balcon, pour éviter ces « pentes vertigineuses si désagréables au public » (1). La salle a été détruite en 1986.
L'immeuble étant assez étroit, les appartements sont en duplex. Sur les façades, les grandes baies des « studios-ateliers » avec chambre en mezzanine répondent aux petites fenêtres des cuisines et salles de bains superposées.

Jean CHARAVEL et Marcel MELENDÈS

1930

Logements (et ancien cinéma)

Apartments (and former cinema)

65, rue Saint-Didier (16e).
Métro : Victor-Hugo

Maître d'ouvrage : Pathé-Nathan

It was in the 30's, more than ever, that the word building was worthy of its dual meaning – architectural and maritime. The modernity of the efficient-hungry era between two wars was manifested in the efficient and laminated machinery (see page 199). Charaval and Melendès have constructed a tapered building whose turreted prow seems to come straight out of Eisenstein's Battleship Potemkin.
In those days, what attracted most attention was the technical prowess, represented by the cinema building, with 810 seats, on a small 480 square meters plot of land. The main innovation: a room in "counter-slope" (the floor is on an upwards rather than downwards slope towards the screen) allowed for the screen to be lifted, and thus for the balcony angle to be softened, in order to do away with those "dizzying heights that an audience despises" (1). The cinema was destroyed in 1986.
As the building is quite narrow, the apartments are duplex. On the façades are the large "studio-atelier" bay windows, with mezzanine bedrooms, echoing the stack of small kitchen and bathroom windows.

(1) *La Construction moderne* (28 février 1932).

A voir aux alentours / To be seen around:
H. SAUVAGE Cité d'Argentine 111, avenue Victor-Hugo (1903)

Pour ce bâtiment public – un des rares qu'il ait construit – Mallet-Stevens abandonne les formes sereines, les enduits lumineux et la finition luxueuse qu'il affectionne dans sa production habituelle : hôtels particuliers et riches villas. L'architecture – « éminemment orthogonale », comme la qualifiait Le Corbusier – adopte une double échelle. Horizontale en bas, elle respecte parfaitement la continuité de la rue, s'alignant en hauteur sur l'immeuble voisin. Mais, comme pour rappeler qu'il s'agit ici d'un immeuble-signal de la puissance publique, la façade fait brusquement un quart de tour, et ses derniers étages échappent à l'échelle étroite de la rue pour embrasser la ville dans son ensemble. Il en résulte un jeu d'horizontales et de verticales, organisées autour d'une tour aux balcons très découpés. Car, pour Mallet-Stevens, « ce ne sont pas quelques moulures gravées dans une façade qui accrochent la lumière, c'est la façade entière. L'architecte sculpte un bloc énorme : la maison » (1).

Robert MALLET-STEVENS

1936

Caserne de pompiers
Fire station

8, rue Mesnil (16e).
Métro : Victor-Hugo

Maître d'ouvrage : ministère de l'Intérieur

For this public building – one of the few he built – Mallet-Stevens abandoned the serene shapes, luminous coatings and luxurious finishing which he insisted on for his usual work (town-houses and villas for the well-to-do). The architecture – "eminently orthogonal", as Le Corbusier described it – adopts a double scale. At the bottom it is horizontal, perfectly respecting the continuity of the street and rises to the same height as the neighbouring building. However, as though to remind us that the building also functions as a signal of public power, the façade effects an abrupt quarter turn and its upper floors escape from the narrow scale of the street and reach out to the city as a whole. The result, seen from street level, is an inter-play of horizontal and vertical elements, organised around a tower with sharply cut balconies. For Mallet-Stevens "a few mouldings engraved on a façade will not suffice to catch the light, only the façade as a whole can do that. The architect sculpts with a single enormous block: the house itself" (1)

(1) *Rob Mallet-Stevens, architecte,* éditions. Archives d'Architecture Moderne, Bruxelles (1980)..

A voir aux alentours / To be seen around:
M. BONNEMAISON Logements 107, rue Lauriston (1930)
F. DUSAPIN et F. LECLERCQ Bureau de poste et logements 73, rue Lauriston (1993)
J. RIVIER et S. EPSTEIN Logements 36, rue Lauriston (vers 1940)
M. HERBERT Compagnie bancaire 29, rue La Pérouse (1978)
R. SAUBOT et F. JULLIEN Fédération nationale du bâtiment 6, rue La Pérouse (1972)
R. LOPEZ, R. GRAVEREAUX et J. PROUVÉ Fédération du bâtiment 7, rue La Pérouse (1950)

A. AUBERT, D. DASTUGUE, J.C. DONDEL et P. VIARD. 1937

Musée d'Art moderne / *Modern Art Museum*

13, avenue du Président-Wilson (16e). Métro : Alma-Marceau

Palais de Chaillot et Conseil économique et social (voir pages suivantes) : à l'occasion de l'exposition de 1937, la colline de Chaillot, entièrement réaménagée, devient un catalogue grandeur nature de l'architecture néo-classique. Choisi par concours parmi 120 autres projets, le nouveau musée a été étudié et réalisé en moins de deux ans.
Comme au Palais de Chaillot, les architectes ont construit leur bâtiment en articulant ses deux ailes – qui utilisent la déclivité du terrain – autour d'une percée, vaste terrasse ouverte sur la Seine.
La colonnade, tout comme le revêtement en pierre, essaie de réinterpréter dans un esprit moderne les éléments de l'architecture classique.

With the Palais de Chaillot and the Economic and Social Council building (see following pages) the Chaillot hill, which was completely redeveloped for the 1937 exhibition, became a life size catalogue of neo-classical architecture.
Having been chosen in competition with 120 other projects, the new museum was planned and built in less than two years.
As with the Palais de Chaillot, the architects put up their building by articulating its two wings – which make use of the slope of the site – around the vast open space of a terrace looking out over the Seine. The colonnade, like the stone facing, attempts to reinterpret the components of classical architecture in a modern spirit.

A voir aux alentours / To be seen around:
P. FIGAROL Bureaux 6, rue J. -Giraudoux (1929)
A. BIRO et J.J. FERNIER Logements 19, rue de Chaillot (1981)
J. GINSBERG Logements 11, rue de Lübeck (1949)

Auguste PERRET. 1937

Conseil économique et social (ex-musée des Travaux publics)

Economic and Social Council building (formerly Museum of Public Works)

1, avenue d'Iéna (16e). Métro : Iéna

Perret invente ici un nouvel ordre de colonne, qui va en s'évasant de la base au sommet. Il en avait eu l'idée, paraît-il, en voyant des palmiers en Egypte. Mais connaissant son peu de goût pour les formes gratuites et son exigence de « vérité des structures », on peut remarquer que cette forme évasée vers le haut est tout à fait cohérente avec la technique d'ancrage de la colonne dans une structure en béton. Perret ne pastiche pas les Anciens, il « fait ce qu'aurait fait nos ancêtres à notre place avec les moyens dont nous disposons » [1]. De même pour le béton qu'il emploie ici sans camouflage, comme dans la plupart de ses constructions. « Les Romains ont introduit la médiocre pratique du placage. Le béton se suffit à lui-même », affirmait-il. La plupart des architectes dans la lignée de Le Corbusier ont employé un béton grisâtre, brut de décoffrage. Perret – maçon amoureux du matériau, autant qu'architecte – est sans doute le seul à avoir réussi à donner une véritable noblesse au béton : la capacité à bien vieillir. Témoins, sur les deux ailes du bâtiment, les dalles et éléments de béton coloré, sablé ou bouchardé, qui supportent remarquablement la pollution.

Perret invents here a new kind of column, which widens out from bottom to top. The idea came to him, it seems, whilst looking at palm-trees in Egypt. However, when one remembers his distaste for gratuitous shapes and his demand for "truth of structure", one might point out that this widening towards the top is completely compatible with the technical necessity of anchoring a column within a concrete structure. Perret is not producing a mere pastiche of the architects of Antiquity, he "does what our ancestors would have done with the means at our own disposal" [1]. The same applies to the concrete which, as in most of his buildings, he uses here with no attempt at camouflage. "The Romans introduced the mediocre practice of facing. Concrete is self-sufficient", he argued. Most architects who followed in the footsteps of Le Corbusier used a greyish, smooth concrete. Perret – a mason in love with his material, as much as an architect – was no doubt the only one to succeed in giving a real nobility to concrete, by endowing it with the ability to age gracefully. This is apparent on the two wings of the building, whose blocks and panels in coloured concrete which is either scored or sanded are remarkably resistant to pollution.

(1) Cité par Marcel Zahar dans *D'une doctrine d'architecture*, éditions Vincent Fréal (1959).

A voir aux alentours / To be seen around:

G. BOUCHEZ Agrandissement du CES avenue Albert-de-Mun (1995)

R. BOFILL Hôtel 3, rue de Magdebourg (1993)

J. FIDLER Logements 4, avenue Albert-de-Mun (1935)

R. LARDAT Aquarium du Trocadéro, jardins du Trocadéro (1937)

Léon AZÉMA, Louis H. BOILEAU et Jacques CARLU. 1937

Palais de Chaillot

Place du Trocadéro (16e). Métro : Trocadéro

La grande idée de Carlu : couronner la colline de Chaillot par un vide central et non par un quelconque monument – comme le proposait notamment Perret – qui aurait eu du mal à exister face à l'omniprésente Tour Eiffel. Le projet de remplacer l'ancien Trocadéro – pâtisserie néo-byzantine de Davioud et Bourdois datant de 1878 et qui prenait l'eau de toutes parts – apparaît avec le choix du site de l'exposition de 1937, dans l'axe Trocadéro-Montparnasse. Le nouveau palais devait être l'entrée monumentale de l'exposition.
Dans un premier temps, on pense simplement « camoufler » sous des structures légères l'ancien palais, pour la défense duquel la revue l'*Architecture d'Aujourd'hui* lance une virulente pétition. Chargé de la « modification », Carlu la transforme insensiblement en « reconstruction » quasi complète, au milieu des polémiques dénonçant sa démarche « clandestine », des scandales sur la passation de certains marchés et des grèves de chantier du Front populaire.
S'adaptant au modelé de la colline – qu'il accentue encore par des apports de terre – Carlu a voulu « des lignes dans la tradition monumentale française et dans l'harmonie parisienne », et a recherché « l'horizontalité qui fait la gloire de la place de la Concorde » (1).

This was Carlut's greatest idea: to crown the Chaillot hill with a central void and not with yet another monument – as was proposed, notably by Perret – which would have found it difficult to stand up to the omnipresent Eiffel Tower on the opposite bank of the river. The project of replacing the old Trocadéro (a sort of neo-byzantine pastry by Davioud and Bourdois dating from 1878 and which was leaking very badly) became a reality with the choice of a site on the Trocadéro-Montparnasse axis for the 1937 Exhibition. The new palace was to be the monumental entry to the exhibition. At first, the idea was simply to "camouflage" the old palace building beneath a series of light structures, however the magazine *Architecture d'Aujourd'hui* conducted a virulent campaign in defence of the old building. Carlu was put in charge of the "alterations" and gradually transformed it into an almost complete "reconstruction", amid a controversy over his "underhand" methods, scandals concerning the award of some contracts and Popular Front inspired strikes on the site.
Adapting himself to the line of the hill – which he further accentuated with earthworks of his own – Carlu aimed to create "lines inspired by the tradition of French monuments and by Parisian harmony" and sought "the horizontality which gives the place de la Concorde its greatness". (1)

(1) Citations extraites de *Le nouveau Trocadéro,* d'Isabelle Gournay (Mardaga, 1985).

Auguste PERRET. 1904

Logements / *Flats*

25 bis, rue Franklin (16e). Métro : Trocadéro, Passy
Maître d'ouvrage : Perret frères

Véritablement révolutionnaire et objet, à l'époque de sa construction, de multiples polémiques, ce bâtiment en béton est un de ceux qui marquent le début de l'architecture moderne. Hennebique – parmi d'autres – avait déjà employé le béton en 1899 pour un immeuble d'habitation (1, rue Danton), mais en « singeant » les formes et la structure d'un traditionnel immeuble en pierre de taille, sans exploiter les possibilités du nouveau matériau.
Fils d'un entrepreneur du bâtiment, ayant lui-même repris avec ses deux frères l'entreprise familiale où il développe l'emploi du béton, Auguste Perret est d'abord un homme de chantier : il n'a même pas terminé les Beaux-Arts. Il est le contraire d'un « artiste » peu soucieux des réalités concrètes de réalisation de son œuvre. Amoureux de la « belle ouvrage », connaissant sur le bout des doigts les procédés de construction, il estime que la technique ne doit pas être dissimulée, car seule « la vérité conduit à la beauté ».
Ici, pour la première fois dans un immeuble urbain, Perret construit un bâtiment qui repose sur quelques poteaux en béton. Et il ose laisser ce « squelette » clairement apparent, simplement revêtu d'un carrelage lisse. Perret se souvient ici des constructions gothiques – un sommet de l'architecture, selon lui – dans lesquelles « la structure commande l'aspect » du bâtiment. « Celui qui dissimule une partie quelconque de la charpente, se prive du seul légitime et plus bel ornement de l'architecture » (1), affirme-t-il.
L'immeuble reposant totalement sur des poteaux, les murs ne sont plus « porteurs », comme dans les constructions traditionnelles (et dans celle d'Hennebique, rue Danton). Perret en tire une conclusion qui annonce l'architecture moderne : chaque étage est un « plan libre » qui permet de disposer les cloisons des pièces selon les désirs des habitants.
Pour les cloisons entre les poteaux, le béton apparent est recouvert d'une sorte de peau protectrice et étanche en carreaux de grès flammé d'Alexandre Bigot, aux dessins floraux inspirés de l'Art nouveau.
Autre révolution : pour répondre aux contraintes d'un terrain très peu profond, il place en avant de l'immeuble la traditionnelle cour intérieure, ce qui permet d'augmenter notablement l'éclairage des cinq pièces d'habitation de chaque appartement, ouvrant largement plein sud, sur la Seine.
Les voisins ayant refusé l'ouverture de fenêtres sur la façade arrière, la cage d'escalier est éclairée par un mur-fenêtre de pavés de verre, sans doute un des premiers emplois de ce matériau qui deviendra un des fétiches de l'architecture moderne.

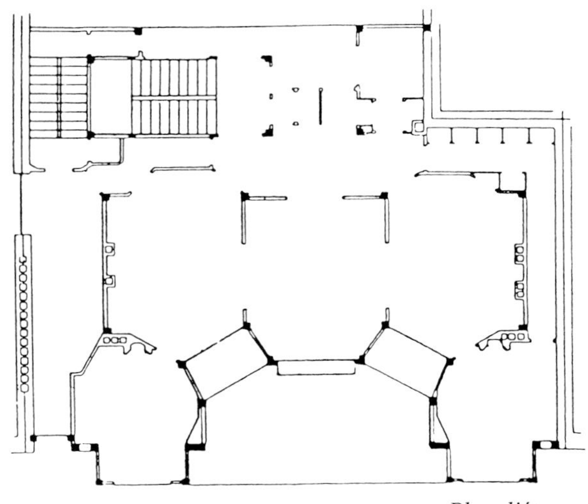

Plan d'étage

A voir aux alentours / To be seen around:
M. HENNEQUET Logements 17, rue de Franklin (1928)
G. THIRION Logements 7, rue Beethoven (1913)
J. FIDLER Logements 1, av. Paul-Doumer (1936)
R. BERGER Entrée du cimetière de Passy 2, rue du Commandant-Schloessing (1936)
R. ANGER, M. HEYMANN, P. PUCCINELLI et L. VEDER Logements 25, av. Paul-Doumer (1965)

This concrete building, truly revolutionary at the time of its construction and the subject of much arguments, is one of those which mark the beginning of modern architecture. Hennebique, amongst others, had already used concrete in 1899 for an apartment block (1, rue Danton), but he had done so by "apeing" the shapes and structure of a traditional freestone building, without exploiting the possibilities opened up by the new material.
The son of a building contractor, who himself took over the family business with his two brothers and concentrated particularly on developing the use of concrete. Auguste Perret was first and foremost a site man; he did not even finish his course at the Ecole des Beaux-Arts. He was quite the opposite of an "artist", caring little for the practical realities of the completion of his work. A lover of "fine workmanship", with an encyclopaedic knowledge of construction processes, he felt that the technical aspects of building should not be hidden away, for only "thruth leads to beauty".
Here, for the first time in an urban block, Perret erected a building which rests on a few concrete posts. And he dared to leave this "skeleton" clearly visible, dressing it simply in smooth tiling. Perret was recalling here the gothic buildings – which were, for him, peaks of architectural achievement – in which "the structure dictates the appearance" of the building. "He who would hide any part of the frame-work, deprives himself of the most beautiful and the only legitimate ornamentation of architecture" (1), he said.
Since the building rests completely on posts, there are no "supporting" walls, like those found in traditional building (and in that of Hennebique on the rue Danton). Perret drew from this a conclusion which announced the arrival of modern architecture; each floor is "open-plan", allowing the occupants to place partition walls where they wish.
On the walls between the posts, the concrete is covered with a sort of protective, weather-roof skin of fired earthenware tiles by Alexandre Bigot, decorated with floral designs inspired by Art Nouveau.
Another revolutionary step was the placing of the traditional interior courtyard in front of the block, this was a response to the constraints of a very shallow site and also ensured better lighting of all five rooms of the apartments, which faced directly south onto the Seine.
As the neighbours had refused to allow any windows on the rear façade, the stairwell is lit by a wall-window of glass blocks, no doubt one of the first time that use was made of this material which was to become one of the fetishes of modern architecture.

(1) A. Perret, *Contribution à une théorie de l'architecture* (1952).

Un hôtel construit par une famille d'aristocrates – de préférence à un immeuble de rapport – parce qu' « il n'existait aucun hôtel convenable à Passy », alors en plein boom immobilier.
La façade, qui a obtenu le premier prix de la Ville de Paris au début des années 30, reprend les éléments en vogue à l'époque : décrochés de volumes, carrelage, bow-windows et auvents sur les petits balcons du dernier étage.
Les balcons obliques qui assurent la liaison avec l'immeuble voisin en avancée – comme des loges de théâtre – sont une solution délicate (et peu employée) pour compenser les différences d'alignement existant dans de nombreuses « dents creuses » parisiennes. L'hôtel, construit par l'entreprise Hennebique, le pionnier du béton armé, a été récemment rénové par ses actuels propriétaires, qui ont scrupuleusement conservé son aspect extérieur d'origine.

Gabriel BRUN

1930

Hôtel
Hostel

6, rue de la Tour (16e).
Métro : Passy

Maître d'ouvrage :
H. de Labourdonnaye-Blossac

This hotel was built by a family of aristocrats – in preference to a block of flats for renting out – because "there was no satisfactory hotel in Passy", where a property boom was taking place.
The façade, which won the special prize awarded by the City Council in the early 1930's, reworks the components which were fashionable at the time: over-hanging volumes, tiling, bow-windows and awnings over the small balconies of the top floor. The oblique balconies which – like theatre boxes – join up with the neighbouring, more protuberant, building are a delicate (and little used) solution to the problem of the different building lines which exist in a number of architectural "hollow teeth" in Paris.
The hotel, which was built by the firm of Hennebique, the pioneer of reinforced concrete, was recently renovated by its present owners, who have scrupulously preserved its original external appearance.

A voir aux alentours / To be seen around:
G. BEUCHER Garage et logements 3, rue Nicolo (vers 1930)
S. LANDAU Bureaux 6, rue Vital (1932)
P. ABRAHAM Logements 12, square de l'Alboni (vers 1920)
A. LAPRADE Maison de santé (transformée en bureaux) 10, rue Lyautey (1930)

Le plus grand ensemble d'habitation construit à Paris par Roux-Spitz, ardent défenseur d'un style néo-classique inspiré par « l'équilibre à la française » (voir page 60). Un changement d'échelle qui marque un tournant architectural. L'immeuble, qui occupe un îlot entier, n'a plus le caractère intime des précédentes réalisations de Roux-Spitz, petits immeubles coincés entre deux mitoyens. La façade principale – aux volumes discrètement mouvants, mais d'où ont disparu les bow-windows qu'il affectionnait – conserve le souci de luxe dépouillé et la parfaite finition caractéristique de son architecture, avec un placage de pierre blanche et des fers forgés. Mais les façades latérales, plates et répétitives, marquent sa difficulté à inventer des volumes sur une échelle plus vaste. Elles annoncent ses grands ensembles de l'après-guerre, dans lesquels subsistent peu de choses du « style Roux-Spitz ».

Michel
ROUX-SPITZ
1931

Logements de standing
Luxury flats

115, avenue Henri-Martin (16e).
Métro :
Rue de la Pompe

This was Roux-Spitz's largest housing development in Paris. The architect was an ardent believer in a neo-classicism inspired by "a French-style equilibrium" (see page 60). For him this building was a change of scale which marked an architectural turning point. The building occupies an entire block and no longer has the intimate character of Roux-Spitz's previous work, principally small buildings stuck between two adjacent neighbours. The principal façade – with its discretely moving volumes, but without the bow-windows of which he was so found – retains the attention to luxurious bareness and the perfect finishing which are characteristic of his architecture, with its facing in white stone and cast iron. The lateral façades, however, are flat and repetitive, demonstrating the difficulty he experienced in inventing volumes on a larger scale. They prefigure his vast post-war projects, in which little remains of the "Roux-Spitz style".

A voir aux alentours / To be seen around:
C. THOMAS Esemble de logements, avenue Rodin (1930)
P. CHAREAU Logements 89, rue de la Faisanderie (1932)
M. ROUX-SPITZ Logements 29 bis, rue de Montevideo (1928)
L. FAURE-DUJARRIC Logements 27, boulevard Lannes (vers 1930)
J. GINSBERG Logements 59-65, boulevard Lannes (1960)

Jean WALTER. 1931

Ensemble de logements de standing / *Luxury flats block*

2-10, boulevard Suchet (16e). Métro : Rue de la Pompe

L'architecture a aussi ses personnages de roman, tel Jean Walter, architecte, industriel opinâtre, collectionneur milliardaire et mécène, mort écrasé par une voiture en 1957. Pionnier des cités-jardins au début du siècle [1], Jean Walter construit beaucoup dans l'entre-deux-guerres. En 1925, il obtient un permis d'exploitation des mines Zellidja, au Maroc, considérées comme improductives. En quelques années, il en fait une des plus grandes mines de plomb et de zinc du monde. Et il devient milliardaire. Il ne s'arrête pas pour autant de construire. En 1931, il réalise le très luxueux ensemble du boulevard Suchet. A l'écart des polémiques architecturales, il bâtit dans le massif, citadelle riche et austère. Ce qu'il aime surtout : la pierre. A l'intérieur des appartements, « les murs de ses salons sont en pierre apparente et le sol est revêtu de dalles de travertin » [1]. Un ensemble identique devait être construit de l'autre côté de la place de Colombie pour constituer une porte monumentale de Paris.
Mécène, Jean Walter a créé les célèbres « bourses Zellidja » qui ont aidé des générations d'adolescents à réaliser leur vocation. Il était aussi à la tête d'une magnifique collection de tableaux modernes exposée depuis 1974 à l'Orangerie.

Architecture too has its flamboyant characters and one such was Jean Walter, architect, stubborn industrialist, millionaire collector and patron of the arts, who died when he was run over by a car in 1957.
Having been one of the pioneers of "cités-jardins" in the early years of the century, Walter built a great deal between the wars. In 1925, he obtained a licence to work the mines at Zellidja, in Morocco, which were considered worthless. Within a few years, he had turned them into one of the biggest lead and zinc mines in the world and this made him a millionaire. It did not, however, stop him from building. In 1931, he completed this very luxurious development on the boulevard Suchet. Standing apart from contemporary architectural controversies, he built a rich austere citadel in traditional stone blocks. Stone was one of his great loves. Within the apartments "the living-room walls are themselves in stone and the flooring is in blocks of imitation marble" [1]. An identical block was to have been built on the other side of the place de Colombie, to create a monumental gateway to Paris.
A patron of the arts, he set up the famous "Zellidja scholarships", which have allowed generations of adolescents to follow their vocations. He was also the founder of a magnificent collection of modern painting exhibited since 1974 in the Orangerie (museum).

(1) Voir « La domination de l'Orangerie » de J.L. Gaillemin et G. Ragot dans *Beaux-Arts* n° 16 (septembre 1984).

Un immeuble « kitsch », fantasme de temple grec construit par un architecte plus qu'octogénaire, collaborateur pendant 40 ans des frères Perret.
« Quand la technique progresse, l'art régresse. » Pour éviter les « horribles balcons en porte-à-faux que permet le béton armé, les loggias sont soutenues par de vraies colonnes. Car seules les colonnes chantent ». Elles sont cannelées pour avoir « l'air antique ». Toujours « par goût de l'Antiquité », elles sont en « béton de pierre – mélange de ciment blanc et de poussière de marbre – non retouchées au décoffrage, pour garder l'aspect de la pierre taillée ».

José IMBERT

1976

Légation militaire d'Arabie saoudite

Saudi-Arabian Military Legation

4 bis, rue Franqueville (16e).
Métro : La Muette

Maître d'ouvrage :
Ambassade d'Arabie saoudite

This is a "kitsch" building, a fantasy of a Greek temple, built by an architect who was over eighty and who had worked for forty years with the Perret brothers. "When technique progresses, art regresses". To avoid the "horrible overhanging balconies which reinforced concrete allows, the loggias are supported by real columns. For it is only columns that sing". They are fluted to give them "an ancient look". Again, "out of a taste for the ancient", they are in "stone concrete – a mixture of white cement and marble dust – and were not repainted after moulding, so that they would keep the appearance of cut stone".

A voir aux alentours / To be seen around:
Ch. PLUMET Hôtel particulier 21, rue Octave-Feuillet (1908)
J.C. MOREUX Hôtel Reichenbach 18, rue Alfred-Dehodencq (1932)
Ch. BLANCHE Logements 15, rue du Conseiller-Collignon (1939-1948)
J. IMBERT Logements 3, rue François-Ponsard (vers 1975)
M. HEYMANN et H. JIROU Logements 14, rue du Ranelagh (1987)
X.. Logements 26, rue Bois-le-vent (vers 1925)

16e Sud arrondissement

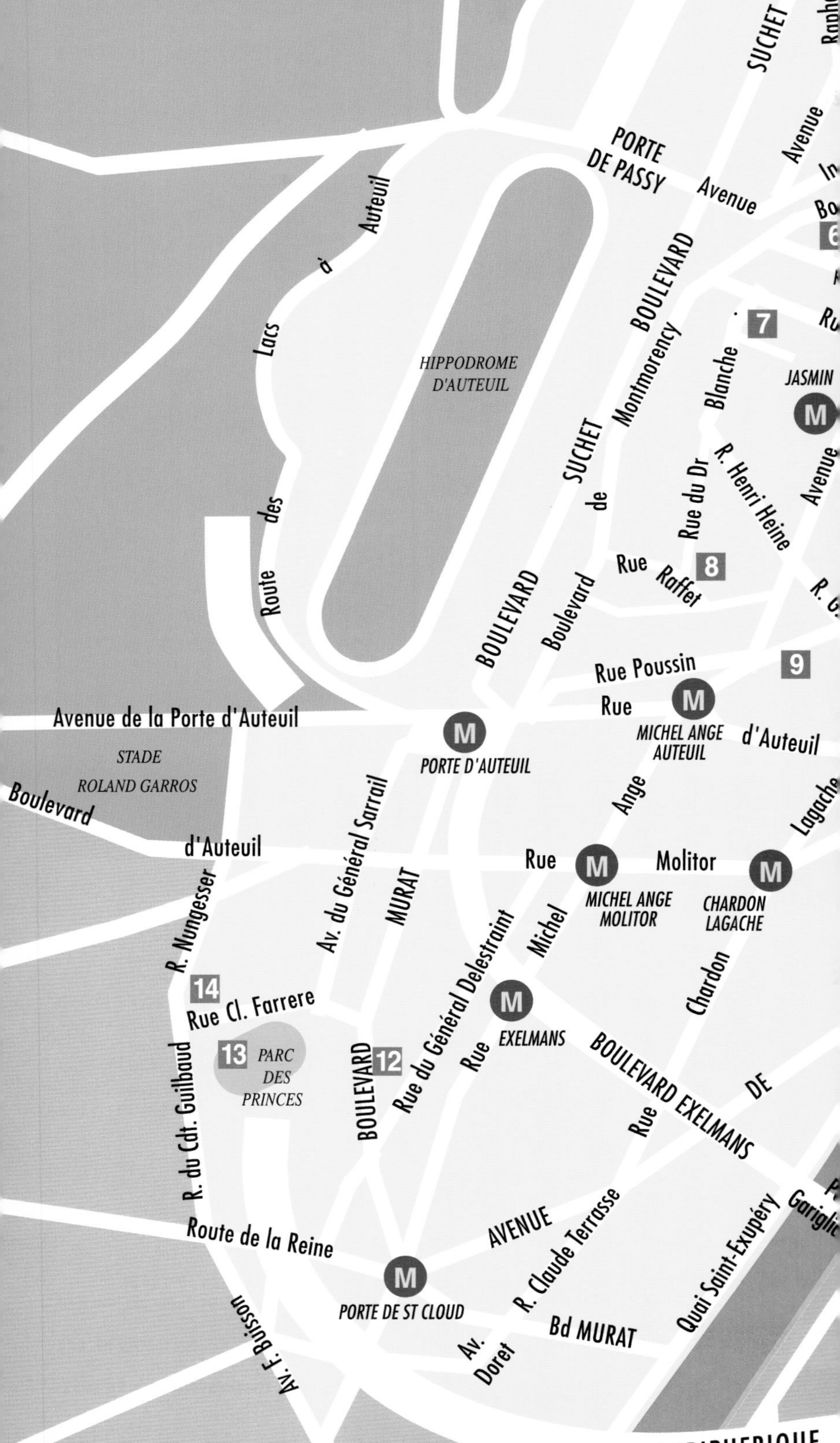

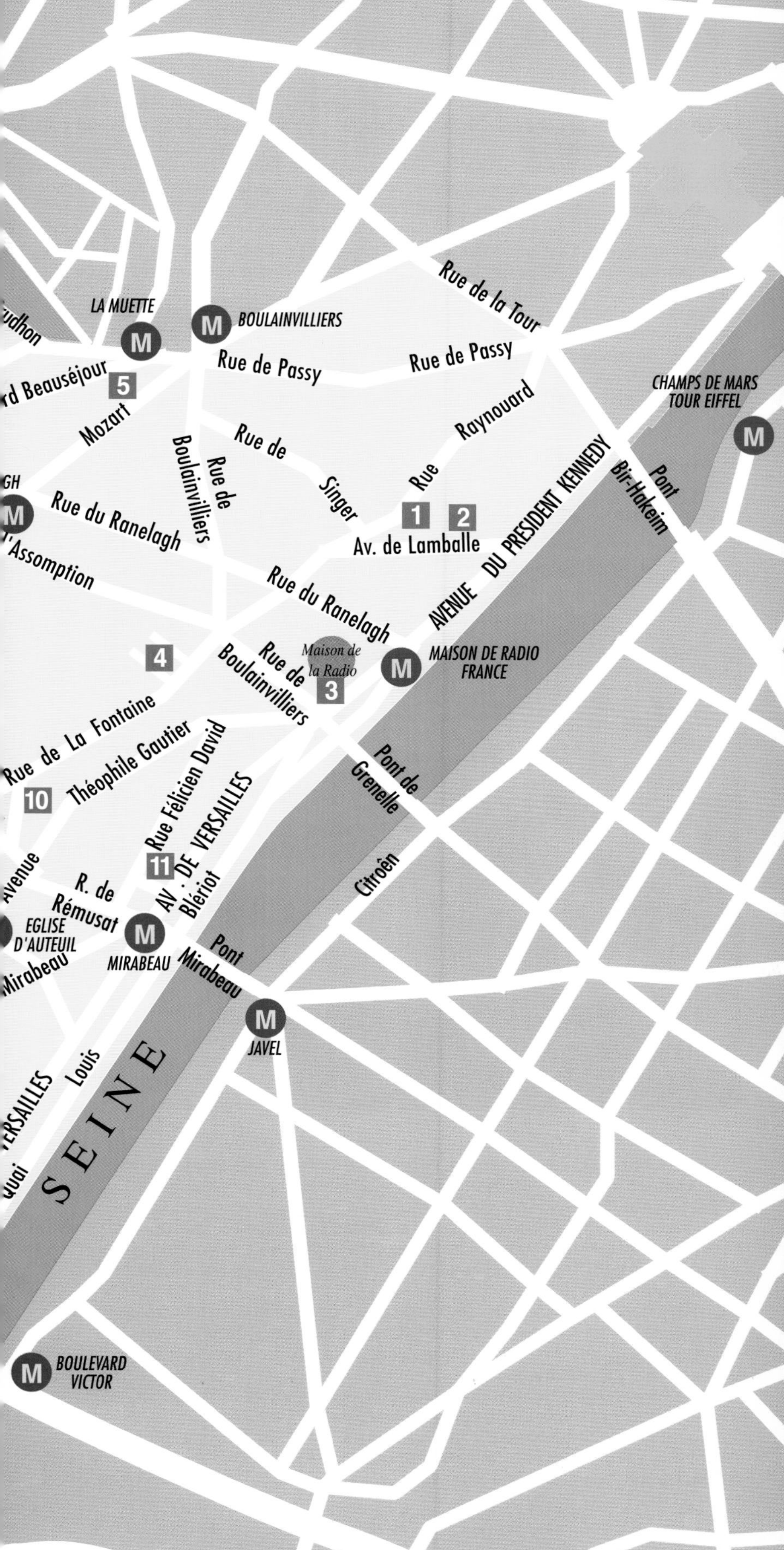

LA MUETTE
BOULAINVILLIERS
Rue de la Tour
Rue de Passy
Rue de Passy
rd Beauséjour
5
Mozart
Rue de
Boulainvilliers
Rue de
Boulainvilliers
Rue de
Singer
Rue
Raynouard
CHAMPS DE MARS
TOUR EIFFEL
Rue du Ranelagh
Assomption
1
2
Av. de Lamballe
AVENUE DU PRESIDENT KENNEDY
Pont
Bir-Hakeim
Rue du Ranelagh
4
Maison de
la Radio
MAISON DE RADIO
FRANCE
Rue de
Boulainvilliers
3
Rue de La Fontaine
Théophile Gautier
Rue Félicien David
AV. DE VERSAILLES
10
Pont de
Grenelle
11
Avenue
R. de
Rémusat
Blériot
Citroën
EGLISE
D'AUTEUIL
MIRABEAU
Pont
Mirabeau
Mirabeau
JAVEL
Louis
SEINE
VERSAILLES
Quai
BOULEVARD
VICTOR

Dans cet immeuble qui abritait l'agence de Perret et son appartement (au dernier étage), on est loin des audaces de la rue Franklin (voir pages 232-233), construit près de trente ans auparavant.
Les formes restent on ne peut plus classiques. A la fenêtre horizontale – un des « must » des architectes modernistes – Perret préfère la traditionnelle fenêtre verticale « à la française » qui est « en accord avec la silhouette verticale de l'homme » (1). De même, le béton de la façade est employé en dalles, réactualisation avec des moyens modernes d'un matériau éternel : la pierre. « Le béton, c'est la pierre que nous fabriquons (...). C'est un matériau révolutionnaire qui nous a aidés à remonter aux sources de la plus authentique tradition. » (1)
« Perret n'est pas un révolutionnaire, mais un continuateur des grandes, nobles et élégantes vérités de l'architecture française », diagnostiquait Le Corbusier (2). Seuls éléments de modernisme : le magnifique escalier tournant en béton conduisant à l'agence, éclairée sur la rue Berton par la seule façade-rideau en verre sans doute jamais réalisée par Perret.

Auguste PERRET
1932

Logements de standing et agence d'architecture

Luxury flats and Architects' office

51-55, rue Raynouard (16e).
Métro :
Passy, Ranelagh

Maître d'ouvrage :
Perret frères

With this building which housed Perret's own office and apartment (on the top floor), we are a long way from the audacity he showed on the rue Franklin (see pages 232-233), built nearly thirty years earlier.
The shapes remain impeccably classical. Perret preferred the traditional, vertical, "French-style" window which "matches perfectly with the vertical silhouette of the man himself" (1) to the horizontal window, which was one of the "musts" of the modernist architects.
Similarly, the concrete of the façade is used in blocks, a reinterpretation, using modern means, of an eternal material: stone. "Concrete is the stone which we make for ourselves (...). It is a revolutionary material which allows us to return to the roots of the most authentic tradition" (1).
"Perret is not revolutionary, his work is a continuation of the great, noble and elegant truths of French architecture" (2) believed Le Corbusier.
The only elements borrowed from modernism are to be found in the magnificent concrete spiral staircase leading to the architect's offices, lit from the rue Berton solely by the curtain façade of glass, the unique work of this kind even achieved by Perret.

(1) A. Perret, *Contribution à une théorie de l'architecture* (1952).
(2) Cité par Peter Collins dans *Concrete, the vision of a new architecture,* éditions Faber, Londres (1959).

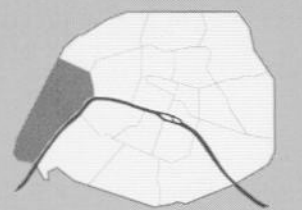

« Construction-manifeste » d'un architecte résolument moderne : « Prouver qu'il est possible d'intégrer un bâtiment totalement contemporain, sans le moindre pastiche, dans un site classé, entre la maison de Balzac et un hôtel particulier du XVIIIe siècle. »
« Le terrain triangulaire, l'obligation de laisser la vue libre depuis le jardin de l'ambassade situé à l'arrière, et l'interdiction d'abattre un seul arbre, rendaient impossible une construction en parallélépipède. » D'où le choix d'une « forme en courbe trilobée, fuyante et donc discrète ».
Les matériaux – béton blanc brut et glace légèrement teintée sans menuiserie métallique – « affirment leur vérité sans concession mais avec discrétion », pour s'intégrer dans un environnement essentiellement bourgeois.
Tirant parti de la nécessité de faire déboucher le garage sous l'immeuble, Beauclair a construit celui-ci sur deux poteaux centraux en béton, qui supportent les planchers en porte-à-faux et dégagent le sol.

Henri BEAUCLAIR.

1976

GREGORY et SPILLMANN, ingénieurs structures

Chancellerie de l'ambassade de Turquie

Chancellery of the Turkish Embassy

16, avenue de Lamballe (16e).
Métro : Passy, Ranelagh

Maître d'ouvrage : Ambassade de Turquie

This is a "manifesto building" by a resolutely modern architect, attempting "to prove that it is possible, without resorting to pastiche, to integrate a totally modern building between Balzac's former home and an 18th century town-house".
"The triangular site, the need to avoid obstructing the view from the Embassy garden behind the building and the preservation order which prevented the felling of a single tree, all made a parallelopiped construction impossible." Hence the choice of a "discreet, self-effacing shape composed of three interlocking cylinders". The materials – plain white concrete and lightly tinted glass without any metallic framework – "speak for themselves, making no concessions yet remaining unobtrusive" and enabling the building to fit into its essentially bourgeois environment. Beauclair, making a virtue of the necessity of leaving an opening for the underground garage, built the opening within the central concrete pillars which support the overhanging floors, thus creating extra space at the ground level.

A voir aux alentours / To be seen around:
H. PACON Logements 5, rue d'Ankara (1928)
L. NAFILYAN Logements 25, rue Raynouard (1933)

Henri BERNARD, architecte en chef. 1963

LHUILLIER, les frères NIERMANS et SIBELLE, architectes

Maison de la Radio

116, avenue du Président-Kennedy (16e). RER : Maison de la Radio

Maître d'ouvrage : Office de la radio-télévision française

Une dizaine d'année après l'instauration du monopole de la radiodiffusion en France, commence la construction de cette Maison de la Radio conçue par le général de Gaulle comme « le signe de l'organisation, de la concentration et de la cohésion » de la radio et de la télévision.
Sa forme circulaire, purement fonctionnelle, répond à une triple exigence : produire les programmes, les « enchaîner » les uns aux autres, les diffuser. Ainsi, la « couronne » extérieure de 175 mètres de diamètre abrite salles de concert et studios, rayonnants autour d'une « petite couronne » intérieure contenant les régies et le centre de diffusion, et dominée par la tour des archives, haute de 70 mètres.
La façade est recouverte de panneaux d'aluminium emboutis résistant très bien au vieillissement. La climatisation de l'ensemble – où travaillent 2 500 personnes – est assurée par une source d'eau à 27° puisée à 550 mètres de profondeur.
Symbole du dynamisme national – au même titre que la Caravelle, le France ou l'aéroport d'Orly – la Maison de la Radio a coûté 103 millions de francs (775 millions de F, 118 millions € en 2001). Cas rarissime dans l'architecture contemporaine parisienne, elle a d'emblée été adoptée par le public : selon un sondage IFOP réalisé en 1965, ils étaient 57 % (contre seulement 6 %) à estimer qu'il s'agissait d'un « beau monument ».

A decade after the creation of a broadcasting monopoly, construction work began on this headquarters building conceived by de Gaulle as "a symbol of the organisation, concentration and cohesion" of French radio and television.
Its circular shape is purely functional, dictated by the triple need to produce programmes, "link" them together and broadcast them. Thus the exterior "crown" (175 metres in diameter) houses concert halls and studios looking in on a "smaller crown" inside, which houses the administrative offices and the broadcasting "nervecentre" and is itself dominated by the 70 metre high tower containing the organisation's archives.
The façade is covered with aluminium plating (still impressively resistant to the effects of age). The interior temperature of the building (where some 2 500 people earn their living) is maintained by a warm spring (at a temperature of 27°C) drawn from a depth of 550 metres.
As much a symbol of national dynamism as the Caravelle aircraft, the liner "France" or Orly airport, the Maison de la Radio cost 10,3 billion old Francs (118 € at 2001 values). Almost alone among examples of contemporary Parisian architecture, it gained the immediate approval of the public: a 1965 opinion poll showed that 57 % of those questioned considered it a "fine monument" (against only 6 % of contrary opinion).

Dans les dernières années du XIXe siècle, l'Art nouveau lance contre l'académisme un assaut qui dépasse la simple querelle décorative : sous la floraison d'une ornementation exubérante, ce sont en fait les volumes qui prennent leur autonomie, annonçant les préoccupations de l'architecture moderne.
Cette tendance est clairement visible ici, Guimard soulignant les jeux de volumes par la variété des matériaux (brique, fonte, pierre de taille ou meulière, céramique). Ainsi, les bow-windows : par leurs tailles et leurs dispositions variées, ils ne sont plus de simples excroissances de la façade, mais deviennent de véritables volumes autonomes. Tout comme la souche de la cheminée, grand signal urbain vertical qui répond au petit auvent domestique horizontal du rez-de-chaussée.
De même, les motifs décoratifs abandonnent la figuration pour devenir de plus en plus abstraits (cf. notamment les grilles de portes, fenêtres et soupirails).
Une évolution également sensible dans les entrées de métro édifiées par Guimard de 1899 à 1903 : le décor « nouille » n'y est peut-être que le prétexte à l'explosion des volumes (voir notamment Porte Dauphine et les stations suivantes de la ligne).

Hector GUIMARD

1898

Logements de standing (« Castel Béranger »)

Luxury flats

14, rue La Fontaine (16e).
Métro : Ranelagh, Passy, Mirabeau, Maison de la Radio

Maître d'ouvrage : Mme Fournier

In the closing years of the 19th century, Art Nouveau launched an assault on the academic school which went far beyond a mere squabble over decoration: beneath the flowering of exuberant ornamentation, volumes and shapes were taking on a life of their own, announcing the preoccupations of modern architecture.
This tendency is clearly visible here, as Guimard underlines the interplay of volumes with the variety of the materials he employs (brick, castings, freestone, grit and ceramics). Hence the bow-windows, whose size and variety of disposition make them more than just protuberances from the façade and allow them to become autonomous volumes. Similarly the body of the chimney, a great vertical urban signal, counterpoints the small horizontal, eminently domestic, ground floor porchroof. Again, the decorative motifs reject figurative representation, and become increasingly abstract (note particularly the door frames, windows and ventilators). An equally marked evolution can be detected in the metro entrances built by Guimard between 1899 and 1903: the "spaghetti" decoration is perhaps only a pretext for an explosion of volumes (see particularly the Porte Dauphine Station and others on the same metro line).

A voir aux alentours / To be seen around:
A. BAZIN Bureaux 4, avenue du Recteur-Poincaré (1948)
G. BEUCHER Logements 24, avenue du Recteur-Poincaré (1930)

Un immeuble prudemment moderne avec son toit en auvent et ses murs en pierre de taille, propres à rassurer la clientèle des beaux quartiers.
En fait, son intérêt vient également des panneaux mobiles en aluminium de la façade, dessinés par Jean Prouvé. Selon leur position – haute ou basse, verticale ou inclinée – ils sont tour à tour volets, garde-corps ou brise-soleil. Une innovation alors très remarquée car elle répondait à deux grandes préoccupations de l'époque :
– d'une part, il s'agissait d'objets complètement fabriqués en usine, alors même que l'industrialisation et la préfabrication semblaient la voie d'avenir pour l'architecture ;
– d'autre part, la variété de leurs possibilités de positionnement apportait une animation sur la façade. La preuve était ainsi faite que la répétitivité industrielle portait en elle-même une nouvelle esthétique, basée sur la stricte réponse à des besoins fonctionnels.

Lionel MIRABAUD

1954

Didier GONDOLF collaborateur (panneaux de façade : Jean PROUVÉ)

Logements de standing
Luxury flats

5, square Mozart (16e).
Métro : Ranelagh

Maître d'ouvrage : Manera

This is a prudently modern building, with its canopy roof and its freestone walls, designed to reassure the clientele of this well-to-do area.
The interest of the building lies also in the mobile aluminium panels of the façade, designed by Jean Prouvé. Depending on their position – high or low vertical or sloped – they are by turn blinds, guard-rails or awnings. This was an innovation which was much remarked upon at the time, because it suggested an answer to two major pre-occupations of the period:
– here, on the one hand, were objects totally built in factories, at a time when industrialisation and pre-fabrication seemed to be the way forward for architecture;
– on the other hand, the variety of possible positions which they offered gave animation to the façade. The building seemed to have proved that the repetitious nature of industrial production carried within it the seed of a new aesthetics, based on a rigorous response to functional needs.

A voir aux alentours / To be seen around:
N. LEMARESQUIER Chapelle 17, rue de l'Assomption (1961)
B. HAMBURGER et O. PERREAU Logements 30, rue de Boulainvilliers (1971)

Impossible de ne pas voir la parenté entre cet immeuble de Ginsberg et celui que Le Corbusier avait construit quelques années plus tôt rue Nungesser et Coli (voir page 255). Mais là où Le Corbusier avait utilisé du verre et du métal, Ginsberg s'en tient à une façade au classique placage en pierre, soigneusement exécuté.
Ginsberg arrête ensuite de construire pendant une dizaine d'années. Après la guerre, ses résidences de banlieue pour cadres supérieurs, ses immeubles bourgeois du 16e arrondissement et ses luxueuses réalisations sur la Côte-d'Azur confirment ce virage vers le classicisme, et semblent bien éloignés du Mouvement moderne dont il avait été un des plus brillants espoirs dans les années 30.

Jean GINSBERG et François HEEP

1936

Logements de standing
Luxury flats

5, avenue Vion-Whitcomb (16e).
Métro : Ranelagh

It would be impossible not to remark on the obvious relationship between this building and the one built by Le Corbusier a few years earlier on rue Nungesser et Coli (see page 255).
However, where Le Corbusier used glass and metal, Ginsberg confined himself to a façade in classic, carefully executed stone facing.
Afterwards, Ginsberg built nothing for 10 years. After the war, his suburban apartment blocks for senior executives, his bourgeois apartments in the 16th arrondissement and his luxurious villas on the Côte d'Azur all confirmed his conversion to a classicism which seems a very long way from the Modern Mouvement of which he had been one of the brightest hopes in the 1930's.

A voir aux alentours / To be seen around:
R. et H. BODECHER Logements 1, rue Vion-Whitcomb (1934)
C. et H. de GALEA Logements 11, rue Vion-Whitcomb (1985)
P. PATOUT Logements 5, rue du Docteur-Blanche (1928)

Robert MALLET-STEVENS. 1927

Six hôtels particuliers / *6 town houses*

Rue Mallet-Stevens (16e). Métro : Jasmin

Maître d'ouvrage : propriétaires particuliers

Le chef-d'œuvre de Mallet-Stevens : une rue – qui porta son nom de son vivant – construite pour lui-même et quelques amis. Dépassant la réalisation de bâtiments isolés, il bâtit ici un morceau de ville très homogène, espace urbain d'une qualité sans doute unique dans l'entre-deux-guerres à Paris.

Le Corbusier prétendait définir les théories universellement valables de la vie urbaine au XXe siècle. Étranger à ce projet social démiurgique, Mallet-Stevens avait des préoccupations uniquement architecturales et plastiques. Largement indifférent à la grande question du siècle – le logement de masse – il ne construit pratiquement que des hôtels particuliers ou villas pour de riches bourgeois « modernes ». C'est sans doute cette absence de discours social qui a valu à Mallet-Stevens – aussi célèbre et controversé à son époque que Le Corbusier – l'oubli dans lequel il a ensuite sombré. Une autre raison est la brièveté de sa carrière : il s'écoule moins de 16 ans entre la construction effective de sa première maison (il a alors 37 ans) et sa dernière, en 1939. Enfin, son œuvre semble marquée du sceau de l'éphémère : décors (notamment pour le film *L'Inhumaine* de Marcel Lherbier), pavillons d'expositions, aménagement d'appartements ou de magasins.

La rue Mallet-Stevens est d'abord la manifestation architecturale de l'extraordinaire catalogue d'objets qu'il avait en tête (voir ses dessins publiés en 1932 dans *Une cité moderne*). Ses principes sont simples : des jeux de cubes parfaitement blancs et lisses, pour « unifier l'aspect de la façade, car les volumes comptent plus que les détails constructifs ». Des décrochés, gradins, tours, jeux d'ouvertures, auvents, etc. comme une grosse sculpture, car « l'architecte sculpte un énorme bloc, la maison » (1). La finition est particulièrement raffinée et étudiée dans le moindre détail (vitraux de Barillet, grilles et portes de Prouvé). Les intérieurs ont été notamment composés par Charreau, Guévrékian, Mallet-Stevens lui-même. Plusieurs villas ont malheureusement été modifiées ou surélevées (notamment le n°12 où se trouvait son agence). Mallet-Stevens atteint ici une dimension supérieure à la simple juxtaposition de bâtiments. Sa rue détermine un véritable « espace en creux » sculpté par un grand plasticien. Une réalisation qui préfigure les préoccupations de l'architecture actuelle la plus créative. Si Le Corbusier avait pu, comme il en avait le projet, construire la totalité du square du Docteur-Blanche (voir pages 248-249), la comparaison aurait été sans doute passionnante...

(état originel)

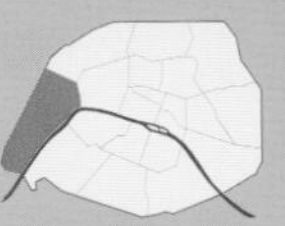

(état originel)

Mallet-Stevens masterpiece: an entire street – named after him while he was still alive – built for himself and a few friends. Moving beyond the construction of isolated buildings, he produced a homogeneous area within the city, an urban space of a quality which was doubtless unique in inter-war Paris.
Le Corbusier claimed to have defined universally valid theories of urban life in the 20th century. Mallet-Stevens, uninterested by this vast social project, confined himself to purely architectural and plastic preoccupations. In the main indifferent to the great question of the century – homes for the masses – he built, almost to the exclusion of anything else, town houses or modern villas for the wealthy bourgeoisie. It is doubtless his failure to participate in the great social debate, which explains the obscurity into which he has sunk since his death, despite having been, in his time, quite as contraversial as Le Corbusier. Another reason lies in the brevity of his career: less than 16 years separated the construction of his first house (he was 37 at the time) and his last, in 1939. Finally, much of his work seems to bear the hallmark of ephemerality; film and stage sets (notably for Marcel Lherbier's film "L'Inhumaine"), exhibition pavilions or the interior decoration of apartments and shops.
The rue Mallet-Stevens is first and foremost an architectural manifestation of the extraordinary catalogue of objects which dominated his mind (see his drawings, published in 1932 in "Une Cité Moderne"). His principles were simple: the interplay of perfectly white, smooth curves aimed at a "unification of the appearance of the façade, because basic volumes are more important than the details of construction". Overhangs, terraces, towers and porches all combined to make up a vast sculpture; because "the architect is a sculptor working with an enormous single block; the house itself" (1).
The finish is particularly refined and researched down to the smallest detail (windows by Barillet, gates and doors by Prouvé). The interiors were the work notably of Charreau, Guévrékian and Mallet-Stevens himself). Several villas have unfortunately been modified or extended (particularly number 12, where Mallet-Stevens had his offices).
Here, Mallet-Stevens reaches a higher plane than the simple juxtaposition of buildings. His street delineates a true "hollowed spaced" sculpted by the hand of a master. The whole prefigures the concerns of the most creative current architecture. If only Le Corbusier had been able, as he had planned to, to build the whole of the square du Docteur Blanche (see pages 248-249), a fascinating comparison would have been possible.

(1) *Rob Mallet-Stevens, architecte,* éditions Archives d'Architecture Moderne, Bruxelles (1980).

A voir aux alentours / To be seen around:
U. CASSAN Foyer d'étudiantes 10, rue du Docteur-Blanche (1954)
J. GINSBERG, G. MASSE et A. ILINSKY Logements 19, rue du Docteur-Blanche (1953)
S. STERA Hôtel particulier 38, rue de l'Yvette - dans le jardin (1998)

LE CORBUSIER. 1924

Villas La Roche et Jeanneret

8-10, square du Docteur-Blanche (16e). Métro : Jasmin, Ranelagh

Maître d'ouvrage : Albert Jeanneret et Raoul La Roche

Tout comme Mallet-Stevens (voir les deux pages précédentes), Le Corbusier a bien failli avoir une rue entière construite par lui. La voie a en effet été entièrement lotie par la Banque immobilière de Paris en 1923, et Le Corbusier avait proposé un plan d'ensemble [(1)] qui aurait été l'unique exemple parisien d'un espace urbain conçu par l'architecte. Finalement, l'affaire capote et Le Corbusier ne réalise que deux maisons, une pour son cousin et l'autre pour son ami, le banquier La Roche.
Pour la première fois, il applique ici les principes du toit-terrasse et de la fenêtre en longueur, deux des cinq postulats fondamentaux de son architecture (avec le pilotis qui libère le sol, le plancher libre de toute cloison intérieure, et la façade libre de toute structure, poutre ou pilier), qu'il énoncera quelques années plus tard. Sur un terrain difficilement constructible, il oppose très subtilement la façade courbe de la villa La Roche à la sévère orthogonalité de la villa Jeanneret.
La villa La Roche – construite pour environ 300 000 F (1,4 million de F ou 212 200 € en 2001) – a été conçue comme la « maison d'un collectionneur ». La Roche avait en effet une magnifique collection de tableaux modernes, dont plusieurs de Le Corbusier lui-même, autour de laquelle il voulait organiser sa maison. Celle-ci est articulée autour d'un grand hall en triple hauteur avec, à gauche le salon-galerie et, à droite, les pièces d'habitation.
Pensée en fonction du cheminement d'un visiteur devant les tableaux, l'intérieur forme une extraordinaire « promenade d'architecture » où se mêlent jeux de volumes et de cloisons, plate-formes, passerelles et plans inclinés. Tout avait été minutieusement calculé par Le Corbusier, qui avait même eu des mots avec La Roche, ce dernier se refusant à suivre le strict plan d'accrochage de ses tableaux décidé par l'architecte pour sauvegarder certains « effets d'architecture pure ».
Malgré ses nombreuses malfaçons – Le Corbusier ne s'intéressait pas beaucoup à l'intendance : il en coûtera plus de 100 000 F (plus de 460 000 de F ou 70 000 € en 2001) de réparations diverses à La Roche [(1)] – la maison, ainsi que sa voisine, est aujourd'hui parfaitement entretenue par la Fondation Le Corbusier qui l'occupe.

(Pour visiter : Fondation Le Corbusier, tél : 01.42.88.41.53 et 01.45.27.50.65).

Just like Mallet-Stevens (see previous page), Le Corbusier came very close to building an entire street himself. In fact the whole road was developped in 1923 by the Banque Immobilière de Paris and Le Corbusier had presented a plan for the whole site, which would have been the only example in Paris of a distinct urban space conceived by him. In the end, the deal fell through and Le Corbusier completed only two houses, one for his cousin and the other for his friend, the banker La Roche.
Le Corbusier applies here, for the first time, the principles of the roof-terrace and the full-length window, two of the five fundamental cannons of his architecture (together with the ground-liberating pilotis, the floor without pillars or interior walls and the façade shorn of all structure, beams or pillars) which he was to lay down several years later. On this difficult site, he very subtly juxtaposes the curving façade of the Villa La Roche and the severe regularity of the Villa Jeanneret.
The Villa La Roche, built at a cost of aroud 300,000 FF (212 200 € at 2001 values) was designed as a "collector's house". La Roche did in fact possess a magnificent collection of modern pictures, including several made by Le Corbusier himself, and wished to organise his house around them. The villa is articulated around a large hall, three storeys high, with a salon-galery to the left and the living quarters to the right.
Thought out to accommodate the visitor wandering past the pictures, the interior forms an extraordinary "architectural promenade", a mixture of plays on volumes and partitions, plaforms, walkways and slopes. Le Corbusier had calculated everything down to the last detail and even had words with La Roche, who refused to follow the strict order of hanging of the pictures, fixed by the architect to preserve certain "purely architetural effects".
Notwithstanding its numerous defects – Le Corbusier took little interest in maintenance and repairs to the villa cost La Roche [(1)] over 100,000 FF (70 000 € at 2001 values) – the house, together with its neighbour, is now perfectly maintained (as well as occupied) by the Le Corbusier foundation (to visit, telephone the Le Corbusier Foundation : 01.42.88.41.53 or 01.45.27.50.65).

(1) Voir *Villa de Le Corbusier* de Tim Benton, éditions Philippe Sers (1984).

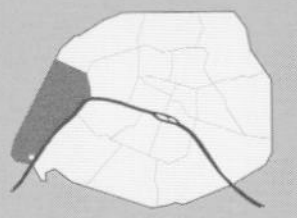

A

B

A - Villa Jeanneret
B - Villa La Roche (détail)
C - Villa La Roche
D - Villa La Roche (intérieur)

C

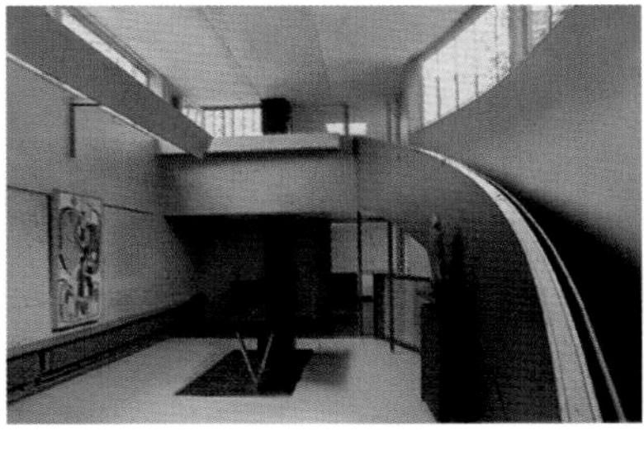

D

A voir aux alentours / To be seen around:
P. ABRAHAM Ecole 15, rue Henri-Heine (1930)
P. VIVIEN Bureaux 3, rue Henri-Heine (vers 1954)
P. ABRAHAM et SINOIR Maison 24, rue Jasmin (1925)

Henri SAUVAGE. 1926

Ateliers d'artistes (« studio building ») / *Block of artists' studios*

65, rue la Fontaine (16e). Métro : Michel-Ange-Auteuil

Une des dernières réalisations de Sauvage, architecte irréductible à une école ou un « style » (voir ses autres constructions citées dans cet ouvrage à l'index page 374). Il abandonne ici ses recherches sur les immeubles blancs à gradins au profit d'une architecture massive, jouant sur les couleurs. Cet ensemble d'ateliers d'artistes en duplex est prétexte à une série de variations sur l'opposition du monumental et de l'intime. Si les grandes baies des ateliers donnent une échelle monumentale à l'immeuble, les petites fenêtres carrées révèlent sa « vérité » intime d'immeuble d'appartements. Le revêtement en carrelage, très influencé par le cubisme, appuie le jeu des volumes : gris sur les surfaces planes, marron dans le retrait des balcons et multicolore sur les parties saillantes.
A remarquer, l'exceptionnel état de conservation de cette façade, plus de soixante-quinze ans après sa construction.

One of the last creations of Sauvage, an artist who is impossible to place in any one school or "style" (witness his other buildings described in this book and listed in the index page 370). Here he abandons his experimentation white terraced buildings in favour of a more solid architecture, making full use of colours. This block of split-level artists' studios gives him the opportunity to produce a series of variations juxtaposing the monumental and the intimate. While the large bays of the studios themselves give the building a monumental scale, the small square windows reveal the true intimacy of an apartment block.
The colouring of the tiled facing, heavily influenced by cubism, supports the play on volumes; grey on the flat surfaces, brown in the balcony recesses and multi-coloured on the protruding parts of the building.
Note how exceptionally well preserved the façade is, more than 75 years after its construction.

A voir aux alentours / To be seen around:
H. GUIMARD Hôtel Guimard 122, avenue Mozart (1912)
X. Garage 13, rue de la Source (vers 1930)
J. HULOT et BUSSE Chapelle Sainte-Bernadette 4, rue d'Auteuil (1936-1953)
J. BASSOMPIERRE, P. de RUTTÉ et P. SIRVIN Logements 2, rue Verderet (1936)

Un immeuble contemporain qui entend « renouer avec l'esprit haussmannien » par sa façade en pierre, sa rotonde et ses bow-windows métalliques directement inspirés de l'immeuble Guerlain sur les Champs-Elysées.
Mais, « si les matériaux sont traditionnels, ils ne visent pas au pastiche gratuit. Ainsi la pierre, employée en placage, ne cherche pas à donner l'impression que le bâtiment est en pierre de taille. De même, la rotonde est une astuce permettant la transition en douceur avec l'immeuble voisin, en avancée par rapport à l'alignement de la rue ». Le caractère résidentiel de la construction est « affirmé par la façade végétale avec balcons et terrasses : une façade pour voir et être vu qui, comme le porche et la fontaine du rez-de-chaussée, sert de transition entre la rue et l'espace privé des appartements ».

Bernard REICHEN
et Philippe
ROBERT
1981

52 logements de standing
52 luxury flats

3, avenue Boudon (16e)
Métro : Eglise-d'Auteuil, Jamin

Maître d'ouvrage : COGEDIM

A contemporary building which attempts to "rediscover the spirit of Haussman", with its stone façade, its rotunda and its metallic bow-windows, all directly inspired by the Guerlain building on the Champs-Elysées.
However, "although the materials are traditional, the aim is not a gratuitous 'pastiche'. The stone facing does not pretend to be freestone. Similarly the rotunda is a device permitting a smooth transition with the adjoining building, which protrudes further into the street".
The building's residential nature is "stated by the façade of balconies and terraces overgrown with plants: a façade for seeing and being seen, which, like the porch and the ground floor fountain, works as transition between the street and the private space of the apartments".

A voir aux alentours / To be seen around:
J. IMBERT Logements 37, rue Ribera (vers 1975)
J. RICHARD Logements 15, av. Perrichont (1907)
H. GUIMARD Hôtel particulier 60, rue La Fontaine (1911)

Peut-être un des plus beaux immeubles d'angle de Paris. Elève de Mallet-Stevens à l'Ecole spéciale d'architecture avant d'être employé à l'agence de Le Corbusier, Ginsberg fait partie de la première génération d'architectes formé par les maîtres de l'architecture moderne (1).
Pour sa deuxième construction parisienne (après le 25, avenue de Versailles, voir ci-dessous), il n'a pas oublié la leçon de ses maîtres. La rotonde n'est pas une simple facilité pour « tourner » l'angle d'une rue. Elle est le moyen d'une véritable articulation des volumes : à la façade massive et pleine de la rue des Pâtures, s'oppose, comme un négatif à une photo positive, la façade aérienne sur l'avenue de Versailles dont les balcons délimitent des « vides ».
De l'enseignement de Mallet-Stevens, il a gardé le goût de la finition méticuleuse. Le placage en pierre de la façade est soigneusement dessiné, la courbure des vitres de la rotonde est quasi parfaite, et Ginsberg a tout dessiné lui-même dans son immeuble, jusqu'aux luminaires.

Jean GINSBERG, François HEEP et Maurice BRETON
1934

Logements de standing
Luxury flats

42, avenue de Versailles (16e).
Métro : Mirabeau

Possibly one of the finest corner buildings in Paris. Ginsberg, a pupil of Mallet-Stevens at the "Ecole Spéciale d'Architecture" before working in the offices of Le Corbusier, was one of the first generation of architects to be moulded by the masters of modern architecture (1).
For his second building in Paris (after 25, avenue de Versailles, see page 208), he did not forget the lessons of his master. The rotunda is no mere device for "turning" a street corner. It serves as a genuine articulation between the principal volumes of the building; the full, massive façade of the rue des Pâtures contrasts, like the negative of a photograph with the "final print" of the aerial façade of the avenue de Versailles whose balconies punctuate a series of "voids".
He retained, from the tuition of Mallet-Stevens, a taste for meticulous finishing. The stone dressing of the façade is carefully designed, the curving of the rotunda windows almost perfect, and Ginsberg designed everything in the building himself, right down to the sky-lights.

(1) Voir *L'école de Paris* de Jean-Claude Delorme et Philippe Chair, éditions du Moniteur, 1981.

A voir aux alentours / To be seen around:
J. GINSBERG et F. HEPP Logements 8, rue des Pâtures (vers 1936)
P. BRANCHE Logements 16, avenue de Versailles (1954)
J. GINSBERG et B. LUBETKIN Logements 25, avenue de Versailles (1931)
B. BOESSE Ateliers d'artistes 29, avenue de Versailles (1929)
F. RIMBERT Logements 37, avenue de Versailles (1931)
X. Logements 4, rue Wilhem (1993)
MARTEROY et BONNEL Logements 40, quai Louis-Blériot (1932)
G. LESOU Logements 32, quai Louis-Blériot (1932)
Ch. BLANCHE Hôtel particulier 17, quai Louis-Blériot (vers 1912)
H. GUIMARD Logements 8-10 rue Agar (1911)
P. PATOUT et C. DAMAN Ensemble de logements square Henry-Paté (1930)

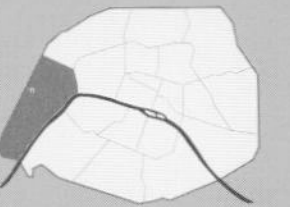

Une maison tout en béton – jusqu'au lit du maître des lieux – construite pour son usage personnel par un architecte passionné par ce nouveau matériau.
Guadet, en précurseur de l'architecture moderne, invente une esthétique à partir des possibilités techniques nouvelles offertes par le béton : la maison est uniquement portée par des poteaux, et les vastes baies vitrées de la façade ne cherchent pas à se donner des airs de mur porteur. Les structures sont ainsi clairement affichées et animent à elles seules la façade, pratiquement dépourvue de décoration.
Cette mise en valeur de l'ossature en béton, avec parfois un remplissage de briques sous les fenêtres, peut faire penser à Perret. Ce n'est pas une coïncidence : aux Beaux-Arts, Auguste Perret a été l'élève de Jules Guadet – le père de l'architecte de cette maison – et c'est l'entreprise Perret frères qui l'a construite.

Paul GUADET
1912

Hôtel particulier
Town house

95, boulevard Murat (16e)
Métro : Porte de Saint-Cloud

Maître d'ouvrage : Paul Guadet

An all-concrete house – right down to the master's bed – built for himself by an architect fascinated by this new material.
Guadet, a precursor of modern architecture, uses the new technical possibilities offered by concrete to invent an aesthetics: the house is supported by posts and the vast windowed bays of the façade do not try to pose as a supporting wall. The structure is clearly apparent and by itself animates a practically un-decorated façade.
This emphasis on the concrete skeleton is reminiscent of Perret. This is no coincidence: Auguste Perret was a pupil of Jules Guadet – the architect's father – at the Ecole des Beaux-Arts and the house was built by the firm of Perret Brothers.

A voir aux alentours / To be seen around:
M. QUENT Logements 4, square Jouvenet (vers 1930)
H. GUIMARD Logements 142, avenue de Versailles (1905)
VO THANH NGIA Ambassade du Vietnam 62, rue Boileau (1977)
J. GINSBERG Logements 37-39, bd Murat (1964)
X. Logements 59, boulevard Murat (vers 1930)
X. Logements 63, boulevard Murat (vers 1935)
H. FAVIER Hôtel particulier 101, boulevard Murat (vers 1915)
A. TUR Ensemble de logements 3, place du Général-Stephanic (vers 1934)
L. POLLET Piscine Molitor 10, avenue de la Porte-Molitor (1929)
L. FAURE-DUJARRIC Stade Rolland-Garros avenue de la Porte-d'Auteuil (vers 1930)

Roger TAILLIBERT. 1972

P. RICHARD, ingénieur.

Stade du Parc des Princes / *Stadium*

Avenue du Parc-des-Princes (16e). Métro : Porte-de-Saint-Cloud, Exelmans

Maître d'ouvrage : Ville de Paris

La conception de ce stade, implanté sur un terrain relativement exigu et sous lequel passe le tunnel à grande circulation du boulevard périphérique, « a été entièrement dictée par sa fonction : permettre à 50 000 spectateurs d'assister assis aux compétitions sportives, sans être gênés par aucun obstacle visuel, tels que piliers, poteaux, etc. »

« Les gradins et la toiture de 17 000 m² ont été préfabriqués et sont accrochés – sans aucun point d'appui au sol – sous une cinquantaine de consoles auto-stables de 30 à 50 mètres de portée, elles aussi préfabriquées. Ces consoles, qui jaillissent du sol en porte-à-faux à la fois vers l'avant et vers l'arrière, gardent les traces de leur coffrage en bois, pour rappeler qu'elles sont une charpente. De l'extérieur, elles dégagent une série de perspectives changeantes en fonction du cheminement du piéton. » 60 000 m³ de béton et 6 000 tonnes d'acier ont été utilisés pour construire le Parc des Princes.

The conception of this stadium, located on a relatively cramped plot with the busy boulevard périphérique passing underneath, was "entirely dictated by its purpose: allowing 50,000 spectators to watch sporting events without any visual obstacle in the form of pillars or posts".

"The terraces and the 17,000 square metre roof were prefabricated and hung, without resting on the ground, from 50 self-supporting consoles (also prefabricated) with spans of between 30 and 50 metres. These consoles, which emerge from the ground apparently out of true from both in front and behind, retain the traces of their wooden moulds, emphasising their structural importance. Seen from the outside they offer a series of perspectives, changing with the movement of the pedestrian". 60,000 cubic metres of concrete and 6,000 tonnes of steel were used to build the stadium.

A voir aux alentours / To be seen around: POMMIER, J. BILLARD et P. LANDOWSKI Fontaines, place de la Porte-de-Saint-Cloud (1935)

P. et L. GUIDETTI Ensemble HBM 5, place de la Porte-de-Saint-Cloud (1925)

A. TUR Logmements 20, avenue Dode-de-la Brunerie (vers 1934)

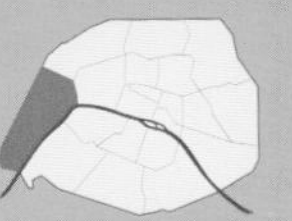

Même quand il construit un traditionnel immeuble de rapport coincé entre deux bâtiments mitoyens – un modèle qu'il rejetait au profit des « Cités Radieuses » – Le Corbusier innove. La comparaison avec l'immeuble voisin (n° 22), dû au néo-classique Roux-Spitz et construit presque en même temps, permet de mesurer le bouleversement architectural apporté par Le Corbusier. La façade habituelle – un mur plein percé de fenêtres – disparaît ici au profit d'une « façade en pan de verre qui donne une paroi d'insolation totale » (1). Mme Dalsace raconte d'ailleurs qu'elle avait surpris à plusieurs reprises Le Corbusier en train de faire des croquis de la célèbre maison en pavés de verre (voir page 57).
Autre innovation, les appartements sont en « plan libre », c'est-à-dire livrables sans aucune cloison intérieure, hormis les blocs cuisines et salles de bains. Ce qui provoque l'incompréhension des premiers clients qui s'exclament : « Ce ne sont pas des appartements ça ! » (1). Du coup, « il fallut se résoudre à reconstruire les cloisons » (1) pour pouvoir vendre les appartements. Le Corbusier avait installé son atelier et son appartement dans les deux derniers étages.

LE CORBUSIER
et Pierre
JEANNERET
1932

Logements
Flats

24, rue Nungesser et Coli (16e).
Métro :
Michel-Ange-Molitor,
Porte-de-Saint-Cloud

Le Corbusier continues to innovate, even when building a traditional block crammed in between two adjoining buildings a model which he rejected in favour of his "Cités Radieuses". A comparison with the neighbouring building (number 22), which was built almost at the same time by the neo-classicist Roux-Spitz, provides a measure of the architectural upheaval wrought by Le Corbusier. The usual façade – a full wall dotted with windows – is cast aside here in favour of "a glass-plated façade creating a wall which provides no obstacle to the entrance of light" (1). Indeed, Mme Dalsace claims to have several times caught Le Corbusier sketcking the famous house in glass blocks (see page 57). Another innovation is the "open-plan" of the apartments, which were offered for sale with no interior walls other than those of the kitchens and bathrooms. This bewildered the first would be purchasers, who complained that "these are not apartments" (1). As a result "it was necessary to rebuild partitions" (1) so that the apartment could be sold. Le Corbusier set up his own studio on the last two floors.

(1) *L'Architecture d'aujourd'hui,* septembre 1934.

A voir aux alentours / To be seen around:
M. ROUX-SPITZ Logements 22, rue Nungesser et Coli (1931)

17e arrondissement

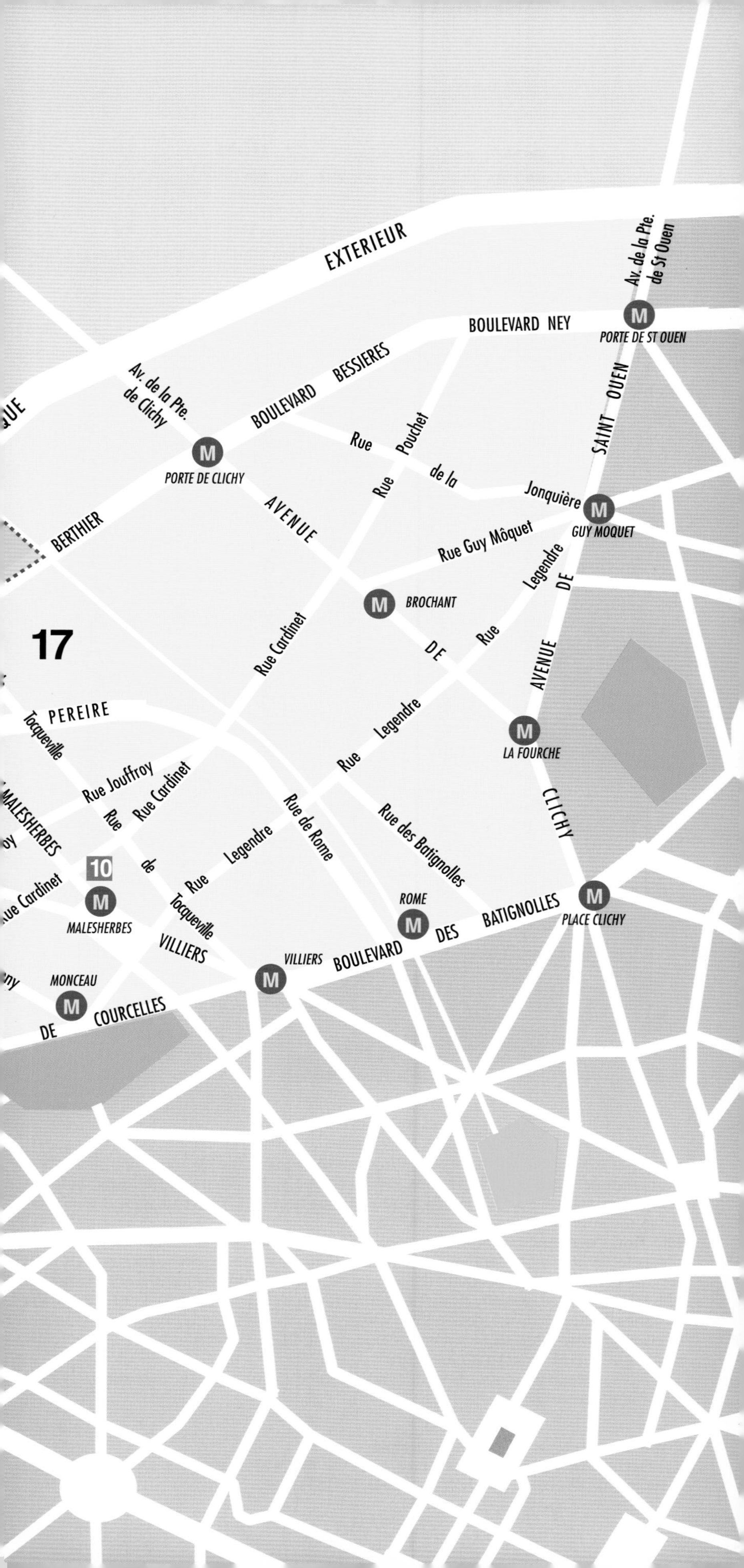

EXTERIEUR
BOULEVARD NEY
Av. de la Pte. de St Ouen
PORTE DE ST OUEN
BOULEVARD BESSIERES
Av. de la Pte. de Clichy
PORTE DE CLICHY
BERTHIER
Rue Pouchet
Rue de la Jonquière
SAINT OUEN
GUY MOQUET
Rue Guy Môquet
AVENUE DE
BROCHANT
Rue Legendre
AVENUE DE CLICHY
LA FOURCHE
17
Rue Cardinet
PEREIRE
Tocqueville
Rue Jouffroy
Rue Cardinet
MALESHERBES
Rue de Tocqueville
Rue Legendre
Rue de Rome
Rue des Batignolles
10
MALESHERBES
ROME
PLACE CLICHY
BOULEVARD DES BATIGNOLLES
VILLIERS
MONCEAU
DE COURCELLES

Lavirotte est surtout connu pour ses immeubles à la décoration exubérante en céramique, square et avenue Rapp (voir index). Trois ans après ce dernier immeuble, il a construit le Ceramic Hôtel qui montre bien comment l'Art nouveau est la transition vers l'architecture moderne.
Les ornementations florales subsistent encore sur la façade en béton, revêtue de grès de Bigot. Mais elles semblent n'être qu'un accompagnement : plus qu'une décoration autonome, elles servent essentiellement à souligner les volumes presque géométriques accrochés à la façade plane en céramique claire, un matériau éminemment « moderne ».
Car ici, ce n'est pas plus la décoration mais les volumes qui animent la façade : deux bow-windows verticaux dont la disposition dynamique de part et d'autre de l'épaisse barre horizontale du balcon est un prémice des jeux de volumes de l'architecture moderne.
Les motifs végétaux « Art nouveau » des grilles du rez-de-chaussée et des garde-corps des balcons tendent, eux aussi, vers une certaine abstraction.

Jules LAVIROTTE
1904
Ceramic Hôtel

34, avenue de Wagram (côté 8e).
Métro : Etoile

Lavirotte is best known for his buildings on the square and avenue Rapp, with their exuberant ceramic decoration (see index). Three years after this building, he built the Ceramic Hotel, which neatly demonstrates how Art Nouveau served as a transition towards modern architecture.
The floral ornamentation survives on the sandstone-clad concrete façade. Yet it seems to be only an accompaniment: rather than being an independent decoration, it serves essentially to accentuate the almost geometric volumes hung from the façade of lightly coloured ceramic tiling (an eminently "modern" material). For here it is the volumes rather than the decoration which animate the façade: two bow-windows whose dynamic disposition on either side of the thick horizontal bar of the balcony is a beginning of modern architecture.
The Art Nouveau plant motifs of the ground floor and balcony railings similarly tend towards the abstract.

A voir aux alentours / To be seen around:
X.. Piscine de l'Etoile (transformée en restaurant) 46, rue de Tilsitt (1934)
M. MACARY Logements 12, rue de l'Etoile (1935)

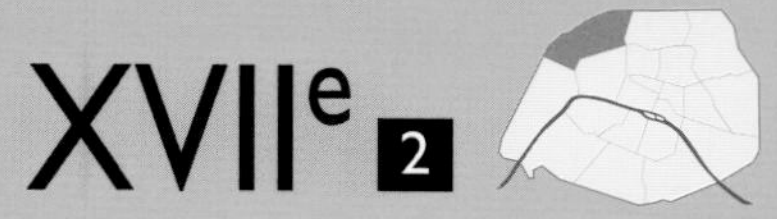

Marcel OUDIN. 1912
(rénovation : PÉRON-DANGRÉAUX, 1992)

Magasins de la Fnac / *Fnac department store*

28, avenue Niel (17e). Métro : Ternes

Maître d'ouvrage : magasins « A l'économie ménagère »

Un immeuble précurseur de l'architecture moderne par son refus de camoufler ses structures et ses matériaux, mais malheureusement très endommagé par des transformations ultérieures.
Avec une audace particulièrement remarquable dans ce quartier bourgeois, Oudin laisse largement apparent le béton de la façade et souligne ses structures. Les volumes ne cherchent nullement à faire croire à un immeuble d'habitation et indiquent nettement qu'il s'agit d'un grand magasin.
Les grès qui décoraient la façade, soulignant la différence entre les structures porteuses et les parois de remplissage, ont disparu. De la même manière, le grand fronton aveugle sur l'avenue Niel a été remplacé par un banal toit d'ardoise percé de grandes lucarnes, et le dôme d'angle en ciment en forme d'obus a été détruit, remplacé par un étage supplémentaire et un autre dôme, lui bourgeoisement recouvert d'ardoise.

This building is a pre-echo of modern architecture, with its refusal to disguise its structure and materials, which has unfortunately been seriously damaged by later alterations.
With an audacity which is all the more remarkable in this bourgeois neighbourhood, Oudin leaves the concrete of the façade almost entirely visible and emphasises its structure. The scale makes no attempt to create the impression of an appartment block and openly declares that this is a large shop.
The sandstones which once decorated the façade, underlining the difference between the supporting structures and the intervening walls, have gone. In the same way, the large blind frontage on the avenue Niel has been replaced with a banal tiled roof inlaid with big dormer windows and the concrete corner dome in the shape of an artillery shell has been destroyed and replaced with a further floor and another dome, this time encased in bourgeois tiles.

A voir aux alentours / To be seen around:
J. REY Bureaux 46, rue des Acacias (1973)

Christian de PORTZAMPARC. 1998

(Bâtiment originel : Guillaume GILLET, 1974)

Palais des Congrès (extension) / *Extension to the Palais des congrès (Conference & Meeting Hall Complex)*

Place de la Porte-Maillot (17e). Métro : Porte-Maillot

Maître d'ouvrage : Chambre de commerce et d'industrie de Paris

Ce n'était pas évident d'ajouter à ce Palais plusieurs milliers de mètres carrés (amphithéâtre de 400 places, salles de réunion, surfaces commerciales) sur une bande de terrain très étroite, au ras de la circulation.
Pour Portzamparc, la Porte-Maillot n'est pas une place organisée (comme l'Etoile ou la Concorde), mais « une simple étape sur l'axe Louvre-La Défense ». Il a voulu « gouverner cet espace indéterminé, en lui donnant un bâtiment qui le tienne, qui l'habite, au lieu de simplement le border ».
D'où la monumentale façade en plan incliné qui « polarise » la place et assoit le bâtiment dans son statut de « tangente à un axe et accentue l'idée de vitesse de cet axe en l'appuyant dans son élan vers l'ouest ».
Cette inclinaison permet de dégager un parvis et de créer des surfaces importantes en surplomb. C'est aussi un espace d'affichage, à l'échelle du trafic automobile, des manifestations qui se déroulent dans le Palais. Le grand cône, au milieu de la façade, abrite l'auditorium. Le plan horizontal qui la barre contient les sorties du public.

It was no easy task to add several thousand square meters (Conference hall of 400 seats, meeting rooms, shopping areas) to this complex on a narrow strip of land level with heavy traffic.
In Portzamparc's view Porte Maillot is not a center in its own right (like the Etoile or the Concorde) but "just a stage on the route from the Louvre to La Defense". He wanted to "rule this undefined area by giving it a building that would hold it together, and inhabit, rather than just skirt, it". Hence the monumental façade with its forward inclined surface which "polarises" the square and confirms the building as "tangential to a route and accentuating the idea of its rapidity by stressing its Westward thrust". This inclination frees space in front and creates a large overhanging surface which also provides an area for advertising the different events taking place in the Palais, on a scale visible to passing traffic. The great cone, in the middle of the frontage, houses the auditorium. and the horizontal surface that seals it contains the public exits.

A voir aux alentours / To be seen around:
P. DUFAU Bureaux 166, avenue de la Grande-Armée (1976)

Michel LONDINSKY et Bernard BOURGADE. 1980

22 logements sociaux / *22 public sector flats*

11 bis, avenue de Verzy (17e). Métro : Porte-Maillot
Maître d'ouvrage : RIVP

Quand ils ont appris que la Ville de Paris allait construire une HLM au milieu de leurs hôtels particuliers, les habitants de la très bourgeoise villa des Ternes ont immédiatement essayé de faire annuler le permis de construire, ainsi qu'ils avaient déjà réussi à le faire pour plusieurs précédents projets de la Ville.
Pour un prix record (5 832 F, soit 890 € en 2001) le m^2, les architectes sont quand même parvenus à réaliser leur projet, conçu comme « une suite de maisons de ville ». « Nous avons voulu donner à une habitation collective un aspect d'habitat individuel. La succession de toits à deux pentes, de cages d'escaliers à claire-voie et d'avancées suggère une succession de pavillons, alors qu'en fait, l'immeuble ne compte que des appartements, classiques ou en duplex. »
Une HLM très privilégiée, qui a notamment compté un ministre parmi ses locataires.

When they learnt that the city of Paris intended to build "council housing" in the midst of their private houses, the inhabitants of the very bourgeois Villa des Ternes, immediately tried to get planning permission withdrawn, as they had done with several of the city's previous projects.
For a record price (890 € en 2001 per square meters) the architects nevertheless managed to complete a project conceived as "a continuation of town houses".
"We tried to give a shared building the appearance of an individual habitat. The succession of twin-sloping roofs, transparent stairwells and protrusions, suggests a series of houses, whereas in fact the block contains only apartments with classic or split-level lay-outs".
This is an extremely privileged "public" block, whose tenants have included even a Minister.

A voir aux alentours / To be seen around:
A. ARFVIDSON Logements 10, place du Général-Koenig (1932)

Le style Art déco ne s'est jamais départi d'un certain monumentalisme.
Ici, la façade de l'immeuble – beaucoup plus que les fenêtres enfoncées dans leurs niches – est essentiellement constituée de trois épais montants de pierre, aveugles à l'exception de quatre petits hublots ovales. Compacts, sculptés dans la masse, ils sont comme des colonnes ou des tours qui cherchent à conférer une dignité de monument à cet immeuble de rapport abritant banalement de multiples petits appartements.
A l'exception de l'immeuble rue du Dobropol (voir ci-dessous), impossible de retrouver trace d'autres œuvres de Raymond Perruch dont les archives, représentant une vie de travail, ont été détruites par négligence peu après sa mort, à la fin des années 80.

Raymond PERRUCH
Vers 1930

Logements
Flats

42, boulevard Gouvion-Saint-Cyr (17e).
Métro :
Porte-Maillot,
Porte-de-Champerret

Art Deco was never able completely to free itself from a certain taste for monumentalism. Here, the façade of the building – much more than the windows sunk in their recesses – is essentially composed of three thick lines of stone, all blind save for four small oval port holes. Compact and sculpted from large blocks, they are like columns or towers which seek to confer the dignity of a monument on this landlord's investment which houses no more than a mere collection of small apartments. With the exception of the building on the rue de Dobropol (see below), one can no longer find any trace of the work of Raymond Perruch, whose papers, representing a life-time's work, were negligently destroyed shortly after his death, at the end of the eighties.

A voir aux alentours / To be seen around:
R. PERRUCH Logements 3 et 5, rue du Dobropol (1931)
ED Logements 73, rue du Bayen (1977)
ED Logements 64, rue du Bayen (1989)
BALI Ensemble HBM 5, place de la Porte-Champerret (1934)
W. MITROFANOFF Logements 41, rue Jacques-Ibert (1986)
J. WILLERVAL et P. ALEXANDRE Bureaux 1 et 2, rue Anatole-France, Levallois, (1989)
P. PATOUT Ensemble de logements 2-8, rue Catulle-Mendès (1929)
P. COLBOC et R. BARDON Logements 16, avenue de la Porte-de-Champerret (1987)

Dans l'entre-deux-guerres, le cardinal Verdier, archevêque de Paris, lance un grand programme de construction d'églises, les « chantiers du cardinal ».
Il s'agit tout à la fois de lutter contre le chômage et de donner des édifices religieux aux banlieues et quartiers qui poussent autour des anciennes fortifications de Paris. Dans le nouveau quartier de la porte Champerret, on évalue à « quelque 30 000 âmes » ces habitants sans église [(1)].
A cette nouvelle clientèle, il faut une nouvelle architecture, différente du néo-gothique de mise depuis le milieu du XIXe siècle. Pas question toutefois d'adopter les idées du Mouvement moderne, qui sentent encore trop le soufre.
Barge se réfugie ici dans un néo-byzantinisme rassurant. Touche de « modernisme », il surmonte ses coupoles inspirées de Sainte-Sophie de Constantinople d'un clocher expressionniste à ailettes de 72 mètres de haut, qui semble directement sorti de la Métropolis de Fritz Lang.
A l'intérieur, vitraux de François Decorchemont et statues de Gérard Ambroselli.

(1) Archives de l'Association diocésaine de Paris.

Jacques BARGE
1935-1942

Eglise Sainte-Odile
Sainte-Odile church

2, avenue Stéphane-Mallarmé (17e).
Métro :
Porte-de-Champerret

Maître d'ouvrage :
Association diocésaine de Paris

In the inter-war years the Archbishop of Paris, Cardinal Verdier, launched a major programme of church building, the "Cardinal's building sites".
The aim was both to create employment and to bring religious buildings to the suburbs and neighbourhoods which were springing up around the old fortifications of Paris. The number of souls with no church in the newly built neighbourhood of the Porte de Champerret was estimated at "some 30,000".
This new public needed a new architecture, different from the neo-gothic which had prevailed since the mid-19th century. There could however be no question of embracing the ideas of the modernist movement, which still smacked too strongly of heresy.
Barge takes refuge here in a reassuring neo-byzantism. Himself tainted with "modernism", he caps his cupolas (inspired by Sainte Sophie in Constantinople) with an expressionist winged belltower, 72 metres high, which seems to have been transplanted from the set of Fritz Lang's *Metropolis*.
The interior contains windows by François Decorchement and statues by Gérard Ambroselli.

A voir aux alentours / To be seen around:
A. PERRET Logements (immeuble David Weill) 174, boulevard Berthier (1953)
G.A. DREYFUS et V. METTE Ateliers d'artistes 145, boulevard Péreire (1931)
M. HENNEQUET Logements 100, boulevard Péreire (1925)
J.P. et A. JOUVE Logements 67, rue Ampère (1983)
P. PATOUT Hôtel 11, avenue de Wagram (1929)

Sur l'ancien bastion 47 des fortifications de Paris, un ensemble de logements « à confort moyen », conçu par l'une des plus talentueuses équipes de l'entre-deux guerres. La comparaison avec la « caserne » construite par les mêmes, rue Brillat-Savarin (voir page 131), montre les progrès réalisés, en moins de vingt ans, dans la réalisation du logement social.
Ici, trois groupes d'immeubles monumentaux (128 logements et 14 ateliers d'artistes) s'ouvrent largement sur la ville, par une cour-jardin. Les façades en brique rose sont dessinées pour « jouer grâce aux ombres causées par les saillies horizontales » [1] des balcons arrondis et de la modénature.
Signes du raffinement de la conception : les cages d'escaliers de service à claire-voie amènent la lumière naturelle dans les escaliers principaux et les grilles et garde-corps étaient, à l'origine, peints en ton bronze.

Joseph BASSOMPIERRE, Paul de RUTTÉ et Paul SIRVIN

1933

Ensemble de logements sociaux

Block of public sector flats

134-142, boulevard Berthier (17e).
Métro : Péreire

Maître d'ouvrage : Ville de Paris

On the site of the former Bastion 47 of the old Paris fortifications, this collection of flats with "moderate amenities", was designed by one of the most talented teams of the inter-war period. A comparison with the "barracks" built by them in the rue Brillat-Savarin (see page 131) shows the progress, in less than twenty years, in the building of low cost housing.
Here, three groups of monumental blocks of flats (128 flats and 14 artists studios) expose themselves to the city via a garden/courtyard. The frontages, of pink brickwork, are designed to "play on the shadows cast by the horizontal projections" [1] of the rounded balconies and the brickwork mouldings.
Signs of the sophistication of the design: the lattice-work of the service stairs provide natural lighting to the main staircase and the grids and safety rails were, originally, painted a shade of bronze.

(1) *L'Architecte* (1933)

Alexis DRESSE et Léon OUDIN. 1938

René LECARD, collaborateur

Groupe scolaire / *School complex*

76, boulevard Berthier (17e). Métro : Péreire
Maître d'ouvrage : Ville de Paris

L'utilisation originale d'un terrain en coin pour cette école édifiée dans la grande vague de construction d'établissements scolaires des années trente (voir page 86) : c'est l'épaisseur du bâtiment principal, abritant les salles de classes, qui sert de façade. Celle-ci est traitée comme le signal d'un véritable monument public. Ses volumes – sorte de « style intermédiaire », synthèse du savoir-faire des architectes traditionnels et du Mouvement moderne – la différencient nettement des HBM et entrepôts environnants. Les armes de la Ville – gravées sur son fronton – manifestent la présence de la puissance publique, en cette période de renforcement du poids de l'Etat.
A l'intérieur, les préoccupations hygiénistes de l'époque sont partout présentes : le groupe comprend une « salle de propreté », une grande salle de douches, et une salle de repos. De même, les baies vitrées de près de 20 m² des salles de classes traduisent la recherche de la lumière et de ses vertus thérapeutiques, à une époque où la tuberculose était encore une réalité et où l'on prescrivait aux enfants des « cures de soleil ».

This school, part of the wave of school building during the 1930's (see page 86), makes original use of a corner site: it is a side of the principal building, housing the classrooms, which serves as a façade. This has all the ostentatiousness of a real public monument. Its volumes – in a sort of "intermediary style", a synthetis of the know-how of traditional architects and the ideas of the Modern Movement – clearly mark it off from the surrounding warehouses and public sector housing. The city Arms – engraved on the pediment – demonstrate the presence of the public power, a characteristic of a period during which the state was increasingly making its presence felt.
On the inside, the hygienic preoccupations of the time are in evidence everywhere; the school has a "cleanliness room", a large shower room and a rest room. Similarly, the bay-windows (of almost 20 square metres) of the classrooms result from a belief in the therapeutic virtues of light, at a time when tuberculosis was still a very real threat and children were frequently sent to take "sun cures".

A voir aux alentours / To be seen around:
J.P. PAQUET Lycée Honoré-de-Balzac 114, bd Bessière (1948)
B. BOURGADE et M. LONDINSKY Foyer de personnes âgées 87, rue de La Jonquière (1985-1989)
B. BOURGADE et M. LONDINSKY Logements 21-27, rue Boulay et pas. du Petit-Cerf (1988)
C. FURET Ensemble de logements 141, avenue de Clichy (1996)
A. BERTIN ET A. KANDJIAN Logements 26 et 29, rue des Apennins (vers 1930)
A. PERROT et R. VINCENZ Crèche 1, boulevard du Bois-le-Prêtre (1980)
L. et A. FEINE HBM 17, bd Bessières (1911)
Agence d'Architecture HBM Ensemble de logements 24, boulevard Bessières (1911)
X. Logements 25, rue Jean-Leclaire (1938)
J. TYMOVSKI Logements 69, rue Pouchet (1996)

Christian de PORTZAMPARC, architecte conseil. 2003

Quartier des Hauts de Malesherbes (600 logements)
Hauts de Malesherbes (600 apartments)

Boulevard Berthier et avenue de la Porte-d'Asnières (17e).
Métro : Péreire, Porte de Clichy
Aménageur : SEMAVIP

Sur une petit terrain de 5 hectares, coincé entre boulevards à grande circulation et voies de chemin de fer, Portzamparc applique à ce nouveau quartier sa théorie de « l'îlot ouvert » qui « reprend à l'architecture classique le thème de la rue et poursuit, de l'architecture moderne, le thème du bâtiment autonome » (voir page 148).
Autour d'un jardin central, légèrement décaissé, où subsiste un ancien bâtiment de répétition de l'Opéra comique, une vingtaine d'immeubles, plots décalés en quinconce les uns par rapport aux autres. Chacun dispose ainsi de soleil et de vues directes sur le jardin. Entre eux, des « vides habités » : courettes d'entrées, frondaison débordant sur la rue, qui cassent l'alignement traditionnel des façades, comme avec les hôtels particuliers classiques.
Chaque architecte a eu une large autonomie pour construire, en respectant quelques règles simples, notamment : plots (sauf le bâtiment ouest, pour protéger du bruit du boulevard périphérique), « casquettes » en débord au sommet des bâtiments, pas de façade « plaquée » pierre.

Maquette du quartier des Hauts de Malesherbes.

On a small 5 hectares plot of land, sandwiched between railroad tracks and boulevards dense with traffic, Portzamparc has applied his "open islet" theory onto this new district, "recapturing classical architecture's theme of the street, and pursuing modern architecture's theme of the autonomous building" (see page 148).
A central garden, at a slightly lower level, holds what remains of the old Opéra Comique rehearsal building, and is surrounded by twenty or so buildings, whose units stand in staggered rows. Each has the sun as well as garden views at its disposal. In between are "lived-in voids": small gateways, greenery overflowing onto the street, which serve to break the traditional line of façades, in the manner of the classical hôtels particuliers.
Each architect had a great deal of building autonomy, being required to follow a few simple rules such as: units (except for the west building, in order to block out the noise from the beltway), "visors" protruding from atop the buildings, no stone "placage" on the façades.

A

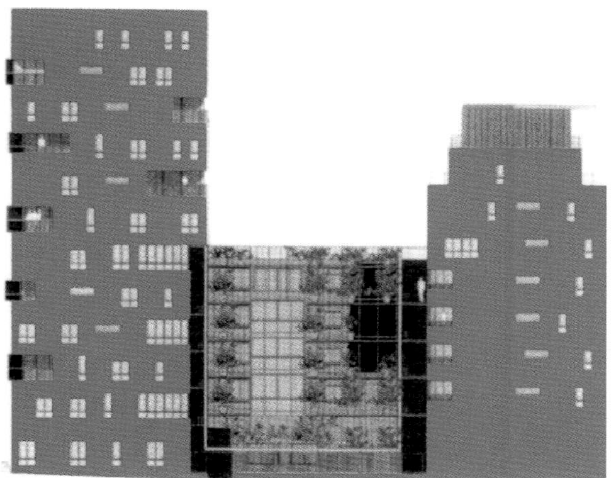

B

A - **Olivier BROCHET, Emmanuel LAJUS et Christine PUEYO,** ***logements.***

B - **Marie-Elisabeth NICOLEAU,** ***logements.***

C - **Fabrice DUSAPIN et François LECLERCQ,** ***école.***

C

Un bâtiment qui résume Perret, technicien audacieux et architecte nourri de tradition. La façade est inspirée de l'Antique. Mais sa frise n'est pas gratuite : elle cache en fait les bouches de ventilation de la salle, en application du principe de Perret de « ne tourner en ornement que ce qui est nécessaire » à la construction.
Derrière la façade, l'exploit technique. Sur un terrain malcommode (9 mètres de façade sur 29 mètres de profondeur), il est parvenu à construire une salle de concert qui, estimait le pianiste Alfred Cortot, « sonne comme un Stradivarius » (1).
Pour cela, il a totalement repensé les principes d'acoustique. La salle, semi-circulaire et perpendiculaire à la rue, est aussi haute que large. Ses murs et son plafond sont recouverts de fins panneaux de bois agrafés sur des tasseaux, sortes de diaphragmes qui vibrent librement, la transformant en une véritable caisse de résonance.

Auguste PERRET
1929

Salle de l'École normale de musique
Concert Hall

78, rue Cardinet (17e).
Métro : Malesherbes

This building neatly summarises the work of Perret, an audacious technician yet at the same time an architect who was very sensitive to tradition.
The façade is inspired by Antiquity. The fresco is not, however, mere ornamentation: it serves to hide the ventilation outlets of the hall, an application of Perret's principal that "only that which is necessary to a building should be turned into an ornament".
Behind the façade, the building is a considerable technical exploit. On a difficult site (9 metres wide by 29 metres deep), he managed to build a concert hall which, in the opinion of the pianist Alfred Cortot, "sounds like a Stradivarius" (1).
To do so, he was obliged to completely rethink acoustic principles. The hall, semi-circular and perpendicular to the street, is as high as it is wide. Its walls and ceiling are covered in thin wooden panels stapled to padded plates, which are free to vibrate like diaphragms and fill the hall with resonance.

(1) Cité par Marc Emmery dans *Un siècle d'architecture moderne,* éditions Horizons de France (1971).

A voir aux alentours / To be seen around:
H. SAUVAGE Logements 27, rue Legendre (1928)
R. BELLUGUE et P. GUIBERT Ecole 118, rue de Saussure (1984)
R. BELLUGUE et P. GUIBERT Logements 134, rue de Saussure (1984)
P. FOURNIER Ecole 112, bd Berthier (1937)

Albert estimait que le renouveau de l'architecture métallique, tombée en désuétude au XXe siècle, devait venir de l'architecture tubulaire industrialisée qui présente de nombreux avantages techniques et économiques (voir pages 39 et 127).
Ici, l'architecte a surrélevé (phagocyté ?) un hôtel particulier du XIXe siècle qui – ironie de l'histoire – était celui de Gustave Eiffel, constructeur de la tour et autre grand architecte du métal.
Le principe même de l'architecture tubulaire – « qui permet de dissocier la structure porteuse d'avec la clôture » (façade et murs) – se prêtait bien à cette opération. Mais les poutrelles métalliques et les panneaux préfabriqués ont bien mal supporté le vieillissement.
Les fenêtres des trois premiers niveaux qui, à l'origine, permettaient d'apercevoir la façade de l'hôtel particulier, ont été obturées par la suite.

Edouard ALBERT

1955

J.L. SARF, ingénieur-conseil

Bureaux
Offices

85, rue Jouffroy (17e).
Métro : Wagram

Maître d'ouvrage : l'Epargne de France

état originel

Albert believed that the renaissance of metallic architecture (which had fallen from fashion during the 20th century) would have to take the form of a tubular, industrialised architecture, with all the technical and economic advantages which it offered (see pages 39 and 127).
Here the architect extended a 19th century town-house which – ironically enough – had belonged to Gustave Eiffel, builder of the Tower which bears his name and himself a great exponent of architecture in metal.
The underlying principle of tubular architecture (which allows the supporting structure to be dissociated from its surrounding envelope of walls) was ideally suited to this project. Unfortunately the metal beams and prefabricated panels have not aged well. The windows above the first three floors, which originally left the façade of the old town-house visible, have subsequently been blocked off.

A voir aux alentours / To be seen around:
P. VIMOND Logements 70, rue Jouffroy (1983)
R. GRAVEREAUX École 20, rue Médéric (1936)
J. FLEGENHEIMER, H. BARD et F. GARELLA Bureaux 48, boulevard des Batignolles (1932)
J.J. GARNIER Logements 3, rue de Bizerte (1935)

18e arrondissement

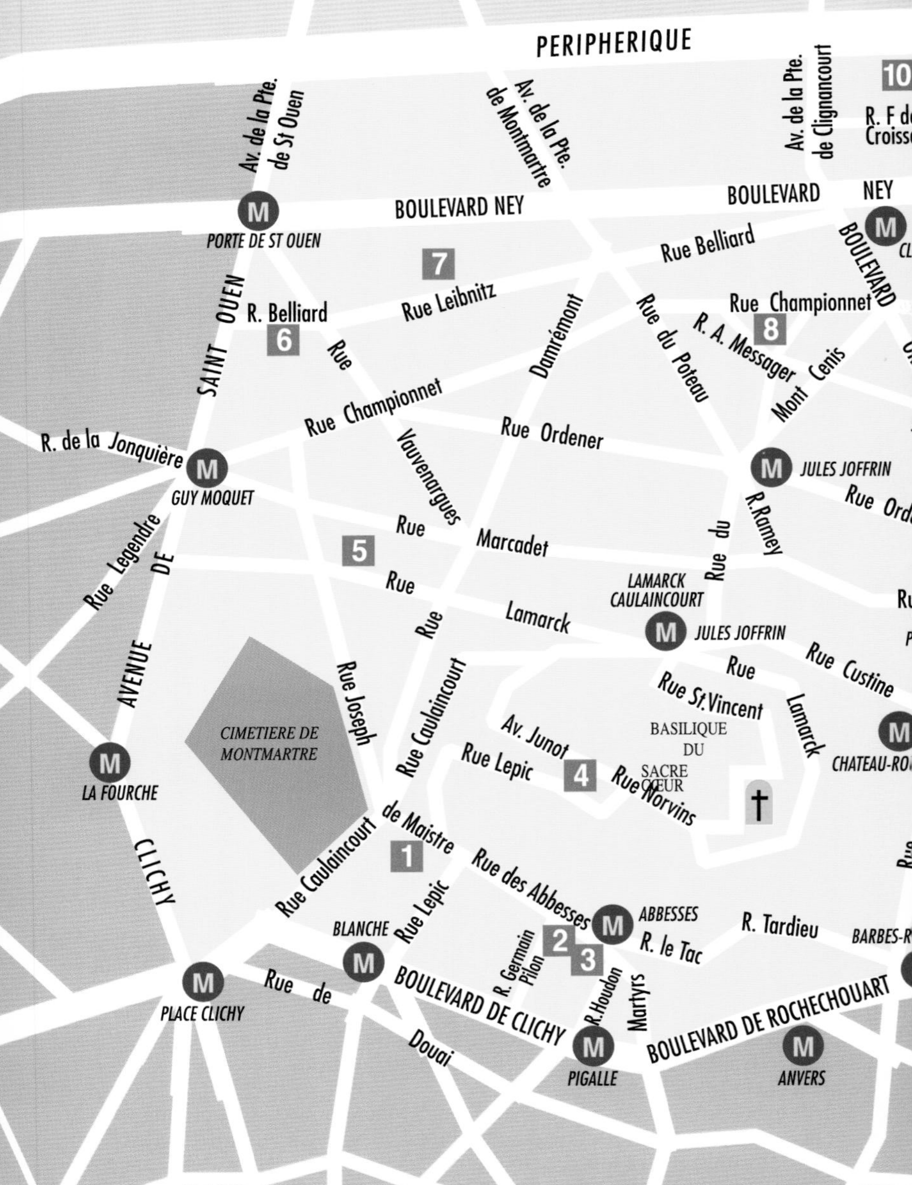

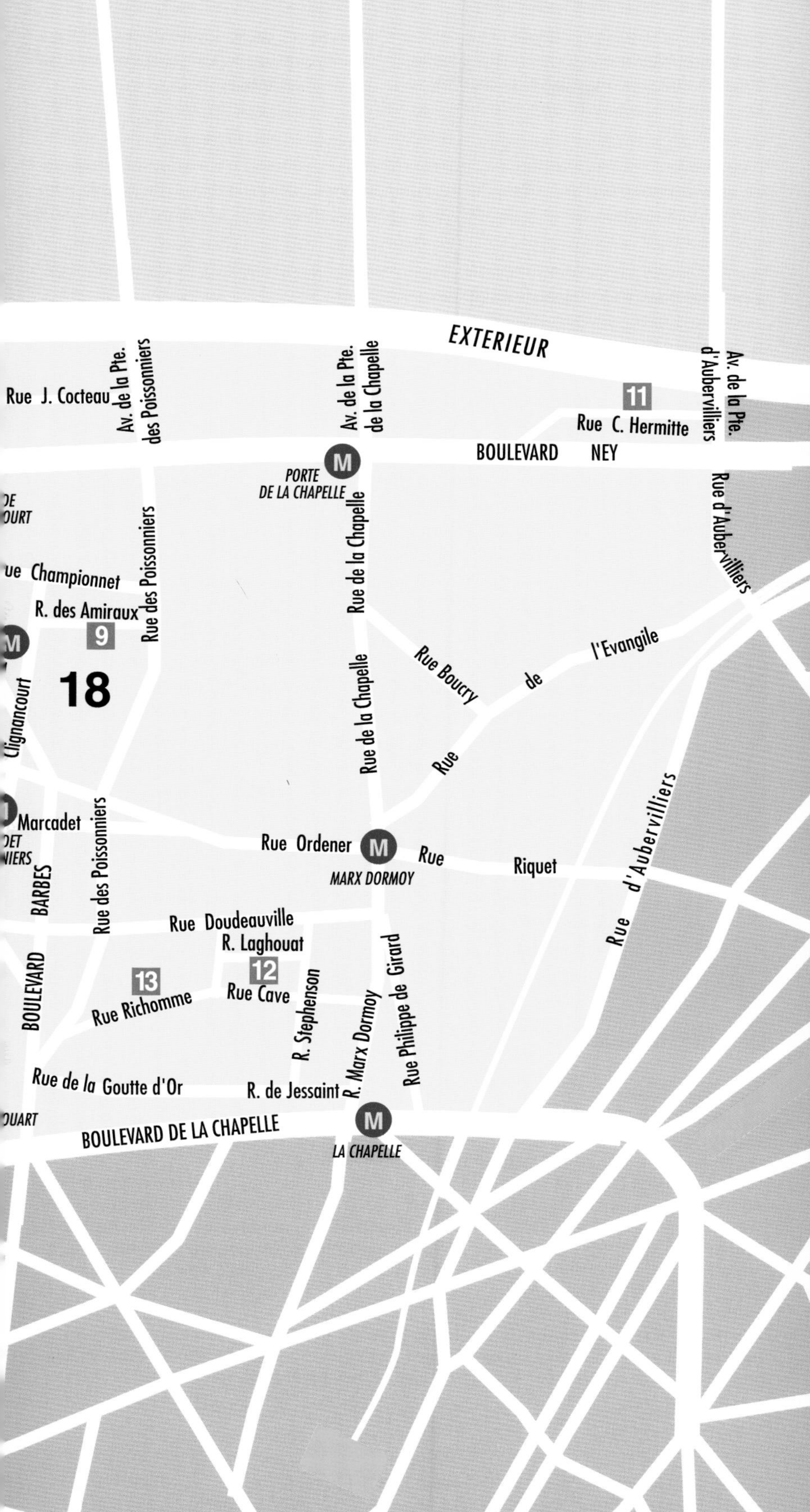
EXTERIEUR
Rue J. Cocteau
Av. de la Pte. des Poissonniers
Av. de la Pte. de la Chapelle
11
Rue C. Hermitte
Av. de la Pte. d'Aubervilliers
BOULEVARD NEY
PORTE DE LA CHAPELLE
Rue d'Aubervilliers
Rue des Poissonniers
Rue de la Chapelle
Championnet
R. des Amiraux
9
18
Clignancourt
Rue Boucry
Rue de l'Evangile
Rue de la Chapelle
Marcadet
Rue des Poissonniers
Rue Ordener
MARX DORMOY
Rue Riquet
Rue d'Aubervilliers
BARBES
Rue Doudeauville
R. Laghouat
12
13
Rue Cave
Rue Richomme
BOULEVARD
R. Stephenson
R. Marx Dormoy
Rue Philippe de Girard
Rue de la Goutte d'Or
R. de Jessaint
BOULEVARD DE LA CHAPELLE
LA CHAPELLE

Pour faire accepter cet immeuble de bureaux à l'orée du vieux Montmartre et de ses souvenirs, Maufras n'a pas hésité à « jouer l'ambiguïté formelle » et à donner à sa construction un « air d'hôtel particulier ».
Posé entre deux vides (le cimetière Montmartre et une voie privée), Maufras a fait un « objet isolé, une architecture égocentrique qui profite d'une opportunité de l'environnement ». Une sorte de « tour de gué » posée à l'entrée de la rue Joseph de Maistre.
Pour dynamiser ce bâtiment massif, sa façade principale bascule vers l'avant, « comme un athlète ramassé et prêt à bondir », stabilisée par l'aile du toit. A cette façade « en tension », s'oppose, sur le côté, une façade plus sereine. L'immeuble se prolonge vers l'arrière par des volumes bas « comme la queue d'un gros chat qui serait assis au bord de la rue ». L'isolement du bâtiment par rapport à ses voisins a permis de percer toutes ses façades. Avec, là encore, le souci que « les fenêtres ne trahissent pas qu'il s'agit, à tous les étages, de plateaux de bureaux ».

Didier MAUFRAS

1991

Luc PEIROLO et Dominique SEIBEL, assistants

Bureaux
Offices

17 bis, rue Joseph-de-Maistre (18e).
Métro :
Place de Clichy, Blanche.

Maître d'ouvrage : Groupement d'investisseurs privés

To get this office block accepted here, on the edge of old Montmartre and its historic memories, Maufras has had no hesitation about "playing on ambiguity of form" by giving his building the "appearance of a town house".
Placed between two open areas (the Montmartre Cemetery and a private roadway) has made it an "isolated object, an egocentric architecture that takes advantage of its surroundings". A sort of "watch tower" placed at the entrance to the rue Joseph de Maistre. To liven up this massive building, its frontage is inclined forward "like an athlete gathering himself for a leap", but is stabilised by the wing on the roof. In contrast to this frontage "under tension", the side elevation is more serene. The building is extended, at the rear, by low buildings "like the tail of a big cat sitting on the edge of the road". The isolation of the building from its neighbours allows windows to be inserted on all its elevations – with, once more, care being taken that "the windows should not to betray the fact that, at all levels, they open onto office space".

A voir aux alentours / To be seen around:
W. SCOB Cinéma Wepler 140, boulevard de Clichy (1956)
M. ROUX-SPITZ Logements 2, rue Biot (1930)

Charles VANDENHOVE, Jacques SEQUARIS et Prudent de WISPELAERE. 1996

Théâtre, école de danse et 30 logements sociaux
Theatre, danse school and 30 public sector flats

31, rue des Abbesses (18e). Métro : Abbesses

Maître d'ouvrage : RIVP

Architecte féru d'histoire, Vandenhove a conçu à mi-pente de la butte Montmartre une « construction sinon mimétique, du moins respectueuse de l'architecture néo-classique » du quartier. Il « a pris plaisir à la rendre actuelle » en redessinant à sa manière frontons classiques, toits courbes en zinc (comme rue de Rivoli), encadrements de fenêtres et colonnes du rez-de-chaussée qui, placées au milieu des ouvertures, ne soutiennent rien du tout.
Respectant le magnifique point de vue sur Paris depuis le célèbre atelier du Bateau-lavoir, Vandenhove a ménagé une partie basse au centre de sa façade, d'où émerge le fronton du théâtre situé à l'arrière. L'école de danse – enterrée – prend le jour sur la rue Véron, neuf mètres en contrebas.
Les façades en pierre d'Hauteville et en béton clair, coloré dans la masse, sont à l'unisson des « enduits traditionnels de Paris ».

Vandenhove, an architect imbued with a sense of history, conceived this building, halfway up the slopes of the Montmartre hill as "if not mimetic, then at least respecful of the neo-classical architecture" of the district.
He "took pleasure in modernising it" by re-drawing in his own style a series of classical pediments, curved zinc roofs (like those of the rue de Rivoli), window frames and ground-level columns, ironically placed in the centre of the façade and yet supporting nothing at all.
Respectful of the magnificent view of Paris from this famous area, Vandenhove inserted a basement in the centre of his façade, from which emerges the pediment of the theatre to the rear. The dance school, partly sunk into the ground, faces onto the rue Véron, 9 metres lower down.
The façades, made up of Hauteville stone and lightly coloured concrete (tinted during its mixing) fit in well with "the traditional plasterwork of Paris".

A voir aux alentours / To be seen around:
C. VANDENHOVE Crèche et logements place des Abbesses (square Jehan Rictus) (1991)
P. STARCK Dancing La Cigale (réhabilitation) 120, boulevard de Rochechouart (vers 1885-1987)
BENSAID et DAROY Logements 2, rue Coustou (1932)
G. VESSIÈRE Garage 4, rue Coustou (1928)

Première église en béton armé, construite par un architecte néo-gothique disciple de Viollet-le-Duc, qui eut dans les années 1890 l'intuition des extraordinaires possibilités du béton, « à la fois ossature et enveloppe » [1].
Le projet a été choisi en raison de son faible coût par le curé de la paroisse, qui le finança largement sur ses propres deniers. L'église a mis une dizaine d'années à être terminée, au terme d'un procès et d'une ordonnance de démolition (jamais exécutée) : l'administration, peu au fait du nouveau matériau, n'accordait aucune confiance aux planchers et au toit-voûte de 7 cm d'épaisseur, ni aux piliers de 50 cm de côté qui montent à 25 mètres de hauteur.
A l'intérieur, les ogives et nervures néo-gothiques laissent penser que si Baudot s'est passionné pour le béton, c'est aussi parce qu'il lui permettait une construction qui se rapprochait de son idéal : l'architecture gothique. Il n'en a pas moins fait un bâtiment qui, par la volonté d'utiliser jusqu'au bout les possibilités du matériau, et par l'emboîtement de ses volumes, annonce l'architecture des années 20.

Anatole de BAUDOT

vers 1894-1904

Eglise Saint-Jean-de-Montmartre

21, rue des Abbesses (18e).
Métro : Abbesses

This was the first church built in reinforced concrete, constructed by a neo-gothic architect (a disciple of Viollet-le-Duc) who foresaw even in the 1890's the extraordinary possibilities offered by concrete, "at one and the same time a skeleton and a carapace". [1] The design was chosen, principally because of its low cost, by the parish priest, who funded the project largely from his own resources. Completion of the church took 10 years, only coming after the building had been the subject of a demolition order (which was never enforced): the authorities, knowing little of the new material, had no confidence either in the 7 centimetres thick ceilings and vaulted roof, or in the 50 centimetres thick side pillars which rise to a height of 25 metres. The neo-gothic vaults and ribbing of the interior suggest that Baudot's fascination for concrete is explained partly by the fact that it allowed him to build in a style closed to his own ideal: gothic architecture. He nevertheless produced a building here which pre-figures the architecture of the 1920's, with its insistence on pushing the possibilities of a material to their limits and its inter-connected volumes.

(1) Voir l'article de François Boudon dans *Architecture, Mouvement, Continuité* n° 28 (mars 1973).

A voir aux alentours / To be seen around:
H. GUIMARD Entrée de métro - place des Abbesses (vers 1900)

« L'évolution de la civilisation va dans le sens de l'expulsion de l'ornement hors de l'objet » [(1)], estimait l'autrichien Adolf Loos. Pour le poète dadaïste Tristan Tzara, il construisit une maison qui résume sa démarche architecturale.
Aucun souci de séduction, ni « ornement » ni « beaux » volumes, dans ce parallélépipède sans fantaisie.
Difficile de trouver plus banal que les matériaux – crépi et moellons – dont il est fait. Mais le crépi blanc oppose sa légèreté aux lourds moellons sombres du soubassement. La loge en hauteur – grande fenêtre elle-même percée de fenêtres, comme dans un tableau surréaliste – c'est encore la légèreté qui répond au puissant renforcement du rez-de-chaussée, dont les poutres blanches soulignent la solidité. De même, les autres éléments de la façade (fenêtres, garde-corps, etc.) n'ont pas la moindre originalité. Mais leur composition est du jamais vu. Désordre ? Certainement pas, à voir la symétrie strictement classique qui ordonne cette façade. Dans la lignée des surréalistes qui voulaient « tuer l'art », Loos démontre ici que l'essence de l'architecture ce n'est pas la joliesse des différents éléments qui composent un bâtiment, mais les rapports qu'ils entretiennent entre eux.

Adolf LOOS

1926

Maison Tzara

15, avenue Junot (18e).
Métro : Lamarck-Caulaincourt

Maître d'ouvrage : Tristan Tzara

The Austrian Adolf Loos believed that "civilisation is evolving towards the expulsion of ornamentation from the object" [(1)]. Here, he built a house for the Dada poet Tristan Tzara which summarises his architectural method.
There is no effort at seduction, no "ornamentation" or "beautiful" volumes to be found in this parallelepiped which resolutely rejects all fantasy.
It would be hard to find more commonplace materials than the plaster and roughcast brick which are used here. Yet the lightness of the white plaster is in opposition to the heavy dark bricks of the base. The upper balcony – like a large window itself pierced with windows, as in a surrealist picture – again represents lightness responding to the powerful ground floor recess, whose solidity is underlined by its white beams. Similarly, the other elements of the façade (windows, railings, etc.) have in themselves no originality. However their composition is wholly new. Disorded? Certainly not when one considers the strictly classical symmetry which governs the façade as a whole. In the tradition of the surrealists who wished "to kill art", Loos shows here that the essence of architecture lies not in the prettiness of the different components of a building, but in the relationship which binds them together.

(1) Adolf Loos, *« Ornement et crime »* (1908).

Un bâtiment qui étonne par sa peau de bois, en l'occurrence des volets de cèdre rouge qui ferment les balcons des quatre premiers étages de l'immeuble, consacré au logement des pompiers. Les persiennes – plus proches de l'architecture méditerranéenne, voire catalane, que de l'imagerie montmartroise – sont enchâssées dans des cadres métalliques coulissants. Il en résulte, au gré de leur mouvement, un positionnement aléatoire sur la façade.
Une sorte de bâtiment tour, séparé de l'immeuble par une faille verticale contenant l'escalier, assure la transition avec la construction voisine, datant du début du siècle. La faille laisse entrevoir la grande cour triangulaire de la caserne, et le bâtiment du XIXe siècle qui la ferme. Pour respecter ce contexte, la façade sur cour est recouverte d'un placage de briques.
Le soubassement de l'immeuble est consacré au poste de commandement du groupement de pompiers et à une salle de gymnastique. Les étages abritent trent et un logements de fonction desservis, sur la façade côté cour, par des coursives à claire-voie.

Jacques RIPAULT
1995

Caserne de pompiers
Fire station

132, rue Lamarck (18e).
Métro : Guy-Môquet, Lamarck-Caulaincourt

Maître d'ouvrage : Préfecture de police de Paris

One is surprised by this building's wooden skin, more particularly the red cedar shutters of the balconies on the first four floors, which house the firemen's apartments. The shutters – resembling the Mediterranean or even Catalan architecture rather than the typical Montmartre style – are mounted in sliding metal frames. Depending on how they are moved, there follows a random positioning on the façade.
This somewhat tower-like construction, separated from the building by a vertical gap housing the stairway, guarantees the transition to the neighbouring construction that was built at the beginning of the 20th century. Through this gap, one can see the large triangular courtyard of the fire station and the 19th century building that closes it off. To respect the surroundings, the façade giving onto the courtyard is covered with a brick facing.
The basement of the building houses the fire station's command post and a gymnasium. On the façade that gives onto the courtyard, latticed passageways lead to 31 apartments for the firemen and their families located on the upper levels.

A voir aux alentours / To be seen around:
J.P. DESCHAMPS Collège 5-7, rue Carpeaux (1992)
P.L. FALOCI Agrandissement d'une école 146, rue Lamarck (1989)

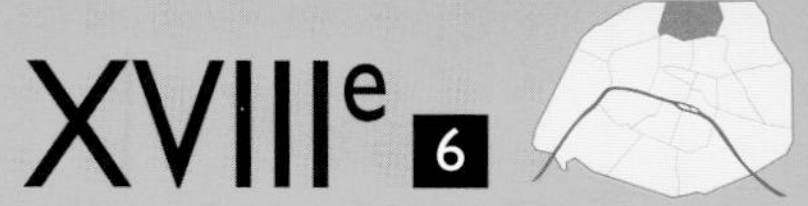

Un immeuble construit à son usage personnel par un architecte en chef des monuments historiques.
Elève d'Anatole de Baudot (voir page 274), il reprend ici les grands principes de son maître, mis en application à l'église Saint-Jean-de-Montmartre : structure apparente en béton, façade (également en béton) protégée par une « peau » étanche en céramiques. Sur le toit plat – un choix résolument audacieux qui sera, dans la décennie suivante, un des « must » du Mouvement moderne – une terrasse si soigneusement réalisée, que son étanchéité n'a nécessité aucune amélioration ultérieure.

Henri DENEUX

1913

Logements
Flats

185, rue Belliard (18e).
Métro : Guy-Môquet

Maître d'ouvrage :
Henri Deneux

This block was built for his own personal use by the head architect of the historical monuments service.
He had been a pupil of Anatole de Baudot (see page 274) and here he reworked the principles which his master had applied to the Saint-Jean-de-Montmartre church; a visible concrete structure, with a façade (also in concrete) protected by a weatherproof ceramic "skin".
On the flat roof – for the time a most audacious choise, although in the following decade it would become a "must" for the Modern Movement – there is a terraced garden which was so carefully constructed that there has since been no need for any maintenance work on its waterproofing.

A voir aux alentours / To be seen around:
AGENCE D'ARCHITECTURE HBM Logements 23 et 28, rue Firmin-Gémier (1934)
D. VALODE et J. PISTRE Logements 204-228, rue Championnet (1990)
A. THIERS et H. TRESAL Ateliers d'artistes 187, rue Ordener / 11, rue Marcadet (1984)
F. DUSAPIN et F. LECLERCQ Ecole maternelle 41, rue des Cloÿs (1987)

Frédéric BOREL. 2000

Joakim LARSSON, chef de projet. A. HORNECKER et M. YOUNAN, collaborateurs

Ecole maternelle (8 classes) / *Nursery school (8 classrooms)*

17-21, rue de la Moskowa (18e). Métro : Porte-de-Saint-Ouen, Porte-de-Clignancourt

Maître d'ouvrage : Ville de Paris

Loin de l'expressivité qu'il affectionne parfois (voir pages 93, 320 et 331), Borel a réalisé ici une œuvre « sobre et introvertie ». « Plus un quatuor – où la précision l'emporte sur l'expressivité – qu'une symphonie. » L'enjeu est d'importance : « tout le monde se souvient de sa première école, et ce souvenir – bon ou mauvais – nous accompagne toute notre vie ».
Sur un socle en granit gris (contenant les activités de loisirs et la cour de récréation) « plissé comme par un mouvement tellurique », est posé « la ligne pure et blanche du monolithe du savoir, en lévitation ». Le premier est « fermé, défensif, centripète, constitué en univers autonome ». Dans le second, en revanche, Borel a développé une « poétique de l'ouverture pour connecter visuellement les classes avec la ville » et a cherché à « éviter systématiquement la banalisation des percements afin que chacun d'eux constitue un événement ». Ce jeu libre des ouvertures, avec les grands aplats qu'il autorise, « donne à cet édifice modeste une façade institutionnelle, et lui permet d'accéder à une certaine monumentalité ».

Far removed from his tendency towards expressiveness (see pp. 93, 320, and 331), Borel has here created a "sober and introverted" work. "It is more of a quartet – where precision overrides expressiveness – than a symphony." The stakes are significant : "we all remember our first school, and this memory – good or bad – stays with us throughout our lives".
Upon a grey granite base (the locale for leisure activities and playground), which is "corrugated as if by a wave", stands "the pure white line of the knowledge monolith, hovering". The former is "closed, defensive, centripetal, making up an autonomous universe". In the latter, however, Borel has developed "the art of the opening, in order to visually connect the classrooms with the city", attempting to "systematically prevent the openings from being commonplace so that each one be an event in its own right". This imaginative treatment of openings, allowing for large uniform surfaces, "lends this modest building an institutional façade, and endows it with a monumental aspect".

Les années 30 marquent l'âge d'or de la construction sociale. L'Office d'habitations à bon marché (HBM) a une solide agence d'architecture (dissoute en 1937) qui a déjà assimilé les idées du Mouvement moderne et n'a pas encore oublié le savoir-faire des classiques. De plus, la clientèle s'est élargie : après avoir donné un toit aux déshérités, la Ville construit maintenant pour les classes moyennes, nettement plus exigeantes en matière de logement.
Ici, le grand ensemble n'est plus un ghetto refermé sur lui-même (voir pages 120 et 329), mais épouse les formes de la ville, ses rues et ses places. Les jeux de briques des façades ponctuées de blanc soulignent le fractionnement des volumes. Les fenêtres se diversifient – balcons, bow-windows, etc. – et les derniers étages sont prétextes à une floraison d'ateliers d'artistes, de terrasses et de pergolas. Un âge d'or qui durera une dizaine d'années, avant que les barres et tours grises plantées au milieu de mornes « espaces verts » – sous-produits des idées du Mouvement moderne – ne deviennent la règle pour une génération d'architectes.

AGENCE D'ARCHITECTURE DE L'OFFICE D'HABITATIONS A BON MARCHÉ

Architecte en chef :

M. MALINE

1931

Ensemble HBM (815 logements sociaux)

815 public sector flats

Rues André-Messager et Émile-Blémont (18e).
Métro : Jules-Joffrin, Simplon

Maître d'ouvrage : Office d'HBM de la Seine

The 1930's were the golden age of public sector building. The HBM, Office of Public Housing, was a very reliable architectural practice (dissolved in 1937) which had already assimilated the ideas of the Modern Movement without forgetting the know-how of the classicists. Its clientele had also expanded: having put roofs over the heads of the poor, the city was now building for the middle classes, who were rather more demanding where their homes were concerned.
In this example, the whole is no longer a ghetto closed in on itself (see pages 120 and 329), but is wedded to the shapes of the city, its streets and squares. The interplay of brickwork façades, punctuated with white emphasises the way in which the volumes have been cut up. There is a diversity of windows – balconies, bow-windows etc. – and the upper floors are composed of a flowering of artist's studios, terraces and pergolas. This golden age lasted for 10 years, before grey blocks and towers planted in the midst of gloomy "green spaces" – by products of the ideas of the Modern Movement – became the norm for a generation of architects.

A voir aux alentours / To be seen around:
G. LABRO Centre PTT 161, rue Marcadet (1932-1936)
G. PENCREAC'H Ecole et logements 2-10, rue du Ruisseau (1989)
H. SAUVAGE et C. SARRAZIN Logements 7, rue de Trétaigne (1904)
AGENCE D'ARCHITECTURE HBM Ensemble de logements 118, boulevard Ney (1928)
E. BOIS Ecole 1, rue Gustave-Rouanet (1934)
A. MANOILESCO Logements 96, rue du Ruisseau (1984)

Henri SAUVAGE. 1922 (plans : 1909)

80 logements sociaux + piscine
Public sector flats and swimming pool

13, rue des Amiraux (18e). Métro : Simplon, Marcadet-Poissonniers
Maître d'ouvrage : Office d'HBM de la Seine

Exemple le plus achevé du principe des immeubles à gradins, réalisé pour la première fois par Sauvage en 1912, rue Vavin (voir page 50) et qui a mis treize ans à être construit, du fait des réticences du maître d'ouvrage.
A une époque où la tuberculose fait encore des ravages dans la classe ouvrière et où l'on installe des solariums sur les toits des écoles, Sauvage apporte une réponse hygiéniste – symbolisée par les carrelages blancs biseautés, style « métro » – à des préoccupations sociales qui sont aussi les siennes (il est notamment fondateur d'une société de logements à bon marché).
Le retrait de la façade en gradins successifs permet « d'éclairer la rue », tout en laissant pénétrer l'air et le soleil dans les logements. Les terrasses, presque aussi vastes que les pièces d'habitation, sont des mini-jardins ouvriers où peuvent pousser fleurs et plantes, faisant de l'ensemble une sorte de cité-jardin verticale.
La construction sur un îlot presque entier – et non sur une simple parcelle entre deux immeubles, comme rue Vavin – permet à Sauvage de pousser jusqu'au bout la logique de sa « maison à gradins », qui devient ainsi une sorte de pyramide. Dans l'espace intérieur laissé libre par l'avancée des étages inférieurs, il intègre des équipements collectifs, devançant les « Cités Radieuses » de Le Corbusier. Ici, c'est une piscine – récemment rénovée – qui a été installée, signe de l'engouement croissant pour le sport.
Ce passage de l'immeuble individuel à l'îlot – et donc de l'architecture à l'urbanisme – amènera Sauvage à faire des projets de pyramides de plus en plus vastes, qualifiés par ses détracteurs de « babyloniens », et jamais réalisés. Il avait notamment projeté le « Giant Hôtel », immeuble de seize étages sur le quai Branly, la couverture du cimetière Montparnasse par 115 000 m² de logements et, enfin, la « Cité Satellite », où les voitures circulaient à l'intérieur de l'espace creux des pyramides.

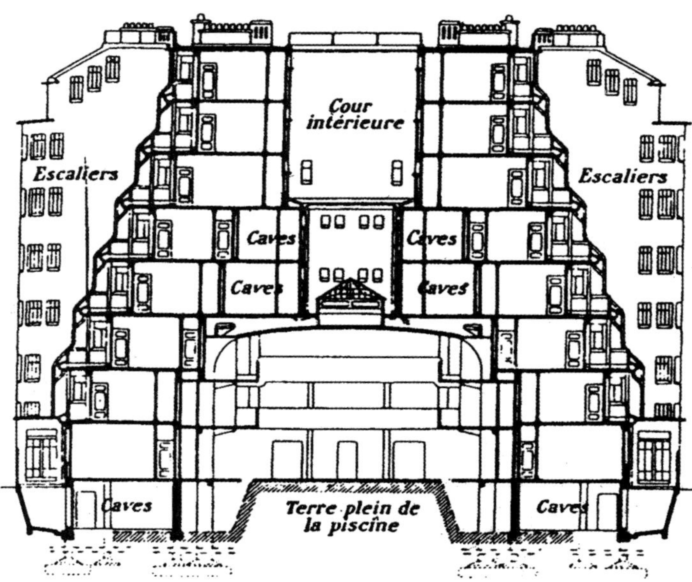

This is one of the most developed examples of the principle of terraced buildings, used for the first time by Sauvage in 1912, on the rue Vavin (see page 50), the building of which was delayed for thirteen years, owing to the client's reservations. At a time when tuberculosis was still common amongst the working classes and when solariums were being built on school roofs, Sauvage offered a hygienic solution – symbolised by the bevelled white "metro" style tiling – to social préoccupations which he himself shared (he was, amongst other things, the founder of a society for cheap housing).

The gradual retreat of the terraced façade enables the building to "bring light into the street" whilst allowing air and sunlight to penetrate into the apartments. The terraces, almost as large as the rooms behind them, are like mini gardens where flowers and plants can easily be grown, making the whole into a sort of vertical "cité-jardin".

Building on almost the whole of a block – and not on a small parcel of land between two existing buildings, as on the rue Vavin – allowed Sauvage to explore the limits of his "terracing house", which becomes a sort of pyramid. On the inside, using the space left by the advance of the lower floors, he placed a number of collective amenities, in a pre-echo of Le Corbusier's "Cités Radieuses". In this case a swimming pool – which has recently been renovated – was installed, a sign of the increasing enthusiasm for sport.

The transition from designing individual buildings to being able to use a whole block – turning Sauvage himself almost into a planner rather than an architect – prompted him to produce plans for larger and larger pyramids, which his detractors described as "babylonian", and were never built. In particular, he planned a "Giant Hôtel", 16 storeys high on the quai Branly, a structure covering the Montparnasse cemetery with 115,000 square metres of apartments and, finally, the "satellite city", in which cars would have been driven on roads inside hollow pyramids.

A voir aux alentours / To be seen around:
C. HAUVETTE et C. GUIESSE Logements 37, rue Marcadet et 62, rue des Poisonniers (1996)
P. CHAVANNES Extension d'école 18, rue d'Oran (1996)
J.C. DELORME Bureau de poste 30, rue Boinod (1994)
X.. Bureaux 24-34, rue Championnet (vers 1950)
REMOISSONET Hôtel 70 bis, boulevard Ornano (1919)
GRIDAINE Cinéma 43, boulevard Ornano (1933)

ARCHITECTURE STUDIO. 1995

Résidence universitaire (352 chambres et studios)
University hall of residence (352 rooms and one-room flats).

4-8, rue Francis-de-Croisset (18e). Métro : Porte de Clignancourt
Maître d'ouvrage : SAGI

Sur une bande de terrain étroite, à 5,5 mètres du vacarme du périphérique, cette résidence universitaire est conçue comme un grand écran anti-bruit.
Côté circulation, un « bouclier », double mur noir de 105 mètres de long et 33 mètres de haut, composé d'une paroi verticale droite et d'une autre en arc de cercle. Entre les deux, un grand hall « aux proportions de cathédrale », lieu de passage et de rencontre. Son éclairage est assuré par une « fenêtre urbaine » en verre sérigraphié de 15 mètres sur 30 et une trame de pavés de verre. Un volume à l'échelle du périphérique qui, la nuit, est ponctué de petites lumières rouges.
Côté sud, trois plots en forme de « fer à repasser » abritent les chambres qui ont vue sur tout Paris. Les façades sont « capotées » de tôle d'aluminium perforée, avec un toit triangulaire curviligne en aluminium vert « comme du cuivre oxydé ».
Au rez-de-chaussée, un petit bâtiment long, glissant sous les trois plots, abrite logements de fonction et locaux administratifs.

On a narrow strip of land, 5.5 meters from the uproar of the Paris Ring Road *(*péri-phérique*)* this University Hall of Residence is designed as a giant noise shield. On the traffic side is the shield – a black double wall, 105 meters long and 33 high, consisting of one straight vertical face and one curved. Between the two is the great hall of "cathedral-like proportions", at once a passageway and a meeting area. It is lit by a "giant window" of silk screened glass, 15 by 30 meters in area and a loom pattern of glass bricks. A volume in scale with the Ring Road which, at night, is picked out by little red external lights.
On the South side, three blocks, in the shape of "laundry irons", house the students' rooms, which have a view over the whole of Paris. The frontage is covered with perforated aluminium plate, with a curved triangular roof in green aluminium "like oxidised copper".
On the ground floor, a long low building, under the three blocks, houses the staff quarters and offices.

A voir aux alentours / To be seen around:
C. HAUVETTE Logements pour policiers 2, allée Valentin-Abeille (1994)

Depuis la fin des années 20, un vent de rénovation souffle sur l'école de Jules Ferry où « tous les élèves de France faisaient la même dictée, le même jour, à la même heure ». L'accent est mis sur le développement personnel de l'élève : depuis une dizaine d'années, Célestin Freinet met en pratique sa méthode de « pédagogie populaire ». A ce refus de fabriquer des élèves en série répondent de nouvelles formes architecturales : les bâtiments scolaires sortent de l'uniformité anonyme qui était leur lot depuis Jules Ferry et se posent en « monuments de quartier » (voir page 86). La position dominante de l'équipement public s'affirme dans le proche-portique monumental, la partie la plus forte – et la plus dramatisée – du bâtiment : deux volumes hauts, soulignés par le blanc des hautes cages d'escalier, encadrant un bandeau bas, laissant voir le ciel au-dessus. Nulle autre fenêtre ne signale une vie interne, dans ce qui pourrait être une grande sculpture symbolisant la puissance des pouvoirs publics.

LE PEIGNEUX et POULAIN

1938

Groupe scolaire

School

2, rue Charles-Hermitte (18e).

Métro : Porte de la Chapelle

Maître d'ouvrage : Ville de Paris

Since the end of the 1920's, a wind of reform had blown through the school system established by Jules Ferry in the 19th century, the system where "all the pupils in France did the same *dictée,* on the same day at the same time". Emphasis was now placed on the personal developement of the pupil; for over 10 years Celestin Freinet had been developing his method of "popular teaching". This refusal to produce assembly-line pupils found its echo in new architectural shapes: school buildings emerged from the anonymous uniformity which had been imposed upon them since Jules Ferry and asserted themselves as "local monuments" (see page 86).

The dominant position of a public building is emphasised by the monumental porchportico, the strongest – and most dramatic – component of the building: two high blocks, emphasised by the white of the high liftshafts, stand to either side of a lower band of buildings, leaving the sky visible above. There is no other window to give any sign of life from the inside, this might almost be a vast sculpture symbolising the power of the State.

A voir aux alentours / To be seen around:
X.. Logements 9, rue des Roses (vers 1920)
C.N. QUEFFELEC Centre d'accueil des étrangers 223, boulevard Macdonald (1985)
P. ENAULT Logements 113, boulevard Macdonald (1933)

Un exemple de « petits-maîtres » néo-classiques de l'architecture de l'entre-deux-guerres, rejetés dans l'oubli par la domination des idées du Mouvement moderne. « Nous voulions rompre avec l'architecture classique, mais sans tomber dans l'extrémisme d'un Le Corbusier. Notre maître à penser était alors Mallet-Stevens », dit Kandjian. Résultat, un immeuble discrètement cubiste, avec une façade sur trois plans « légères avancées des salles de séjour et des balcons », et des fenêtres au dessin rigoureux et raffiné. Mais le matériau reste la classique pierre de taille, « seule valeur sûre à l'époque pour un investisseur immobilier ».

André BERTIN et Abro KANDJIAN

1934

Logements
Flats

21, rue de Laghouat (18e).
Métro : Château-Rouge

Maître d'ouvrage : Fernand Bertin

This is an example of the work of the neo-classical "mini-masters" of inter-war architecture, since cast into oblivion by the dominance of the Moderne Movement's ideas. "We wanted to leave classical architecture behind, but without succumbing to the extremism of Le Corbusier. Our principal influence at the time was Mallet-Stevens", said Kandjian. The result was a discreetly cubist building, with a façade on three planes (thanks to the slightly overhanging living-rooms and balconies) and windows with a rigorous and yet refined design. But the material used was still classical freestone, "considered to be the only safe investment by the developers of the times".

A voir aux alentours / To be seen around:
A. BIRO et J.J. FERNIER Logements 62, rue Doudeauville (1981)
X. Centre EDF-GDF 70, boulevard Barbès (vers 1925)
X. Magasin 100, rue Myrha (1952)

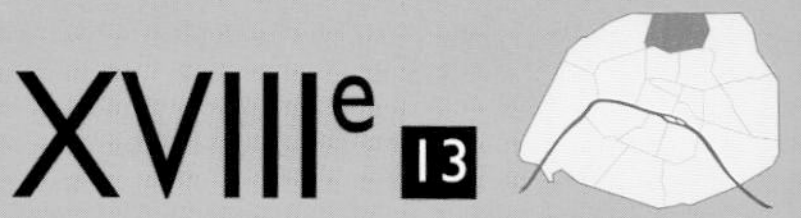

Jean-Louis CARDIN, Jean-François BRIAND et Edouard GRASSIN

1994

Ecole maternelle (7 classes) / *Nursery school*

16, rue Richomme (18e). Métro : Château-Rouge

Maître d'ouvrage : Ville de Paris

Essai de « raccommoder la ville », dans ce « site décousu et fragmenté, résultat de la démolition du tissu urbain ancien ». Le bâtiment cherche ainsi un « changement d'échelle progressif » entre ses voisins, une crèche en rez-de-chaussée et un immeuble de cinq étages.
Les salles de classes (un étage), situées en fond de parcelle, masquent des immeubles anciens peu esthétiques et dégagent, en façade, une cour plein sud, qui est aussi un élément d'animation de la rue. Le bâtiment central (deux étages) du réfectoire et des salles de jeu, articule l'ensemble. Le long des immeubles mitoyens, enfin, une construction haute abrite les logements de fonction et les espaces de services.
Sur le toit du bâtiment central, le préau est recouvert d'un toit courbe en aile d'avion bleu ciel, qui a un rôle de « repère et d'identification de l'école, la différenciant des constructions environnantes ».
Les façades, en enduits clairs et en pierre plaquée, marquent le refus, dans ce contexte parisien, de toute « fantaisie de matériaux ».

An attempt to "patch up the town" in this "disjointed and fragmented site resulting from the demolition of the old urban texture". The building thus seeks to create a "gradual change of scale" between its two neighbours – a single storey kindergarten and a five-storey building.
The class-rooms (one storey) situated at the end of the site, mask the rather unaesthetic older buildings and create a Southward facing playground in front, which also livens up the street. The central building (two storeys) containing the refectory and play rooms, articulates the group. Alongside the adjoining buildings, finally, a tall block houses the staff flats and technical services.
On the roof of the central building, a covered play area has a roof in the shape of a sky-blue curved wing which serves as a "landmark and to identify the school and distinguish it from the surrounding buildings".
The facades, with light coloured coatings and stone facing emphasise a refusal, in this Parisian context, of any "fancy or fantastic materials".

A voir aux alentours / To be seen around:
F. MONTES Logements 50-52, rue Ramey (1990)
G. DEBRÉ Centre israélite de Montmartre 16, rue Lamarck (1938)
H. ZIPCY et RIPEY Cinéma Louxor 70, boulevard de Magenta (1921)

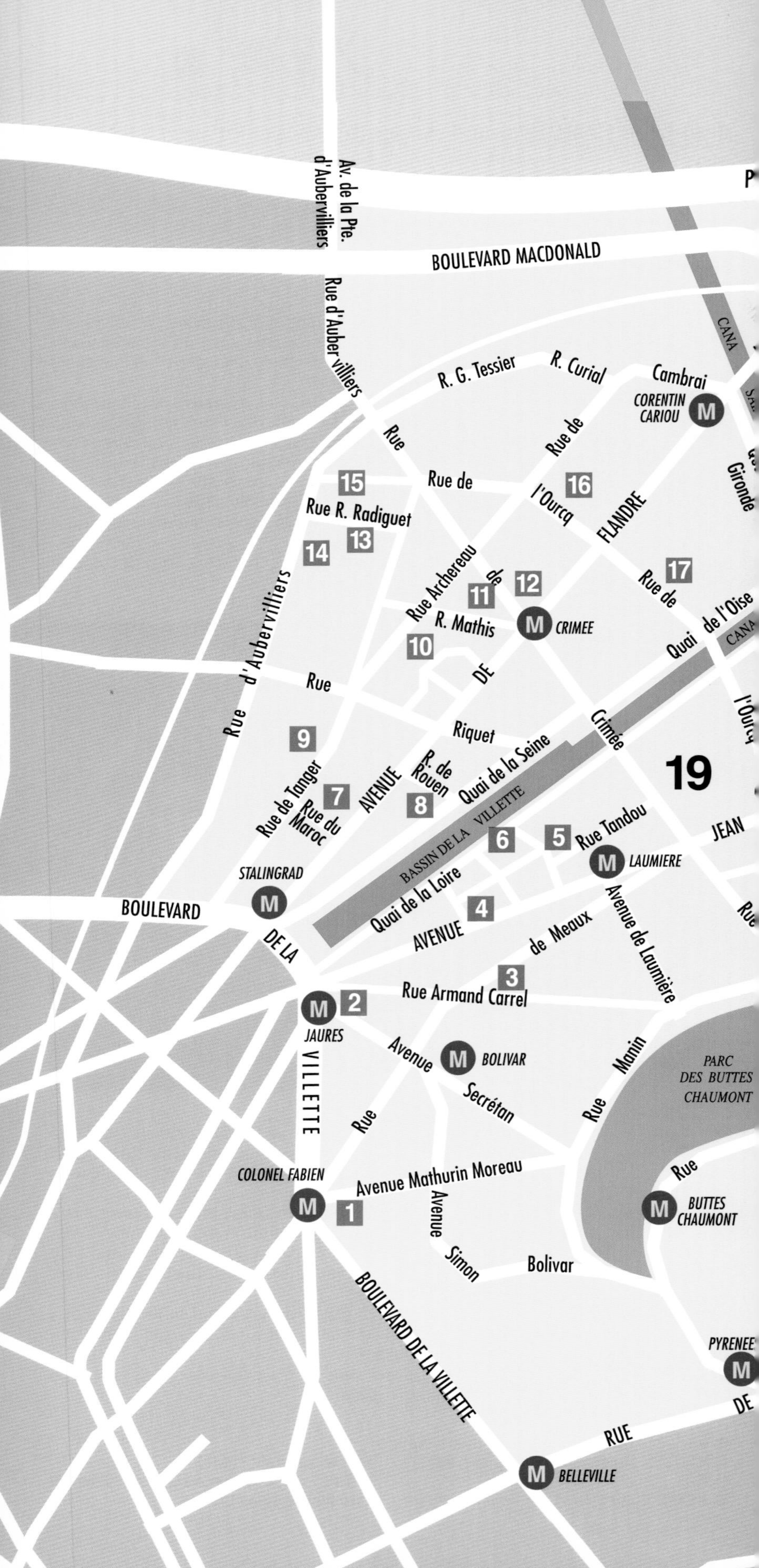

Av. de la Pte. d'Aubervilliers
BOULEVARD MACDONALD
Rue d'Aubervilliers
R. G. Tessier
R. Curial
Cambrai
CORENTIN CARIOU
Rue de l'Ourcq
Rue de
Gironde
15
16
Rue R. Radiguet
13
14
FLANDRE
Rue Archereau
de
12
11
17
Rue de
R. Mathis
CRIMEE
Quai de l'Oise
10
Rue d'Aubervilliers
Rue
DE
Riquet
Crimée
9
R. de Rouen
Quai de la Seine
19
Rue de Tanger
7
Rue du Maroc
AVENUE
8
BASSIN DE LA VILLETTE
6
5
Rue Tandou
JEAN
LAUMIERE
STALINGRAD
Quai de la Loire
BOULEVARD
4
AVENUE
de Meaux
Avenue de Laumière
DE LA
3
Rue Armand Carrel
2
JAURES
Avenue
BOLIVAR
Secrétan
Rue Manin
PARC DES BUTTES CHAUMONT
VILLETTE
Rue
COLONEL FABIEN
Avenue Mathurin Moreau
Rue
1
Avenue Simon
Bolivar
BUTTES CHAUMONT
BOULEVARD DE LA VILLETTE
PYRENEES
DE
RUE
BELLEVILLE

19e arrondissement

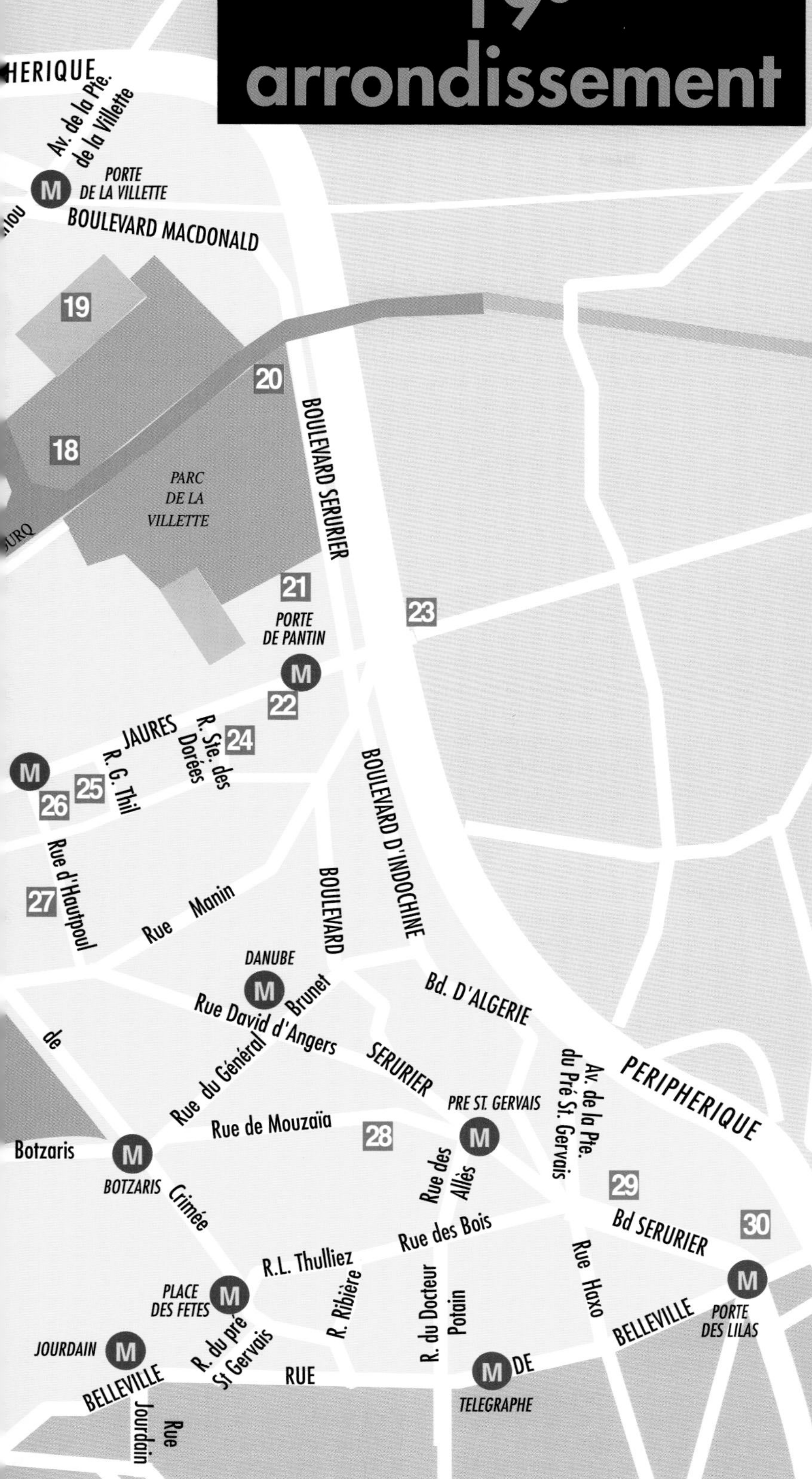

Oscar NIEMEYER. 1971-1980

P. CHEMETOV, J. DEROCHE,
J.M. LYONNET et J. PROUVÉ (mur-rideau), collaborateurs

Siège du Parti communiste français
French Communist Party Headquarters

2, place du Colonel Fabien (19e). Métro : Colonel Fabien
Maitre d'ouvrage : P.C.F.

Architecte de Brasilia et militant communiste convaincu, Niemeyer a construit bénévolement cette « maison du travailleur » représentative du « monde sans préjugé et sans injustice qui est l'objectif du PCF ».
L'immeuble en lignes courbes, caractéristique du style de l'architecte brésilien, a été placé au fond du terrain pour élargir la place du Colonel Fabien et cacher la « présence insolite » d'une construction peu élégante qui se trouve derrière lui. Le terrain a été dégagé au maximum, servant de parvis au « jeu de formes, de colonnes et d'espaces libres qui est la véritable architecture ». Le hall semi-enterré, devant lequel émerge le dôme de la salle de réunion du Comité central, a été conçu en fonction de strictes contraintes de sécurité : Niemeyer a ainsi dû renoncer aux « pilotis, et aux halls vitrés qu'ils suggèrent » pour assurer à l'immeuble des « entrées discrètes et facilement contrôlables ».

Niemeyer, the architect of Brazilia and a confirmed communist militant, built this "house of the worker" free of charge as a representation of "a world without prejudice and without injustice, reflecting the objective of the French Communist Party". The curved lines of the building, characteristic of the Brazilian architect's style, were placed to the rear of the site so as to enlarge the place du Colonel Fabien and hide the "unexpected presence" of a rather inelegant building which stands behind it. The site has been kept as clear as possible, providing a square defined principally by "the interplay of shapes, columns and open spaces which is true architecture". The semi-buried entrance hall, with the dome of the Central Comittee's meeting room emerging in front of it, was designed in accordance with strict security requirements: Niemeyer had to forget "pilotis and the glass halls which would have accompanied them" in order to ensure that the building had only "discreet and easily policed entrances".

A voir aux alentours / To be seen around:
B.HUET Aménagements de la rotonde de Ledoux Place de Stalingrad (1989).
M. HEUBES HBM 20, avenue Mathurin-Moreau (1929).
F. CROZET Maison 55, avenue Mathurin-Moreau (vers 1930)
REMOND Maison 57, avenue Mathurin-Moreau (1927)
P. GAZEAU Lycée 18, avenue Simon-Bolivar et 7, rue Clavel (1994)
M. LODS Entrepôts 8, passage de l'Atlas (1932).
R. PARISOT Logements 19, rue de l'Atlas (1930).
B. KOHN Logements 4, rue des Dunes (1990).

Fernand POUILLON. 1987

Jacques REPELLIN, collaborateur

Conservatoire municipal de musique et de danse
Municipal Music and Dance Conservatory

81, rue Armand Carrel (19e). Métro : Jaurès.
Maitre d'ouvrage : Ville de Paris SAGI

Première construction parisienne de Fernand Pouillon, retour en France après un exil de quinze ans en Algérie à la suite du spectaculaire krach du Comptoir national du logement. « Traitement symbolique » pour ce conservatoire situé en bordure de la rue Armand-Carrel qui « relie le parc des Buttes-Chaumont à la plus belle porte de Ledoux », place de Stalingrad.

La fontaine, située à la pointe de l'immeuble sur l'avenue Jean-Jaurès, vise à créer un « décor mineur » donnant à cet immeuble un « rôle dépassant la fonction de simple portail sur l'angle ». Le choix de la fontaine n'est pas gratuit, « les jeux d'eau n'ayant cessé d'inspirer les compositeurs depuis l'époque romantique ». Sortant de son mascaron central, une fausse coulée d'eau est la reprise d'un thème cher à Ledoux. Pour la façade, une « symbolique théâtrale nettement affirmée pour créer un moment d'émotion » : dans le porche « conçu pour donner la vision de l'insolite théâtral, un fond de scène blanc laiteux et, couronnant le tout, le symbole des orgues du temple de la danse ». Pouillon, « architecte du vieillissement », aimait construire en pierre massive. Faute de moyens il a dû se contenter ici de pierre plaquée ou reconstituée.

This is the first building designed in Paris by Fernand Pouillon since his return to France after a 15 years exile in Algeria following a spectacular crash. He gives a "symbolic treatment" to this conservatory located beside the rue Armand-Carrel which "joins the Buttes-Chaumont park to the rather more attractive porte de Ledoux", on the place de Stalingrad.

The fountain, placed at the apex of the building on the avenue Jean Jaurès, is designed to create a "minor decor" and to give the building a "role which goes beyond that of a simple gateway on a street corner". There was nothing accidental about the choice of the fountain, "tumbling water has never ceased to inspire composers since the Romantics". A false water channel, emerging from the central jet of the fountain reworks a favourite theme of Ledoux. The façade is "a theatrical symbol, clearly stated and aimed at creating an emotional response in the on-looker": in the porch "designed to evoke the theatrical unexpected, there is a milky-white backdrop and, crowning the building, the pipes symbolise a temple of dance". Pouillon, "an architect fascinated with the effect of aging", preferred to build in cut stone. For want of funds, he was obliged here to do it with veneered or re-constitued stone.

A voir aux alentours / To be seen around:
D. KAHANE Bureaux 18, av. Jean-Jaurès (1990)
C. de. PORTZAMPARC Logements 73-77, rue Armand-Carrel (1990)
M. DAUFRESNE et I. LE GARREC Logements 12, rue Lally-Tollendal (1996)

Francis SOLER et Jérôme LAUTH. 1990

Bureaux / *Offices*

66 bis, rue de Meaux (19e). Métro : Bolivar, Laumière

Maître d'ouvrage : RIVP

Un immeuble « déchiré » qui entend rendre compte à la fois de sa double fonction – s'y déplacer et y travailler – et de l'« accident historique » que constitue l'intersection de la vieille rue de Meaux par la rue Armand-Carrel, plus récente. Toutes les circulations intérieures sont ainsi mises en scène derrière une façade transparente intégralement en verre qui «offre à la rue l'animation de son fonctionnement dans les fréquents déplacements de ses visiteurs et de ses utilisateurs ».
Les grands escaliers et les ascenseurs en tôle laquée ajoutent à cette impression de mouvement, notamment à la nuit tombée quand la façade est totalement éclairée. En revanche, sur la rue Armand-Carrel, la façade en béton blanc alternativement pliée et tendue, offre une « perception d'animation douce, plus voilée, propre aux lieux de travail ». A l'angle des rues, le verre et le béton se retrouvent côte à côte dans une « disposition scénique aigüe », comme pour « reconstituer l'accident du temps » que constitue la déchirure d'un quartier ancien, par une voie nouvelle.

The building seems almost "torn apart", seeking to accomodate at the same time its own double-function (allowing people to reach it and to work within it) and the "historical accident" of the junction of the old rue de Meaux and the more recent rue Armand-Carrel.
All the movement within the building is stage-managed behind a transparent, all glass, façade which "opens up to the street the animation inherent in the building's function and expressed by the frequent movements of visitors and users".
The large staircases and the enamelled metal lifts add further to this impression of movement, especially at night when the façade remains completely illuminated. On the other hand, the alternately grooved and plain white concrete frontage on the rue Armand-Carrel gives the "impression of more gentle, better concealed animation, suitable for a workplace".
On the corner of the two streets, glass and concrete meet up in a "sharply angled piece of stage scenery", as though to "recreate the historical accident" of a traditional area being torn apart by the insertion of a new street.

A voir aux alentours / To be seen around:
R. PIANO Logements 64, rue de Meaux (1991)
P. DUBREUIL Logements 55, rue de Meaux (1931)
D. HONEGGER Logements et église Notre-Dame-Des-Buttes 80, rue de Meaux (1966)
L. POLLET Piscine 30, rue Édouard-Pailleron (1933)

Michel HERBERT. 1984

Caisse d'allocations familiales / *Family Allowances building*

67, avenue Jean-Jaurès (19e). Métro : Laumière

Maître d'ouvrage : RIVP

Herbert définit cette Caisse d'allocations familiales comme un « immeuble d'Etat tourné vers l'accueil des familles ».
Côté officiel, « les hautes verticales et le poids du béton clair incrusté de marbre des Pyrénées, qui fait sentir toute la densité des formes sculptées et évoque la pérennité de l'institution bien mieux que ne saurait le faire une façade en glaces ». A noter qu'une telle façade ne revient pas plus cher qu'un mur-rideau vitré.
Côté accueil, « la sollicitude à l'égard du public se manifeste par la luminosité du bâtiment, la finition soigneuse du béton bien poli et les arcades douces, sortes de fausses voûtes qui invitent à entrer ».

Herbert defined this Family Allowances administrative building as a "state building devoted to the needs of families".
Its "official" side is brought out by "its vertical height and the weight of the light-coloured concrete, encrusted with Pyrenean marble, which brings out all the density of the sculpted shapes and evokes the durability of the institution far more effectively than other glass façade". In fact, a façade like this costs no more than a glass wall.
The building's "welcoming" side is brought out by "the care for the visitor implied by its luminosity, the careful finishing of the well polished concrete and the rounded arcades, which look like false vaults inviting the passer-by to enter".

A voir aux alentours / To be seen around:
P. GAZEAU Bureaux 16, quai de la Loire (1999)
AGENCE D'ARCHITECTURE HBM Ensemble de logements 44, avenue Jean-Jaurès (1984)
M. HERBERT Logements 71, avenue Jean-Jaurès (1939)
J. LÉVY et C. MAISONHAUTE Logements 103, avenue Jean-Jaurès (1984)

« Autrefois les rues avaient du ventre », rappelle Gaudin. Les façades comportaient des corniches, des sculptures, des saillies, etc. autant d'éléments qui « sont aujourd'hui une histoire morte et qu'il faut remplacer par les mouvements des plans ».
Ici, la façade se « donne du volume » par des saillies extrêmement faibles, des parois qui se gonflent, où les plans débordent légèrement et parfois viennent se croiser. Cette « opposition entre géométrie curviligne et géométrie droite permet d'être au plus près du volume tout en lui donnant de la présence par un travail infinitésimal sur les surfaces ».
Le collège est composé de deux bâtiments perpendiculaires. Entre eux, un interstice qui se prolonge en cour de récréation, car Gaudin « sépare pour rassembler : ménager une clairière entre les choses, c'est cela qui permet notre présence. C'est l'espacement qui réunit les bâtiments et les gens ».
Pour « ne pas brouiller les volumes », les matériaux sont très sobres : céramique écrue mate bordée de faïence blanche brillante, « la même harmonie que dans les anciennes constructions parisiennes, faites d'enduits clairs et de menuiseries blanches ».

Henri GAUDIN

1987
Denis CRONIER, assistant
Jean CAILLAT et Bernard DAROT, architectes associés

Collège Tandou (extension)

Extension of a school

14, rue Euryale Dehaynin (19e).
Métro : Laumière

Maître d'ouvrage : Ville de Paris

Gaudin remembers that "in the old days, the streets had guts". Façades boasted corniches, sculptures overhangs, etc. So many items which "have disappeared today and need to be replaced with some other form of movement on the surface of buildings".
The school is made up of two perpendicular buildings. With an interstice which stretches out into a playground, Gaudin's aim being "to separate so as to bring together: to create a clearing between objects, it is this which allows our very presence, it is space which brings people and buildings together".
The materials used are very restrained, so as "not to obscure the volumes of the building": matt ecru ceramics bordered with bright white earthenware tiling "reproducing the same harmony one associates with traditional Parisian buildings, which combine light coloured plastework with white carpentry".

A voir aux alentours / To be seen around: J. LÉONARD et M. WEISSMAN Ecole maternelle 23, rue Tandou (1995) **G. BOUCHEZ Logts 9, rue Léon-Giraud (1990). M.S. VAN TREEK Logements 4, quai de la Marne (1984).**

Edith GIRARD. 1985

Brigitte OYON, collaboratrice

111 logements sociaux / *111 Public sector flats*

64, quai de la Loire (19e). Métro : Laumière

Maître d'ouvrage : RIVP

Un ensemble de logements conçu en fonction de sa situation, au bord du bassin de la Villette.
« Le bâtiment de gauche, avec ses grandes baies vitrées et ses appartements traversants, offre à tous ses occupants l'eau du bassin au pied de leur moquette. »
A droite, la construction massive disposée en « U » autour d'une grande cour, « joue sur l'échelle et entend brouiller les cartes en supprimant la notion d'empilement d'étages : le soubassement gris (groupant deux étages), les avancées blanches et très dessinées (trois étages) et l'attique du couronnement (deux étages), déterminent visuellement trois grands niveaux, alors que la construction en comporte sept, donnant l'impression d'un immeuble accroché à son toit massif ».
L'articulation des deux bâtiments laisse « un angle ouvert, grande échappée visuelle vers la rotonde de Ledoux, au bout du bassin ».

This apartment development is designed to reflect its situation, beside the la Villette basin.
"The left hand building, with its large bay windows and laterally disposed apartments, brings the water of the basin almost into the living rooms of its occupants." To the right hand side, the blocked, "U" shapped building surrounding a large courtyard, "plays on the idea of scale and confounds expectation by doing away with the idea of storeys piled one on top of another: the grey base (of two storeys), the carefully designed white overhangs (three storeys) and the crowning attic floors (two storeys), establish three principal levels, while the building in fact has seven, and thus creates the impression of a building hanging from its own roof". The articulation between the two buildings leaves "an open corner, a visual escape route leading to the rotunda designed by Ledoux, at the end of the basin".

Un « totem-urbain », pour « marquer l'entrée d'une rue de Flandre brutalement élargie en avenue, et capable de tenir tête aux bâtiments de grande hauteur malencontreusement construits depuis les années 60 ».
Là où Berger joue l'apaisement (voir page 299), ce « signal sculpté » taillé à la serpe, éclate en trois fuseaux « pour souligner sa verticalité ». « Volumes en déséquilibre les uns par rapport aux autres, afin de donner du mouvement à l'ensemble ». Ainsi, la tour rouge n'hésite pas à reculer au nord (pour respecter la réglementation de prospect), et, du coup, elle avance sur la rue du Maroc. Les différentes pâtes de verre « aux couleurs du quartier » (blanc cassé, rouge brique ou gris ardoise) accentuent la différenciation des volumes.
Les circulations en plein-air (ascenseurs, coursives, escaliers), bénéficiant du maximum de vue sur le bassin de La Villette et qui s'éclairent la nuit, renforcent cette impression de mouvement. La grande surface de façades, propre à une tour, a permis de concevoir des appartements à trois ou quatre orientations, où toutes les pièces comportent une fenêtre, y compris les salles de bains ».

TECTÔNE (Pascal CHOMBART de LAUWE et Jean LAMUDE).
1996

Logements
Apartments

29, avenue de Flandre et rue du Maroc (19e).
Métro : Stalingrad

Maître d'ouvrage : Batigere

This "urban-totem" intends to "highlight the entrance of a rue de Flandre that abruptly widens into an avenue, and capable of holding its own next to the high buildings that have unfortunately been built since the 60's".
Where Berger blends with the surroundings (see page 299), this "sculpted signal", roughly hewn, shoots up into three poles "so that its verticality may be underlined". "Volumes out of balance with each other, in order to lend motion to the whole". Thus, the red tower stands back northwards (respecting the prospect laws), and, as a result, it extends towards the rue de Maroc. The different molten glass surfaces "coloured like the neighbourhood" (off-white, brick red or slate grey) highlight the different volumes.
The open air circulations (elevators, gangways, stairways), which enjoy maximum view of the Bassin de La Villette, and which are lit up at night, reinforce the feeling of motion. The considerable façade surface, typical of a tower, has enabled designing apartments facing three of four directions, with a window in every room, including the bathrooms.

A voir aux alentours / To be seen around:
H. GOUBE Logements 11, quai de la Seine et 12 avenue de Flandre (1995)
F. NAMUR Entrepôt réhabilité en cinéma 14, quai de la Seine (X..-1872)
S. FISZER Bureaux 27, quai de la Seine (1990)
J. LÉVY Logements 32, rue du Maroc (1989)

Un immeuble « pensé en fonction du site exceptionnel », le bassin de la Villette qui le borde. Pour être à l'échelle du lieu et que son bâtiment puisse « être regardé de loin », Lion a « joué la répétition » : quatre plots massifs, séparés par des loggias, et posés sur une bande blanche. Au dernier étage, le grand attique opaque, percé d'une simple fenêtre carrée, « donne un surcroît de monumentalité ».
L'immeuble (qui fait partie d'un îlot plus vaste, également construit par Lion) a été « dessiné de l'intérieur pour permettre aux habitants d'être pleinement dans le site » : les pièces communes sont ainsi placées autour des loggias, largement ouvertes sur le bassin. L'architecte a toutefois refusé une façade entièrement vitrée car, selon lui, « l'architecture est le rapport de la transparence et de l'opacité ».
Le revêtement en pierre de Rome a permis à Lion d'obtenir des façades grises, « comme les quais », sans pour cela avoir recours au béton, dont il dénonce la « dictature » et dont les « Parisiens ne veulent pas ».

Yves LION

1991

Logements sociaux
Public sector flats

55, quai de la Seine (19e).
Métro : Stalingrad, Jaurès.

Maître d'ouvrage : RIVP

A block of flats "conceived in relation to the exceptional site" – the dock at la Villette which borders it. To keep in scale with the location and so that his construction might "be looked at from afar", Lion has "played on a repetitive theme": four massive pillars separated by loggias and positioned on a common white base. The top floor of each is a vast opaque attic lit by a single square window which "gives it an extra monumental effect".
The block of flats (which forms part of a much larger neighbourhood block, also built by Lion) was "designed from the inside to allow the tenants to feel fully part of the site": the public rooms are thus placed around loggias, to a large extent opening onto the dock. The architect, however, has refused to have a completely glazed frontage because he considers "architecture is a balance of transparency and opacity".
The façade cladding is in Rome stone which has allowed Lion to make it grey "like the quays" without having to use concrete against whose "dictatorship" he rails and which "Parisians don't want".

A voir aux alentours / To be seen around: P. GRANDVEAUD et P. KATZ Crèche 13, rue de Rouen (1991)
M. DUPLAY Logts 41, quai de la Seine (1985)
C. BABST et B. PANTZ Logements 43, quai de la Seine (1994)

Exemple d'utilisation d'une ancienne « parcelle agricole », étroite et profonde (14 mètres sur 82). Il est intéressant de comparer comment Borel (voir page 93) et Gazeau (voir page 304) ont résolu ce même problème, eux aussi dans le cadre d'un programme public de 1 500 logements pour jeunes postiers.
La « mise en scène de la construction forme un morceau de ville complexe » opposant la tour sur rue et le bâtiment horizontal du jardin.
La tour (neuf étages) est percée de grandes ouvertures « en duplex » qui en atténuent visuellement la hauteur. Décollée du sol, elle laisse voir de la rue l'intérieur de la parcelle. L'entrée du parking (250 places) est intégrée dans le hall, pour « rendre toute sa largeur au terrain ».
Dans le jardin, un immeuble-villas affirme sa « dimension individuelle » : les logements en rez-de-chaussée ont des escaliers d'accès particuliers et des jardins privatifs. A l'intérieur, le « plus d'espace », demandé par le maître d'ouvrage, se traduit par des appartements traversants et des studios en duplex, qui dissocient les coins jour et nuit.

Dominique et Christine CARRIL

1994

71 logements
pour postiers
71 Postmen's flats

37, rue de Tanger (19e).
Métro : Stalingrad, Riquet

Maître d'ouvrage : ministère des Postes, HLM Toit et Joie

An example of the use of an old "farm plot", narrow and deep (14 meters by 82). It is interesting to compare the ways Borel (see page 93) and Gazeau (see page 304) dealt with the same problem, both of them also in the context of a public programme of 1,500 flats for young Post Office workers.
The "execution of the building creates a complex bit of town scenery" juxtaposing the tower on the road and the horizontal block in the garden.
The tower (9 storeys) is pierced by large openings "two storey high" which visually reduce the impression of height. Raised off the ground it allows a view from the road of the interior of the site. The car park entrance (250 places) is embodied in the hall to "free the full width of the site".
In the garden, a "villa-block" stresses its "individual scale": flats on the ground floor each have their individual entrance steps and gardens. Indoors, the "more living space" demanded by the client is achieved by transverse flats and two-storey studios, which separate day and night areas.

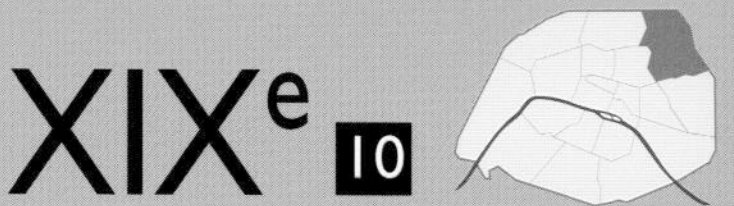

Martin S. VAN TREEK. 1973-1980

Logements sociaux (« Les Orgues de Flandre ») / *Public sector flats.*

67-107, avenue de Flandre et 14-24, rue Archereau (19e). Métro : Riquet, Crimée

Maître d'ouvrage : Foyer du fonctionnaire et de la famille.

Un grand ensemble urbain (1950 logements) « dessiné avec le regard du piéton », grâce à un appareil mis au point par l'architecte : le « relatoscope ». Il s'agit d'une minuscule caméra – inspirée de l'endoscope médical – qui se déplace dans la maquette et permet de visualiser sur un écran de télévision le projet tel qu'il apparaîtra au piéton, une fois réalisé.

« L'espace intérieur de l'îlot a été construit au fur et à mesure par cette méthode. C'est elle qui a donné l'idée de décaler les étages les uns par rapport aux autres, pour éviter une sensation d'étouffement à l'intérieur et, à l'extérieur, pour provoquer un sentiment de protection par les encorbellements. »

(A comparer avec les « barres » répétitives bâties au coin des rues de Flandre et Mathis, au début de la reconstruction de l'îlot, dans les années 60.)

This is a vast urban development (1,950 apartments), "designed from the view point of a pedestrian", using an apparatus developed by the architect: the "relatoscope". This is a tiny camera – inspired by the medical endoscope – which can be moved around the architect's model, allowing him to visualise on a television-screen how the project will appear to a pedestrian once it is finished.

"The internal area of the block was designed during construction, using this method. It was this which brought up the idea of moving the different storeys away from each other, so as to avoid any feeling of suffocation on the inside and to create a protective image of the exterior with the use of gentle curves."

(The building should be compared with the repetitive "horizontal bars" built on the corner of rue de Flandre and rue Mathis, when redevelopment of the block began, in the 1960's.)

Travail sur l'épaisseur de la façade, creusée pour donner à l'immeuble « une monumentalité qui ne soit pas un décor gratuit : les espaces nés de l'inflexion de la façade – bow-windows et balcons – sont des lieux de vie réelle, des intersections entre l'espace public de la rue et l'espace domestique des logements ».
Recherche du dynamisme : « la façade pivote autour de la colonne bow-window, comme les pièces d'une machine autour d'un axe. Et l'immeuble respecte l'alignement de la rue, en même temps qu'il le rompt par le décrochement de la niche centrale ».
Point capital pour l'architecte : « une finition extrêmement soignée en carrelages, pour faire un bel objet qui respecte l'appréhension visuelle du piéton qui a le nez sur la façade ».
Buffi a également construit l'immeuble voisin – 14, rue Mathis – se livrant ainsi à un intéressant travail de juxtaposition de deux constructions différentes l'une de l'autre par les volumes et les matériaux, et pourtant en harmonie.

Jean-Pierre BUFFI

1982
Bernard LENORMAND, Jean LAMUDE et Bruno MINSTER, collaborateurs

60 logements sociaux

60 public sector flats

18, rue Mathis (19e).
Métro : Crimée

Maître d'ouvrage : RIVP

Here, the architects have worked with the thickness of the façade, hollowing it out to give the building "a monumental air amounting to more than gratuitous decoration: the spaces created by the hollowing of the façade – bow-windows and balconies – really are living areas, intersections between the public area of the street and the domestic area of the apartments".
The architects also sought dynamism: "the façade pivots around the column of lows the line of the street, at the same time as breaking it with the central recess".
The vital point for the principal architect was "the extremely careful tile finishing, which creates a beautiful object, respecting the visual sense of the pedestrian who walks close beside the façade".
Buffi also built the neighbouring building – 14, rue Mathis – which gave him the interesting task of juxtaposing two buildings which are very different from each other in their volume and in the materials used, and yet remain in harmony.

A voir aux alentours / To be seen around:
J.P. BUFFI Logements 14, rue Mathis (1985)
M.S. VAN TREEK Ateliers pour artistes âgés 142, avenue de Flandre (1984)

Patrick BERGER, Jacques ANZIUTTI et Janine GALIANO.

1999

Marc Bigarnet, assistant

20 ateliers d'artistes / *20 Artist studios*

109-115, av. de Flandre et 184, rue de Crimée (19e). Métro : Crimée
Maître d'ouvrage : SGIM

Dans ce quartier, « séquence urbaine disparate issue de la rénovation des années 70, une pierre d'angle blanche, volume simple et présentant le minimum de relief, pour énoncer les traits urbains ».
Le bâtiment obéit ainsi à une « double échelle » : de loin, c'est un grand volume épuré et lumineux, sagement posé au coin de rue, qui cherche à « calmer le paysage composé d'une série de constructions déconnectées les unes des autres ».
De près, il s'agit de « rendre intelligible une fonction ». Ce que l'architecte appelle « trouver la bonne mesure, la convenance, du projet ». En l'occurrence, des ateliers d'artiste, à la fois lieux d'habitation et de travail. « La fenêtre, de grande hauteur (4 mètres), exprime ce double usage : en partie basse, le logement et en partie haute, l'atelier. » Les baies et leurs stores, ainsi promus élément central de la composition, ont donné lieu à un travail très minutieux du bois d'Afrique clair et de l'aluminium. A l'arrière, des coursives desservent les appartements, avec des entrées séparées pour le logement et l'atelier.

In this district, "a disparate urban sequence stemming from the renovation that took place in the 70's, a white angle stone, a simple volume that barely juts out, in order to highlight the urban aspects".
The building thus follows a "double scale": from afar, its large volume is pure and luminous, quietly standing at the street corner, whose aim is to "bring calm to a landscape made up of a series of disconnected buildings."
Up close, the point is to "render a function intelligible". This is what the architect refers to as "finding the project's suitability, its appropriateness". In this case, artist studios, which serve both as living and working space. "The tall window (4 m) is an expression of this double use: living quarters in the lower part and studio in the upper part." The bay windows as well as their blinds, elevated to being the composition's main element, have brought about a rather detailed working of light African wood and of aluminum. At the back, gangways lead into the apartments, with separate entranceways for living space and studio.

A voir aux alentours / To be seen around:
R. ANGER, P. PUCCINELLI et L. VEDER Tour de logements 127, avenue de Flandre (1962).
L. THOMAS Ex-cinéma 108, avenue de Flandre (1939)

Renzo PIANO - Building workshop. 1988

Agence pour la propreté / *City cleaning department*

17, rue Raymond-Radiguet (19e). Métro : Crimée
Maître d'ouvrage : Ville de Paris.

Un local pour entreposer et réparer le matériel de nettoyage urbain : Piano a transformé ce programme on ne peut plus trivial, en une délicate vitrine industrielle. Elément fort du bâtiment, une légère façade en verre collé, c'est à dire sans montants métalliques pour l'alourdir. Lisse et raffinée, elle est comme à contre-emploi avec les activités peu nobles – liées aux traitements des déchets – qu'elle abrite. Vitrine sans complexe, elle révèle intégralement aux passants les travaux en cours à l'intérieur des ateliers, qui deviennent autant d'éléments d'animation. Mais pour rappeler de quoi il s'agit, toutes les parties métalliques – structures porteuses, escaliers, garde-corps, etc. – sont en acier galvanisé, le matériau dont on faisait autrefois les grandes poubelles que les concierges sortaient le matin devant les immeubles parisiens.
A l'origine, le bâtiment devait se prolonger sur toute la rue, qui aurait ainsi été transformée en une longue vitrine offrant le spectacle de multiples activités industrielles. Côté cour – au sud – la façade, beaucoup plus fermée, est composée de panneaux de tôle laquée rouge vif remplissant l'ossature en béton laissée apparente.

This is a building designed for the storing and repair of the city's cleaning equipment. Piano transformed this extremely trivial project into a delicately worked industrial shop window.
The strong point of the building is a light façade onto which a glass covering has been fixed, enabling the architect to avoid the use of a heavy metal framework. Smooth and refined, it seems to contradict the supposedly activities (waste treatment and so on) which go on behind it. Unashamedly a shop window, it shows passers-by all of the activities going on inside the workshops, which thus become elements of animation. To remind us what the building is for, however, all of the metallic components – the supporting structures, staircases and guard-rails etc. – are in galvanised steel, the very material which used to be used for the large dustbins which concierges dragged out from the buildings of Paris each morning. Originally, the building was to have been extended along the whole street, transforming it into a long window staging a variety of industrial "shows".
The south-facing courtyard façade, far more "closed off", is made up of bright red enamelled metal panels, filling in a visible concrete skeleton.

A voir aux alentours / To be seen around:
M. BERI et P. GAZEAU Cuisine 17 bis, rue Raymond-Radiguet (1990)
J.-C. TOUJERON Ecole 186, boulevard Macdonald (1997)
R. SCHWEITZER Logements 208, boulevard Macdonald (1997)
G. BOUCHEZ Logements 220, boulevard Macdonald (1997)

Conformément à la politique municipale de construction d'«hôtels industriels», les architectes ont voulu « présenter une image légère et attrayante de l'industrie pour prouver que celle-ci a sa place en ville si on la traite correctement ».
Les matériaux et l'organisation de l'espace de cet hôtel pour petites entreprises non-polluantes renouent avec les années 30, « dernière époque brillante de l'architecture industrielle ». Ainsi les briques (mais ouvertement utilisées en placage) et les colonnes arrondies des monte-charge. Ces dernières, en métal galvanisé à claire-voie, laissent voir le mouvement des monte-charge, illuminés la nuit afin que « les images industrielles contribuent au mouvement de la ville ».
Pour permettre la desserte du bâtiment par les camions et la manutention des machines sans créer de nuisances, l'ensemble est traversé par une rue intérieure. Sur la rue d'Aubervilliers, une façade plus urbaine et largement vitrée laisse voir les activités intérieures, créant ainsi une animation dans cette artère un peu morte. Avec les bâtiments de Piano et de Gazeau (voir page ci-contre) c'est – fait rare – toute une rue industrielle contemporaine qui s'est ainsi constituée en pleine ville.

Jean-François JODRY et Jean-Paul VIGUIER

1988

Régis Masson et Patrick Charouin, assistants

Hôtel industriel "Métropole 19" (20 000 m^2)

Industrial building

138-140, rue d'Aubervilliers (19e).
Métro : Crimée

Maître d'ouvrage : Iéna-Bail

The aim of the architects was, in accordance with the city Council's policy of building "industrial hotels", to "present a light, attractive image of industry and to prove that it has a place within the city, provided that it is treated correctly". Both the materials and the lay-out of this building, designed to house small environmentally-friendly enterprises, bring us back to the 1930's, "the last golden age of industrial architecture". Particular examples are the brickwork (quite openly used as a casing, rather than the principal material of the walls) and the rounded columns of the goods lifts. Behind the galvanised metal framework of these columns, the movement of the lifts remains visible, indeed it is lit at night to "allow an image of industry to contribute to the movement of the city". To allow deliveries by lorries to the building and the maintenance of machinery to take place without disrupting the city, an internal street runs through the site. On the rue d'Aubervilliers, a more urban and fully windowed façade allows the activity within the building to remain visible, bringing animation to a rather dead stretch of main road.
When this building is taken together with those of Piano and Gazeau (see opposite page), one realises that (very unusually) an entire contemporary industrial street has been inserted into the centre of the city.

Pour transformer en logements cet ancien entrepôt de meubles des Galeries Barbès datant de la fin du siècle dernier – une grande première à Paris – les architectes ont dû y « creuser une rue intérieure assurant une distribution, un éclairage et une ventilation corrects des appartements ».
Cette rue intérieure, protégée par une verrière, est « sculptée par les poutrelles métalliques et les galeries ouvertes débordant de verdure qui desservent les appartements. » La conception de ces derniers – en duplex pour la plupart – a été particulièrement soignée, les architectes préférant consacrer à l'amélioration des prestations intérieures l'argent prévu pour le ravalement de la façade.
Le faible taux de dégradation de l'immeuble et la vie qui s'est installée dans la rue intérieure – jeux des enfants, marchés aux puces occasionnels, fêtes, etc. – est « la preuve que les habitants se sont totalement approprié cet espace calme, à l'abri des nuisances ».

Christian MAISONHAUTE Arnaldo COUTINE et Jacques LÉVY

1980.

76 logements sociaux dans un entrepôt reconverti.

76 public sector flats in a converted warehouse.

145, rue de l'Ourcq (19e).
Métro : Crimée, Corentin-Cariou

Maître d'ouvrage : Habitat social français

The constraints inherent in the idea of transforming this 19th century furniture warehouse were responsible for what was a "first" for Paris; the architects had to "create an indoor street to provide suitable communication, light and ventilation for the apartments".
This glass-covered, indoor street is "sculpted by the metal beams and open, plant covered galleries which lead to apartments themselves". Particular attention was paid to the design of the apartments (which are mostly in duplex), since the architects preferred to spend the money, initially intended for the renovation of the façade, on the quality of the interiors.
The very limited dilapidation of the building and the life style which has taken root in the indoor street – children's games, periodic flea markets, public celebrations, etc – is "proof that the occupants have really taken over this oasis of calm, sheltered from the stress of the city around it".

A voir aux alentours / To be seen around:
M. DUPLAY Logements 166 ter, rue d'Aubervilliers (1982).
M. DUPLAY Logements 121, rue de l'Ourcq (1986)

Pur exemple des premières tentatives faites pour échapper aux horreurs de l'architecture d'après-guerre – barres et tours répétitives – unanimement décriées. Les architectes ont tenté, pour ces logements économiques, de « créer un ensemble pas trop paupériste ». « Faute de pouvoir superposer des "maisons", comme rue Erard (voir page 106), il s'agissait de lutter contre l'anonymat en offrant aux habitants un ensemble diversifié. »
Pour éviter les bâtiments plats, « qui créent une frontière dure », les façades ont ainsi reçu un traitement « aussi complexe » que possible. D'où la multiplication d'éléments en béton préfabriqués, arrondis et colorés, de fenêtres rondes et de chapeaux. De même, pour échapper à l'angle droit maudit, « les bâtiments à trois branches déterminent des cours hexagonales, qui éliminent les vis-à-vis gênants ». A quoi s'ajoute le jeu de volumes des bâtiments ascendants, dans « un dialogue constant entre la nécessité de bourrer et la volonté de jouer avec les hauteurs ». Résultat : une « densité démente », qui ne serait plus autorisée aujourd'hui.

Mario HEYMANN

1981

Hugues JIROU, assistant et Philippe SCHROEDER, architecte d'opération

995 logements (Cité des Eiders)

995 Apartments (Cité des Eiders)

145, avenue de Flandre (19e).
Métro : Crimée

Maître d'ouvrage : GEPRO

A typical example of the initial attempts at fleeing post-war architectural horrors – repetitive towers and concrete blocks – deplored by one and all. For these low-cost accommodations, the architects had tried to "create an ensemble that avoided looking like a cheap public housing project". "Not having the possibility of stacking 'houses', as in rue Erard (see page 106), the aim was to fight against anonymity by offering the inhabitants a diversified ensemble."
To avoid flat buildings, "that make for a tough boundary", the façades underwent a treatment that was "as complex" as possible. Hence the plethora of round and colourful elements in prefab concrete, circular windows and hats. Similarly, in order to get away from the accursed right angle, "the tri-legged buildings set up hexagonal courtyards that allow for an obstacle-free view". To this is added a play of volumes between gradually rising buildings, in "a constant dialogue between the need to stuff and the desire to play with heights". The result: a "demented density", which would no longer be permitted nowadays.

A voir aux alentours / To be seen around:
W. MITROFANOFF Collège 1, rue de Cambrai (1986)
P.-H. MONTEL Eglise Saint-Luc 80, rue de l'Ourcq (1998)

Construisant sur un terrain étroit et profond (14 mètres sur 50), Gazeau a cherché à « apporter la rue dans la parcelle », grâce à une grande faille, large de 3,5 mètres, séparant les deux bâtiments. Les appartements, qui ont jusqu'à quatre orientations, sont ainsi « largement ouverts sur la ville ».
Soucieux de « réhabiliter les espaces communs, aujourd'hui laissés pour compte », il n'a pas hésité à « perdre de la place pour retrouver l'esprit de l'architecture classique ». Le porche d'entrée est remplacé par un grand hall, et l'escalier ouvert se veut, au contraire des escaliers aveugles, un « parcours architectural » attirant, ponctué de grandes loggias-paliers qui relient les deux constructions. « Le panorama de la ville se déroule quand on sort de chez soi », résume Gazeau.
Adepte du noir qui « joue très subtilement avec la lumière », il a construit un immeuble sombre qui met en valeur le bois du caillebotis des loggias, et les volets roulants en aluminium de la façade sur rue.

Philippe GAZEAU

1993

Jacques FORTÉ et Agnès CANTIN, collaborateurs

26 logements pour postiers
26 Postmen's flats

46, rue de l'Ourcq (19e).
Métro :
Crimée, Ourcq

Maître d'ouvrage : ministère des Postes et HLM Toit et Joie

Building on a narrow and deep site (14 meters by 50) Gazeau sought to "bring the road into the building plot" thanks to a big break, 3.5 meters wide, between the two buildings. The flats, which have up to four aspects, are thus "to a great extent, open to the city".
Anxious to "rehabilitate the public areas, today largely neglected" he has not hesitated to "waste space so as to return to the spirit of classical architecture". The entrance porch is replaced by a great entrance hall and the open staircase, unlike indoor stairs, aims at an attractive "architectural journey", punctuated by the wide loggia-landings which link the two buildings. "The city's panorama unreels before you when you step out of your door" Gazeau sums up.
A believer in the use of black "which plays very subtly with light" he has built a somber building which sets off the woodwork of the gratings of the loggias and the aluminium roller shutters on the street frontage.

A voir aux alentours / To be seen around:
AGENCE ARCHITECTURE HBM Ensemble de logements 51, rue de l'Ourcq (1925)
C. VASCONI Logements 23, quai de l'Oise et 6, rue Barbanègre (1986-1988)
P. EIDEKINS, P. de TURENNE et L. BOURGOIS Logements 14, rue Barbanègre (1984)

Bernard TSCHUMI. 1987-1991

Parc de la Villette (30 hectares) / *La Villette Park*

211, avenue Jean-Jaurès et 30, avenue Corentin-Cariou (19e).
Métro : Porte-de-Pantin et Porte-de-la-Villette

Maître d'ouvrage : Etablissement public du Parc de la Villette.

Sur les 55 hectares du site des anciens abattoirs de la Villette – fameux scandale urbanistico-financier de la Ve République – le plus vaste parc de Paris (30 ha), avec un grand musée des sciences et des techniques, une cité de la musique et une salle de spectacles, « Le Zénith ».
Tschumi a imaginé « un parc du XXIe siècle, c'est-à-dire un parc d'activités, contrairement aux parcs d'agrément ou de repos des XVIIIe et XIXe siècles ». D'où la faible importance de la « verdure » : seulement deux kilomètres d'allées bordées d'arbres, quelques hectares de prairies, et une soixantaine de petits « jardins thématiques », de moins de 1000 m2 chacun : jardins d'eau, potager, culturel, didactique, etc. Pour le reste, de vastes esplanades pour les jeux, et surtout une trentaine de « folies ». Ces cubes de 10 mètres de côté, revêtus de métal rouge sont disposés selon une trame régulière, à une centaine de mètres l'un de l'autre. Chaque « folie » est consacrée à une activité précise : de la musique au jardinage, en passant par l'informatique.
Une grande galerie couverte de 900 mètres de long traverse le parc de part en part, et le rend utilisable par tous les temps. Elle longe notamment l'ancienne halle aux bœufs, énorme étable de 2 ha construite par Janvier, close avec des vitrages et transformée en salle d'exposition et de spectacles par Reichen et Robert.

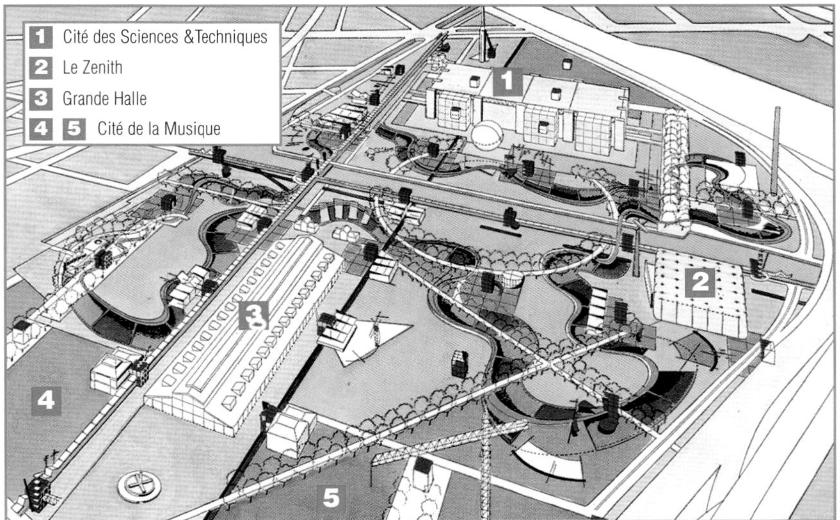

This is the largest park in Paris (over 75 acres), built on the 140 acres site of the old La Villette slaughter house one of the great planning and financial scandals of the 5th Republic): it contains a major science and technology museum, a musical centre and a large multi-purpose theatre ("Le Zenith").
Tschumi had imagined "a 21st century park, devoted to activity rather than the rest and relaxation which were the goals of 18th and 19th century parks". Hence the small amount of "greenery" : there are only 2 kilometres of tree-lined paths, a few acres of grass and 60 or so small "thematic gardens" (water gardens, vegetable gardens, educational gardens, etc.), each one being less than 1,000 square metres.
Apart from that, there are large games areas and, above all, 30 "follies". These are 10 metres cubes, covered in red metal and disposed in a regular pattern at 100 metres intervals. Each "folly" is devoted to a particular activity, ranging from music to gardening, via computing. A 900 metre long covered gallery crosses the park from side to side and makes it usable in any weather. In particular, the gallery runs past the former beef slaughterhouse, an enormous 4 acre stable, originally built by Janvier, which has been completely closed off with glass walls and turned into an exhibition hall and auditorium by Reichen and Robert.

Adrien FAINSILBER. 1986

(Bâtiment originel : Fournier (père et fils), J. Semichon et S. Walrand. 1964)

Cité des Sciences et de l'Industrie / *Science and Industry Museum*

30, avenue Corentin-Cariou (19e). Métro : Porte-de-la-Villette

Maître d'ouvrage : Etablissement public du Parc de la Villette

Grand comme quatre fois le centre Pompidou, ce musée des sciences et des techniques occupe l'ancien bâtiment des abattoirs aux proportions colossales : long de 275 mètres et large de 110 mètres, il est plus haut que l'Arc de Triomphe. Il a fallu en retirer 7 000 tonnes de ferraille – presque le poids de la tour Eiffel – pour y aménager le musée. « Nous avons souligné au maximum la structure ancienne : piles de béton recouvertes de granit et poutres du toit peintes en bleu cobalt. Ce côté monumental du bâtiment a été encore accentué en creusant un fossé mettant à jour ses deux étages souterrains, et en l'entourant de bassins. »
« La façade sud est entièrement vitrée pour établir un lien étroit entre le musée et son environnement : les salles d'exposition sont largement ouvertes sur le parc, duquel les serres de la façade apparaissent comme des vitrines du musée. » Quant à la Géode, elle renferme une vaste salle de projection sphérique, recouverte de 6 500 plaques triangulaires d'acier-miroir ajustées au millimètre près. Elle est à la fois une réminiscence des sphères utopiques de Boullée et Ledoux et « la forme technologique pure qui signale le musée ».

The Museum of Science and Technology, four times as big as the Pompidou centre, occupies a massive former slaughterhouse; it is 275 metres long by 110 metres wide and is higher than the Arc de Triomphe. 7,000 tonnes of scrap metal (almost the weight of the Eiffel Tower) had to be removed from the site to accommodate the museum. "We did as much as possible to emphasise the original structure: concrete pillars covered in granite and roof beams painted cobalt blue. The monumental aspect of the building was further accentuated by surrounding it with a ditch which uncovered its two underground floors and surrounding it with ornamental ponds." "The south-facing façade is entirely in glass, aiming to create a close link between the museum and its environment; the exhibition rooms open out onto the park, to which the glass-house frontage presents the museum through a series of shop-windows."
Finally, there is the Geode; it houses a vast spherical screen, composed of 6,500 triangular mirror-steel plates, adjusted down to the last millimetre. It functions at the same time as an echo of the Utopian spheres of Boullée and Ledoux and as "a pure, technological shape, which flags and symbolises the museum".

A voir aux alentours / To be seen around:
G. THURNAUER Logements, Esplanade de la Rotonde 26-30, avenue Corentin-Cariou (1990)

J. ZUNZ et S. DU CHATEAU Entrepôt 20, avenue de la Porte-de-la-Villette (1959)

Philippe CHAIX et Jean-Paul MOREL. 1983

Le Zénith (salle de 6 300 places) / *Variety Theatre*

211, avenue Jean-Jaurès (19e). Métro : Porte-de-Pantin

Maître d'ouvrage : ministère de la Culture

Salle de variétés construite « provisoirement » en attendant la réalisation de la salle de rock de la porte de Bagnolet. L'abandon de ce projet a transformé le provisoire en définitif.
La solution retenue est une charpente métallique de 70 mètres de portée qui supporte, à l'extérieur, une « peau » en polyester d'une durée de vie de 15 ans et, à l'intérieur, cinquante tonnes d'équipements de scène. Elle présente les mêmes avantages qu'un chapiteau traditionnel : rapidité d'exécution (12 mois, études comprises) et faible prix de revient (elle est amortie en 6 ans). Mais elle n'en a pas les inconvénients (poteaux qui gênent la vue, courants d'air, etc.).
Pour les architectes, c'est la « preuve qu'il est possible, avec des structures légères, économiques, démontables et réutilisables, de faire une salle pratiquement aussi durable qu'un bâtiment traditionnel, et aux performances identiques ». Ou presque identiques, en ce qui concerne l'acoustique, qui pose parfois des problèmes au Zénith. Plusieurs villes de province ont par la suite construit de telles salles.
Le mât en béton surmonté d'un aéroplane, devenu le logo de la salle, est l'ancienne tour qui alimentait en fourrage les étables de l'abattoir.

This variety theatre was originally a "provisional" building, put up whilst construction of the rock music theatre at the Porte de Bagnolet was completed. The rock theatre project was abandoned and the provisional building became permanent. The solution adopted by the architects was a 70 metre span of metal framework, which supports, on the outside, a "skin" of polyester with a life expectancy of 15 years and, on the inside, 50 tonnes of stage equipment. This scheme has many of the same advantages as a traditional big top: it was very quickly built (in twelve months, including design time) and cheap, it had paid for itself in six years. Yet it also avoids the drawbacks of the big top (view-obstructing posts, draughts, etc.). The architects themselves believed that "this is proof that it is possible to build an auditorium as durable as a traditional building and, which performs just as well, using light, cheap, easily dismantled and re-usable materials". Although one might point out that, at least as far as acoustics are concerned, the "performance" does not always match up to that of more traditional theatres. Several provincial cities have already built similar theatres. The concrete mast decorated with an aeroplane, which has become the logo of the new theatre, was once the silo containing fodder for the stables of the slaughterhouse, which used to stand on the site.

A voir aux alentours / To be seen around:
B. TSCHUMI Passerelle sur le canal de l'Ourcq Parc-de-la-Villette (1993)

Christian de PORTZAMPARC. 1992-1994

Cité de la Musique / *National Music conservatory*

21, avenue Jean-Jaurès (19e). Métro : Porte-de-Pantin

Maître d'ouvrage : Etablissement public du parc de la Villette

Pour remplacer le vétuste conservatoire de musique de la rue de Madrid, a été créée la Cité de la musique et de la danse qui manquait à Paris.
Désireux de construire un «espace de transition qui amène le jardin à la ville», Portzamparc a refusé de faire une composition symétrique centrée sur la fontaine « pour ne pas donner une place écrasante à la grand halle ». Il a conçu un « ensemble asymétrique dont la partie gauche à la toiture oblique (livrée en 1992) est largement ouverte sur le jardin ».
Pour éviter un « empilement de grands bâtiments linéaires et répétitifs », Portzamparc a nettement différencié tous les éléments du programme. La multiplicité des bâtiments crée ainsi « une sorte de quartier à la géométrie magique, parsemé de spirales et de triangles ».
Essentiellement réservée aux étudiants, l'aile gauche, à la structure stricte, abrite des locaux ayant tous la même fonction (salles de travail). En revanche, l'aile droite, ouverte au public, regroupe des bâtiments à fonctions très diverses (grande salle, salles de répétition, musée, commerces, logements) ne pouvant pas, pour des raisons acoustiques, se superposer. Leurs volumes, très diversifiés, sont « unifiés par le mouvement lyrique du toit ascendant ».

This centre for music and dance had been lacking in Paris, which needed to replace the run-down Music Conservatory on the rue de Madrid.
Portzamparc wanted to build "a transitional space, bringing a garden into the city" and flatly refused to produce a symmetrical composition centering on the fountain, because he "wished to avoid complete dominance of the whole by the main hall". Instead, he designed "an asymmetrical building, of which the left hand part with its oblique roof (due for completion in 1992) opens out on to the garden".
Portzamparc also drew sharp distinctions between the different elements of the project, to avoid "simply piling up large, repetitive, linear buildings". The multiplicity of buildings creates "a sort of magical geometrical area, sprinkled with spirals and triangles".
The left wing is principally reserved for students, its structure is strickly drawn and its individual rooms have only one use; they are all rehearsal rooms. The right-hand wing, on the other hand, is open to the public and groups together buildings with very different functions (the main concert hall, further rehearsal rooms, the museum, shops and lodgings) which could not, for acoustic reasons, be placed on top of each other. Their very different volumes are "unified by the lyrical movement of the rising roof".

A voir aux alentours / To be seen around: A. ROSSI Logements 33, avenue Jean-Jaurès (1991)

Christian de PORTZAMPARC. 1993

Hôtel et bureaux / *Hostel and offices*

218-228, avenue Jean-Jaurès (19e). Métro : Porte-de-Pantin

Maître d'ouvrage : Pelège

Construisant face à sa Cité de la Musique (voir page ci-contre), Portzamparc a eu l'occasion rare « d'organiser de manière cohérente une entrée de Paris ».
Pour éviter que la Cité – basse et allongée – ne soit « écrasée », la nouvelle construction – beaucoup plus haute et dense – a été doublement fractionnée. Verticalement, hôtel et bureaux occupent chacun un bâtiment autonome. Horizontalement, les deux bâtiments sont posés sur un socle plein dont la pierre, les arrondis et l'oblique du toit sont un « écho » direct à l'échelle et aux volumes de la Cité (qui est également un « socle » supportant le dôme de la salle de concert).
« Ces deux bases qui se répondent installent sur l'avenue l'idée cohérente de cadre, de porte d'entrée ou de sortie de Paris. » Quant à l'unité de l'ensemble, elle est assurée « non par une symétrie statique, mais par une convergence de mouvements » obliques et courbes. Mouvements encore accentués par la façade légèrement ondoyante de l'hôtel, au contraire du bâtiment de bureaux, plus rigide.
L'entrée du mail planté Manin-Jaurès, marquée sur l'avenue par un large arrondi du socle de l'hôtel, s'effectue par un grand passage sous l'immeuble, « signal très urbain d'un changement d'échelle ».

Building on a site opposite his own Cité de la Musique (see opposite page) gave Portzamparc a rare chance to "bring coherent organisation to one of the city's entrances".
To avoid "crushing" the long low musical centre, the new building – far higher and denser – was doubly-side divided. On the vertical plane, the hotel and office block each occupy a separate building. On the horizontal plane, the two buildings are placed on a base, whose stone, together with the rounded oblique roof, amount to a direct "echo" in scale and volume of the musical centre (which is also a "base", supporting the domed roof of the concert hall).
"These two matching bases bring to the avenue the idea of a coherent framework, that of an entry (or exit) gate to Paris." The unity of the whole is ensured "not by any static symmetry, but a convergence of oblique and curved movement".
Movement is further accentuated by the contrast between the slightly undulating façade of the hotel and the more rigid frontage of the office building.
Entrance to a garden mall, signalled on the avenue by a wide curve in the base of the hotel, is by a large tunnel passing under the building, "a quintessentially urban signal of a change of scale".

A voir aux alentours / To be seen around:
LE DONNE Eglise Sainte-Claire 179, boulevard Sérurier (1956)

Paul CHEMETOV, Christian DEVILLERS, Valentin FABRE et Jean PERROTET. 1981

290 logements sociaux / *290 public sector flats*

3, avenue Jean-Lolive (Pantin). Métro : Hoche

Maître d'ouvrage : le Logement français

« C'est ce qu'on appelait à la Renaissance un bâtiment de l'ordre du colossal. Car il fallait tout à la fois "avaler" visuellement une tour voisine haute de vingt-trois étages et répondre aux souhaits de la municipalité qui voulait une forte densité d'habitations. » Un immeuble « soigneusement mis en scène et qui entend apporter de l'ordre dans le chaos d'un environnement hétéroclite, labouré par des voies rapides. La façade principale est un phare qui regarde Paris. La façade secondaire, sur l'avenue Jean-Lolive, marque l'entrée de la ville de Pantin. Elle est faite pour être regardée en perspective. L'angle très arrondi exprime la continuité » entre ces deux fonctions du bâtiment.
Quant aux briques – il y en a presque un million – elles sont un « salut aux HBM de la ceinture rouge, de l'autre côté du périphérique ».

"During the Renaissance it would have been called a building on the colossal scale. It had, at one and the same time, to 'swallow up' the visual impact of a 23 storey tower block next door and comply with the city Council's need for a high density of accomodation."
This is a building which is "carefully staged, with the aim of bringing order to the chaos of a heterogeneous environment, cut through with rail tracks and main roads. The principal façade is like a lighthouse looking out over Paris. The secondary frontage, on the avenue Jean-Lolive, marks the entrance to the suburb of Pantin. It is built to be looked at from the side. The building's well-rounded corner expresses continuity" between its two functions.
The bricks of the façade (there are almost a million of them) are themselves a "fraternal greeting to the public housing estates in the 'red belt' of the traditionnally communist-voting suburbs on the other side of the périphérique motorway".

A voir aux alentours / To be seen around:
G. MAURIOS Logements 131, rue Manin (1989)

Pol ABRAHAM et Pierre TABON. 1938

Groupe scolaire / *School complex*

20, sente des Dorées (19e). Métro : Porte-de-Pantin

Maître d'ouvrage : Ville de Paris

Les années 30 sont marquées par une vague de constructions d'écoles – vingt-quatre à Paris en dix ans – comparable à celle qu'avait connue la capitale à la fin du XIXe siècle (voir page 86).
Ces nouveaux établissements scolaires s'affirment de plus en plus comme des bâtiments publics modelant leur environnement, à l'inverse des « écoles Jules Ferry », modestement coincées entre des immeubles de logements, et ne s'en différenciant que fort peu. Ici, cette évolution est particulièrement marquée : le groupe scolaire occupe tout un îlot et délimite la totalité d'une rue.
Cette position dominante, à l'image de la puissance grandissante des pouvoirs publics, est encore accentuée par une composition symétrique monumentale : les cages d'escaliers-tour rythment le bâtiment-forteresse dont le centre de gravité, l'entrée, est marquée par un graphisme très fort : des auvents blancs surmontent le double porche – un pour les filles, un pour les garçons – qui entourent l'œil de bœuf de la loge de concierge. Le motif en jeu de briques au deuxième étage, où l'on s'attendrait à trouver les armes de la ville (voir page 265), renforce encore le caractère officiel du bâtiment.

The 1930's saw a wave of school-building in Paris – twenty-four schools in ten years – comparable with that which the capital had experienced at the end of 19th century (see page 86).
These new schools were more and more emphatically public buildings, moulding their own environment, quite unlike the schools built by the 19th century Education Minister, Jules Ferry, which had been hidden away between apartment blocks which they closely resembled. This evolution is particularly marked here: the school occupies an entire block and runs along the whole length of the street.
This dominant position, an echo of the growing power of the public authorities, is further accentuated by a symmetrical composition on the grand scale. The rhythm of this fortress-building is established by the grilles of the stairwells and its centre of gravity, the main entrance, is graphically designed: white canopies are placed above the double porch (one for girls, one for boys) which stand on either side of the "port-hole" of the concierge's lodge. The brickwork relief on the second floor, where one might have expected to find the arms of the city (see page 265), further reinforces the official character of the building.

A voir aux alentours / To be seen around:
S. DOLLANDER Logements 163, boulevard Sérurier (1990)
PLI ARCHITECTURE Logements 157, boulevard Sérurier, 120, rue Petit et façade sur allée Darius-Milhaud (1989)
M. BACZKO Crèche pour enfants 7, allée Arthur-Honegger (1987)
A.F. RODIER Logements 83 bis, rue Petit (1987)
O. DECQ et B. CORNETTE Logements 155, rue Manin et façade sur allée Darius-Milhaud (1989)

Olivier BRENAC et Xavier GONZALEZ. 1999

Ferit GUNDOGAR et Emmannuel PERSON, assistants

Ecole maternelle / *Nursery school*

11, rue Georges-Thil (19e). Métro : Ourcq

Maître d'ouvrage : Ville de Paris

Une façade lisse et fermée conçue comme un « aplat de tableau abstrait, travail minimaliste qui limite les détails pour garder l'essentiel ». Il n'y a là « aucune recherche d'expression, mais la simple organisation de rapports de masses, de volumes et de matériaux ». Telle la paroi opaque en béton blanc opposée à la membrane en verre translucide, qui est éclairée la nuit comme une lanterne, ou les fenêtres percées de manière « aléatoire ».

Estimant qu'en raison de « leur taille, les enfants ressentent les bâtiments publics comme une ville et les classes comme une maison », les architectes ont imaginé une « école-quartier ». Le hall de grande hauteur (la place), est éclairé par la façade en verre sablé. Les coursives (les rues) sont animées par les boîtes en bois des lavabos ou des coins-matelas, les renfoncements des portemanteaux et des bancs, etc. Chaque classe, conçue comme une « maison de substitution » est divisée en coins travail ou cuisine, balcon en bois pour cultiver des plantes ou sortir les lapins. Des bow-windows en verre coloré, aménageables à volonté (lecture, dessin, etc.), achèvent de sculpter la façade sur cour de l'école.

A façade that is smooth and closed like an "aplat in abstract painting, a minimalist work, which limits details in order to hold onto the essential". There is, here, "no attempt at expression, but rather the simple organization of relationships between masses, volumes and materials". Such is the opaque inner wall of white concrete opposite the translucent glass membrane, which is lit up at night like a lantern, or else the windows pierced "at random".

Reckoning that due to "their size, children experience public buildings as a city, and classrooms as a house", the architect came up with the idea of a "school-as-a-neighbourhood". The high entrance hall (the square) is lit up by the sanded glass façade. The gangways (streets) are brought to life with wooden sink boxes or naptime corners, indentations for coat-racks and benches, etc. Each classroom, conceived as a "substitute house", is divided into work or kitchen areas, and a wooden balcony for growing plants or else for playing with pets. Bow windows in colored glass, to be set up as one likes (for reading, drawing, etc.), are the final touches on the schoolyard façade.

Georges PENCREAC'H. 1985

Denis STAHLBERGER, assistant.

36 logements sociaux et école (300 élèves)
36 public sector flats and school (300 pupils)

162, av. Jean-Jaurès (19e). Métro : Ourcq
Maître d'ouvrage : RIVP

Un immeuble qui joue au « fondu enchaîné » pour mieux s'intégrer à l'alignement de l'avenue.
En hauteur, « il assure naturellement la transition avec ses voisins ayant respectivement six et trois étages. Même principe pour la façade : le maillage en béton clair laisse progressivement la place, dans les étages supérieurs, à la façade en retrait – ainsi que l'exigent les règlements – en béton gris-bleu, ponctuée de cages d'escaliers vitrées, qui forment la nuit deux colonnes de lumière ». Cet « espace entre les deux peaux de l'immeuble crée des visions différentes selon le point de vue, faisant jouer l'architecture par rapport au mouvement ».
Derrière l'immeuble, invisible de la rue, l'école est composée de petits volumes bas. Elle est desservie par un couloir-verrière de 80 mètres de long qui débouche sur la façade.

The "linked blurring" of the building's frontage allows it to integrate with the building line of the avenue.
Its height, "establishes a natural transition with its 6 and 3 storey neighbours. The same principle is applied to the façade: lightcoloured concrete gradually gives way to the recessed frontage of the upper floors in greyblue concrete, which is punctuated by the glasscovered lift shafts, which are transformed at night into two columns of light". This "space between the two skins of the building creates different images from different viewpoints, establishing an interplay between architecture and movement".
Behind the building, hidden from the street, the school is made up of small low volumes. It is reached through an 80 meters glass corridor which leads out onto the main frontage.

A voir aux alentours / To be seen around:
A. SARFATI Ecole maternelle allée Darius-Milhaud (1989)
C. VASCONI Ensemble de logements 26-44, allée Darius-Milhaud (1989)
G. MAURIOS Logements 131, rue Manin (1989)

Manolo NUNEZ-YANOWSKY. 1994

Miriam TEITLBAUM et Raymond GUARDIA, associés

Collège Georges-Brassens / *Georges-Brassens Secondary School*

51-55, rue d'Hautpoul (19e). Métro : Botzaris, Ourcq
Maître d'ouvrage : Ville de Paris

La bande dessinée est une source d'inspiration pour Nunez-Yanowsky, auteur des célèbres « camemberts » de Marne-la-Vallée. Il a voulu ici un bâtiment qui « étonne les élèves et éveille leur imagination ».
« Charnière » entre deux promenades piétonnes, reliant les parcs de La Villette et des Buttes-Chaumont, ce collège en forme de triangle offre, sur une petite place publique, sa façade courbe, « accueillante aux promeneurs ».
Le bâtiment, en béton blanc, a été « moulé sur place comme une grande sculpture ». Nunez-Yanowsky y voit la garantie d'une « excellente tenue dans le temps », à l'inverse « des architectures sans âme, en verre et en acier, actuellement à la mode ».
La poutre métallique, « corniche flottante » qui couronne et signale ce bâtiment public, s'éclaire la nuit. De même que les poteaux galvanisés de la clôture : « A défaut de grands messages sociaux, qui aujourd'hui n'existent plus, il faut donner aux enfants des éléments pour rêver. »

Comic strips are a source of inspiration for Nunez-Yanowsky, creator of the famous "camemberts" of Marne-la-Vallée. Here he wanted a building which would "astonish the pupils and arouse their imagination".
A "hinge" between two pedestrian promenades linking the parks of La Villette and Buttes-Chaumont, this triangular-shaped school, presents its curved façade "to welcome strollers" on a little public square.
The building, made of white concrete, was "moulded on site like a great sculpture". Nunez-Yanowsky sees there the guarantee of "an excellent resistance to the changes of time", in contrast to "the soulless architecture in glass and steel which is so fashionable at present ".
The metallic beam, a "floating ledge" which caps and identifies this public building, lights up at night, as do the galvanised fencing posts: "Lacking an important social message, which no longer exists today, one must give the children something to dream about."

A voir aux alentours / To be seen around:
A. GHIULAMILA 56-60, rue d'Hautpoul Maison de l'Ordre de Malte (1997)
G. BOUCHEZ Bureaux 17, rue Meynadier (1989)
A. ARFVIDSON, J. BASSOMPIERRE et P. de RUTTÉ Logements 2-10, rue Gaston-Pinot (1926)
P. PELLETIER et A. TEISSEIRE Logements 1-5, rue Gaston-Pinot (1913)
R. TAILLIBERT Piscine 6, rue David-d'Angers (1972)
G. DEBRÉ Logements 23, rue Miguel-Hidalgo (1932)

Une façade qui « refuse d'être un masque » et entend exprimer la « vérité intérieure de la construction », conformément au crédo fonctionnaliste. « La profonde « faille » verticale qui la barre de haut en bas est une espèce de cicatrice qui marque la jonction avec un bâtiment arrière perpendiculaire, et non visible de la rue. »
Travail très poussé sur le matériau : les panneaux de façades sont entièrement préfabriqués, et le béton a été soigneusement cannelé tout à la fois « pour accrocher la lumière et réduire la salissure en canalisant les coulées d'eau ».
La corniche supérieure semi-cylindrique est un « toit symbolique qui finit l'immeuble », alors que le poème de Catherine Val gravé au rez-de-chaussée sur le mur-graffiti, « lui donne son identité ».

Claude PARENT et André REMONDET

1974

Bureaux
Offices

58, rue de Mouzaïa (19e).
Métro : Pré-Saint-Gervais

Maître d'ouvrage : ministère de la Santé

This is a façade which "refuses to be a mere mask" and aims to express the "intrinsic truth of its construction", in accordance with the tenets of functionalism. "The deep vertical 'fault', which cuts through it from top to bottom, is like a scar marking the junction with a perpendicular building which lies behind and is invisible from the street."
The materials were very carefully worked: the panels of the façades were entirely prefabricated in fluted concrete designed to simultaneously "catch the light and reduce staining by allowing water to drain off freely".
The semi-cylindrical upper cornice is a "symbolic roof which finishes off the building" while the poem by Catherine Val which is engraved on a ground level graffiti-wall "gives it its identity".

A voir aux alentours / To be seen around:
F. NANQUETTE Logements 82, rue Botzaris (vers 1930)
J. PECOUX Ecole 7-23, rue Eugénie-Cotton (1975)
R., D. et L. BRANDON Ensemble HBM 27, rue du Docteur-Potain (1927)
AGENCE D'ARCHITECTURE HBM Ensemble de logements 108, boulevard Sérurier (1935)
J.F. LAURENT Lycée Diderot 115, boulevard Sérurier (1995)

Pierre RIBOULET. 1988

Hôpital Robert Debré (436 lits pour enfants)
Hospital (436 beds for children)

48, boulevard Sérurier (19e). Métro : Porte-des-Lilas, Pré-Saint-Gervais
Maître d'ouvrage : Ville de Paris

A l'opposé de l'hospice-dépotoir du XIXe siècle, Riboulet a conçu un hôpital « relié à la ville et pénétré par elle ». Ainsi, la rue se prolonge à l'intérieur de l'établissement en une galerie publique qui le traverse de part en part, desservant les différents services, des magasins, un jardin d'hiver, etc.
De la même manière, il a rejeté « les espaces indifférenciés des hôpitaux-machines de l'après-guerre ». « Chacun des services de l'établissement possède sa propre architecture individualisée, afin de recréer un morceau de ville intérieur dans un grand équipement urbain. »
Construit en terrasses sur les flancs d'une colline, il en épouse les courbes « pour être plus accueillant, et regarde vers le sud, tournant le dos au bruit du boulevard périphérique dont il est protégé par le grand bâtiment des services administratifs ».

Riboulet's idea was a hospital "linked to the city and penetrated by it", in contrast with the depository-hospitals of the 19th century. Hence the prolongation of the street into a public gallery crossing the building from side to side and giving access to the different hospital departments, shop, a winter garden, etc.
In the same way, he rejected "the undifferentiated spaces of the post-war hospital-machines". "Each of the building's departements has its own individualised architecture, so as to recreate a kind of interior town within a major urban institution."
It is built in terraces, dictated by the curving slope of a hill, "so that it can appear more welcoming and face to the south, turning its back on the noise of the périphérique motorway from wich it is protected by the large building housing the hospital's administrative departments".

A voir aux alentours / To be seen around:
H. VIDAL Eglise 46, boulevard Sérurier (1954)
A. SARFATI Logements 313, rue de Belleville (1982)
A. STILL Bains-douches 1, rue Petitot (1936)
L.E. DIRAND Logements 84, rue Haxo (1986)
L. DOCO et F. SPY Logements 78, rue de la Villette (1976)
J.M. HENNIN et N. NORMIER Foyer de célibataires 1, rue des Solitaires (1986)
M. BIRMANT Ecole 1, rue des Alouettes (1983)
A. ROSNET et J.C. BERNADAC Logements 2, rue des Alouettes (1979)
D. GIRARDET Logements 1, rue Melingue (1984)

Henri GAUDIN et Bruno GAUDIN. 1989

Bruno HERBERT, assistant

Centre d'archives de Paris / *Archives of Paris*

18, boulevard Sérurier (19e). Métro : Porte-des-Lilas

Maître d'ouvrage : département de Paris

Gaudin a cherché à « magnifier » ces silos d'archives, y voyant « la chance rare de faire des volumes purs, s'exprimant puissamment ». Leur façade compacte en gravillon lavé est ponctuée de petits trous « pour aérer la matière ». Ces deux silos servent aussi de protection contre le bruit du périphérique, comme une « conque abritant les locaux de travail ». Un aspect protecteur qu'accentue leur « pliure », soulignée par deux bandeaux en acier. Inversement, la salle de lecture est lumineuse, avec sa façade vitrée, « embrassée »par deux parois en V marquant l'entrée. La « fausse symétrie » de l'ensemble reflète une idée chère à Gaudin : « l'architecture est ambigüe : elle doit être symétrique, mais pas tout à fait, car la symétrie pure c'est la mort ».
Entre silos et locaux de travail, une grande faille vitrée « aère le bâtiment et lui apporte des lumières intérieures ». Un point très travaillé par Gaudin pour qui « faire de l'architecture c'est créer des lieux variés en façonnant la lumière de mille manières différentes : lumière latérale des fenêtres, lumière haute des lanternes, lumière brillante des verrières ».

Gaudin's aim was to "magnify" the great silos of the archives: he saw "a rare chance to produce pure volumes, expressing themselves with their full natural power". Their dense, washed gravel façade is punctuated with small holes designed "to aerate the material". These two silos also serve to shut out the noise of the périphérique motorway like a "shell protecting the work aeras". Their protective role is accentuated by their "folds", underlined by two steel strips. By contrast, the reading-room is well lit, through its glass façade which is "embraced" by two walls forming a V signalling the entry to the building. The "false symmetry" of the whole is a reflection of an idea which is particularly close to Gaudin's heart: "architecture is ambiguous; it must be symmetrical, but not completely, for pure symmetry is death itself".
Between the silos and the work areas a large glass covered rift "aerates the building and provides it with an internal source of light". This was a point to which Gaudin paid great attention, for him "architecture consists in the creation of a variety of places and in working with light in as many different ways as possible; the lateral light of windows, light from above through skylights and the particularly bright light which filters through glass walls".

A voir aux alentours / To be seen around:
J.P. VIGUIER et J.F. JODRY Logements, angle rues des Frères Flavien et Docteur Gley (1989)

20e arrondissement

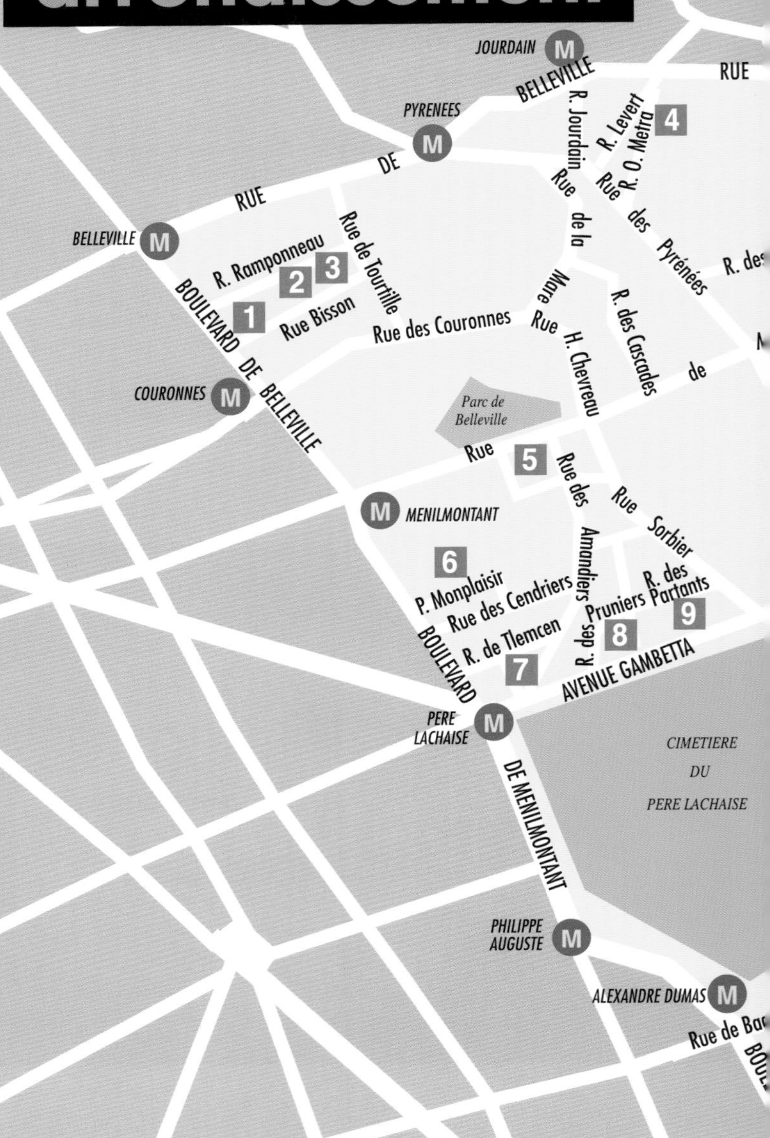

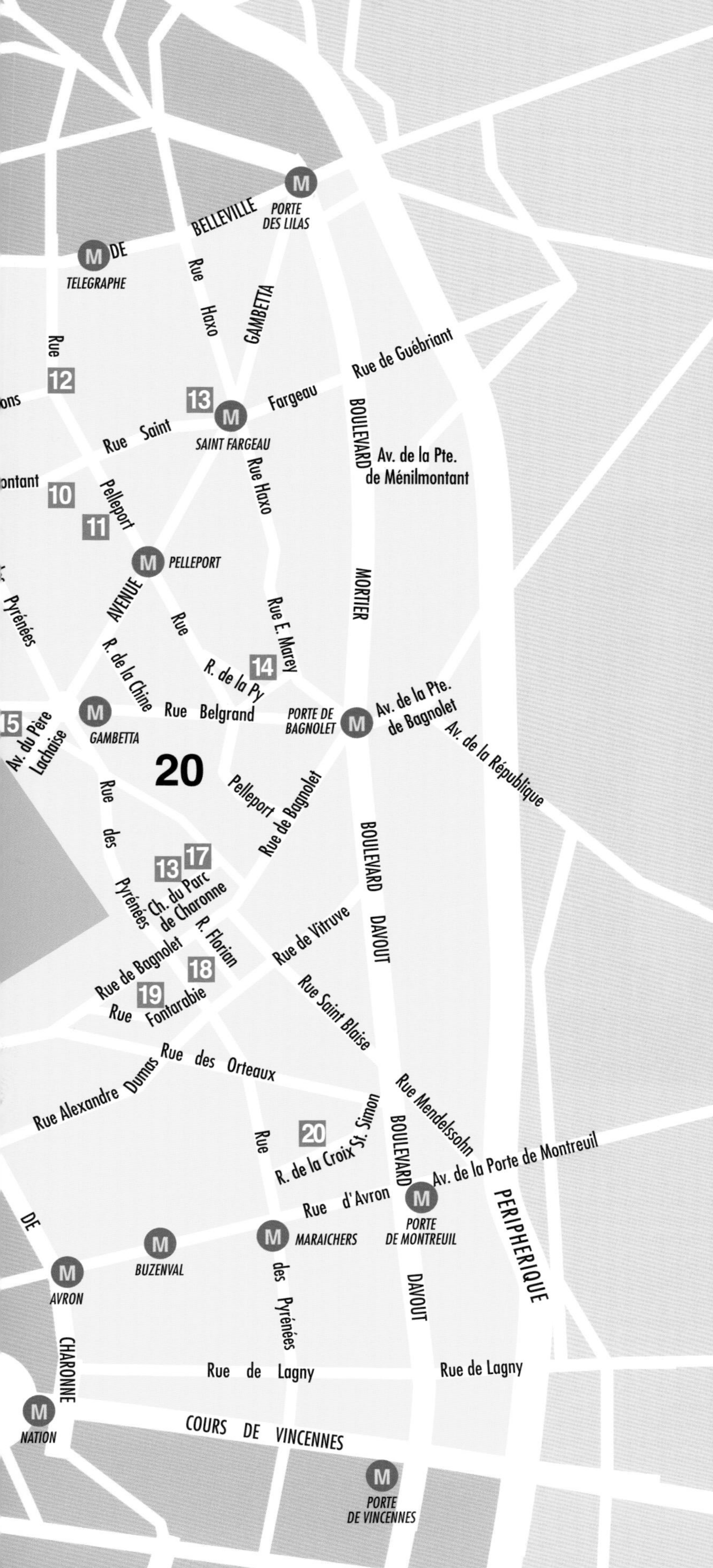
BELLEVILLE
DE
PORTE DES LILAS
TELEGRAPHE
Rue Haxo
GAMBETTA
Rue
12
13
Rue Saint Fargeau
SAINT FARGEAU
Rue de Guébriant
BOULEVARD
Av. de la Pte. de Ménilmontant
Rue Haxo
10
11
Pelleport
PELLEPORT
AVENUE
Pyrénées
MORTIER
Rue E. Marey
Rue
R. de la Chine
R. de la Py
14
Rue Belgrand
PORTE DE BAGNOLET
Av. de la Pte. de Bagnolet
Av. de la République
GAMBETTA
Av. du Père Lachaise
20
Pelleport
Rue de Bagnolet
Rue des Pyrénées
BOULEVARD DAVOUT
17
13
Ch. du Parc de Charonne
R. Florian
Rue de Vitruve
Rue de Bagnolet
18
19
Rue Fontarabie
Rue Saint Blaise
Rue des Orteaux
Rue Alexandre Dumas
Rue Mendelssohn
St. Simon
R. de la Croix
BOULEVARD
Av. de la Porte de Montreuil
Rue
Rue d'Avron
PORTE DE MONTREUIL
PERIPHERIQUE
DE
BUZENVAL
MARAICHERS
AVRON
des Pyrénées
DAVOUT
CHARONNE
Rue de Lagny
Rue de Lagny
NATION
COURS DE VINCENNES
PORTE DE VINCENNES

Borel, comme Portzamparc chez qui il a d'abord travaillé, aime l'activité de la ville et l'architecture qui « sculpte le vide ». Il a donc fragmenté son bâtiment en trois, créant une cour-rue qui « donne aux habitants la jouissance du boulevard et permet au quartier actif et cosmopolite de pénétrer dans l'immeuble ».
Les volumes eux-mêmes – bâtiments-signal sur le boulevard, toits inclinés vers l'arrière, façade se retournant vers l'intérieur – sont autant « d'invitations à entrer ». La cour a donné lieu à un minutieux travail pour « accentuer son hospitalité » : la pente de la colline de Belleville et les parois latérales se resserrant légèrement, faussent la perspective et agrandissent l'espace. Les parcours intérieurs sont conçus comme un « scénario varié » : toit qui ondule, coursives ouvertes et colorées, passerelles, balcons, et fenêtres dans les escaliers « pour rester en contact permanent avec la ville ».
Sur le boulevard, Borel a « refusé l'empilement d'étages identiques, brouillant l'échelle des façades afin d'accentuer l'aspect massif de sculpture de l'ensemble ». Mur aveugle, fenêtres de formes variées, en demi-hauteur ou au contraire en duplex : il est difficile de dire où sont les planchers. Pour un surcoût minime (4 %), la pierre souligne encore cet aspect sculptural.

Frédéric BOREL

1989

47 logements sociaux

47 public sector flats

100, boulevard de Belleville (20e).
Métro : Belleville

Maître d'ouvrage : RIVP

Like Portzamparc, under whom he began his career, Borel loves the activity of the city and architecture which "moulds empty spaces". He therefore divided his building into three, creating a courtyard-street which "gives the inhabitants full use of the boulevard and allows the busy, cosmopolitan neighbourhood easy access to the block".
The principal volumes themselves – signpost-buildings on the boulevard, roofs sloping back towards the rear and a façade turning in on the interior of the building – are so many "invitations to come in". A great deal of work went into the courtyard, to "emphasise its hospitability"; the slope of the Belleville hill and the lateral walls slightly close in on each other, seeming to enlarge the area of the court. The interior is designed as a "richly varied spectacle", with its undulating roof, open, coloured passages and the walkways, balconies and staircase windows "designed to maintain permanent contact with the city".
On the boulevard, Borel "refused to pile identical storeys on top of each other, preferring to blur the scale of the façades so as to emphasise the sculptured mass of the whole". It is difficult to see exactly where the ceilings and floors are behind the various sections of blind wall and differently shaped windows, sometimes half size and sometimes double size. For a minimal increase in cost (4 %), the use of stone emphasises once again the sculptured nature of the building.

Pour « conquérir » le centre d'un îlot profond d'une cinquantaine de mètres, cet immeuble traversant d'une rue à l'autre « crée la transition de l'espace public à l'espace privé » par un véritable parcours architectural : halls d'entrée, deux cours cylindriques, rue intérieure, venelles et passerelles. Comme les « cadres du metteur en scène », une dizaine d'« encadrements visuels » (croisillons et barres en acier galvanisé) accompagnent le piéton dans ce parcours.
Les cours cylindriques, qui ressuscitent les « grands halls d'immeubles haussmaniens », sont aussi des « architectures du négatif, qui modèlent le vide, comme des immeubles créent une place ». La cour centrale communique avec celles des réalisations récentes voisines, formant jusqu'au boulevard de Belleville une grande coulée, aménagée en jardin de bambous par Alexandre Chemetov.
Montes, qui est aussi peintre, aime les effets de matière et les transparences, plus que l'homogénéité des enduits classiques. Il a largement recouvert ses façades d'un traditionnel enduit vénitien blanc à la chaux, cassé rose clair par de la poudre de marbre. De même l'emploi de l'acier galvanisé (colonnes, garde-corps, croisillons,etc.), répond à ce goût pour les revêtements « qui semblent formés de multiples couches successives ».

Fernando MONTES

1990
Hughes TOUTON et Man Who HAN, assistants.

58 logements sociaux

58 public sector flats

24, rue Ramponneau (20e).
Métro : Belleville

Maître d'ouvrage : RIVP

Setting out "to conquer" the centre of a block which is 50 metres deep, this building, crossing the block from one street to the other, "creates a transition between public and private space" with a genuine architectural "walkabout": entry halls, two cylindrical courts, an internal street, alleys and walkways. Like "a film director's viewfinder", ten "visual picture frames" (composed of galvanised steel bars and cross-pieces) await the strolling pedestrian.
The cylindrical courts, echoing the "great halls of the buildings of the Hausmann era", are also "architectural negatives, modelling the space around them, in the same way as buildings create a square". The central courtyard communicates with those of the recently built adjoining buildings, forming a vast alley leading on to the boulevard de Belleville and laid out as a bamboo garden by Alexandre Chemetov.
Montes, who is also a painter, is particularly attracted to transparency and the different effects to be obtained from his materials, rather than to the uniformity of classical plasterwork. His façades are mainly covered in a traditional white Venetian plaster, streaked light pink by marble powder. Similarly, the use of galvanised steel (columns, balcony rails, cross-pieces, etc.), is a result of his taste for coverings "which look as though they have been shaped by the application of successive layers".

Réalisation plus intimiste que l'ensemble du boulevard de Belleville (voir page 320), bien qu'ayant la même largeur de façade. D'où une « échelle d'hôtel particulier avec deux corps de bâtiments en pierre, enchâssés dans un cadre en béton brut, comme un objet précieux dans un écrin ». Ce fractionnement, « permettant aux volumes de dialoguer », est marqué par la cage d'escalier en creux, le lampadaire et le balcon-vigie. Le toit-corniche rassemble « ces deux êtres différents sous un ciel protecteur ». Deux êtres qui ont chacun leur personnalité, fausse symétrie dictée par « le sens du site » : à droite, la partie la plus haute – du fait de la dénivellation – repose sur les ouvertures verticales, comme sur deux longues jambes. A gauche, les ouvertures horizontales soulignent le tassement de la partie la plus basse.
Très « pensée de l'intérieur », cette réalisation proclame « le droit à la différence ». Chaque appartement y occupe un plateau libre – et donc aménageable à volonté – de 100 m². Chacun est conçu autour d'une grande pièce (11 mètres de long), traversant l'immeuble et modulable par des panneaux coulissants.

Frédéric BOREL

1989

Logements sociaux
Public sector flats

30, rue Ramponneau (20e).
Métro : Belleville

Maître d'ouvrage : RIVP

This is a more intimate work than the comparable building on the boulevard de Belleville (see page 320), although it boasts a similarly broad façade. It is "on the scale of a town-house with two principal blocks encased in a concrete covering, like a precious stone in a jewellery case". This sub-division of the building "allowing a dialogue between the different volumes", is effected by the stairway, the lamppost and the "look-out post" balcony. The cornice roof brings together "these two different creatures under a protective canopy". The two creatures do indeed have differing personnalities, the false symmetry is dictated by the architect's "feeling for the site": the block on the right, on the higher part of the sloping ground, rests across vertical openings, as though on two long legs. On the left, horizontal openings emphasise the settling of the ground on the lower part of the site.
Very "interior-oriented", the project is a proclamation of "the right to be different". Each apartment consists of an open space of 100 square metres, which can be arranged according to the wishes of its occupants. Each on revolves around one very large room (11 metre long), placed across the building and designed to be adjusted by the use of sliding panels.

A voir aux alentours / To be seen around:
J.P. PHILIPPON 27, rue Bisson et 15, rue de Tourtille Logements (1996)
G. DEBRÉ et L. HESSE Synagogue 49, rue de Palikao (1930)
M. HERBERT Logements 49-55, rue Bisson (1987)
J. RIPAULT Logements 23, rue Bisson et 6-12, rue Ramponneau (1988)
J.C. DELORME Logements 17, rue Bisson (1988)
A. et D. SLOAN Logements 15, rue des Couronnes et 4, rue Francis-Picabia (1988)

Un immeuble dessiné comme une « composition abstraite ».
« Les volumes simples sont enveloppés par une peau en carrelage, lisse et sans relief. Les fenêtres de couleur sombre pour accentuer leur graphisme, sont posées à fleur de façade, sans relief, comme dessinées sur une toile blanche. »
Contrepoint dynamique, « l'escalier hélicoïdal a été laissé apparent, pour introduire la complexité et le mouvement sur la façade dépouillée, à la limite de l'austérité ». Pour le reste, l'implantation de l'immeuble a été soigneusement étudiée afin de masquer un grand mur aveugle noirâtre et de préserver le bouquet d'arbres de la cour.

Alex WIESENGRUN, Philippe ROCCA et Alain BEAUNY

1982

Fresque murale: Jean de GASPARY

6 ateliers d'artistes

6 artist's studios

61, rue Olivier-Métra (20e).
Métro : Jourdain

Maître d'ouvrage : RIVP

This is a building designed as "an abstract composition".
"The simple volumes are wrapped in a smooth, flat skin of tiling. The windows have a graphical quality; tinted and flush with the façade they could almost have been drawn on a white canvas."
There is however a dynamic counterpoint: "the spiral staircase was left visible to introduce complexity and movement to a bare façade which borders on the austere". The exact positioning of the building was also carefully studied so as to hide a large, dark blind wall and preserve the handful of trees in the courtyard.

A voir aux alentours / To be seen around:
R. BELLUGUE, P. GUIBERT et M. SOLER Logements 10, rue Olivier-Métra (1985)
R. DOTTELONDE Ecole 40, rue Piat et villa Faucheur (1983)
F. L'HERNAULT Ateliers d'artistes 17, rue de la Duée (1982)
F. L'HERNAULT Logements 37, rue de la Duée (1983)
R. DUBOS Ecole 121, rue Pelleport (1947)
F. L'HERNAULT Logements 2, rue des Pavillons (1982)

Voir également la rénovation du quartier "Mare-Cascades"
Itinéraire / Itinerary : 115, rue de Ménilmontant (GRUMBACH) / 31, rue de l'Ermitage (GRUMBACH) et 40 (R. BELLUGUE, P. GUIBERT ET M. SOLER 1984 / 9 et 17, rue des Cascades (GRUMBACH) / 1, rue de Savies (GRUMBACH) et 2 (J. BRUNET et E. SAUNIER 1990 / 70, rue de la Mare (P. BERGER 1987) et 39 (BRUNET et SAUNIER 1990 / 16, rue Henri-Chevreau (GRUMBACH) et 3 (T. CLAUDE 1980).

Gaudin a voulu retrouver ici « la complexité du tissu urbain, rapprocher les choses – à l'inverse des barres et des tours qui les éloignent – pour créer un univers où les volumes sont en état de se parler ».
Ainsi, « la façade se raccroche à l'alignement des immeubles existants, mais en même temps joue sur cet alignement. Elle est tendue, travaillée de l'intérieur par un jeu de courbes qui la dynamise et la ponctue de poches hospitalières ». Les fenêtres standard, entourées de carrelage blanc brillant, « suivent les rythmes et les ordonnancements des immeubles voisins ».
Mais « la ville, ce ne sont pas seulement les façades sur rue. Le creux est aussi important que le plein ». La cour de l'immeuble, très accidentée, est ce « lieu discret – clairière et entre-deux – qui renoue avec la tradition des passages et venelles », nombreux dans le quartier.

Henri GAUDIN

1986
Isabelle MARIN, collaboratrice

36 logements sociaux

36 public sector flats

44, rue de Ménilmontant (20e).
Métro : Ménilmontant

Maître d'ouvrage : OCIL

Gaudin was trying to rediscover "the complexity of the urban fabric, seeking to bring things together (in contrast with buildings composed solely of towers and bars, which only serve to separate things) and create a universe where a dialogue between architectural volumes is possible".
Thus, "the façade hangs to the existing building line, yet at the same times toys with it. It appaears stretched, driven from the inside by a network of curves which gives it dynamism and punctuates it with pockets of hospitality". The high windows, surrounded with shining white tiling, "follow the rhytm and authority of the neighbouring buildings".
But "a city is not made up only of street frontages. Hollow spaces are just as important as what surrounds them". The courtyard of the building is very uneven and becomes "a discreet environment – half clearing, half crossroads – which reestablishes the tradition of passageways and alleys", which are so common in the area.

A voir aux alentours / To be seen around: O. BRENAC et X. GONZALEZ Bureau de poste et logements 11, rue Étienne-Dolet (1993) P. FRANÇOIS et J. PERCILLIER Foyer de personnes âgées 8-12, rue des Panoyaux (1988)

Olivier BRENAC et Xavier GONZALEZ. 1995

Jean-Pierre LEVÊQUE, assistant

Crèche et atelier de réparation de mobilier
Furniture repair workshop and kindergarten

7, Passage Monplaisir (20e). Métro : Ménilmontant, Père-Lachaise

Maître d'ouvrage : Mairie de Paris

Essai de « restructurer une grande poche de vide, au cœur d'un îlot rafistolé au gré des démolitions successives ».
« Basé sur la dualité », ce petit équipement cherche à « canaliser » le terrain de sport voisin, avec une austère façade arrière, simple boîte recouverte de feuilles de cuivre, contenant le hall et les circulations. Mais aussi à « structurer » la petite rue, par une façade principale « ludique et dynamique », avec sa grande terrasse et ses pare-soleil orientés plein ouest, éclairant les salles des enfants. L'atelier de réparation du mobilier des crèches municipales est dans le soubassement, sous la cour en pente douce. Les logements de fonction, à gauche, s'appuient sur l'immeuble voisin.
Inspirés par la cité de Le Corbusier à Pessac, les architectes ont opté pour une façade colorée qui « favorise les plans en cassant les volumes » : chaque plan d'un volume à sa couleur propre, déterminant ainsi une « composition géométrique et chromatique ».

A test project for "restructuring an empty pocket in the heart of a neighbourhood block that has been intermittently patched up to cover successive demolitions".
"Based on duality of function", this small building tries, on the one hand, to "channel" the neighbouring sports field with an austere rear elevation, a simple box, clad with copper sheeting, containing the main hall and passages and, on the other, it also tries to give some form to the little street with a main façade that is "playful and dynamic", with its large terrace and West facing sun-shield that light up the childrens' play-rooms. The workshop, for repairing the furniture of all the municipal kindergarten, is in the basement, under the gently sloping courtyard. The staff flats, on the left, lean against the adjoining building.
Inspired by the Le Corbusier estate at Pessac, the architects have opted for a coloured façade "which brings out the surfaces and breaks up the volumes": each face of a volume, with its own colour, defining a "geometric and chromatic composition".

A voir aux alentours / To be seen around:
O. BRENAC et X. GONZALEZ Local d'éducation physique 21-25, rue des Cendriers (1990)

Une architecture « de pure volumétrie » pour cet angle de rue construit par un architecte qui, dans les années 60, avait publié un guide des nouveaux bâtiments parisiens (*Paris construit,* éditions Vincent Fréal) dans la droite ligne du Mouvement moderne et de la Charte d'Athènes.
« L'architecture, c'est le jeu magnifique des volumes sous le soleil », disait Le Corbusier. Fidèle à ce principe, Schein refuse ici de « faire de la surface » : sur son immeuble, « aucune décoration ou anecdote qui attire le regard, l'empêchant de saisir le pur jeu des volumes ».
Ainsi, les fenêtres – accidents inévitables sur une façade – se font les plus discrètes possible, et le carrelage blanc – sur le cylindre central et les deux avancées latérales – « n'est pas un effet décoratif, mais sert uniquement à souligner le mouvement et l'imbrication des volumes ».

Ionel SCHEIN

1984
Sylvie BERNARD-BOYER, collaboratrice

Logements sociaux
Public sector flats

9-17, rue Duris (20e).
Métro : Père-Lachaise

Maître d'ouvrage : RIVP

An architecture of "pure volumetrics" was aplied to this street corner by an architect who, in the 1960's, had published a guide to the new buildings of Paris which carried the clear imprint of the Modern Movement and the Charter of Athens. "Architecture is a magnificent interplay of volumes beneath the sun" said Le Corbusier. Sticking with this principle, Schein refused to "have anything to do with the eye and divert its gaze from the pure interplay of volumes".
Thus, the windows – inevitable accidents on any façade – are as discreet as possible and the white tiling (on the central cylinder and its two surrounding wings) "is not there for decorative effect, but serves only to underline the movement and interlocking of volumes".

A voir aux alentours / To be seen around:
J.C. JALLAT et G. de NAYER Conservatoire du XXe 54, rue des Cendriers (1985)
D. HERTENBERGER et J. VITRY Logements 14-24, rue Duris (1984)
P. PARAT et M. ANDRAULT Logements 24, rue de Tlemcen et 43, rue des Amandiers (1985)
J.P. PHILIPPON Logements 19, rue des Amandiers (1988)
A. ZUBLENA Logements 10, rue Soleillet (1985)

Michel MOSSER. 1975

12 ateliers d'artistes / *12 artists' studios*

5, rue des Pruniers (20e). Métro : Père-Lachaise, Gambetta

Maître d'ouvrage : l'Habitat communautaire

L'art d'accommoder les restes. Un immeuble d'ateliers d'artistes édifié sur un terrain impossible : une étroite bande, coincée contre le mur aveugle de la construction voisine, et orientée plein nord.
Souci dominant, la qualité de la lumière : « les verrières supérieures sont en porte-à-faux et orientées vers le haut, pour supprimer toute vue directe sur la rue et diffuser uniquement la lumière neutre du ciel ».
Cette solution volontairement accentuée – « les ateliers supérieurs sont traités comme des volumes autonomes en verre, emboîtés à l'oblique sur le toit de l'immeuble en ciment » – vise, avec le décrochement de la façade, à donner à l'immeuble un « aspect de sculpture ».

Here is an example of the art of finding a use for leftovers. It is a block of artist's studios ecerted on an impossible site: a narrow strip of land, crammed against the blind wall of the next-door building and facing directly north.
The principal concern was the quality of light: "the glass-roofed overhangs face upwards, eliminating any direct view of the street and receiving only the neutral lights of the sky".
This deliberately exaggerated solution – "the upper studios are treated as independent glass volumes, stuck obliquely on the roof of a concrete building" – was designed, together with the protruding façade, to give the building the "appearance of a sculpture".

A voir aux alentours / To be seen around:
G. PLANCHE Central téléphonique 26, rue Sorbier (1933)
G. PLANCHE Bains-douches 27, rue de la Bidassoa (1934)
R. ANGER, M. HEYMANN et P. PUCCINELLI Logements 283, rue des Pyrénées 1960-1969)
C. LAB Maison 26, rue des Rondeaux (1992)

Pour traiter ces deux angles en vis-à-vis, au bord d'une des rues les plus pentues de Paris, l'architecte a choisi de construire « un objet atypique, une charnière verticale, sorte d'axe de rotation manifestant le croisement des deux voies ».
« L'immeuble tire sa présence de sa verticalité, renforcée par un jeu sur l'échelle de la façade qui fait qu'on ne sait pas combien il y a d'étages. » Ainsi, la gloriette couverte de zinc est en fait un duplex, tout comme la grande fenêtre au dessin subtil, ou le rez-de-chaussée, avec deux petites fenêtres d'angle au premier étage.
Afin de « marquer un arrêt dans la pente, les deux immeubles sont posés sur un sol plat, de même niveau d'un bâtiment à l'autre. De part et d'autre de la rue Désirée, les pleins de l'un correspondent aux vides de l'autre. La faille, traversée par les passerelles d'accès au bâtiment haut, donne une respiration dans ce quartier très dense ». Sur la rue Désirée, la colonne de bow-windows des séjours ouvre la perspective sur les arbres du Père-Lachaise.
Les façades sont en grands panneaux de résine blancs, au calepinage soigneusement travaillé.

Marie-Elisabeth NICOLEAU

2000

17 logements

17 flats

22 et 24, rue des Partants / 12 et 17, rue Désirée (20e).
Métro :
Père-Lachaise

Maître d'ouvrage :
SEMEA XV

To deal with these two corners facing each other, bordering one of the steepest streets of Paris, the architect chose to build "an atypical object, a vertical hinge, a sort of rotation on an axis showing the intersection of two streets".
"The building draws its presence from its verticality, strengthened by a design on the façade that does not reveal how many floors the building holds." This explains why the tin covered small pavilion is in fact a duplex, as well as the presence of the high window with its subtle design, or the ground floor with the two small corner windows on the 1st floor.
In order to "break the steepness of the slope", the two buildings rest on flat ground, and are at the same level. On each side of the Rue Désirée, the full spaces of one building face the vacuums of the other. You can cross over the space between the buildings by using walkways towards the top of the construction offering a feeling of spaciousness to this very densely populated neighbourhood". On the Rue Désirée, a column of bow windows belonging to the living rooms offers a view of the trees of the Père-Lachaise.
The façades are made of large white resin panels with carefully designed lay-outs.

Autour de la Première Guerre mondiale, une population déracinée par l'exode rural vient constituer au pied des fortifications de Paris la « zone », ceinture de bidonvilles générateurs de délinquance.
Il est impérieux de fournir aux miséreux qui y croupissent un « cadre éducateur d'ordre et de propreté » (1). Question d'humanisme, mais aussi d'intérêt social bien compris : « Sans logement, il n'y a pas de famille. Sans famille, il n'y a pas de morale. Et sans logement, sans famille et sans morale, il n'y a pas de paix dans l'atelier ». A partir du moment où l'ordre et l'hygiène règnent dans des logements salubres – c'est-à-dire « en dur », possédant un minimum de fenêtres, pourvus d'eau et de chauffage – la solution de tous les problèmes sociaux est en vue, estime-t-on alors, sans porter plus d'attention à la qualité du décor urbain.
C'est sans doute cette vision réductrice qui explique que Bonnier, un haut fonctionnaire républicain nourri de Victor Hugo, ait pu conjuguer sa sincère volonté de faire le bonheur du prolétariat, avec la construction d'un univers quasi concentrationnaire.

Louis BONNIER

1925

Ensemble HBM (597 logements sociaux)

597 public sector flats

140, rue de Ménilmontant (20e).
Métro : Pelleport

Maître d'ouvrage : Office d'HBM de la Seine

Around the time of the First World War, an entire population, which had been uprooted by the rural exodus, settled around the fortifications on the edges of Paris, creating a belt of delinquency-ridden slums.
At least one city counsellor of the time felt that it was imperative to provide the inhabitants who languished there with "an educative, orderly and clean framework for living" (1). The inspiration was partly humanistic, but enlightened self interest also played its part: "without homes there can be no family. Without the family there can be no morality. Without homes, family or morality there can be no peace in the workshops". As soon as organisation and hygiene have been established in healthy housing (i.e. in stone, with a minimum of windows and provided with water and heat) all social problems become soluble. Or so it was thought at the time, when little attention was paid to the quality of the city's appearance.
It is no doubt this minimalist vision which explains how Bonnier, a high flying republican civil servant, brought up on the works of Victor Hugo, managed to reconcile his sincere desire to improve the lot of the proletariat with the construction of a world resembling a vast concentration camp.

(1) Déclaration d'un conseiller de Paris en 1922. Cité par Jean Taricat et Martine Villars in *Le logement à bon marché - Paris 1850-1930*, éditions Apogée, 1982).

Francis SOLER, 1988

Alain LE HOUEDEC architecte d'opération.

Ecole maternelle (6 classes) / *Nursery school*

99, rue Pelleport (20e). Métro : Pelleport

Maître d'ouvrage : Mairie de Paris

Pendant un demi-siècle, un Américain inclassable a fabriqué des « boîtes » remplies d'objets les plus divers, sorte de compositions surréalistes à trois dimensions. Soler revendique explicitement cette parenté avec Joseph Cornell dans l'expression violente d'« un contenu mental réglé par son contenant ».
Sorte de « métaphore de l'Etat éducatif », le « paradoxe des esprits déstructurés de nos enfants côtoyant des institutions qui s'essoufflent dans leurs structures » s'exprime ici par l'« illusion d'une paroi translucide qui glisse derrière un cadre dont il ne reste plus déjà que deux côtés ».
Architecture expressionniste, où la statique du béton sombre s'oppose à la dynamique de l'aluminium et de l'acier noir, cette école tente ainsi de « rendre compatible institutionnel et imaginaire ». Mais elle a aussi été conçue... « pour la curiosité des passants ».

For half a century, an unclassifiable American produced "boxes" filled with the most disparate collections of objects, like surrealist compositions in three dimensions. Soler specifically acknowledges the influence of Joseph Cornell through his violent expression of "mental contents governed by their containers".
This is a kind of "metaphore for state education", seeking to bring out the "paradox inherent in the inter-play between the unstructured minds of our children and highly structured educational institutions, which seem to be running out of energy", through "the illusion of a glass wall insinuated behind a framework of which only two sides remain".
This is an expressionist architecture, in which static dark concrete contrasts with the dynamism of aluminium and black steel. The school is therefore an attempt to "make the institutional compatible with the imaginary". Yet it was also conceived... "to arouse the curiosity of the passer-by".

A voir aux alentours / To be seen around:
C. FURET Logements 12, passage Gambetta (1988)
J. BRANDON Ensemble de logements 21, rue du Borrégo (1913)
C. LAB Maison 42, rue de l'Ermitage (1992)
D. MAUFRAS Logements 8, rue Ernest-Lefèvre (1990)
J. PISTRE, D. VALODE, O. ARUP et P. RICE Bureaux 94, avenue Gambetta (1989)
L. HOYM de MARIEN Logements 128, avenue Gambetta (1968)

Il s'agit ici d'« entrer en osmose avec un site hétérogène et violent », au carrefour de cinq rues, dans un quartier brisé par un demi-siècle de rénovations sans pitié, et au sommet d'une colline qui domine l'immensité de Paris. (Ici se trouvait le télégraphe optique de Chappe qui, en 1792, a permis d'apprendre à Paris la victoire de Valmy, vingt minutes après la fin de la bataille.)
D'où un « bâtiment sculptural, dont chacune des faces a une fonction différente ». Une façade, lisse et froide comme un frigidaire, « calme et éclaire la perspective » sinueuse et étriquée de la rue Pelleport. La « fraise » rouge sur le toit, « cale » le bâtiment sur la pente. Sur la petite rue des Pavillons, « semblables à des enfants qui se cachant les yeux, ouvriraient brusquement les mains », des plaques verticales – comme jetées de manière aléatoire à la manière des baguettes au jeu de Mikado – offrent à chacun des appartements (un par étage) d'incroyables vues sur Paris. Tout comme la cabine vitrée de l'ascenseur.
Enfin, « de la couleur pour donner une nouvelle énergie, qui puisse aider à vivre ce quartier assez triste ». Une deuxième tranche de 20 logements est prévue.
Voir également pour ce bâtiment, la photo de couverture de cet ouvrage.

Frédéric BOREL

1999
Marc YOUNAN, Massimo MATTIUSSI, collaborateurs

Logements (9)
Apartments (9)

131, rue Pelleport (20e).
Métro : Télégraphe

Maître d'ouvrage : SGIM

The aim here was to "blend in with a heterogeneous and violent site", at a five-road-intersection, in a district that has been sundered by half a century of merciless renovations, and set atop a hill that overlooks Paris' grandeur. (This was once the site of Chappe's optic telegraph, which, in 1792, had enabled Paris to find out about the Valmy victory only 20 minutes after the battle was over.)
Hence a "sculptural building, whose every side has a different function". A side that is as smooth and cold as a refrigerator, "calms and brightens the perspective" of the narrow and winding rue Pelleport. The red "strawberry" on the roof "wedges" the building into the slope. On the small rue des Pavillons, "just like children who suddenly pull their hands away from their eyes", upright slabs – that look as though they'd been randomly thrown about like pickup sticks – offer each apartment (one per floor) superb views of Paris. The same holds for the glass elevator.
Finally, "color, to instill the area with new energy, so that this rather sad neighbourhood may be brought to life". There are plans for a second phase of twenty apartments.
See also the front cover of that book.

Vincent BROSSY. 2000

Yvan ICART, assistant

P.C. et caserne pour 200 pompiers / *P.C. and fire station for 200 firemen*

47, rue Saint-Fargeau (20e). Métro : Saint-Fargeau

Maître d'ouvrage : Préfecture de police de Paris

Une caserne de pompiers, c'est « un bâtiment public consacré à l'urgence. Il doit donner l'idée que tout s'y passe très vite : en une minute, où que l'on soit, on doit pouvoir gagner son camion ».
Cette recherche de « sens » s'est fort bien accommodée du défi lié au terrain. Celui-ci est d'une surface de 3 000 m^2, dont 1 000 sont occupés par l'ancienne caserne conservée, 1 000 autres réservés à la cour d'entraînement, et les 1 000 derniers constituent un espace vert protégé. Résultat : il a fallu construire 18 000 m^2 sur un terrain qui n'existait pas. Solution : un « bâtiment-pont, donc léger et tout en métal, suspendu a deux méga poutres de 85 mètres de long, dégageant le sol qu'il ne touche que par cinq points. Il vient surgir sur la rue, et l'énergie amassée dans cette prouesse technique exprime bien l'urgence ».
Sous ce bâtiment où « tout est léger, suspendu, avec l'impression que rien ne touche terre, le rez-de-chaussée totalement libre et très transparent. La vocation d'équipement public s'affiche clairement, et l'activité de la caserne – dont la tour d'exercice – devient immédiatement perceptible ».

This fire station is "a public building devoted to emergency. It should convey the idea that everything happens there promptly: wherever one may be, one should be able to get to a fire truck in one minute".
This search for "meaning" has made the best of a challenging plot of land. It has an area of 3 000 m^2, 1 000 of which are occupied by the old preserved fire station, another 1 000 are kept for the training ground, and the last 1 000 make up a protected natural area. The result: 18 000 m^2 had to be built upon a non-existent plot of land. The solution: a "bridge-building, hence lightweight and entirely in metal, suspended from two 85 metre long mega-beams, giving way to the floor which it touches at only five points. It emerges onto the street, and the energy gathered in this technical feat aptly expresses emergency".
Below this building where "all is light, suspended, giving the impression that nothing touches ground, the ground floor is totally free and transparent. It clearly stands out as being a public facilities, and the fire station's activities – such as the training tower – are immediately discernable."

A voir aux alentours/ To be seen around:
E. COLBOC 6, rue Léon-Frapié Logements (1998)

M. KAGAN et J. de MATEO 8, rue de Noisy-le-Sec Logements (1998)

Duplay cherche avant tout à « réinterpréter de façon contemporaine l'architecture parisienne traditionnelle ».
Pour cela, il faut « des volumes verticaux et une façade claire (comme la pierre de taille) qui se décompose clairement en trois parties distinctes : soubassement, étages et toiture de zinc ». Ces différents éléments sont ensuite « réinterprétés et combinés dans un esprit contemporain pour obtenir un immeuble purement parisien, mais exempt de pastiche ».
Ici, la façade épouse en dégradé – de hauteur et d'épaisseur – le tracé de la rue. Elle exprime la structure interne du bâtiment : les contrastes entre parties pleines et parties vitrées, ainsi que les fenêtres de tailles différentes, « rendent compte des fonctions des pièces intérieures : habitation ou service ».
Les appartements – en duplex pour la plupart – sont dessinés comme des « unités nettement individualisées, avec la grande verrière et le balcon du séjour, et la fenêtre de la chambre en mezzanine ».

Michel DUPLAY

1982

Logements sociaux
Public sector flats

24, rue de la Py (20e).
Métro : Porte-de-Bagnolet, Pelleport

Maître d'ouvrage : RIVP

Duplay seeks above all "to produce a contemporary re-interpretation of traditionnal Parisian architecture".
To do this he must use "vertical volumes and a light coloured façade (in, for example, freestone) which is clearly divided into three distinct parts: basement, intermediate floors and zinc roof". These different elements are subsequently "re-interpreted and brought together in a very contemporary spirit to produce a building which is purely Parisian, yet free of pastiche".
Here, a frontage characterised by its gradations of height and thickness is closely wedded to the shape of the street. It is also an expression of the internal structure of the building : of the contrasts between the areas which are glass fronted and those which use other materials and of the different size windows, "adapted to the different functions of the rooms behind them, be they living areas or service areas".
The apartments themselves (mostly duplex) are designed as "clearly individualised units, with glass walls and balconies for the living-rooms and mezzanine windows for the bedrooms".

A voir aux alentours/ To be seen around:
L. SARRET Logements 2, rue de la Cour des Noues (vers 1929)
H. SAUVAGE Cinéma 4, rue Belgrand (1920)
D.COULLARD Logements 33, rue des Gâtines (1980)
A. LABUSSIÈRE HBM 7, rue d'Annam (1913)

Un bâtiment construit à l'origine pour abriter le TEP (Théâtre de l'Est parisien), qui s'était installé en 1963 dans un modeste cinéma désaffecté du quartier avec l'objectif d'« ouvrir le théâtre sur la vie de l'Est parisien, sous-développé en matière culturelle ». Ce même principe a guidé la construction du théâtre, devenu depuis « de la Colline » avec l'installation du TEP dans un autre lieu. D'où le désir de faire « un bâtiment modeste et familier, sans caractère monumental intimidant et qui crée une animation dans le quartier par sa seule ouverture sur l'extérieur ».
Le théâtre s'affiche donc dans l'étroite rue Malte-Brun, utilisant sa vaste façade vitrée « comme une vitrine qui présente au passant l'activité théâtrale en train de se faire : foule des spectateurs attendant le début du spectacle, foyers animés en contrebas, gradins vus du dessous et passerelles techniques ».

Valentin FABRE, Jean PERROTET et Alberto CATTANI

1987

Théâtre national de la Colline

La Colline, national theater

15, rue Malte-Brun (20e).
Métro : Gambetta

Maître d'ouvrage : ministère de la Culture

The building was originally erected to house the TEP (Eastern Paris Theatre), which had been established in 1963, in a modest disused local cinema, with the aim "of opening theatre up to the traditionally culturally deprived life style of Eastern Paris".
The same principle underlay the construction of the theatre, which has since been renamed following the TEP's move to another site. This accounts for the aim of producing "a modest, familiar, building, with no intimidating monumentalism, which would serve to bring a certain animation to the area solely by virtue of its own openness to the exterior".
The theatre makes its entrance on the rue Malte-Brun, with its vast glass frontage "like a shop window offering the passer-by a view of theatrical activity as it happens": the audience waiting for the show to start, with lively foyers below, stalls seen from underneath and a constantly visible backstage area.

A voir aux alentours / To be seen around:
L. BONNIER Dispensaire 190, rue des Pyrénées (1903)
A. et G.STOPPA Logements 175, rue des Pyrénées (1977)
J. DUBUS Foyer 13, rue Pelleport (1986)
L. SARRET Logements 26, rue Pelleport (1931)
A. WIESENGRUN et P. ROCCA Logements 21, rue Pelleport (1986)
A.GHIULAMILA Logements 8, rue Pelleport (1985)

Michel BOURDEAU. 1989

30 logements sociaux / *30 public sector flats*

5, chemin du Parc de Charonne (20e).
Métro : Porte-de-Bagnolet, Gambetta

Maître d'ouvrage : RIVP

Il s'agissait ici de faire « l'opération la plus unitaire possible sur un terrain en équerre, éclaté entre deux rues. »
D'abord unité des façades, entourées de blancs, tout comme les fenêtres. Ce double encadrement « gomme la notion d'empilement des étages en créant un objet unique d'une échelle plus large : un grand carré percé de petits carrés ». Au rez-de-chaussée, le mur incliné en céramique blanche « canalise l'entrée sous le porte-à-faux des immeubles. » Sur le toit lui répond une structure, écran des terrasses, qui « verticalise l'immeuble ». Unité de fonctionnement aussi : les deux bâtiments ont une entrée unique et un seul ascenseur desservant deux systèmes de passerelles et coursives. Pour préserver l'intimité des logements, ceux-ci n'ouvrent sur les coursives que par des parois en pavés de verre.
Les couleurs – entourages blancs sur la façade en granit gris, murs verts, etc. – sont plutôt celles de l'architecture intérieure. Un choix délibéré de Bourdeau qui pratique « l'inversion de l'intérieur et de l'extérieur, comme une preuve de la liberté de création de l'architecture moderne ».

The problem for the architects here was to "provide the most unified possible treatment of a right-angled site, split between two streets."
Their first concern was with the unity of the façades, all entirely surrounded in white, like the windows. This double-encasement of the site "cements the ida of levels within the building, piled one on top of another, to create a single object on a far larger scale; a vast square pierced with smaller squares." On the ground-floor, the angled white ceramic wall "channels entry beneath the overhang of the buildings." It is balanced, on the roof, by a structure composed of a screen of terraces which "verticalise the building." The functioning of the buildings is similarly unified: the two blocks have a common entry and a single lift serving their two systems of bridges and walkways. The intimacy of the apartments is preserved by glass-blocked walls, which are their only contact with the walkways.
The colours (white edging around the grey granite façade, green walls etc.) would be more readily associated with interior design. This is a deliberate choice by Bourdeau who is an advocate of "the inversion of interior and exterior, as proof of modern architecture's freedom to create."

Une des rares constructions contemporaines en bois à Paris, réalisée par deux architectes qui ont vécu en Finlande.
La structure préfabriquée est composée de madriers en lamellé-collé passés à l'autoclave. Elle a été montée en seulement quatre jours. La façade « exprime clairement la nette séparation des fonctions : pièces « humides » et escaliers en parpaing, pièces « sèches » en bois avec remplissage en brique, pour rappeler l'architecture des anciens ateliers artisanaux du quartier ».
Traitement particulièrement allusif de l'angle : « un simple vide dans un renfoncement. Seul un petit volume en pan coupé, à la hauteur du deuxième étage, signale le coin de la rue ».

Yann BRUNEL et Sinikka ROPPONEN

1982

Ateliers d'artistes
Artists' studios

1, chemin du Parc de Charonne (20e).
Métro : Porte-de-Bagnolet, Gambetta

Maître d'ouvrage : RIVP

This is one of the few contemporary wooden buildings in Paris, it was built by two architects who have both lived in Finland. The pre-fabricated wooden structure is made up of laminated and steam treated beams. It was put up in only four days.
The façade "clearly expresses a sharp division of function : the 'humid' rooms and the staircases are in plain stone, while the 'dry' rooms are walled with wood filled in with brick, recalling the architecture of the former craft workshops of the area".
The treatment of the corner is particular allusive: "a simple, empty hollow. Only a small oblique volume, on the second floor, implies that this is a street corner".

A voir aux alentours / To be seen around:
P.L. ALLIAUME Logements 5, rue des Prairies (1982)
A. BUREL, B. LAMY et D. VIAL Logements 11, rue des Prairies (1984)
P. CHAVANNES, M. LAMBERT et M.F. MARTIN Logements 14, rue des Prairies et 133, rue de Bagnolet (1987)
P. MADEC Hôtel d'activités artisanales 26, rue Serpollet (1991)
J. BARDET Collège 39, rue Vitruve (1982)
J.P. BUFFI Logements 44, rue Saint-Blaise (1988)
J.P. PHILIPPON Logements 11, rue Paul-Jean Toulet (1988)
A. GHIULAMILA Logements 17-23, rue du Clos (1987)
J. BRANDON, F. NANQUETTE et H. STOROGE Ensemble HBM 2, square d'Amiens (1954)

Bourdeau veut « dépasser les solutions purement fonctionnelles, casser l'univers technique ou high-tech dont les espaces glacés sont générateurs d'angoisse ». Préoccupé de « volumes qui ajoutent de la surprise et de l'étrangeté », il a recherché ici une « dimension animale ».
Des « oreillettes » – pièces doucement convexes en béton de résine – empilées « forment une façade-objet-volume qui casse l'effet boîte de cet ensemble de petits logements ». La façade de chaque appartement est formée de trois oreillettes qui « protègent l'occupant du mouvement et du bruit extérieurs et lui offrent, sur la ville, des vues cadrées ». Une grande faille « où descend le ciel », couverte de grès émaillé blanc, donne une façade supplémentaire à cet immeuble, serré entre deux mitoyens. Tous les logements répondent à un cahier des charges expérimental visant à offrir un « plus d'espace » : deux à quatre orientations, parois coulissantes dégageant des perspectives de plus de 10 mètres, salles de bains ouvrant sur des terrasses, cuisines escamotables.

Michel BOURDEAU

1994

34 logements pour postiers et bureau de poste

A Post Office and 34 postmen's flats

132, rue des Pyrénées (20e).
Métro : Maraîchers, Gambetta

Maître d'ouvrage : ministère des Postes et HLM Toit et joie

Bourdeau wants "to bye-pass purely functional solutions, break with the technical or High Tech universe whose icy spaces generate anxiety". Concerned by "volumes that add an element of surprise or strangeness" he sought here an "animal dimension". "Lugs" (gently convexed parts made of resin-concrete composite) "form an object-volume-façade which breaks up the box effect of this collection of small dwellings". The façade of each flat consists of three of these lugs which "protect the occupant from outside movement and noise and offer him framed views of the town". A great break by which "the sky comes down" and white glazed tiles, covering the facades surrounding it, gives an additional frontage to this building, squeezed between two adjoining blocks.
All the flats conform to an experimental specification aiming at creating "more space": two to four aspects, sliding partitions opening up a prospect of over 10 meters, bath rooms opening out onto verandas and easily concealed kitchen units.

Georges MAURIOS. 1985

Jean-Paul ASTIER, collaborateur

Logements sociaux / *Public sector flats*

11-21, rue de Fontarabie et 74, rue de Bagnolet (20e).
Métro : Alexandre-Dumas

Maître d'ouvrage : RIVP

Un ensemble qui entend « retrouver l'échelle urbaine du quartier et faire vivre le cœur de l'îlot en créant un cheminement piéton entre les rues de Fontarabie et de Bagnolet ».
« Le porche monumental – porte-à-faux soutenu par une colonne puissante, murs épais en béton bouchardé – coupe visuellement le bâtiment long de 110 mètres et marque l'entrée d'un espace intérieur semi-public, un cœur d'îlot vivant et ouvert, le contraire d'une cour sombre, espace résiduel et hostile. »
« A gauche, l'immeuble se termine par une partie en briques, qui se raccorde à la construction mitoyenne. A droite, il grimpe brusquement à huit étages, pour s'accrocher à une tour déjà existante. »

This is a development which aims to "re-establish the urban scale of the area and bring the heart of the block to life by creating a pedestrian walkway between the rue de Fontarabie and the rue de Bagnolet".
"The monumental gateway, with its overhang supported by a powerful column and thick concrete walls, is a visual cut in the 110 metre building and marks the entrance to a semi-public interior, the centre of the block is lively and open, quite the contrary of so many sombre courtyards that are no more than hostile, leftover spaces."
"On the left, the building ends with a section in brick, which joins up with the neighbouring building. To the right, it climbs sharply to eight storeys, clinging to a pre-existing tower block."

A voir aux alentours / To be seen around:
J. KALISZ Ecole et logements 10, rue de Fontarabie (1983)
C. et H. DELACROIX Hôtel particulier 40, rue de Fontarabie (1934)
M. RÉMON, F. DESNOT et C. DOYE Logements 25, rue de la Réunion (1993)
D. VENTRE 29-39, rue de la Réunion (et place Marc-Bloch) Ensemble de logements (1997)
F. HAMMOUTÈNE Ecole 5, passage Josseaume (1992)
G. THURNAUER Logements 123, rue de la Réunion (1983)
G. THURNAUER Logements 63, rue de Bagnolet (1995)
G. THURNAUER Ecuries réhabilitées en logements et ateliers 110 bis, rue de la Réunion (1984)
D. et R. ROTTER Eglise Saint-Jean-Bosco 81, rue Alexandre-Dumas (1937)
D. MAUFRAS Logements 16, rue des Orteaux (1985)

ARCHITECTURE STUDIO. 1985

Ecoles maternelle et primaire (600 élèves)
Nursery and Primary schools (600 pupils)

Rues de la Croix-Saint-Simon et Mouraud, (20e).
Métro : Porte-de-Montreuil

Maître d'ouvrage : Ville de Paris

Une « façade austère et épaisse, à l'image de la rigueur de l'école. Mais une école étroitement liée à la ville ».
Ainsi, « la transparence de la colonnade laisse voir les activités qui se déroulent à l'intérieur de l'établissement, et le fronton triangulaire qui le surmonte répond à celui de l'église située vis-à-vis ».
Les niches de fenêtres alternativement bleues et rouges – inspirées de la peinture cinétique, elles changent de couleur selon le point de vue – et le soubassement qui ondoie « indiquent que derrière la rigueur, il y a la vie ». Celle-ci éclate dans la cour (visible depuis la rue Mouraud), dont la façade est un « empilement d'éléments multicolores, transposition du jeu de Lego que connaissent tous les enfants ».

Here is an "austere, thick façade, a symbol of the rigour to which the institution aspires. Yet this is also a school which is closely linked with the life of the city". Thus "the transparency of the colonnade allows the activities, going on inside, to remain visible, and the triangular pediment which sits upon it echoes the pediment of the church across the street".
The window recesses are alternately blue and red (inspired by kinetic painting, they change colour according to one's viewpoint) and the undulating base "indicates that there is life behind the rigour of the school". There is certainly a burst of life in the courtyard (visible from the rue Mouraud), whose façade is a "piling up of multi-coloured components, a kind of transposition of the Lego blocks known to all children".

A voir aux alentours / To be seen around:
A. GRUMBACH Logements 5-9, rue Pauline-Kergomar et 80, rue des Orteaux (1987)
ABEL et MATHIEU Groupe scolaire 2, rue Eugène-Reisz (1931)
B. ZEHRFUSS Bureaux 6, rue Paganini (1973)
R. LARDAT HBM 166, boulevard Davout (1934)

La Défense

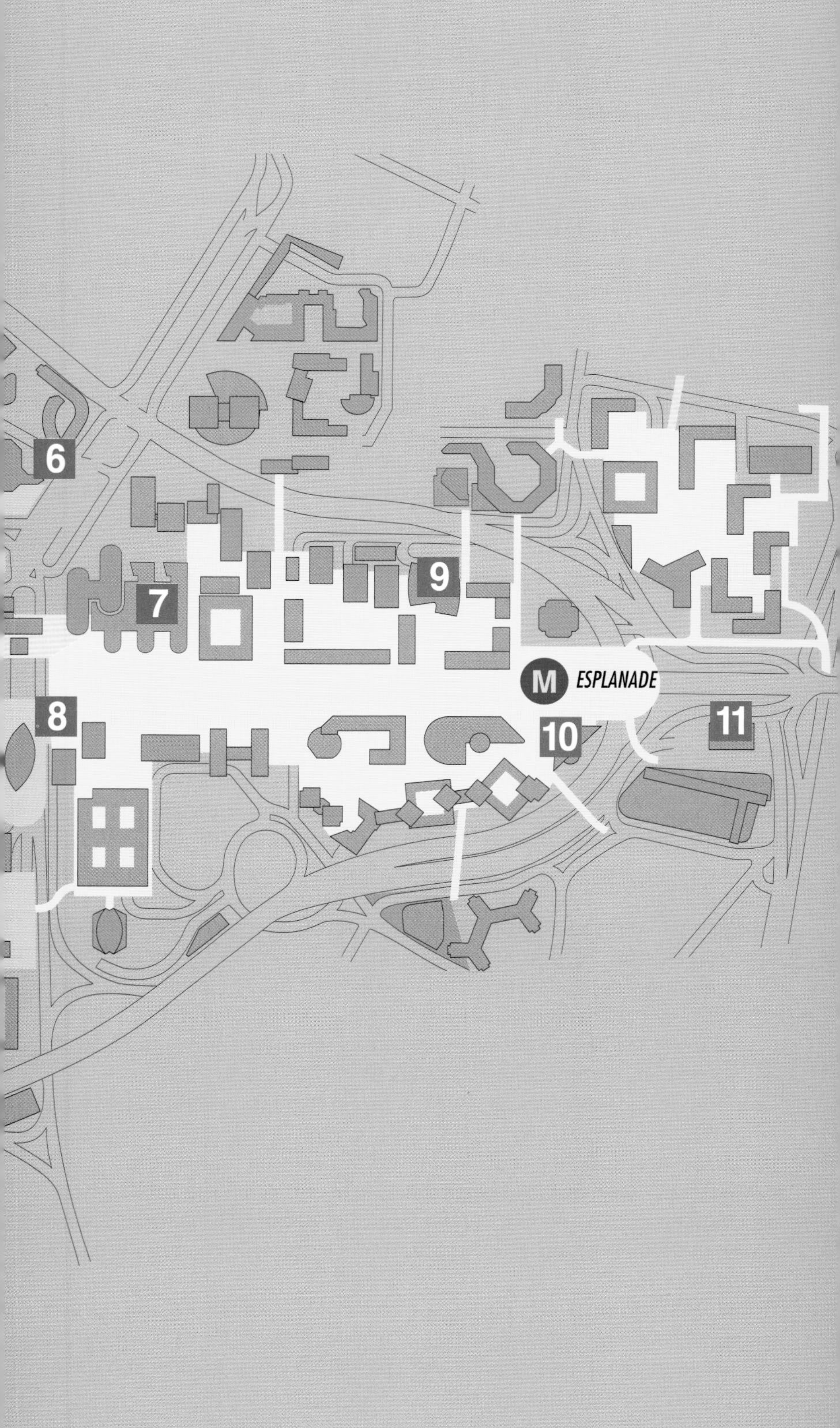

6
7
8
9
M ESPLANADE
10
11

LA DÉFENSE

Lancé en 1958, le quartier de La Défense est l'un des rares exemples d'application intégrale de la Charte d'Athènes, qui tint longtemps lieu de Table de la Loi de l'architecture moderne. Inspirée par Le Corbusier en 1933, elle préconisait notamment la généralisation des immeubles de grande hauteur et la suppression des rues traditionnelles, par la séparation des piétons et des voitures.
Le quartier d'une surface de 160 hectares comprend, autour de 25 hectares de jardins suspendus, 2,5 millions de m² de bureaux (au lieu des 800 000 m² initialement prévus), 10 000 logements et 50 000 m² de commerces. Plus de 20 000 personnes y habitent et plus de 150 000 y travaillent dans 3 200 entreprises, qui réalisent un chiffre d'affaires annuel presque égal aux deux-tiers du budget de la France. On trouve en effet à La Défense les sièges de 14 des 20 premiers groupes français, et 15 des 50 premiers mondiaux y sont installés.
La réurbanisation entamée à La Défense va se poursuivre vers l'ouest. L'Etablissement public d'aménagement Seine-Arche devrait ainsi, d'ici à 2013, construire 300 000 m² de logements, 200 000 m² de bureaux et 100 000 m² d'équipements publics sur 120 ha. s'étendant jusqu'aux berges de la Seine.

Au début des années 70, pourtant, La Défense avait été frappée par une double crise : économique et architecturale.
Avec le choc pétrolier, le coût d'entretien des tours traditionnelles était devenu prohibitif. D'autre part, les employés, et donc leurs entreprises, refusaient de plus en plus les gigantesques tours de la « 2e génération » dont la surface (autour de 100 000 m²) est deux à trois fois celle des tours (comme Nobel) construites au début de La Défense. Ils leur reprochaient les grands « bureaux paysagés » – qui dépassent parfois 2 000 m², comme dans la tour Fiat – le manque d'intimité, l'éclairage permanent au néon, la mauvaise insonorisation et la climatisation fantaisiste.
Résultat : au milieu des années 70, alors que les bureaux manquent partout à Paris, 100 000 m² de bureaux restent désespérément vides à La Défense, qui fait figure d'utopie moderniste, symbole de la faillite de l'architecture moderne.
C'est alors qu'apparaissent les tours dites de la 3e génération, étudiées pour être spécialement économes en énergie. Ainsi, le coût d'entretien de la tour Elf (1985) est-il, pour une surface égale, inférieur de moitié à celui de la tour Fiat, terminée onze ans plus tôt.
Ces nouvelles tours visent aussi à répondre aux revendications des employés qui y travaillent. En tête, l'abandon des bureaux paysagés et le retour aux bureaux individuels de « premier jour », c'est-à-dire éclairés chacun par sa propre fenêtre. Du point de vue architectural, ce changement est décisif. Dans une tour parallélépipèdique épaisse de 50 mètres, il est en effet impossible d'assurer à chacun un bureau en premier jour.
Il faut donc inventer de nouvelles formes : les bâtiments s'amincissent, les façades se fractionnent, s'étirent et se creusent. Des formes jamais vues apparaissent : sous le poids des contraintes économiques et sociales, une nouvelle architecture est née.

The development of the district of La Défense started in 1958. It is one of the rare examples of the full application of the Charter of Athens that, for a long time, was considered the Bible of modern architecture. Inspired by Le Corbusier in 1933, one of the chart's recommendations was the increased construction of high-rise blocks and the elimination of traditional streets by separating pedestrian and vehicle circulations.
The 160 hectares of the district include 2.5 million m^2 of office space (instead of the 800 000 m^2 initially planned), 10 000 apartments and 50 000 m^2 of shops, surrounding 25 hectares of hanging gardens. More than 20 000 people live here and more than 150 000 people work here for 3 200 companies or businesses. Fourteen of the twenty top French companies have set up their headquarters at La Défense. They alone have a combined annual turnover that equals two thirds of the budget of France.
The re-urbanization started in the district of La Défense will be extended towards the Western suburbs. The "Etablissement public d'aménagement Seine-Arche" (the state organisation for the development of the Seine-Arche area) should thus, by the year 2013, have built 300 000 m^2 of apartments, 200 000 m^2 of office space and 100 000 m^2 of public facilities on 120 hectares that will extend to the banks of the Seine.

But in the early 1970's, La Défense was hit by a double crisis: economic and architectural.
Due to the oil crisis, the maintenance costs of the traditional towers became prohibitive. In addition, the employees, and thus the companies or businesses, increasingly refused the gigantic "2nd generation" towers whose surface (approximately 100 000 m^2) was more than twice the surface of the towers (such as the Nobel) built at the beginning of the La Défense project. They criticized the "large open-plan office spaces" (at times exceeding 2 000 m^2, such as the ones in the Fiat tower), the lack of privacy, the permanent neon lighting, the poor sound-proofing and the unreliable air-conditioning.
As a result, in the mid 1970's, although office space was lacking all over Paris, 100 000 m^2 of space remained desperately empty in La Défense, a modernistic utopia and a symbol of the failure of modern architecture. Then the so-called 3rd generation towers appeared. They were designed to be energy-saving. Thus, for an equal surface, the maintenance costs of the Elf tower (built in 1985) are less than half those of the Fiat tower, built 11 years earlier.
These new towers also aim to answer the demands of the employees who work there. First of all, the open-plan offices disappeared and individual offices with natural daylight were reintroduced – i.e. each office having its own window. From an architectural point of view, this was a major change. In a parallelepipedic tower, 50 meters thick, it is impossible to guarantee that each office will have natural daylight.
Thus, one had to invent different forms: buildings are thinner, façades are fragmented, stretched and hollowed out. Completely new forms appeared: under the influence of economical and social pressures, a new architecture was born.

Kiso KUROKAWA. 1992

"La Pacific" (60 000 m^2 de bureaux) / *Offices (60,000 square metres)*

Quartier Valmy. Métro, RER La Défense

Maître d'ouvrage : SARI et Mitsubishi

A la fois centre d'affaires et « ambassadeur de la culture japonaise », la Japan Tower affirme sans détour sa filiation avec la Grande Arche voisine. « Ce sont deux déclinaisons du même concept : l'une cartésienne, l'autre japonaise », explique Kurokawa qui faisait partie du jury qui a choisi von Spreckelsen.
Située au bord du boulevard circulaire, dont elle épouse l'arrondi, la Japan Tower entend « marier la culture japonaise et l'environnement français ». Ainsi, sa forme inspirée du « Chu-Mon » (le portail symbolique qui marque psychologiquement l'entrée dans le salon pour la cérémonie du thé) ouvre sur le nouveau quartier de Valmy. Elle est traversée d'un escalier qui débouche sur un pont enjambant le boulevard, « inspiré des ponts japonais traditionnels, à dos rond et fines structures ». De même, sa façade en verre « laisse apparaître une deuxième cloison intérieure, réinterprétation en acier et plastique translucide du "shoji", la traditionnelle porte coulissante en papier, encadrée de bois ».
Sur le toit en granit, un jardin japonais, très minéral, un restaurant et des magasins japonais. Devant la tour, le parvis permet des représentations de théâtre Nô, les marches servant de gradins aux spectateurs.

The Japan Tower is at the same time a business centre and "an ambassador for Japanese culture" and it makes no bones about its close relationship with the Great Arch next-door. "They are two variations on the same theme: one is cartesian, the other Japanese", explains Kurokawa, who sat on the jury which chose von Spreckelsen to build the Arch.
Placed beside the circular boulevard which marks the frontier of the City, and following its curve, the Japan Tower seeks "to marry Japanese culture and the French environment". Its shape is inspired by the "Chu Mon" (the symbolic gate which psychologically marks the entrance to the room where the tea ceremony takes place) and opens out onto the newly-built Valmy district. A staircase runs through the building, leading onto a bridge over the boulevard, "inspired by traditional, round-backed and finely structured Japanese bridges". Similarly the glass façade "leaves a second internal wall visible; a re-working in steel and translucent plastic of the "shoji", the traditional sliding door of paper with a wooden frame". On the granite roof there is a Japanese rock garden, a Japanese restaurant and shops. The pedestrian area in front of the Tower accommodate theatre performances, with the audience seated on the steps.

A voir aux alentours / To be seen around:
P. PARAT et M. ANDRAULT Tours jumelles de la Société générale 17, cours Valmy (1995)

Johan Otto von SPRECKELSEN. 1989

L'Arche de la Défense

1, parvis de La Défense. Métro : La Défense

Maître d'ouvrage : Société d'économie mixte Tête Défense

Il ne faut pas forcément qu'une porte soit ouverte ou fermée. La décision de placer à la proue de La Défense, point extrême de « l'axe historique de Paris », un cube évidé qui « ferme » symboliquement la perspective tout en laissant passer le regard, dépasse 20 ans de polémiques acharnées et de projets abandonnés.
Troisième arc de triomphe de l'axe Louvre - Champs-Elysées sur lequel il est posé légèrement en oblique, il a des proportions colossales, sans rapport avec ses homologues du Carrousel et de l'Étoile. Cube presque parfait d'environ 110 mètres de côté, Notre-Dame et sa flèche tiendraient à l'aise sous son arche haute de 93 mètres, et large comme l'avenue des Champs-Elysées (70 mètres).
Entièrement revêtu de marbre blanc de Carrare, de granit gris et de vitrages réfléchissants, il offre 115 000 m² de bureaux. Des « puits d'ascenseurs ultra-rapides » permettent d'accéder à la terrasse de plus d'un hectare posée sur le toit.

A door need not necessarily be open or shut. The decision to place at the "prow" of La Défense, at the extremity of "the historic axis of Paris", a gutted cube which symbolically "closes" the line of sight and yet allows one to look beyond, cuts across twenty years of bitter disputes and abandoned plans.
This is a third triumphal arch on the Louvre - Champs-Elysées axis (on which it is placed at a slightly oblique angle) but its colossal proportions bear no relation to those of its counterparts of the Carrousel and Etoile. Notre-Dame and its spire would fit easily beneath the arch (93 metres high and as wide (70 metres) as the Champs-Elysées) of this almost perfect cube with its 110 metre sides.
Completely covered in white Carrara marble, grey granite and reflective glass, it contains 115,000 square metres of offices. A "well of ultra-rapid lifts" gives access to the terrace on the 212 acre roof.

A voir aux alentours / To be seen around:
R. SAUBOT. F. JULLIEN et W. OVERCASH Immeuble Elysée-La Défense 19, Parvis (1982)
J.P .BUFFI et B. LENORMAND Bureaux "Les Collines" route de la Demi-Lune (1990)

Bernard ZEHRFUSS, Robert CAMELOT et Jean de MAILLY

(1958, réaménagé en 1989)

CNIT (Palais des expositions) / *Exhibitions Palace*

Parvis de la Défense. Métro : La Défense

Maître d'ouvrage : Emmanuel Prouvereau

Symbole de la modernité du nouveau quartier de La Défense, le CNIT (Centre des nouvelles industries et technologies) est la plus grande voûte du monde avec 230 mètres de portée. La forme du bâtiment répond à une exigence simple : construire sur un terrain triangulaire une salle d'exposition la plus vaste possible, sans point d'appui. Véritable prouesse technique pour l'époque, la voûte de béton, montée fuseau par fuseau, est en fait formée de deux voûtes superposées, séparées par un vide. Le tout repose sur trois points d'appui reliés par de puissants câbles d'acier qui les empêchent de « s'écarter » l'un de l'autre, provoquant l'effondrement du bâtiment. Grand espace non divisible, le CNIT n'accueillait que trois ou quatre expositions par an et restait vide dix mois sur douze. Pour améliorer sa rentabilité, le volume intérieur a été fractionné, permettant ainsi l'organisation de plus petites expositions. Un hôtel, des magasins et divers services ont également été créés.
(Réaménagements, sous la conduite de Bernard Zehrfuss, effectué par M. Andrault, P. Parat, P. Lamy et E. Torrieri.)

The CNIT (National Industrial and Technical Centre) is a symbol of the modernity of the new La Défense district. It has the largest vault in the world, with a 230 metre span. The shape of the building was dictated by a simple imperative: to built, on a triangular site, the largest possible free-standing exhibitions centre.
For its time it was a major technical achievement, the concrete vault, assembled piece by piece, is in fact made up of two separate layers with a space in between. The roof rests on three supports inter-linked by strong steel cables to prevent them from falling away from each other and provoking the collapse of the building. A great single indivisible area, the CNIT used to hold only 3 or 4 exhibitions a year, remaining empty for almost 10 months out of 12. To make it more economically viable, the interior has been divided up, allowing a series of smaller exhibitions to take place at the same time. An hotel, a shopping centre and various other amenities have also been installed. (New developments under the supervision of Bernard Zehrfuss, carried out by M. Andrault, P. Parat, P. Lamy and E. Torrieri.)

A voir aux alentours / To be seen around:
M. ANDRAULT et P. PARAT Tour Bull avenue de la Division-Leclerc (1990)

« Il n'y a plus aujourd'hui, estime Hammoutène, d'image-type de l'église ». En outre, ce bâtiment de dimensions modestes « ne pouvait exister, par rapport aux masses qui l'entourent, que par son échelle et les espaces qu'elle crée ».
D'où la recherche d'une « architecture immatérielle, mettant en valeur des lumières, plus qu'elle-même ». Seule la façade principale, marquée d'une croix, signale cette église sans clocher.
Cette « sculpture » se veut un parcours vers le recueillement : « après le grand porche qui se laisse facilement traverser, un hall au plafond bas et à la lumière tamisée ; puis, en empruntant des degrés, l'église proprement dite, fermée, secrète, éclairée par une lumière laiteuse venant de derrière l'autel, à travers un mur translucide comme de l'albâtre ». En fait, un sandwich de fines lamelles de marbre et de verre.
Sous le parvis, des salles d'accueil et de réunion occupent le tiers de la surface totale.

Franck
HAMMOUTÈNE
1997

Eglise Notre-Dame-de-la-Pentecôte
Notre-Dame-de-la-Pentecôte church

Parvis de La Défense (coin Est du CNIT) / La Défense Main Esplanade
Métro, RER : Grande Arche

Maître d'ouvrage : Chantiers du Cardinal

"Today" Hammoutene considers "there is no longer any stereotyped image for a church". Moreover this building, with its modest dimensions, "could only exist, faced with all the surrounding masses, through the scale and space that it creates for itself". Hence the search for an "immaterial architecture, stressing the effect of light rather than itself". Only the main frontage, with a cross on it, identifies this church without a clock-tower.
This "sculpture" is intended to be a route towards meditation: "after the great porch, which is easily crossed, comes a low-ceilinged hall with subdued lighting, then gradually, the church proper, enclosed, secret, illuminated by a milky light coming from behind the altar through a wall as translucent as alabaster". It is, in fact, made up of a sandwich of thin sheets of glass and marble.
Under the churchyard, in front of it, are reception and meeting rooms which take up a third of the area.

à gauche : Roger SAUBOT et François JULLIEN. 1974

SKIDMORE, OWINGS et MERRIL, consultants

Tour Fiat / *Fiat Tower*
Maître d'ouvrage : Fiat + investisseurs

à droite : Roger SAUBOT et François JULLIEN. 1985

WZMH, consultants

Tour Elf / *Elf Tower*
Maître d'ouvrage : Elf-Aquitaine

Place de la Coupole. Métro : La Défense

Deux tours jumelles (même hauteur : 180 mètres, même surface : 100 000 m^2 de bureaux), construites par les mêmes architectes, mais à onze ans d'intervalle. Entre les deux, des différences notables témoignent des bouleversements économiques et sociaux intervenus à La Défense (page 342).
Influencés par le célèbre monolithe noir du film de Stanley Kubrick *2001, l'Odyssée de l'espace,* les architectes de Fiat ont voulu « marquer d'un point fort le sommet de La Défense, avec un monument qui tire sa puissance de son dépouillement total ». Pour obtenir ce pur volume, il fallait « gommer » tous les détails de la façade, notamment les alternances de pleins et de vides provoqués par les fenêtres ». Ces dernières, en verre fumé, sont donc de la même couleur que le granit des parois dont elles se distinguent à peine : noir.
Avec ses gigantesques bureaux-paysagers de près de 2 000 m^2, Fiat est le symbole des tours de la « 2e génération » (Nobel : 25 000 m^2, voir page 354), elles sont aussi deux fois plus coûteuses à entretenir que les tours de la « 3e génération », comme Elf (voir ci-contre).
Elf remplit la même fonction que Fiat, mais dans un marché fort différent. « Les entreprises refusent les charges d'entretien exorbitantes des grandes tours traditionnelles. Leurs employés ne veulent plus travailler dans des grands bureaux-paysagers et demandent au contraire des bureaux individuels, éclairés chacun par sa propre fenêtre. »
Cela ne serait évidemment pas possible avec un bâtiment comme Fiat, beaucoup trop épais (près de 50 mètres) et où certains postes de travail se trouvent à une vingtaine de mètres de la fenêtre la plus proche. « Il a donc fallu fractionner les volumes et inventer de nouvelles formes, sortes d'épures qui n'ont rien de gratuit mais sont au contraire une réponse à des contraintes bien précises. »
Résultat, une « opposition entre le fin et le massif. Deux tours qui dialoguent comme une femme en robe du soir à côté d'un homme en smoking ».

These are twin towers (with the same height : 180 metre and the same floor area : 100,000 square metre of offices), built by the same architects, but eleven years apart. The notable differences between the two are evidence of the economic and social upheaval which occured at La Défense (see page 343).
Influenced by the famous black monolith of Stanley Kubrick's *2,001, a Space Odyssey,* Fiat's architects sought "to emphasise the summit of La Défense with a stronghold, a monument which derives its power from its total bareness." To obtain this pure volume, all the details of the façade had to be "erased", particularly the alternate protrusions and hollows caused by the windows. The smoked glass windows are therefore the same colour as the granite walles from which they are barely distinguishable: black.
With its gigantic open plan offices of nearly 2,000 square metres, Fiat is a symbol of La Défense's "second generation" towers: three or four times bigger than those of the "first generation" (the Nobel Tower boasts only 25,000 square metres; see page 354), they are also three times as costly to maintain as the "third generation" towers, like Elf (see opposite page).
Elf fulfils the same function as Fiat, but in a very different market. "Compagnies are rejecting the exorbitant maintenance charges on large traditonal towers. Their employees no longer wish to work in big open plan offices and, on the contrary, are asking for individual offices, each lit by its own window."
All of this would obviously not be possible in a building like Fiat, which is far too thick (nearly 50 metres) and where some work-stations are 20 metres from the nearest window. "It was therefore necessary to cut up the volumes of the building and to invent new shapes, preliminary sketches almost, which are in no way arbitary but are, on the contrary, a response to very specific constraints."
The result is an "opposition between sharpness and mass. Two towers which speak with each other like a women in a ball gown beside a man in evening dress".

A voir aux alentours / To be seen around:
F. URQUIJO, G. MACCOLA et J. WILLERVAL Tour Descartes 2, avenue Gambetta (1988)

Pour remplacer l'immeuble Esso, première construction de La Défense moderne datant du début des années 60 à être détruite, deux tours jumelles de 190 mètres de haut, conçues en 1989.
Cette gémellité s'explique moins « par goût de l'expressionnisme », que par la volonté de faire des « bâtiments très fins ». Une solide structure en Z relie en effet les noyaux en béton des deux tours, en léger décalage. Ce « contreventement » les solidarise, permettant de leur donner une finesse qu'il aurait sans doute été impossible d'obtenir avec un bâtiment unique.
Ce système constructif a aussi permis, conformément au goût de Viguier pour le « lisse » (voir siège de France Télévision, page 203) d'« ouvrir complètement les façades en les libérant de toute structure ». Une sorte de prouesse technique, quand on sait qu'au sommet des bâtiments, les vitres cintrées supportent chacune une dépression de 1,5 tonne.
Les deux tours sont posées sur quatre bâtiments bas, contenant un atrium de 44 mètres de haut, où tiendrait la nef de Notre-Dame.

Jean-Paul
VIGUIER
2001

Cœur Défense (190 000 m^2 de bureaux et un musée)

Cœur Défense (offices and a museum)

Esplanade de La Défense
Métro : Grande Arche

Maître d'ouvrage : SNC Cœur Défense

To replace the Esso building, which goes back to the early 60's and was the first of the modern La Defense constructions to be demolished, a pair of twin towers, 190 meters high, was designed in 1989.
This twinning was due not so much to "a taste for expressionism" as by the desire to create "very slender buildings". In fact a solid "Z" shaped structure links the concrete cores of the two, slightly offset, towers. This "bracing" consolidates then them and allows them to be given a slenderness that would, undoubtedly, have been impossible with a single building.
This construction technique has also allowed Viguier, in line with his taste for "smoothness" (see France Télévision Head Office, page 203), to "completely open up the façades by freeing them of any structures". A technical feat, when one realises that, at the top of the buildings, the huge arched windows each withstand a total pressure drop of 1.5 tonne.
The two towers are planted on four low lying buildings which contain an atrium 44 meters high – big enough to contain the nave of Notre-Dame.

Pei et Cobb, auteurs dans les années 70 d'un projet (refusé) pour clore la perspective de La Défense, ont construit ici une tour de 155 mètres (40 étages), « dans l'esprit du "less is more" de Mies van der Rohe ». Son dessin très simple – « pure forme qui bannit l'accessoire » – adopte ainsi un ovale très allongé. A cause de l'étroitesse du terrain, mais aussi « afin de venir en contrepoint des bâtiments parallélépipèdiques de La Défense ».
« Pour regarder vers la grande arche, elle est, comme cette dernière, désaxée de 7° par rapport à l'axe de l'esplanade. » L'accès, situé sous une marquise circulaire de 20 mètres de diamètre, se trouve au « point magique », où l'axe de la tour rencontre celui de l'arche. La marquise – espace intermédiaire entre l'intérieur et l'extérieur – entaille le rez-de-chaussée. Echancrure qui se prolonge par une faille conique culminant à une centaine de mètres, hauteur de l'Arche.
Ses façades, doucement courbes et parfaitement planes, sont essentiellement en verre faiblement réfléchissant, les allèges en acier inoxydable occupant moins de 30 % de la hauteur d'étage.

PEI, COBB, FREED & PARTNERS
Jean ROUIT, Roger SAUBOT
2001

Tour EDF (63 000 m² de bureaux pour 3 200 personnes)
EDF Tower (Offices for 3 200 people)

Esplanade de La Défense
Métro : Grande Arche

Maître d'ouvrage : Hines France

Pei and Cobb, who had designed a project (ultimately rejected) in the 70's to give closure to La Défense, have here built a 155 metre (40 floors) tower, in the spirit of Mies van der Rohe's "less is more". The very simple design – "pure form that does away with the accessory" – makes use of a rather elongated oval. This is due to the narrowness of the land, but also "in order to create a contrapuntal relationship with the parallelepiped buildings at La Défense".
"Pointing towards the Grande Arche, it is, just like the arch, shifted 7° out of line in terms of the axis of the esplanade." Access to the building, located below a circular awning 20 m in diameter, is at the "magic spot", where the tower's axis meets that of the arch. The awning – a space halfway between interior and exterior – cuts into the ground floor. This groove is extended by a cone-shaped rift that reaches a height of a hundred metres or so, the height of the arch.
Its façades, gently curving and perfectly even, are for the most part in mildly reflective glass, the stainless steel window breasts taking up less than 30 % of each floor's height.

Dix ans avant l'apparition des tours « silhouettées » à La Défense, les architectes ont refusé ici « la monotonie des volumes parallélépipédiques » encore de règle au milieu des années 70.
Pour obtenir « des volumes qui poussent de l'intérieur », ils ont rejeté « la raideur de l'angle droit, au profit de la courbe ».
Ils ont appliqué le principe que « plus un bâtiment est grand, plus il doit se dépouiller de détails, c'est-à-dire d'anecdotes, pour affirmer un effet de silhouette ». Ainsi, les menuiseries métalliques, réduites à leur strict minimum par l'emploi d'une technologie à l'époque très avancée « dessinent sur le bâtiment une trame légère qui en souligne les volumes, comme une épure géométrique sur du papier quadrillé ».

Michel HERBERT et Michel PROUX

1975

Tour Manhattan (80 000 m^2 de bureaux)
Manhattan Tower (offices)

Place de l'Iris.
Métro : La Défense

Maître d'ouvrage : COGEDIM

Ten Years before the appearance of the "silhouetted" towers at La Défense, the architects rejected "the monotonous parallelepiped volumes" which were still the norm in the mid 1970's.
To achieve "volumes which push out from the inside" they rejected "the stiffness of the right angle in favour of the curve".
They applied the principle that "the bigger a building is, the more it should be shorn of detail, of anecdote, so as to establish the effect of a silhouette". The metalwork, kept to a strict minimum by the use of technology which was very advanced for the time, therefore "draws a light web over the building, underlining its volumes, like a geometrical drawing on squared paper".

A voir aux alentours / To be seen around: H. LA FONTA Bureaux "Les Miroirs" 18, avenue d'Alsace - La Défense 3 (1981). J.P. JOUVE, A. FRISCHLANDER et C. MAMFREDOS Logements "Vision 80", esplanade du Général-de-Gaulle (1974).

Sur un terrain triangulaire situé aux avant-postes de La Défense, Willerval a conçu « un bâtiment-phare qui brille comme un diamant ».
Pour doter chaque bureau d'un éclairage naturel – une contrainte imposée par le maître d'ouvrage – il fallait une grande surface de façade. D'où la forme triangulaire de l'immeuble, comme un « cristal à facettes ».
Afin d'éviter « la sécheresse inhérente à un grand plan de verre, la façade est comme un livre ouvert sur l'esplanade de La Défense, avec un sillon central entre les pages, et des volumes arrondis qui captent les jeux de la lumière et des nuages ».

Jean WILLERVAL

1985

Branko VULIC

Immeuble PFA (45 000 m² de bureaux)

PFA building (offices)

Quartier Michelet
Métro : La Défense

Maître d'ouvrage : SARI

On a triangular site on the edge of La Défense, Willerval put up with this "lighthouse-building which shines like a diamond".
In order to give each office natural light – a constraint imposed by the architect's clients – a large façade surface was necessary. Hence the triangular shape of the building, like a "cut crystal".
In order to avoid "the dryness which is inherent in a large glass surface, the façade appears like an open book on the esplanade de La Défense, with a central furrow between the pages, and rounded volumes which reflect the inter-play of light and clouds".

A voir aux alentours / To be seen around:
J. WILLERVAL, B. VULIC Tour Total 24, cours Michelet (1985)
M.ANDRAULT et P. PARAT Immeuble CBC8, rue Félix-Piat (1990)
H. LA FONTA Immeuble Pascal 6, place des Degrés (1983)

Signal du nouveau quartier en arrivant de Paris, cette première tour de La Défense et premier « immeuble de grande hauteur » construit en France a été considéré à l'époque de sa construction comme une « adaptation à l'esprit français des gratte-ciel américains ».
Mailly faisait de fréquents voyages d'étude aux États-Unis. C'est peut-être en voyant la tour Johnson construite en 1950 par Frank Lloyd Wright à Racine (Wisconsin), qu'il a eu l'idée d'arrondir les angles de sa construction « pour adoucir la brutalité de la forme parallélélipédique ». Le vitrage incurvé qu'il a employé, alors introuvable en France, a été fabriqué spécialement par un verrier américain. Construite en un temps record – 13 mois – elle a une façade composée de panneaux articulés spécialement étudiés par Jean Prouvé pour permettre à sa structure entièrement métallique de bouger librement sans endommager les vitres et le revêtement.

Jean de MAILLY et Jacques DEPUSSE

1966
Jean PROUVÉ, ingénieur

Tour Nobel (25 000 m² de bureaux)
Nobel Tower (offices)

La Défense - 11
Métro : La Défense

Maître d'ouvrage : Société des explosifs

This is the first of La Défense's towers and first high-rise block built in France, announcing the new district as one arriving from Paris. At the time, it was considered to be "an adaptation of the American skyscraper to the French spirit".
De Mailly made frequent study trips to the United States. Perhaps it was the sight of the Johnson tower, built in 1950 by Frank Lloyd Wright at Racine (in Wisconsin), which gave him the idea of rounding off the corners of his building "to soften the brutality of the parallelepiped shape". The curved glass which he used, unknown in France at the time, was specially made by an American glazier. Built in record time (13 months) the tower has a façade composed of articulated panels which had been specially designed by Jean Prouvé to allow its all-metal structure to move freely without damaging the windows or wall coverings.

IN MEMORIAM À/IN PARIS

UNE CINQUANTAINE DE BÂTIMENTS MODERNES DÉTRUITS DEPUIS CINQUANTE ANS

SOME FIFTY MODERN BUILDINGS TORN DOWN FOR FIFTY YEARS

IN MEMORIAM

Parmi les quelque 40 000 bâtiments protégés au titre des Monuments historiques, on n'en trouve guère que 1 300 construits au XXe siècle (à peine plus de 3 %), et moins de 150 sont postérieurs à 1950. On a pourtant, dans ce siècle, plus construit que dans tous les autres réunis. Pour être digne de protection, faudrait-il – réminiscence d'une culture qui ne se concevait que comme classique – afficher au moins cent ans au compteur ? Il n'y a pas que cela. Pendant le demi-siècle qui vient de s'écouler, la construction a massivement rimé avec barres et tours, villes éventrées et civilité saccagée. L'architecture, cet art du plaisir urbain, a ainsi été perçue comme un catastrophique sous-produit du progrès, au même titre que la pollution ou le bruit.
Cette opprobre a rendu possible les destructions entraînées par la réurbanisation de Paris, qui a bouleversé les arrondissements qui n'avaient pas été remodelés par Haussmann. Face aux besoins de logements, de bureaux, de voies de circulation – le tout sur fond de spéculation forcenée – le souci de conservation n'a pas pesé lourd. Et pour cause : il n'existait pas.
Les protestations, voire l'émoi populaire, qui ont accompagné, au tournant des années 60-70, la destruction des Halles de Paris, marquent l'apparition d'une nouvelle sensibilité au patrimoine contemporain. Quelques années plus tard, au lieu de raser la gare d'Orsay – comme le préconisait Le Corbusier dans les années 60 avec l'approbation de la quasi-totalité de l'intelligentsia architecturale – on y installera le musée du XIXe siècle.
Mais il faudra quand même attendre 2001 pour que la rue Mallet-Stevens (voir page 246), un des plus beaux échantillons de l'architecture cubiste, construit trois quarts de siècle auparavant, soit enfin inscrit à l'inventaire supplémentaire des Monuments historiques. Et l'on parle encore régulièrement de détruire la Caisse d'allocations familiales de Lopez et Reby (voir page 218).

Dans les beaux quartiers, les hôtels particuliers commandés par des bourgeois éclairés à des architectes novateurs, ont été massivement victimes de la spéculation immobilière. Une part importante de l'œuvre d'architectes tels Pierre Patout ou Louis Faure-Dujarric a ainsi été rayée de la carte. Destruction générale, aussi, des salles de spectacles. Qu'il s'agisse de spéculation ou d'évolutions techniques, l'œuvre de talentueux architectes spécialisés – Charles Siclis, Adrienne Gorska, Pierre de Montaut, etc. – a quasiment disparu.
De même, pourquoi, n'avoir pas conservé un certain nombre de pavillons des expositions de l'entre-deux-guerres, comme celle des Arts déco (1925) ou de 1937 ? Il y aurait aujourd'hui à Paris un éventail unique de réalisations de grands architectes étrangers – Victor Horta, Josef Hoffmann, Constantin Melnikov, Albert Speer, Alvar Aalto, etc. La chose n'avait pourtant rien d'impossible, si l'on en juge par la réutilisation d'un des pavillons des halles de Baltard à Nogent-sur-Marne, ou encore la reconstruction du pavillon d'Allemagne de Mies van der Rohe à l'exposition internationale de 1929, à Barcelone.
Il convient, enfin, de mentionner les bâtiments vandalisés : magasin des Trois quartiers de Faure-Dujarric (page 12), immeuble Ford de Roux-Spitz (page 79), Maison Guggenbuhl d'André Lurçat (page 178), ou encore la rue Mallet-Stevens (page 246), pour ne parler que des exemples les plus scandaleux.
On trouvera, dans les pages suivantes, l'illustration d'une partie de ces ravages.

Out of the 40,000 buildings protected by the department of historical buildings (Monuments Historiques), no more than 1,300 have been built in the 20th century (barely over 3%), and less than 150 have been built since 1950. Yet more buildings have been built in this century alone than in all previous ones. Does this mean that – as a remnant of a culture perceived solely as classical – only hundred year old buildings deserve to be protected? There is another reason. Over the past fifty years, construction massively rhymed with blocks and towers, torn apart cities and devastated civility. Architecture, the art of urban pleasure, has thus been perceived as a disastrous by-product of progress, just as pollution or noise.
This disgrace led to all the destruction caused by Paris' new urban planning, which ended up tearing apart those "arrondissements" that had not been remodeled by Haussmann. Confronted with the demands in apartments, offices, traffic routes – acccompanied by wild speculation – preservation has not been a major concern. And with very good reason: it was no concern whatsoever.
Protest, and even public emotion, accompanying the destruction of the Halles district at the turn of the 60s and 70s, revealed a new sensitivity to contemporary heritage. A few years later, instead of razing the Gare d'Orsay to the ground – as advocated in the 60s by Le Corbusier, and approved by most of the architectural intelligentsia – it was decided to turn it into a museum of 19th century art.
Furthermore, rue Mallet-Stevens (see page 246), one of the most beautiful examples of cubist architecture built three quarters of a century earlier, had to wait until 2001 to be listed in the updated survey of the Monuments Historiques. And the issue of destroying the Caisse d'Allocations Familiales built by Lopez and Reby (see page 218) keeps getting brought up.

In the elegant districts, "hôtels particuliers" (private mansions) built for enlightened bourgeois by innovative architects, have massively been the victim of real-estate speculation. An important portion of the works of architects such as Pierre Patout or Louis Faure-Dujarric has thus been written off the map. Similarly, theaters were widely destroyed. Whether for reasons of speculation or technical development, the works of talented specialised architects – Charles Siclis, Adrienne Gorska, Pierre de Montaut, etc. – have disappeared for the most part.
Likewise, why were a number of pavilions erected for the exhibitions between the two World Wars not preserved – e.g. the 1925 Arts Deco Exhibition or the 1937 International Exhibition? Had preservation been a concern, Paris would display to this day a unique gamut of works by great foreign architects – Victor Horta, Josef Hoffmann, Constantin Melnikov, Albert Speer, Alvar Aalto, etc. And it would not have been impossible to achieve, as the requalification of one of the Baltard pavilions moved from les Halles to Nogent-sur-Marne seems to prove, as well as the reconstruction of the German Pavilion designed by Mies van der Rohe for the 1929 Barcelona Exhibition.
A number of vandalised buildings belong here: the Trois Quartiers department store (page 12), the Ford building built by Roux-Spitz (page 79), the Maison Guggenbuhl built by André Lurçat (page 178), as well as the rue Mallet-Stevens (page 246), just to mention the most shocking examples.
The following pages illustrate some of these devastating undertakings.

1

1 - **Auguste et Gustave Perret.** *Garage. 51, rue de Ponthieu (1905).*
2 - **Henri Gutton. Grand bazar.** *136, rue de Rennes (1906).*
3 - **Architecte inconnu.** *Garage Messine, rue Treilhard (1901).*

2

3

4

5

6

4 - **Auguste et Gustave Perret.** ***« Palais de bois », Porte Maillot (1924).***

5 - **Paul Guadet.** ***Hôtel particulier. 8, av. Elysée-Reclus (vers 1908).***

6 - **Auguste et Gustave Perret.** ***Atelier . 77, avenue Philippe Auguste (1919).***

7 - **A. Gagey.** ***Hôtel Washington palace. 14, rue de Magellan (vers 1906).***

7

8

9

10

8 - **Auguste et Gustave Perret.** ***Théâtre.***
9 - **Carl S. Bergsten.** ***Pavillon de la Suède.***
10 - **Constantin Melnikov.** ***Pavillon soviétique.***
11 - **Tony Garnier.** ***Pavillon de Lyon et Saint-Etienne.***
12 - **Pierre Patout.** ***Entrée monumentale de l'exposition, place de la Concorde.***

11

12

INTERNATIONAL EXHIBITION OF MODERN DECORATIVE AND INDUSTRIAL ARTS

(1925)

13

13 - **Pierre Patout.** ***Le Pavillon du collectionneur. (aménagement intérieur de Jacques-Emile Ruhlmann).***
14 - **Henri Sauvage et Georges Wybo.** ***Pavillon des magasins du Printemps.***
15 - **Robert Mallet-Stevens.** ***Pavillon du tourisme.***
16 - **Louis-Hippolyte Boileau.** ***Pavillon des magasins du Bon marché.***
17 - **J. Hiriart, G. Ribout et G. Beau.** ***Pavillon des magasins des Galeries Lafayette.***

14

15

16

17

18

19

20

21

22

18 - **Le Corbusier et Pierre Jeanneret.** ***Pavillon de « l'esprit nouveau ».***
19 - **Charles Plumet.** ***Tour.***
20 - **Josef Hoffmann.** ***Pavillon d'Autriche.***
21 - **I. Gocar.** ***Pavillon de la Tchécoslovaquie.***
22 - **Victor Horta.** ***Pavillon de la Belgique.***

23

24

23 - **Pierre Patout.** *chaîne de boutiques Nicolas (vers 1927).*
24 - **Ch Legrand.** *Palais de l'automobile, rues Mesnil et Saint-Didier (vers 1927).*
25 - **Pierre Patout.** *Hôtel particulier, rue Alberic-Magnard (1928).*

25

26

27

28

29

26 - **Raymond Nicolas.** ***Hôtel particulier aux Buttes-Chaumont (vers 1930).***
27 - **Robert Mallet-Stevens.** ***Hôtel Goimpel, bd. Suchet (1928).***
28 - **Robert Mallet-Stevens.** ***Garage. 36, rue Marbeuf (1926).***
29 - **Albert Laprade et Léon Bazin.** ***Garage Citroën. 32, rue Marbeuf (1928).***

30

30 - **H. Belloc.**
Cinéma Gaumont Palace, place de Clichy (1931).
31 - **Léon Azéma.**
Bureau de poste. 10, rue de l'Epée de bois (1933).
32 - **Jean Démaret.**
Messageries Hachette. 20, rue Balard (1931).
33 - **Charly Knight et Jacques de Lancelin.**
Garage, angle av. de Wagram et rue des Renaudes (1933).

31

33

32

34

35

36

34 - **Charles Siclis.**
Cinéma Paris-Soir. 27, av. des Ternes (1935).
35 - **J. Haour et Alymoff.**
Stade vélodrome du Parc des Princes (vers 1935).
36 - **Louis Faure-Dujarric.**
Hôtel particulier. 14, rue Maspero (1935).
37 - **Joseph Bassompierre, Paul de Rutté et Paul Sirvin.** ***Piscine Blomet (vers 1930).***

37

38

39

40

38 - **Maurice Gridaine.** ***Cinéma Le Paris.***
23, avenue des Champs-Elysées (1935).
39 - **Charles Siclis.** ***Théâtre. 12, rue Pigalle (1929).***
40 - **Georges Gumpel.**
Théâtre-cinéma de l'Alhambra. 50, rue de Malte (1932).
41 - **A. Audoul.** ***Exposition coloniale,***
Palais de la section métropolitaine (1931).

41

42

43

44

42 - **B. M. Iofan.**
Pavillon de l'Union soviétique.
43 - **Albert Speer.**
Pavillon de l'Allemagne nazie.
44 - **Robert Mallet-Stevens.** ***Pavillon de la Régie des tabacs et allumettes.***
45 - **Robert Mallet-Stevens.**
Pavillon de la lumière.

45

46

47

46 - **Charles et Jean Dorian, Jean-Pierre Paquet, Bertrand Vitry** ***(ferronneries de Raymond Subes). Pavillon du métal.***
47 - **Junzo Sakakura.** ***Pavillon du Japon.***
48 - **Bourdeix, M. Cuminal et Robert Giroud.** ***Pavillon du Lyonnais.***
49 - **Alvar Aalto.** ***Pavillon de la Finlande.***

48

49

INDEX PAR ARCHITECTE

Les numéros de page :
* en **gras orange** renvoient aux pages traitant les bâtiments avec un texte ou une photo.
* en ***bleu foncé gras italique*** renvoient aux bâtiments détruits, évoqués au chapitre “In memoriam”.

Numbers printed in:
* **bold orange** *refer to pages presenting buildings with a text and a photograph.*
* *Numbers printed in **italic dark blue bold** refer to buildings that have been destroyed, as described in the chapter titled “In Memoriam”.*

A

AALTO A. : 356-357, ***369***
ABEL : 339
ABELLA C. : 164, 226
ABRAHAM P. : 56, 234, 249, 249, 311
ABRAMOVITZ M. : 78
ACAUR, 193
ACS G. : 67
ACT-ARCHITECTURE : 205
A.G. CONCEPT ARCHITECTURE : 113
AGENCE D’ARCHITECTURE HBM (MALINE, arch. en chef) : voir HBM
AGENCE D’ARCHITECTURE SNCF : 84
AILLAUD E. : 12
ALBENQUE G. : 39
ALBERT E. : 39, 127, 269
ALEXANDRE P. : 262
ALIX P. : 147
ALLIAUME P.L. : 336
ALLUIN P : 104, 169, 174
ALYMOFF : ***366***
AMBROSELLI G. (sculpteur) : 263
ANDO T. : 63
ANDRAULT M. : 70, 102, 111, 112, 141, 216, 326, 344, 346, 346, 353
ANGER R. : 69, 95, 106, 130, 232, 299, 327
ANZIUTTI J. : 299
ARCACHE-VALOGNES E. : 134
ARCHITECTURE STUDIO : 38, 90, 99, 146, 146, 185, 196, 211, 222, 282, 339
ARDOUIN : 108
ARENE O. : 113
ARFVIDSON A. : 131, 166, 261, 314
ARMSTRONG ASSOCIATES : 219
ARNAUT M. : 23
ARRETCHE L. : 102, 190
ARSÈNE-HENRY frères : 151
ARSÈNE-HENRY L. : 43
ARUP O. : 26-27, 330
ASTIER J.P. : 211, 338
ASTRUC H. : 167
ATELIER DE MONTROUGE : 201
AUBERT A. : 229
AUBLET L. : 63
AUBURTIN J.M. : 38, 68
AUDOUL A. : ***355, 367***
AUDREN J. : 113
AUSCHER P. : 27
AUTHEMAN M. : 28
AUTHEMAN N. : 28
AZÉMA L. : 60, 73, 198, 231, ***365***

B

BABST C. : 295
BACZKO M. : 311
BADANI D. : 38, 199
BADIA M.H. : 103
BADUEL N. : 103
BAJU J.H. : 85
BALI : 262
BALLADUR J. : 45, 77
BALLEYGUIER F. : 77
BALTARD V. : 356-357
BARANTON H. : 73
BARD H. : 269
BARDET J. : 167, 336
BARDON R. : 262
BARGE J. : 263
BARILLET (verrier) : 246-247
BARRE G. : 97
BARRE V. : 27
BARRIER J.Y. : 113
BARROT J. : 73
BARTHELEMY P. : 112, 154
BASSOMPIERRE J. : 131, 185, 214, 250, 264, 314, ***366***
BAUDOT A. de : 274, 277
BAUHAUS : 220
BAZIN A. : 243
BAZIN L. : ***364***
BEAU G. : ***361***
BEAUCLAIR H. : 52, 241
BEAUDOUIN E. : 190, 190
BEAUNY A. : 323
BECHMANN L. : 68
BELLOC H. : ***365***
BELLUGUE R. : 146, 268, 268, 323, 323
BELMONT J. : 17
BENAMO G. : 142-143
BENOIT M. : 95, 144
BENSAID : 273
BERGER D. : 39, 103, 171
BERGER P. : 27, 103, 207, 299, 323
BERGER R. : 39, 232
BERGSTEN C.S. : ***360***
BERI M. : 84, 300
BERNADAC J.C. : 316
BERNARD C.H. : 66
BERNARD H. : 242
BERNARD J.C. : 27, 172
BERNARD-BOYER S. : 326
BERNIER M. : 159
BERRY A. : 27
BERTIN A. : 265, 284
BERTRAND A. : 27
BERTRAND J.L. : 189
BESSET P. du : 191
BEUCHER G. : 234, 243
BIGARNET M. : 299
BIGOT P. : 47
BIJVOET B. : 57
BILLARD J. : 254
BIRMANT M. : 316
BIRO A. : 56, 76, 82, 146, 158, 229, 284
BIRO I. : 106
BLANC D. : 139
BLANCHE Ch. : 63, 237, 252
BLANCHE G. : 167
BLANCHE J. : 48
BLOC A. : 182
BLONDEL C. : 56
BLUYSEN A. : 20
BOCAGE A. : 15
BODECHER H et R. : 69, 70, 245
BOEGNER F. : 220
BOESSE B. : 252
BOFILL R. : 13, 58, 71, 173, 230
BOILEAU L.H. : 63, 66, 99, 182, 231, ***361***
BOILEAU R. : 127
BOIRON O. : 118
BOIS E. : 102, 279
BONNE J.F.: voir ARCHITECTURE STUDIO
BONNEL : 252
BONNEMAISON M. : 228
BONNIER B. : 107
BONNIER J. : 53, 62, 120
BONNIER L. : 62, 102, 120, 130, 198, 217, 329, 334
BOREL F. : 58, 85, 93, 278, 320, 322, 331
BOUCHER A. et A. : 198
BOUCHEZ G. : 97, 134, 146, 151, 165, 230, 292, 300, 314
BOUDON P. : 53
BOURDEAU M. : 137, 335, 337
BOURDEIX : ***369***
BOURDELLE A. : 70
BOURDOIS : 231
BOURGADE B. : 103, 185, 261, 265, 265
BOURGOIS L. : 304
BOURNEUF G. : 32
BOURSIER E. : 56
BOUVARD R. : 51
BOUZY G. : 31
BRACHET L. : 178
BRAMMEN C. : 93
BRANCHE P. : 252
BRANDON D. : 86, 182, 315
BRANDON J. : 330, 336
BRANDON L. : 86, 182, 315
BRANDON R. : 315
BRAUER J. de : 159, 159
BRAUN J.P. : 211
BRENAC O. : 107, 208, 312, 324, 325, 325
BRETON M. : 252
BREUER M. : 63, 220
BRIAND J.F. : 285
BROCHET O. : 267
BROSSY V. : 332
BRULEY E. : 112
BRULLMANN C. : 166
BRUN G. : 234
BRUNEL Y. : 121, 336
BRUNET J. : 154, 323, 323
BUFFI J.P. : 41, 110, 112, 113, 120, 130, 220, 298, 298, 336, 345
BUKIET J. : 151
BUREL A. : 336
BUSSE : 250

C

CACOUB O.C. : 204, 207
CAILLAT J. : 292
CAILLAUX S. : 27
CALMETTES C. : 176
CAMELOT R. : 18, 346
CAMFRANCQ C. : 198
CAMMAS M. : 142
CAMPREDON J.P. : 130
CANAC P. : 43
CANAL : 140
CANALE 3 : 53
CANDILIS G. : 160
CANTIN A. : 304
CARADEC L. : 97
CARDIN J.L. : 285
CARLU J. : 231
CARPENTIER F. : 48
CARRÉ : 81
CARRIL C. : 85, 296

CARRIL D. : 85, 296
CASSAN U. : 39, 180, 190, 247
CATTANI A. : 334
CELESTE P. : 130, 139
CERIA F. : 112, 113, 134, 213, 214
CHABANNE M. : 134
CHABEUR E. : 121
CHAIX P. : 112, 118, 307
CHAMBLAS P. : 112
CHAMPOUILLON R. : 175
CHAMPY A. : 98
CHANTALAT A. : 193
CHANUT F. : 73
CHAPELIER R. : 194
CHARAVEL J. : 227
CHAREAU P. : 57, 235, 246-247
CHARLET J. : 128
CHAROUIN P. : 301
CHASLIN O. : 157
CHATEAU S. du : 306
CHATELIN A. : 185
CHATENAY : 68
CHAUVELIN G. : 21
CHAUVET H. : 194
CHAUVIERE L. : 62
CHAVANNES P. : 125, 281, 336
CHEDANNE G. (attribué à) : 19
CHEMETOV A. (paysagiste) : 321
CHEMETOV P. : 21, 43, 109, 156, 158, 193, 288, 310
CHESNEAU M. : 97
CHOLLET J. : 37, 223
CHOMBART de LAUWE P. : 294
CIRIANI H. : 104, 112, 114, 151
CLAUDE T. : 323
CLÉMENT A. : 32
CLÉMENT G. (paysagiste) : 61
CLOUZEAU C. : 48
COBB : 351
COCHET B. : 222
COLBOC E. : 113, 115, 332
COLBOC P. : 262
COLIGNON : 71
COLIN F. : 18, 67
COLOMBIER P. : 97
COMMISSAIRE M. : 112
CONTENAY A. : 46
CONTRESTI : 141
CORNELL J. (" boîtiste "): 330
CORNETTE B. : 311
CORRE L. : 138
CORTOT A. (pianiste) : 268
COSTA B. : 226
COSTA L. : 180
COULLARD D. : 333
COULON R. : 39
COUPEL A. : 112, 113, 134, 213, 214
COUTINE A. : 302
CREUZOT J. : 138
CREVEL E. : 129, 134
CRONIER D. : 292
CROZET F. : 288
CUMINAL M. : 41, *369*
CURY J. : 18

D

DACBERT A. : 194
DAMAN C. : 252
DAMON D. : 97
DANGRÉAUX : 259
DANIS R. : 45
DANVIN F.: 223
DAROT B. : 292
DAROY : 273
DASTUGUE D. : 86, 229
DAUFRESNE M. : 289
DAVIOUD : 231
DEBARNOT R. : 198
DEBAT-PONSAN J. : 18, 190
DEBRÉ E. : 44
DEBRÉ G. : 45, 285, 314, 322
DECHELETTE J. : 176
DECQ O. : 311
DECORCHEMONT F. (verrier) : 263
DELAAGE J. : 146
DELACROIX C. L. : 212, 338
DELACROIX H.C. : 212, 338
DELALANDE D. : 214
DELAMARRE R. : 175
DELANOE G. : 120
DELANNOY P. : 222
DELATOUCHE H. : 188
DELORME J.C. : 79, 99, 281, 322
DÉMARET J : *365*
DENEUX H. : 277
DENIS E. : 138
DEPONDT P. : 52
DEPUSSE H., J. et P. : 196
DEPUSSE J. : 354
DEROCHE J. : 288
DESBOUIS J. : 18, 66, 67
DESCHAMPS J.P. : 63, 105, 276
DESLANDES P. : 146
DESMET G. : 99
DESNOT F. : 338
DESPRETZ E. : 118
DESSAUER S. : 174
DETRARE J.L. : 209
DEVILLERS C. : 16, 148, 310
DHOTEL F. : 113
DHUIT R. : 130
DILET M. : 28
DIRAND L.E. : 316
DJENANGI J.E. : 45
DOCO L. : 316
DOLLANDER S. : 311
DOLLÉ B. : 133
DONDEL J.C. : 121, 229
DORIAN C. et J. : *369*
DOTTELONDE R. : 171, 171, 323
DOYE C. : 338
DRESSE A. : 184, 265
DREYFUS G.A. : 263
DRUMMOND D. : 174
DUART D. : 124, 152
DUBOIS H. : 113, 115
DUBOIS P. : 138
DUBOIS P.C. : 323
DUBOS R. : 323
DUBREUIL P. : 290
DUBUISSON J.R. : 190
DUBUS J. : 135, 334
DU CHATEAU S. : 306
DUDOK W.M. : 183
DUFAU P. : 66, 78, 80, 172, 198, 202, 221, 260
DUGELAY C. : 171, 212
DUHART-HAROSTEGUY E. : 109, 118
DUHAYON L. : 67
DUMARCHER F. : 83
DUMONT : 76
DUPLAY M. : 85, 295, 302, 302, 333
DUPUIS A. : 102
DUSAPIN F. : 112, 151, 212, 228, 267, 277
DUTHILLEUL J.M. : 84, 190
DUVAL : 184
DUVAL C. : 69
DUVAL G. : 22

E

E.B.A. : 83
EBERSON J. : 20
E.C.I.P. : 83
E.D. : 46, 195, 262, 262
EIDEKINS C. : 113
EIDEKINS P. : 304
ELKOUKEN B. : 72, 165, 167, 217
ENAULT P. : 283
EPSTEIN S. : 228
EXPERT R.H. : 33, 36, 45, 132

F

FABRE V. : 63, 310, 334
FAINSILBER A. : 107, 151, 306
FALOCI P.L. : 112, 139, 154, 220, 276
FANTI G. : 198
FARRADÈCHE R. : 223
FAURE-DUJARRIC L. : 12, 57, 72, 73, 226, 235, 253, 356-357, *366*
FAVIER H. : 253
FAYSSE J.J. : 104
FAYETON T. : 146
FEINE L. et A. : 265
FERAY G. : 13
FERNIER J.J. : 56, 71, 76, 82, 82, 146, 158, 229, 284
FERRAN A. : 51
FERRAND M. : 91, 112, 116
FEUGAS J.P. : 91, 112, 116
FÈVRIER R. : 76
FIDLER J. : 230, 232
FIGAROL P. : 77, 229
FILHOL J. : 169
FILIOL L. : 13
FISCHER R. : 97, 178
FISZER S. : 28, 68, 102, 294
FLEGENHEIMER J. : 269
FOLLOT : 168
FOROUGHI M. : 182
FORST E. von der : 97
FORTÉ J. :155, 304
FORTIER B. : 156
FOUGERAS-LAVERGNOLLE A. : 166
FOURNIER A. : 72
FOURNIER P. : 268
FOURNIER (père et fils) : 306
FOURQUIER J.A. : 169
FRANÇOIS P. : 216, 324
FREED : 351
FREYSSINET E. : 155
FRISCHLANDER A. : 352
FUKSAS M. : 99, 99, 99
FULLER B. : 198
FURET C. : 136, 265, 330

G

GAGEY A. : *359*
GALARD F. : 128
GALEA C. et H. de : 245
GALEY A. : 193
GALFETTI A. : 107
GALIANO J. : 299
GALLARD D. : 171
GALLOUEDEC J. : 93
GALMICHE J.F. : voir ARCHITECTURE STUDIO
GANGNEUX M.C. : 128, 151, 211
GARELLA F. : 269
GARET J.M. : 59
GARNIER J.J. : 269
GARNIER T. : *360*
GASPARY J. de (peintre) : 42, 323
GAUDIN B. : 83, 133, 317
GAUDIN H. : 83, 133, 292, 317, 324
GAUTHIER père et fils : 169
GAZEAU P. : 84, 121, 155, 196, 288, 291, 300, 304
G.E.A. (Groupe d'études architecturales) : 196
GEHRY F.O. : 112, 117
GENETRE G. : 183
GENIN R. : 189
GEORGEL A. : 16
GÉRIN-JEAN F. : 106
GHIAI H. : 182
GHIULAMILA A. : 133, 314, 334, 336
GIGNOUX A. : 139
GILBERT G. : 57
GILLET G. : 260

INDEX PAR ARCHITECTE

GINSBERG J. : 68, 229, 235, 245, 247, 252, 252, 252, 253
GIRARD E. : 147, 293
GIRARDET D. : 316
GIRAUD J. : 31
GIROUD R. : ***369***
GIUDICELLI P. : 32, 164
GNOC DUONG : 46
GOCAR I. : ***362***
GOLDSTEIN S. : 193
GONDE : 184
GONDOLF D. : 244
GONNOT E. : 39, 185
GONZALEZ X. : 107, 208, 312, 324, 325, 325
GORSKA A. : 356-357
GOUBE H. : 294
GRAF J. et L. : 13
GRANET : 68, 121
GRANDVEAUD P. : 295
GRASSIN E. : 285
GRAVEREAUX R. : 228, 269
GREGORY (ing. structures) : 241
GRIDAINE M. : 281, ***367***
GRIMBERT G. : 170
GRINO S. : 154
GROPIUS W. : 183
GROSJEAN R. : 43, 214
GROUPE D'ÉTUDES ARCHITECTURALES : voir G.E.A.
GRUMBACH A. : 36, 85, 171, 323, 323, 323, 323, 323, 339
GUADET P. : 15, 253, ***359***
GUARDIA R. : 314
GUEDOT P. : 208
GUÈVRÈKIAN G. : 246-247
GUIARD : 81
GUIBERT L. : 128
GUIBERT P. : 146, 268, 268, 323, 323
GUIDETTI L. : 76, 254
GUIDETTI P. : 254
GUIESSE C. : 281
GUILBERT A. et J. : 44, 175
GUIMARD H. : 29, 30, 226, 243, 250, 251, 252, 253, 274
GÜLGÖNEN A. et F. : 107
GUMPEL G. : ***367***
GUNDOGAR F. : 312
GUTTON H. : ***358***
GUVAN A. : 111, 112

H

HAMBURGER B. : 244
HAMMOUTÈNE F. : 112, 114, 154, 210, 214, 218, 338, 347
HAN MAN WHO : 321
HAOUR J. : ***366***
HAUSSMANN G. : 356-357
HAUVETTE C. : 96, 102, 150, 281, 282
HBM : 44, 86, 96, 120, 126, 184, 184, 184, 265, 277, 279, 279, 291, 304, 315
HECKLY L.C. : 130, 158
HECKLY P.P.: 17, 214
HEEP F. : 245, 252, 252
HENNEBIQUE F. : 130
HENNEQUET M. (et R.) : 72, 76, 196, 232, 263
HENNIN J.M. : 316
HERBÉ P. : 44
HERBERT B. : 317
HERBERT M. : 51, 102, 228, 291, 291, 322, 352
HERTENBERGER D. : 29, 30, 30, 72, 99, 102, 326
HERTIG J.M. : 44
HESSE L. : 322
HEUBES M. : 288
HEYMANN M. : 95, 106, 232, 237, 303, 327
HIRIART J. : ***361***
HIRST P. : 220
HOFFMANN J. : 356-357, ***362***
HOLLEY M. : 140, 140, 218
HONEGGER D. : 108, 290
HONORÉ-DENIS M.A. : 138
HORNECKER A. : 278
HORTA V. : 356-357, ***362***
HOUDIN M. : 102
HOYM de MARRIEN L. : voir MARRIEN
HUART T. d' : 144
HUBERT B.J. : 133
HUET B. : 112, 116, 118, 288
HUGO V. (écrivain) : 329
HUGUES E. : 68
HUIDOBRO B. : 109, 156, 158
HULOT J. : 250

I

ICART Y. : 332
ILIC N. : 69
ILINSKY A. : 247
IMBERT J. : 237, 237, 251
IOFAN B.M. : ***368***
IRANMEHR P. : 97
IVORRA J. : 29

J

JALLAT J.C. : 216, 326
JANIAK G. : 28
JANVIER : 305
JAUSSELY L. : 121
JAUVIN L. : 92
JEAN P. : 108
JEANNERET P. : 157, 158, 177, 181, 255, ***362***
JIROU H. : 237, 303
JODRY J.F. : 97, 97, 135, 150, 200, 222, 301, 317
JOSSA M. : 220
JOURDAIN F. : 12, 23, 23, 23
JOUVE A. : 263
JOUVE J.P. : 263, 352
JULIEN M. : 67
JULLIEN F. : 117, 228, 345, 348-349, 348-349

K

KAGAN M. : 161, 179, 206, 332
KAHANE D. : 289
KAHN L. : 48
KALISZ J. : 41, 159, 338
KANDJIAN A. : 265, 284
KARANSINSKI : 102
KATZ P. : 295
KETOFF : 39
KLEINER S. : 217
KNIGHT C. : ***365***
KOHN B. : 87, 288
KOHN R. : 27
KOZLOWSKI J.P. : 83
KRISTY N. : 45
KUROKAWA K. : 344

L

LAB C. : 99, 327, 330
LABBÉ C. : 133
LABOURDETTE : 127
LABRO G. : 279
LABUSSIÈRE A. : 98, 198, 333
LAC B.T. : 221
LA FONTA H. : 113, 352, 353
LAJUS E. : 267
LALOUX V. : 14
LA MACHE P. : 72
LAMBERT G. : 59
LAMBERT J.G. : 73
LAMBERT M. : 336
LAMBION L. (attribué à) : 91
LAMBLA de SARIA E. : 196
LAMUDE J. : 294, 298
LAMY B. : 336
LAMY P. : 346
LANCELIN J. de : ***365***
LANDAU S. : 234
LANDOWSKI P. : 254
LAPLANE B. : 164
LAPRADE A. : 33, 36, 121, 234, ***364***
LARDAT R. : 41, 230, 339
LARSSON J. : 278
LASSEN H. : 211
LAUNAY J. : 176
LAURENT J.F. : 315
LAUTH J. : 290
LAVIROTTE J. : 60, 83, 258
LAVOT : 194
LAZOT A. : 197, 197
LE BAIL J.C. : 164, 215, 216, 221
LEBAS P. : 199
LEBEIGLE B. : 77
LE BOT A. : 31
LEBOUCHEUR : 106
LEBOUCQ P. : 217
LECACHEUX P. : 216
LE CAISNE I. : 112, 116
LECARD R. : 265
LECLERCQ F. : 112, 151, 212, 228, 267, 277
LE CŒUR F. : 28, 83
LECONTE A. : 59, 102
LE CORBUSIER : 57, 63, 77, 126, 135, 157, 158, 177, 180, 181, 194, 196, 199, 230, 245, 246-247, 248-249, 255, 326, 342-343, 356-357, ***362***
LEDIEU : 67
LE DONNE : 309
LEDOUX C. N. : 61, 288, 289, 293
LEFÈVRE C. : 67
LE GARREC I. : 289
LEGRAND B. : 99
LEGRAND C. : ***363***
LE HOUEDEC A. : 330
LEMARESQUIER C. : 14
LEMARESQUIER N. : 214, 244
LEMESTRE : 108
LEMORDANT J.J. : 176
LENA M. : 171
LENORMAND : 48
LENORMAND B. : 298, 345
LÉONARD J.C. : 292
LE PEIGNEUX : 283
LE ROY B. : 91, 112, 116
LEROY F. : 18, 165
LESAGE V. : 44
LESOU G. : 27, 252
LETROSNE C. : 12, 81, 121
LETROSNE D. : 121
LEVÊQUE J.P. : 325
LEVITT A. : 31, 174
LÉVY J. : 291, 294, 302
LEZENES G. : 38
LHERBIER M. (cinéaste) : 246-247
L'HERNAULT F. : 323, 323, 323
LHUILLIER : 242
LIGNE 7 ARCHITECTURE : 147
LION Y. : 31, 33, 33, 112, 114, 174, 295
LIONNARD J. : 42
LISTOWSKI R. : 207
L.L.T.R. : 113, 115
LODS M. : 52, 288
LOEWY R. (designer) : 221
LONDINSKY M. : 103, 185, 261, 265, 265
LONGEREY : 98
LONGUET L. : 91
LOOS A. : 275
LOPEZ R. : 190, 218, 228, 356-357
LOTT J.P. : 135

LUBETKIN B. : 252
LUNEL C. : 82
LURÇAT A. : 176, 178, 356-357
LUTHI R. : 58
LUYCKX M. : 175
LYON D. : 191
LYONNET J.M. : 288

M

MACARY Michel : 22, 110, 113, 113, 113, 115, 128, 199
MACARY Marcel : 258
MACCOLA G. : 349
MADEC P. : 336
MADELINE L. : 36
MADELINE L.J. : 48, 49, 53, 192
MAILLARD C. : 56
MAILLARD H. : 132
MAILLARD H.P. : 164
MAILLARD M. : 190
MAILLY J. de : 346, 354
MAISONHAUTE C. : 291, 302
MAJORELLE L. (ébéniste) : 73
MALINE M. : voir HBM
MALISAN S. : 107
MALLET-STEVENS R. : 164, 196, 228, 246-247, 248, 356-357, ***361, 364, 364, 368, 368***
MALOT E. : 48
MAMFREDOS C. : 352
MANOILESCO A. : 279
MARCHAND M. : 108
MARESCHAL F. de : 44
MARIN I. : 324
MAROT M. : 23
MARRAST J. : 81
MARRIEN (HOYM de) L. : 190, 190, 330
MARTEROY : 252
MARTIN M.F. : 336
MARTY H. : 82
MASSE G. : 72, 247
MASSON R. : 301
MATEO J. de : 332
MATHIEU : 339
MATHIOT J. : 196
MATHON J.B. : 37, 68, 223
MATTIUSSI M. : 93, 331
MAUDUIT J.P. : 104, 169, 174
MAUFRAS D. : 126, 188, 272, 330, 338
MAURIOS G. : 46, 94, 124, 193, 211, 310, 313, 338
MAZZUCCONI V. : 71, 138
MEDELIN : 180
MEIER R. : 213
MELENDÈS M. : 227
MELNIKOV C. : 356-357, ***360***
MENIL S. : 120
MENU X. : 128
MERRIL : 348-349
METTE V. : 263
METULESCO A. : 199
MICHAU : 12
MICHAUX L. et R. : 36
MICHEL J. : 53
MIES VAN DER ROHE L. : 52, 356-357
MILTGEN C. : 44
MILLET E. : 121
MIMRAM M. : 57
MINSTER B. : 298
MIQUEL L. : 94
MIRABAUD L. : 244
MITROFANOFF W. : 108, 120, 262, 303
MOINEAU : 108
MOLINIÉ E. : 12, 171, 192
MOLINS P. : 69
MONJANEL S. : 134
MONMARSON P. : 103
MONNOT Y. : 53
MONTARNAL C. de : 19
MONTAUT P. de : 356-357
MONTEL P.H. : 303
MONTENOT R. : 19
MONTES F. : 112, 114, 285, 321
MORAX D. : 165
MOREL A. : 13
MOREL G. : 134
MOREL J.P. : 112, 118, 307
MOREUX J.C. : 237
MOSSER M. : 327
MOTTINI P. : 211
MOUNIE L. : 183
MURE E. : 197, 197

N

NAFILYAN L. : 241
NAMUR F. : 294
NANQUETTE F. : 315, 336
NATALE M. : 67
NAYER G. de : 326
NEEL J. : 104
NERVI P.L. : 63, 220
NGO H. : 134
NICOD C. : 12, 192
NICOLAS J. : 104
NICOLAS R. : ***364***
NICOLEAU M.E. : 145, 267, 328
NIEMEYER O. : 288
NIERMANS Frères : 242
NORMIER N. : 316
NOUVEL J. : 8, 38, 61, 168
NOVARINA M. : 67, 138
NUNEZ-YANOWSKY M. : 102, 314

O

ŒUF (Centre d'études) : 59
OGE B. : 104
OTT C. : 103
OUDIN L. : 184, 265
OUDIN M. : 259
OUVRAY X. : 99
OVERCASH W. : 345
OWINGS : 348-349
OYON B. : 147, 293
OZENFANT A. (peintre) : 177

P

PACON H. : 241
PAN M. (plasticienne) : 194
PANTZ B. : 295
PAQUET J.P. : 265, ***369***
PARAT P. : 70, 102, 111, 112, 141, 216, 326, 344, 346, 346, 353
PARENT C. : 121, 182, 315
PARGADE J.P. : 43, 97
PARISOT R. : 288
PARJADIS de la RIVIÈRE B. : 198
PARNET D. : 113
PATOUILLARD-DEMORIANE R. : 196
PATOUT P. : 73, 195, 199, 245, 252, 262, 263, 356-357, ***360, 361, 363, 363***
PAYRET-DORTAIL M. : 184
PECOUX J. : 19, 315
PEI I.M. : 22, 351
PEIROLO L. : 272
PELLETIER P. : 314
PENCREAC'H G. : 21, 159, 279, 313
PENVEN J. : 164, 215, 216, 221
PERCILLIER J. : 324
PERINIC D. et M. : 138
PÉRON : 259
PERRAULT D. : 153, 160
PERREAU O. : 244
PERRET A. : 15, 49, 53, 70, 83, 126, 176, 176, 177, 178, 199, 226, 230, 232-233, 240, 253, 263, 268, ***358, 359, 359, 360***
PERRET G. : 53, 70, 177, 178, ***358, 359, 359, 360***
PERRIN F. : 128
PERROT A. : 265
PERROTET J. : 63, 310, 334
PERRUCH R. : 262, 262
PERSON E. : 312
PHILIPPE E. : 85
PHILIPPON J.P. : 322, 326, 336
PIANO R. : 26-27, 27, 121, 290, 300
PICO : 83
PINGUSSON G.H. : 38, 76
PISTRE J. : 113, 113, 115, 150, 198, 277, 330
PLANCHE G. : 42, 327, 327
PLI ARCHITECTURE : 311
PLUMET C. : 237, ***362***
POLLET L. : 38, 253, 290
POMMIER : 254
PONTREMOLI E. : 185
POPOVIC P. : 159
PORTZAMPARC C. de : 8, 58, 112, 115, 129, 142-143, 145, 148, 156, 171, 260, 266, 289, 308, 309, 320
POSSOMPÈS M. : 113
POTTIER H. : 40
POUILLON F. : 289
POULAIN : 283
POUTHIER A. : 182
PRACHE G. : 17
PRADELLES G. : 85
PROUVÉ J. : 111, 246-247, 228, 244, 246-247, 288, 354
PROUX M. : 352
PROVELENGHIOS A. : 51
PRUDON L. : 141
PUCCINELLI P. : 106, 130, 232, 299, 327
PUEYO C. : 267

QUEFFELEC C.N. : 283
QUENT M. : 253

R

RAGUENET G. : 56
RAGUIN P. : 112, 116
RAQUIN : 60
RAYNAUD F. : 61
RAYSSE M. (peintre) : 196
REBY M. : 218, 356-357
REICHEN B. : 32, 251, 305
REMOISSONET : 281
RÉMON M. : 139, 139, 338
REMOND : 288
REMONDET A. : 315
REPELLIN J. : 289
REQUET-BARVILLE R. : 91
REY J. : 259
RIBOULET P. : 201, 211, 316
RIBOUT G. : ***361***
RICE P. : 330
RICHARD I. : 200
RICHARD J. : 30, 226, 251
RICHARD P. (ingénieur) : 254
RIMBERT F. : 252
RIPAULT J. : 124, 152, 276, 322
RIPEY : 285
RISTERUCCI F. : 97
RIVERT J. : 102
RIVIER J. : 228
ROBAIN M. : voir ARCHITECTURE STUDIO
ROBERT P. : 32, 251, 305
ROCCA P. : 323, 334
ROCHETTE : 18
RODIER A.F. : 311

ROEHRICH J. : 30, 226
ROGERS R. : 26-27
RONIN G. : 209
ROPPONEN S. : 336
ROSNET A. : 316
ROSSI A. : 308
ROTA I. : 41
ROTTER D. et R. : 338
ROUILLON C. : 103
ROUIT J. : 351
ROUX-DORLUT P. : 38, 199
ROUX-SPITZ M. : 18, 51, 53, 60, 79, 165, 178, 196, 235, 235, 255, 272, 356-357
ROY F. : 72
ROY M. : 133
RUBIN D. et P. : voir CANAL
RUFENER P. : 178
RUHLMANN J.E. : 76, 121
RUTTÉ P. de : 131, 185, 214, 250, 264, 314, *366*

S

SACHS G. : 30
SAINT-MAURICE J.P. de : 178
SAINT-PHALLE N. de : 27
SAKAKURA J. : *369*
SALAMA F. : 197
SANLAVILLE C. : 53
SARDOU P. : 19, 184, 196
SARF J.L. : 127, 269
SARFATI A. : 168, 185, 196, 313, 316
SARFATY J. : 134
SARRAZIN C. : 73, 128, 279
SARRET L. : 333, 334
SAUBOT J. : 190
SAUBOT R. : 117, 228, 345, 348-349, 348-349, 351
SAUNIER E. : 154, 323, 323
SAUVAGE H. : 18, 23, 23, 23, 50, 68, 73, 128, 212, 227, 250, 268, 279, 280-281, 333, *361*
SAVARIEAU J.P. : 190
SCHEIN I. : 326
SCHEURET E. : 60
SCHLUMBERGER R. : 113
SCHMIT J.F. : 174
SCHNEIDER L. : 86
SCHOELLER D. : 200
SCHROEDER P. : 303
SCHWEITZER R. : 107, 107, 108, 111, 148, 300
SCHWINN C. : 28
SCOB W. : 272
SEASSAL R. : 39, 141
SEBILLE G. : 175
SEIBEL D. : 272
SEIDLER H. : 220
SEMICHON J. : 306
SEQUARIS J. : 273
SEZE R. de : 30
SIBELLE : 242
SICARD P. : 69
SICLIS C. : 72, 73, 76, 356-357, *366*, *367*
SIMOUNET R. : 207
SINOIR : 249
SIRVIN Paul : 185, 214, 250, 264, *366*
SIRVIN Pierre : 48, 102, 103
SKIDMORE : 348-349
SLOAN A. et D. : 211, 322
SOLER F. : 154, 290, 330
SOLER M. : 323, 323
SOLOTAREFF M. : 182
SONOLET N. : 129
SONREL P. : 223
SORIA P. : 38
SOULIER N. : 130
SPEER A. : 356-357, *368*
SPILLMANN (ing. structures) : 241
SPINETA D. : 132
SPRECKELSEN J.O. von : 345
SPY F. : 316
STAHLBERGER D. : 313
STARCK P. : 43, 273
STARKIER J. : 70
STERA S. : 247
STILL A. : 316
STINCO A. : 13, 102
STOPPA A. et G. : 334
STOROGE H. : 336
SUBES R. (ferronnier) : *369*
SUE L. : 38, 164, 165

T

TABON P. : 311
TALLER DE ARQUITECTURA : voir BOFILL
TAILLIBERT R. : 121, 254, 314
TANGE K. : 128
TANIER P. : 102
TECTÔNE : 112, 294
TEISSEIRE A. : 314
TEITLBAUM M. : 314
THIERRART J. : 59
THIRION G. : 232
THIERS A. : 277
THOMAS C. : 83, 235
THOMAS L. : 299
THURNAUER G. : 42, 201, 306, 338, 338, 338
TIERCHANT A. : 171, 212
TINGUELY J. : 27
TISNADO R. : voir ARCHITECTURE STUDIO
TISSIER L. : 198, 198
TISSIER P. : 197
TORRIERI E. : 346
TOSTIVIN, J.B. : 77
TOUJERON J.C.: 300
TOURNON P. : 44, 119
TOURY G. : 184
TOUTON H. : 321
TOUYA C. : 102
TREMBLOT D. : 23
TRESAL H. : 277
TSAROPOULOS F. : 146
TSCHUMI B. : 305, 307
TUR A. : 253, 254
TURENNE P. de : 304
TURNER L.R. : 150
TYMOVSKI J. : 265
TZARA T. (poète) : 275

U

UNIACK G. : 51
URQUIJO F. : 349

V

VAL C. (poétesse) : 315
VALERO B. : 113
VALODE D. : 113, 113, 115, 150, 198, 277, 330
VAN ALLEN W. : 14
VANDENHOVE C. : 273, 273
VAN DE VELDE H. : 70
VAN TREEK M. : 85, 292, 297, 298
VASARELY V. (peintre) : 70
VASCONI C. : 21, 304, 313
VAUDOU O. : 58
VEBER : 12
VEDER L. : 232, 299
VEISSIÈRE G. : 36, 73, 273
VENTRE A. : 12, 63
VENTRE D. : 135, 338
VERBIEST T. : 95, 144
VERNY P. : 86
VERET J.L. : 201
VERREY P. : 160
VIAL D. : 336
VIARD G. : 43, 229
VIARD P. : 229
VIDAL H. : 316
VIDAL J.P. : 90
VIELLARD M.P. : 147
VIGUIER J.P. : 97, 97, 113, 135, 203, 222, 301, 317, 350
VIMOND P. : 269
VINCENZ R. : 265
VIOLLET-LE-DUC E. : 274
VIRET E.L. : 68
VITRY B. : *369*
VITRY J. : 29, 30, 30, 72, 99, 102, 326
VIVIEN P. : 249
VO THANH NGIA : 253
VULIC B. : 353, 353

W

WACHTER F. de : 16
WALTER J. : 36, 76, 236
WALRAND S. : 306
WASSERMANN : 164
WEEKE I.L. : 171
WEISSMAN M. : 292
WIESENGRUN A. : 323, 334
WIET T. : 92
WILLERVAL J. : 46, 159, 262, 349, 353, 353
WILMOTTE J.M. : 27, 113
WISPELAERE P. DE : 273
WOGENSKY A. : 104, 194
WYBO G. : *361*
WZMH CONSULTANT : 348-349

X

X... (architectes inconnus) : 63, 63, 69, 72, 76, 76, 76, 85, 90, 99, 104, 120, 126, 165, 176, 198, 211, 214, 237, 250, 252, 253, 253, 258, 265, 281, 283, 284, 284, 294, *358*

Y

YAMANAKA M.Y. : 219
YOUNAN M. : 85, 278, 331

Z

ZEHRFUSS B. : 63, 63, 195, 339, 346
ZIELINSKY D. : 176, 177, 178
ZIPCY H. : 285
ZIPPER : 67
ZUBLENA A. : 102, 111, 199, 205, 213, 326,
ZUNZ J. : 134, 306

Les numéros en **gras orange** renvoient aux pages traitant les bâtiments avec un texte et une photo.

*Numbers printed in: **bold orange** refer to pages presenting buildings with a text and a photograph.*

A

Abbé-Carton, rue de l' : 185
Abbé-Groult, rue de l' : 196
Abel, rue : 102
Abbesses, place des : 273, 274
Abbesses, rue des : **273, 274**
Abbeville, rue d' : 83, 83
Acacias, rue des : 259
Adolphe-Chérioux, place : 196
Agar, rue : 252
Alasseur, rue : **223**
Albert, rue : **139**, 139
Albert-de-Mun, av. : 230, 230
Alboni, square de l': 234
Alésia, villa d' : 174
Alexandre-Dumas, rue : 338,
Alfred-Dehodencq, rue : 237
Alleray, rue d' : **196**
Alouettes, rue des : 316, 316
Alsace, av. d' (La Défense) : 352
Amandiers, rue des : 326, 326
Ambroisie, rue de l' : **114, 114**
Amiens, square d' : 336
Amiral-Mouchez, rue de l' : **179**
Amiraux, rue des : **280-281**
Ampère, rue : 263
Anatole-France, rue (Levallois) : 262
André-Citroën, parc : **207**
André-Citroën, quai : **204, 213**, 214, **215**
André-Messager, rue : **279**
Ankara, rue d' : 241
Annam, rue d' : 333
Antoine-Chantin, rue : 185, 185, 185, 185
Apennins, rue des : 265
Arago, bd. : 126, 164
Arbre-Sec, rue de l' : 23
Archereau, rue : **297**
Archives, rue des : 28
Argentine, cité d' : 227
Armand-Carrel, rue : 289, **289**
Armand-Rousseau, av. : 120
Arnold-Netter : 121
Artois, rue d' : **68**
Arthur-Honegger, allée : 311
Assas, rue d' : **48**, 48, 48, 51
Assomption, rue de l' : 244
Astorg, rue d' : 72
Atlas, passage de l' : 288
Atlas, rue de l' : 288
Aubervilliers, rue d' : **301**, 302
Auguste-Blanqui, bd. : 126, 126
Aubrac, rue de l' : **115**
Austerlitz, quai d' : **150, 150**, 151
Austerlitz , quartier d' : **148, 150**
Auteuil, rue d' : 250
Avenue-Foch, square de l': 226

B

Babylone, rue de : 63
Bagnolet, rue de : 336, **338**, 338
Baillet, rue : 23
Ballanchine, rue : **154**
Balard, rue : **207, 208, 211**, 211, 211, 213
Barbanègre, rue : 304, 304
Barbès, bd. : 284
Baron-Leroy, rue : **115**
Barrault, rue : 130, 130
Basfroi, rue : 99
Bastille, bd. de la : 102
Bastille, place de la : **103**
Batignolles, bd. des : 269
Bayard, rue : 70
Bayen, rue : 262, 262
Beaubourg, rue : **26-27**, 27, 27
Beauharnais, cité : 97
Beaujon, rue : 68, 68
Beethoven, rue : 232
Belgrand, rue : 333
Belleville, bd. : 90, **320**
Belleville, rue de : 316
Belliard, rue : **277**
Bellièvre, rue de : **151**
Berbier-du-Mets, rue : **126**
Bercy, bd. de : **109, 111**
Bercy, parc de : **116**
Bercy, quartier de : **110 et suivantes**
Bercy, rue de : 111, 111, **117**
Berger, rue : 21, 23
Bernard-de-Ventadour, rue : **174**
Berne, rue de : 73
Berri, rue de : 67, 67, **68**
Berryer, rue : 68
Berthier, bd. : 263, **264, 265, 266**, 268
Bessières, bd. : 265, 265, 265
Bessin, rue du : 196
Béthune, quai de : 38
Bidassoa, rue de la : 327
Biot, rue : 272
Bisson, rue : 322, 322, 322, 322
Bizerte, rue de : 269
Bobillot, rue : 128
Boileau, rue : 253
Boinod, rue : 281
Bois-le-Prêtre, bd. du : 265
Bois-le-Vent, rue : 237
Boissonnade, rue : **165**, 165
Borrégo, rue du : 330
Botzaris, rue : 315
Boudon, av. : **251**
Boulainvilliers, rue de : 244
Boulay, rue : 265
Boulets, rue des : 97
Bourgon, rue : 138, 138
Bourse, place de : 18, 18
Boutroux, av. : **159**
Bouvier, rue : 97
Brancion, rue : 196
Branly, quai : **61, 219**
Brantôme, rue : 27
Bretagne, rue de : 29
Breteuil, av de : 63
Brillat-Savarin, rue : **131**
Brune, bd. : 182, 183, 184, 184, 184
Brunesseau, rue : **160**
Buisson-Saint-Louis, rue du : **87**

C

Cadet, rue : 82
Cambrai, rue de : 303
Camille-Desmoulins, rue (Issy-les-Moulineaux) : **201**
Campagne-Première, rue : **165, 166**
Candie, îlot : 99
Candie, rue de : 99
Cantagrel, rue : **157**
Capucines, bd. des : 12
Cardinet, rue : **268**
Carnot, bd. : 121
Carpeaux, rue : 276
Cascades, rue des : 323
Cassini, rue : **164**, 164
Castex, rue : 103
Catalogne, place de : **173**
Catulle-Mendès, rue : 262
Cauchy, rue : 211, 211, 211
Caumartin, rue : 73
Cavalerie, rue de la : 223, 223
Célestins, quai des : **32**
Cendriers, rue des : 325, 326
Censier, rue : **40**
Cévennes, rue des : 211, **212, 213**
Chaillot, rue de : 229
Chaise, rue de la : 56
Champ-de-Mars, rue du : 60
Championnet, rue : 277, 281
Champs-Elysées, av. des : **66**, 66, **67**
Champs-Elysées, arcade des : 67
Chanvin, passage : 157
Chanzy, rue de : **99**
Charcot, rue : 146
Charenton, rue de : 104, 106, 108
Charles de Gaulle, pont : 102
Charles-Delescluze : 99
Charles-Floquet, av. : 62
Charles-Hermitte, rue : **283**
Charles-Weiss, rue : 196
Charolais, rue du : 108
Charonne, rue de : 97, **98**, 99
Charrière, impasse : **99**
Chartière, impasse : 44
Château, rue du : 171, 171
Château-des-Rentiers, rue du : 139, **145, 146**, 159
Châteaudun, rue de : **76**, 76
Château-Landon, rue de : 85
Chaumel, rue : 56
Chaussée-d'Antin, rue de la : 73
Chevaleret, rue du : **147**, 147, 160
Choisy, av. de : 134
Citeaux, rue de : **104**
Cité Universitaire : **180**, 180, **181, 182, 183**
Cité-Universitaire, rue de la : 178
Clavel, rue : 288
Clément-Myionnet, rue : 213
Clichy, av. de : 265
Clichy, bd. de : 272

Clos, rue du : 336
Cloÿs, rue des : 277
Cognacq-Jay, rue : 60
Colonel-Fabien, place du : 288
Commandant-Mouchotte, rue du : 172
Commandant-Schloessing, rue du : 232
Conseiller-Collignon, rue du : 237
Constantin-Brancusi, place : 171
Cordelières, rue des : 126
Corentin-Cariou, av. : 305, 306, 306
Coupole, place de la (La Défense) : 348-349, 348-349
Courcelles, rue de : 72
Cour-des-Noues, rue de la : 333
Couronnes, rue des : 322
Coustou, rue : 273, 273
Crimée, rue de : 299
Croix-Nivert, rue de la : 212, 212
Croix-Saint-Simon, rue de la : 339
Croulebarbe, rue : 127
Crozatier, rue : 104
Cuvier, rue : 39

D

Damesme, rue : 132
Dantzig, passage de : 198
Dareau, rue : 164
Darius-Milhaud, allée : 311, 311, 313, 313
Daumesnil, av. : 102, 102, 102, 102, 103, 108, 108, 119, 121
David-d'Angers, rue : 314
Davout, bd. : 339
Degrés, place des (La Défense) : 353
Delambre, rue : 167
Demi-Lune, route de la (La Défense) : 345
Denfert-Rochereau, av. : 169, 169
Désirée, rue : 328
Dessous-des-Berges, rue du : 146, 158
Diderot, bd. : 102
Didot, rue : 174
Division-Leclerc, av. de la (La Défense) : 346
Dobropol, rue du : 262
Docteur-Blanche, rue du : 245, 247, 247
Docteur-Blanche, square du : 248-249
Docteur-Gley, rue du : 317
Docteur-Magnan, rue du : 141
Docteur-Potain, rue du : 315
Dode-de-la-Brunerie, av. : 254
Domrémy, rue de : 146, 146
Dorées, sente des : 311
Douai, rue de : 76
Doudeauville, rue : 284
Drouot, rue : 82
Duée, rue de la : 323, 323
Dugommier, rue : 108, 108
Dunes, rue des : 288
Dunkerque, rue de : 84
Dunois, rue : 146, 146, 146
Dupleix, rue : 220
Duris, rue : 326, 326

E

Ecole-Polytechnique, rue de l' : 44
Edgar-Faure, rue : 222, 222
Edison, av. : 129, 142
Edmond-Flamand, rue : 150
Édouard-Pailleron, rue : 290
Émeriau, rue : 216, 216, 216
Émile-Acollas, av. : 62
Émile-Blémont, rue : 279
Émile-Durkheim, rue : 154
Épée-de-Bois, rue de l' : 43
Érard, rue : 106
Ermitage, rue de l' : 323, 330
Ernest-Lefèvre, rue : 330
Espérance, rue de l' : 130
Esquirol, rue : 128
Estrées, rue d' : 63
Étienne-Dolet, rue : 324
Étoile, rue de l' : 258
Eugène-Reisz, rue : 339
Eugénie-Cotton, rue : 315
Europe, place de l' (Charenton) : 121
Euryale-Dehaynin, rue : 292

F

Faidherbe, av. : 98
Faisanderie, rue de la : 235
Falguière, rue : 191, 192, 195
Faubourg-Poissonière, rue du : 83
Faubourg-Saint-Antoine, rue du : 104, 104
Faubourg-Saint-Honoré, rue du : 68, 72, 72
Faucheur, villa : 323
Favorites, rue des : 196
Fécamp, rue de : 120
Fédération, rue de la : 219, 220, 220
Félix-Piat, rue (La Défense) : 353
Fer-à-Moulin, rue du : 41
Feydeau, rue : 18
Firmin-Gémier, rue : 277
Flandre, av. de : 294, 294, 297, 298, 299, 299, 299, 303
Foch, av. : 226, 226
Folie-Méricourt, rue de la : 91
Fontaine, rue : 76
Fontaine-à-Mulard, rue de la : 131
Fontaine-au-Roi, rue de la : 92
Fontarabie, rue de : 338, 338, 338
Fontenoy, place de : 63, 63, 63
Fourcy, rue de : 31
France, av. de : 156
Francis-de-Croisset, rue : 282
Francis-Picabia, rue : 322
Franco-Russe, av. : 60
François-Bonvin, rue : 63
François-Mauriac, quai : 155
François-Ponsard, rue : 237
François-Truffaut, rue : 115
Francs-Bourgeois, rue des : 28
Franklin, rue : 232-233, 232
Franqueville, rue de : 237
Frères-Flavien, rue des : 317
Friedland, av. de : 68
Froidevaux, rue : 170

G

Gabriel-Lamé, rue : 115, 115
Gambetta, av. : 330, 330
Gambetta, av. (La Défense) : 349
Gambetta, passage : 330
Gandon, rue : 135, 135, 135
Gare, quai de la : 152, 153, 155
Gassendi, rue : 175
Gaston-Pinot, rue : 314, 314
Gâtines, rue des : 333
Gauguet, rue : 176
Gay-Lussac, rue : 45
Gazan, rue : 178
Général-Bertrand, rue du : 63
Général-de-Gaulle, esplanade du (La Défense) : 352
Général-Koenig, place du : 261
Général-Maistre, av. du : 184
Général-Martial-Valin, bd. du : 199, 202
Général-Stéphanic, place du : 253
George-Bernard-Shaw, rue : 220
George-Eastman, rue : 129
George-Gerschwin, rue : 114
George-V, av. : 69
Georges-Braque, rue : 178, 178, 178
Georges-Thil, rue : 312
Georges-Pitard, rue : 195
Gerbert, rue : 196
Godefroy-Cavaignac, rue : 97
Gouvion-Saint-Cyr, bd. : 262
Gramme, rue : 217
Gramont, rue de : 79
Grande-Armée, av. de la : 260
Grenelle, quai de : 216, 216
Gustave-Le-Bon, rue : 184
Gustave-Rouanet, rue : 279
Gutenberg, rue : 211
Guynemer, rue : 51

H

Halles, forum des : 21
Halles, jardin des : 21
Hanovre, rue de : 15
Hauts-de-Malesherbes (quartier) : 266
Haussmann, bd. : 73, 73
Hautes-Formes, rue des : 142-143
Hauteville, rue d' : 84
Hautpoul, rue d' : 314, 314
Haxo, rue : 316
Henner, rue : 76
Henri-Chevreau, rue : 323
Henri-de-France, esplanade : 203

Henri-Chevreau, rue : 323
Henri-de-France, esplanade : 203
Henri-Frenay, place : 102
Henri-Heine, rue : 249, 249
Henri IV, quai : 33
Henri-Martin, av. : 235
Henry-Paté : 252
Henri-Ranvier, rue : 96
Henry-Farman, rue : 200, 200
Hoche, av. : 68
Hôpital, bd. de l' : 128, 128
Hôpital-Saint-Louis, rue de l' : 85

I

Iéna, av. d' : 230
Igor-Stravinsky, pl. : 27, 27
Ile-de-France, square de l' : 38
Iris, place de l' (La Défense) : 352
Italie, av. d' : 137, 138, 138, 138
Italie, place d' : 128
Italiens, bd. des : 14, 16, 79, 81
Ivry, av. d' : 134
Ivry, quai d' : 161

J

Jacob, rue : 36
Jacques-Callot, rue : 36
Jacques-Ibert, rue : 262
Jacques-Hillairet, rue : 106, 106
Jasmin, rue : 249
Jean-de-Beauvais, rue : 44
Jean-Dolent, rue : 164
Jean-Giraudoux, rue : 229
Jean-Goujon, rue : 70
Jean-Jaurès, av. : 289, 291, 291, 291, 291, 305, 307, 308, 308, 309, 313
Jean-Leclaire, rue : 265
Jean-Lolive, av. (Pantin) : 310
Jean-Nicot, rue : 58
Jean-Rey, rue : 220
Jean-Vilar, rue : 154
Jehan-Rictus, square : 273
Jemmapes, quai de : 85, 85, 85
Jenner, rue : 147
Joseph-Bara, rue (Issy-les-Moulineaux) : 201
Joseph-de-Maistre, rue : 272
Josseaume, passage : 338
Jouffroy, rue : 269, 269
Jourdan, bd. : 178, 181, 182, 182, 182, 183
Jouvenet, square : 253
Junot, av. : 275
Jura, rue du : 124
Jussieu, place : 39

K

Keller, rue : 99
Kellermann, bd. : 133
Kuss, rue : 132

L

La Boétie, rue : 72
La Bruyère, rue : 76
Lachambeaudie, place : 118, 118
Lacordaire, rue : 212
La Défense-11 : 354
La Défense, esplanade de : 350, 351
La Défense, parvis de : 345, 345, 346, 347
La Fayette, rue : 77
Laffitte, rue : 78
La Fontaine, rue : 243, 250, 251
Laghouat, rue de : 284
La Jonquière, rue de : 265
Lally-Tollendal, rue : 289
Lamarck, rue : 276, 276, 285
Lamballe, av. de : 241
Lannes, bd. : 235, 235
La Pérouse, rue : 228, 228, 228
Larrey, rue : 39
Lauriston, rue : 228, 228, 228
Leblanc, rue : 204, 205, 206
Lebouis, rue : 171, 171
Lecourbe, rue : 199
Lefèbvre, bd. : 198
Legendre, rue : 268
Legouvé, rue : 86
Léon-Bollée, av. : 134
Léon-Frappié : 332
Léon-Frot, rue : 97
Léon-Giraud, rue : 292
Léon-Jouhaux, rue : 86
Léon-Maurice-Nordmann, rue : 125
Léopold-Bellan, rue : 19
Le Peletier, rue : 82
Liegat, cour du : 147
Lille, rue de : 57
Lingères, passage des : 23
Loire, quai de la : 291, 293
Londres, rue de : 73
Lord-Byron, rue : 66
Louis-Blanc, rue : 85
Louis-Blériot, quai : 252, 252, 252
Louis-le-Grand : 14
Lourmel, rue de : 199
Louvre, palais du : 22
Louvre, quai du : 23
Lübeck, rue de : 229
Lucien-Sampaix, rue : 86
Lyautey, rue : 234
Lyon, rue de : 103

M

MacDonald, bd. : 283, 283, 300, 300, 300
Madame, rue : 51, 51
Madeleine, bd. de la : 12, 12
Magdebourg, rue de : 230
Magenta, bd. de : 285
Main-d'Or, rue de la : 99
Maine, av. du : 172, 175
Maine-Montparnasse, ensemble : 190
Maintenon, allée : 53
Mallet-Stevens, rue : 246-247
Malte-Brun, rue : 334
Manin, rue : 310, 311, 313
Mansart, rue : 76
Marcadet, rue : 277, 279, 281
Marc-Bloch, place : 338
Marc-Chagall, allée : 135
Marcel-Duchamp, rue : 139
Marché St-Honoré, place du : 13
Mare, rue de la : 323
Mario-Nikis, rue : 63
Marne, quai de la : 292
Maroc, rue du : 294, 294
Marseille, rue de : 86
Martel, rue : 83
Masséna, bd. : 158, 158, 159
Masséna, quartier : 148, 156
Masséna, square : 158
Mathis, rue : 298, 298
Mathurin-Moreau, av. : 288, 288, 288
Mathurins, rue des : 73
Matignon, av. : 70, 71, 71, 71
Maubeuge, rue de : 76, 84
Maurice-de-Fontenay, place : 106
Maurice-Ravel, av. : 121
Max-Jacob, rue : 133
Meaux, rue de : 290, 290, 290, 290
Méchain, rue : 164
Médéric, rue : 269
Melingue, rue : 316
Ménilmontant, passage de : 95
Ménilmontant, rue de : 323, 324, 329
Mesnil rue : 228
Meuniers, rue des : 120
Meynadier, rue : 314
Michel-Bizot, av. : 120
Michelet, cours (La Défense) : 353
Michelet, quartier (La Défense) : 353
Michelet, rue : 47
Miguel-Hidalgo, rue : 314
Modigliani, rue : 205
Mogador, rue de : 73
Monceau, rue de : 73
Monnaie, rue de la : 23
Monplaisir, passage : 325
Montagne-d'Aulas, rue de la : 210
Montagne-de-la-Fage, rue de la : 207
Montagne-de-l'Espérou, rue de la : 207, 207
Montaigne, av. : 69, 69, 69, 69, 70
Montauban, rue de : 198
Montevideo, rue de : 235
Montmartre, bd. : 82
Montmartre, rue : 18
Montparnasse, bd. du : 48, 48, 53, 53, 53, 165, 165, 165
Montparnasse, rue du : 167
Montsouris, square de : 177
Morillons, rue des : 196
Morland, bd. : 32, 33, 33
Moskowa, rue de la : 278
Moulin-de-la-Pointe, rue du : 132, 136
Moulinet, rue du : 130
Mouraud, rue : 339

Mouton-Duvernet, rue : 175
Mouzaïa, rue de : 315
Mozart, av. : 250
Mozart, square : 244
Murat, bd. : 253, 253, 253, 253, 253
Myrha, rue : 284

N

Nansouty, rue : 177, 178
Napoléon, cour : 22
Nationale, rue : 129
Navarin, rue de : 76
Neuve-Tolbiac, rue : 154
Ney, bd. : 279
Nicolo, rue : 234
Niel, av. : 259
Niepce, rue : 171
Noisy-le-sec, rue de : 332
Notre-Dame-des-Champs, rue : 49
Nungesser-et-Coli, rue : 255, 255

O

Oberkampf, rue : 93
Octave-Feuillet, rue : 237
Odessa, rue d' : 167
Oise, quai de l' : 304
Olivier-Métra, rue : 323, 323
Oradour-sur-Glane, rue d' : 199
Oran, rue d' : 281
Ordener, rue : 277
Orfèvres, quai des : 23
Orillon, rue de l' : 90
Ornano, bd. : 281, 281
Orsay, quai d' : 59, 59, 60, 60
Orteaux, rue des : 338, 339
Oudinot, rue : 63
Ouest, rue de l' : 171, 171
Ourcq, canal de l' : 307
Ourcq, rue de l' : 302, 302, 303, 304, 304

P

Paganini, rue : 339
Palikao, rue de : 322
Panoyaux, rue des : 324
Paradis, rue de : 83
Parc-de-Charonne, chemin du : 335, 336
Parc-des-Princes, av. du : 254
Parc-Montsouris, rue du : 178
Partants, rue des : 328
Pas-de-la-Mule, rue du : 30
Pasquier, rue : 72
Pasteur, bd. : 189
Patay, rue de : 159, 159
Patriarches, place des : 43
Pâtures, rue des : 252
Paul-Appel, av. : 182
Paul-Bourget, rue : 133
Paul-Doumer, av. : 232, 232
Paul-Fort, rue : 176
Pauline-Kergomar, rue : 339
Paul-Jean-Toulet, rue : 336
Paul-Verlaine, place : 130
Pavée, rue : 30
Pavillons, rue des : 323
Pelleport, rue : 323, 330, 331, 334, 334, 334, 334
Péreire, bd. : 263, 263
Pernety, rue : 174
Perrichont, av. : 251
Petit, rue : 311, 311
Petit-Cerf, passage du : 265
Petit-Musc, rue du : 31
Petitot, rue : 316
Philippe-Auguste, av. : 97
Piat, rue : 323
Pierre-et-Marie-Curie, rue : 45
Pierre-Nicole, rue : 46, 46
Pirogues-de-Bercy, rue des : 115, 115
Plantes, rue des : 174
Poissonniers, rue des : 281
Poissonnière, bd. : 20
Pommard, rue de : 114, 114, 117, 118
Ponthieu, rue de : 67
Pont-Mirabeau, rond-point du : 214
Pont-Neuf, rue du : 23
Pontoise, rue de : 38, 38
Porte-d'Asnières, av. de la : 265
Porte-d'Auteuil, av. de la : 253
Porte-de-Champerret, av. de la : 262
Porte-de-Champerret, place de la : 262
Porte-de-Châtillon, av. de : 185
Porte-de-Gentilly, av. de la : 133, 180
Porte-de-la-Villette, av. de la : 306
Porte-de-Saint-Cloud, place de la : 254, 254
Porte-de-Versailles, place de la : 198, 198
Porte-d'Ivry, av. de la : 134
Porte-Maillot, place de la : 260
Porte-Molitor, av. de la : 253
Port-Mahon, rue de : 13
Port-Royal, bd. de : 46
Poterne-des-Peupliers, rue de la : 133
Pouchet, rue : 265
Prairies, rue des : 336, 336, 336
Présentation, rue de la : 90
Presles, rue de : 218
Président-Kennedy, av. du : 242
Président-Wilson, av. du : 229
Provence, rue de : 73, 77
Pruniers, rue des : 327
Py, rue de la : 333
Pyrénées, rue des : 327, 334, 334, 337

Q

Quatre-Fils, rue des : 28
Quincampoix, rue : 27

R

Rabelais, rue : 71
Raguinot, passage : 102
Rambouillet, rue de : 102, 102
Rambuteau, rue : 21, 27
Ramey, rue : 285
Ramponneau, rue : 321, 322, 322
Ranelagh, rue du : 237
Raoul-Dautry, place : 190
Rapée, quai de la : 102, 102, 102
Rapp, av. : 60
Rapp, square : 60
Raspail, bd. : 51, 51, 52, 56, 166, 167, 168
Raymond-Aron, rue : 154
Raymond-Losserand, rue : 184, 184
Raymond-Radiguet, rue : 300, 300
Raynouard, rue : 240, 241
Réaumur, rue de : 19, 19, 19
Récamier, rue : 56
Récollets, rue des : 85
Recteur-Poincaré, av. : 243, 243
Regnault, rue : 159, 159
Reille, av. : 176, 177
René-Coty, av. : 176, 176
Reuilly, rue de : 104, 105, 107, 107, 107, 107, 107, 107, 107, 108
Réunion, rue de la : 338, 338, 338, 338
Ribera, rue : 251
Richard-Lenoir, bd. : 103
Richelieu, rue de : 17
Richer, rue : 83
Richomme, rue : 285
Rivoli, rue de : 23, 23
Robert-et-Sonia-Delaunay, rue : 97
Robert-Lindet, rue : 198
Robert-Schuman, rue : 58
Rochechouart, bd. de : 273
Rochechouart, rue de : 83
Rocroy, rue de : 83
Rodin, av. : 235
Roland-Barthes, rue : 102
Rondeaux, rue des : 327
Ronsin, imp. : 193, 193
Roquépine, rue : 72
Roquette, rue de la : 99, 99
Roses, rue des : 283
Rotonde, esplanade de la : 306
Rottembourg, rue de : 121
Rouen, rue de : 295
Ruisseau, rue du : 279, 279

S

Saïd, villa : 226, 226
Saïda, rue de la : 198
Saint-Ambroise, rue : 94, 95
Saint-Bernard, quai : 38, 38
Saint-Blaise, rue : 336
Saint-Charles, rond-point : 212
Saint-Charles, rue : 206, 208, 209, 210
Saint-Didier, rue : 227
Saint-Dominique, rue : 58
Saint-Émilion, cour : 115
Saint-Fargeau, rue : 332
Saint-Georges, rue : 76
Saint-Germain, bd. : 36, 37
Saint-Gilles, rue : 30
Saint-Guillaume, rue : 57
Saint-Hippolyte, rue : 124
Saint-Honoré, rue : 12, 12
Saint-Jacques, bd. : 164

Saint-Jacques, rue : 44, 46
Saint-Jean-Baptiste-de-la Salle, rue : 53
Saint-Lambert, rue : 198
Saint-Marc, rue : 18
Saint-Marcel, bd. : 41
Saint-Martin, bd. : 86
Saint-Martin, rue : 26-27, 27
Saint-Maur, rue : 91, 96
Saint-Maurice, av. de : 121
Saint-Médard, rue : 43
Saint-Sabin, rue : 103, 103
Saints-Pères, rue des :36
Saint-Victor, rue : 44
Santos-Dumont, rue : 197, 197, 197
Santos-Dumont, villa : 197
Saussure, rue de : 268, 268
Savies, rue de : 323
Saxe, av. de : 188
Schoelcher, rue : 168, 168, 169
Scipion, rue : 41
Sébastien-Mercier, rue : 214, 214, 214, 214
Seine, quai de la : 294, 294, 294, 295, 295, 295
Seine-Rive-gauche (quartier) : 148 à 156
Serpollet, rue : 336
Sérurier, bd. : 309, 311, 311, 315, 315, 316, 316, 317
Seurat, villa : 176, 176
Sèvres, rue de : 63, 193
Sextius-Michel, rue : 217
Simon-Bolivar, av. : 288
Soleillet, rue : 326
Solférino, passerelle : 57
Solitaires, rue des : 316
Sorbier, rue : 327
Soult, bd. : 120, 121
Source, rue de la : 250
Sourdière, rue de la : 13
Souzy, cité : 97
Spontini, rue : 226
Stalingrad, place de : 85, 288
Stéphane-Mallarmé, av. : 263
Sthrau, rue : 144
Suchet, bd. : 236
Suffren, av. de : 221
Suger, rue : 36

T

Tage, rue du : 136
Tagore, rue : 138
Taitbout, rue de : 80
Tandou, rue : 292
Tanger, rue de : 296
Théâtre, rue du : 217, 217
Thomas-Mann, rue : 156
Thorigny, rue de : 29
Thouin, rue : 44, 44
Tilsitt, rue de : 258
Tlemcen, rue de : 326
Tolbiac, quartier de : 148, 152 à 155
Tolbiac, rue de : 130, 140, 140, 140, 141, 141
Tombe-Issoire, rue de la : 164, 176
Tour, rue de la : 234
Tour-des-dames, rue de la : 76
Tourneux, rue : 120
Tourtille, rue de : 322
Tremblay, av. du : 121
Trétaigne, rue de : 279
Trocadéro, jardins du : 230
Trocadéro, place du : 231
Trois-Bornes, rue des : 91
Trolley-de-Prévaux : 139
Tronchet, rue : 72
Trousseau, rue : 99
Tuileries (jardin des) : 13
Turenne, rue de : 30

U

Ulm, rue d' : 43, 45, 45, 45
Université, rue de l' : 57, 58

V

Valence, rue de : 42, 42
Valentin-Abeille, allée : 282
Valmy, cours, (La Défense) : 344
Valmy, quai de : 85
Valmy, quartier (La Défense) : 344
Vandrezanne, rue : 130
Varenne, rue de : 56
Vaugirard, bd. de : 190
Vaugirard, rue de : 53, 192, 193, 193, 193, 193, 194, 194
Vavin, rue : 50
Véga, rue de la : 120, 120
Vendôme, cité : 12
Vendrezanne, rue : 130
Venise, rue de : 27
Vercingétorix, rue : 174
Verderet, rue : 250
Vergennes, square : 196
Versailles, av. de : 252, 252, 252, 252, 252, 253
Verzy, av. de : 261
Viala, rue : 218
Victoire, rue de la : 77
Victor, bd. : 198, 198, 199
Victor-Hugo, av. : 227
Vieille-du-Temple, rue : 28
Vignon, rue : 73
Villehardouin, rue : 30
Ville-l'Evêque, rue de la : 72
Villette, parc de la : 305 et suivantes
Villette, rue de la : 316
Vincent-Auriol, bd. : 151, 151, 151, 151
Vincent-d'Indy, av. : 121
Vingt-Quatre-Août-1944, place du : 182
Vins-de-France, place des : 115
Vion-Whitcomb, av. : 245, 245, 245
Vital, rue : 234
Vitruve, rue : 336
Vivaldi, allée : 107
Volney, rue : 12
Volta, rue : 27
Voltaire, bd; : 97
Vouillé, rue de : 196, 196

W

Wagram, av. de : 258, 263
Wilhem, rue : 252
Wurtz, rue : 130

Y

Yvette, rue de l' : 247

CREDITS PHOTOS

TOUTES LES PHOTOS SONT DE L'AUTEUR, HERVÉ MARTIN, SAUF :

Couverture : Nicolas Borel

page 12 : *L'Architecte* (1930)
page 45 : *L'Architecte* (1931)
page 61 : Atelier Jean Nouvel
page 79 : Chevojon, *Encyclopédie de l'architecture* (1931)
page 85 : Nicolas Borel
page 90 : J.M. Monthiers
page 93 : Nicolas Borel
page 134 : Christophe Demonfaucon
pages 150 et 156 : SEMAPA
page 177 : *L'Architecture vivante* (printemps 1925)
page 178 : *L'Architecte* (1928)
pages 246-247 : A. Salaün, *L'Architecte* (1927)
pages 266-267 : SEMAVIP
page 269 : J. Niepce
page 278 : Nicolas Borel
page 307 : Atelier Chaix et Morel
page 320 : Nicolas Borel
page 322 : Nicolas Borel
page 331 : Nicolas Borel
page 339 : Stéphane Couturier
page 352 : Atelier Michel Herbert
pages 358-369 (chapitre "In Memoriam") : diverses sources

Traduction anglaise :

Régine LAMOTHE,
Jimmy JANCOVICH,
Denise LUCCIONI,
Natalie LITHWICK,
Linda DAIGLE.

TABLE DES MATIERES

Mode d'emploi / *Introductions* 7
Préface 8
Foreword 9

Itinéraires / *Itineraries*

1er et 2e arrondissements 10
3e et 4e arrondissements 24
5e et 6e arrondissements 34
7e arrondissement 54
8e arrondissement 64
9e et 10e arrondissements 74
11e arrondissement 88
12e arrondissement 100
13e arrondissement 122
14e arrondissement 162
15e arrondissement 186
16e arrondissement (nord) 224
16e arrondissement (sud) 238
17e arrondissement 256
18e arrondissement 270
19e arrondissement 286
20e arrondissement 318
La Défense 340

IN MEMORIAM 355

Index par architecte / *Architect's index* 370
Index par rue / *Street's index* 375
Crédits photos 380